ERINA北東アジア研究叢書──7

ERINA

The Economic Research Institute for Northeast Asia

北東アジアの経済成長

構造改革と域内協力

Kawai Masahiro

河合正弘 編著

日本評論社

北東アジア研究叢書発刊に際して

　環日本海経済研究所（ERINA）は，その名が示すように，日本海を取り巻く中華人民共和国，朝鮮民主主義人民共和国，日本国，大韓民国，およびロシア連邦に，内陸国のモンゴル国を加えた，6カ国からなる北東アジアの経済社会を研究対象とする。それは，総人口17億人の諸民族の結びつきを包摂する広大な地域である。

　本研究所が設立されたのは1993年10月であるから，それは，冷戦が終結し，社会主義計画経済から市場経済への移行が開始された世界史的大転換期の端緒とほぼ同時に，産声を上げたことになる。すなわちその誕生は，北東アジアにおいても，市場主体間の結びつきや市場と市場との結びつきが新たに形成され，経済交流が拡大・深化し，さらには一つの「経済圏」が形成されるという，壮大な展望への強い期待を背景としていたのである。研究所の課題は，何よりもまず，北東アジア経済社会の調査研究であり，これを担う調査研究部は，国内外の多数の共同研究員の協力を得て，現地調査を含む活発な調査研究活動を繰り広げると同時に，国際的共同研究のプラットフォームの役割をも果たすようになってきている。第2にそれは，経済交流の促進活動であり，これを担う経済交流部は，経済交流推進の国際協力ネットワークのハブとしての機能を担うようになりつつある。第3にそれは，これらの活動を通じて獲得した情報や知見の社会への発信と還元であり，これは企画・広報部を中心に，ERINA Report（隔月），『北東アジア経済データブック』（年刊），ERINA Business News（隔月），ERINA booklet，The Journal of Econometric Study of Northeast Asia（年刊），ディスカッション・ペーパ，ERINA Annual Report（事業報告書）などの出版活動を通じて，行われてきた。

　しかし，所内においてこうした情報や知見の蓄積が進むにつれて，それまでの個別的な情報提供だけでは社会の要請に十分応えていないのではないか，という反省が生まれ，さらに北東アジアの各国経済や国際経済関係の一層深い分析と，この地域の体系的な経済社会像を提示する必要性が明らかになってきた次第であ

る。また研究活動のあり方においても，国際共同研究が大きな柱となるに至り，その研究成果をまとめた研究書の刊行が期待されるようになったのである。だが，そうした北東アジア経済論にしても，各国経済論にしても，一度まとめれば完成というものではない。社会は自然界とは異なって，絶えず変化し，新しくなっていく。先人の成果に基づき新たな地域経済論を作り上げても，それは時とともに色あせ，時代遅れになる。研究所は常に新しい問題に直面し，新たな解決と分析方法を求められ，模索し続けることになる。そこでこうした模索過程の成果を，その時々に一書としてまとめて刊行しようとするのが，本叢書の趣旨に他ならない。私たちは，北東アジアという地域的個性と，同学の方々の鞭撻と批判を通じて得られた質の高さとを兼ね備えた，叢書を目標としたい。

　本叢書はERINAの関係者によって執筆される。一年間に二冊の上梓を目指したい。こうした専門書の公刊は決して容易なものではないが，私たちの身勝手な要請をこころよく聞き入れて，叢書出版を受諾された日本評論社と，この刊行事業に支援を与えられた新潟県とには，研究所を代表して，この機会を借り深く謝意を表したい。

　2012年1月

環日本海経済研究所長

西村可明

目　次

北東アジア研究叢書発刊に際して　　iii

序　章　**北東アジアにおける経済成長の課題と域内経済協力**（河合正弘）……1

　1　はじめに　1

　2　北東アジア各国の成長と歴史的前提　3

　　　2.1　資本主義的な市場経済国：日本と韓国　5

　　　2.2　経済体制移行諸国　12

　　　2.3　北朝鮮　21

　3　北東アジア地域の経済構造上の課題　24

　　　3.1　GDP の供給・需要構造　25

　　　3.2　人間開発，世界競争力，ビジネス環境，ガバナンス　30

　4　北東アジアにおける経済的な相互依存　35

　　　4.1　自国民の海外旅行の訪問先，外国人旅行者の出身国　37

　　　4.2　貿易の相手国　38

　　　4.3　海外直接投資の相手国　39

　5　本書の各章の要約　40

　　　5.1　第1章「日本経済の成長と北東アジア」　40

　　　5.2　第2章「中国経済の『新常態』－構造変化・地域発展・国際連携」　41

　　　5.3　第3章「韓国経済の構造改革と通商政策」　43

　　　5.4　第4章「北朝鮮経済」　44

　　　5.5　第5章「ロシア極東経済の構造問題と北東アジア協力」　45

　　　5.6　第6章「モンゴルの経済発展と北東アジア協力：1990～2016年」　46

　　　5.7　第7章「北東アジアの経済相互依存と経済協力」　47

　　　5.8　終章「北東アジア地域の経済展望」　48

　6　まとめ　49

第1章　**日本経済の成長と北東アジア**（河合正弘）………………………………51

　1　はじめに　51

　2　日本の経済構造問題　52

　　　2.1　「失われた10年」から「失われた20年」へ　52

　　　2.2　日本経済の構造問題　57

3 アベノミクス:「3本の矢」政策の進展・成果・課題　65

　　3.1　金融政策・財政政策・構造政策の進展　65

　　3.2　アベノミクスの成果　73

　　3.3　アベノミクスの課題　81

4 日本経済の国際化と北東アジア協力　92

　　4.1　日本経済の国際化　92

　　4.2　北東アジアとの貿易・投資の相互依存　96

　　4.3　北東アジア協力　98

5 まとめ　102

第2章　中国経済の「新常態」―構造変化・地域発展・国際連携

　　（穆尭芋・南川高範）‥‥‥‥‥‥‥‥‥‥‥‥‥‥‥‥‥‥‥‥‥‥‥111

1 はじめに　111

2 中国経済の「新常態」　112

　　2.1　「新常態」の内容とこれまでの研究　112

　　2.2　中国経済の連続性　113

　　2.3　中国における投資主導の経済成長　116

3 中国における地域経済の構造変化　117

　　3.1　地域の経済成長と開発政策　117

　　3.2　省間の投資割合の分布　122

4 「一帯一路」，「新常態」と国際連携　128

　　4.1　「一帯一路」の性格　128

　　4.2　「一帯一路」と「新常態」　130

　　4.3　「一帯一路」と東北の地域振興　131

　　4.4　中国と北東アジア諸国の国際連携　133

5 むすびにかえて　140

第3章　韓国経済の構造改革と通商政策（高安雄一・中島朋義）‥‥‥‥‥143

1 はじめに　143

2 韓国経済の構造改革　144

　　2.1　低下する潜在成長率と構造改革の必要性　144

　　2.2　過去に行われた構造改革の成果　149

　　2.3　残されている構造問題　156

3 韓国のFTA政策―通商政策と構造改革　169

　　3.1　韓国のFTA政策の概括　169

　　3.2　韓国のFTA政策の展望と北東アジア地域内協力　173

目　次

第4章　**北朝鮮経済**（三村光弘）…………………………………………177

1　はじめに—北朝鮮経済研究における留意点　177

2　北朝鮮経済の現状と構造的問題　180

2.1　旧ソ連・東欧の社会主義政権崩壊の影響　181

2.2　旧ソ連・東欧の社会主義政権崩壊の影響から回復途上の北朝鮮経済　184

2.3　「孤立した」社会主義国としての成長モデルの模索　192

3　北朝鮮経済問題の解決策と地域内協力　193

3.1　国際政治問題の解決と地域における安全保障メカニズムの構築　193

3.2　現存の政治体制の下での実質的な経済政策の転換：軍事建設から民生重視
へ　194

4　おわりに—朝鮮半島の核問題の解決と北東アジアの新たな秩序形成　196

第5章　**ロシア極東経済の構造問題と北東アジア協力**

（新井洋史・志田仁完）……………………………………………199

1　はじめに　199

2　ロシア経済の成長の軌跡　201

2.1　経済成長の軌跡　201

2.2　成長の源泉とメカニズム　202

3　ロシア経済の資源依存体質と構造問題　207

3.1　資源の重要性と依存　207

3.2　資源依存型経済成長の負の側面　211

4　極東経済の特徴と構造問題　217

4.1　極東地域の資源賦存　217

4.2　極東地域の構造問題　219

5　北東アジアの国際経済関係と極東開発政策　223

5.1　ロシアと北東アジア諸国の経済関係　224

5.2　極東開発政策　227

6　おわりに　233

第6章　**モンゴルの経済発展と北東アジア協力**—1990〜2016年

（エンクバヤル・シャクダル）……………………………………239

1　はじめに　239

2　経済体制移行に伴う経済諸改革とモンゴル経済の構造　240

2.1　価格自由化とインフレ　240

2.2　貿易自由化　243

vii

2.3 民営化　245
2.4 金融の自由化と銀行部門の発展　248

3 経済体制移行とモンゴル経済の発展（1990〜2016年）　250
3.1 体制移行前の経済概観（1990年以前）　250
3.2 経済体制移行ショックと回復の期間：失われた10年（1990〜2000年）　252
3.3 活況と不況の時代（2002〜2016年）　255

4 北東アジア経済協力と将来的な潜在力　262
4.1 北東アジア各国との連結性と貿易　262
4.2 北東アジア地域間協力に向けた将来的な潜在力　265

5 終わりに　266

第7章　北東アジアの経済相互依存と経済協力
（新井洋史・エンクバヤル・シャクダル・河合正弘・中島朋義・南川高範）
·····271

1 はじめに　271
2 北東アジア諸国の間の経済的な相互依存　272
2.1 国際的な旅行者の動き　272
2.2 国際貿易・投資　278
2.3 インフラの連結性　290

3 北東アジア地域の経済協力の可能性　298
3.1 北東アジア観光協力　298
3.2 貿易・投資面での地域協力—日中韓FTAから北東アジアFTAへ　304
3.3 北東アジアのインフラ連結性強化の地域協力　312

4 まとめ　316

終　章　北東アジア地域の経済展望（河合正弘）·····319

索引　325
執筆者一覧　333

viii

■序　章■ 北東アジアにおける経済成長の課題と域内経済協力*

河合正弘

1　はじめに

　本書では北東アジアにおける経済成長に焦点を当て，成長を制約する各種の構造問題を明らかにし，そうした制約を取り除くための構造改革と域内経済協力の有効性について分析する。ここで北東アジアとは中国，日本，韓国，北朝鮮，モンゴル，ロシアを指すが，狭義には中国の東北地方，日本，韓国，北朝鮮，モンゴル，ロシアの極東連邦管区を意味する[1]。狭義の北東アジアの2016年のGDPは7兆5110億ドル，人口は3億4700万人であるが，中国全土とロシア全土を含むと全体で18兆9050億ドルのGDP，17億3200万人の人口となり（表1），大きな経済領域である。北東アジア諸国・地域は極めて多様であり，経済・人口規模や一人当たり所得だけでなく，政治体制・国家統治方式，経済システム，経済社会の発展段階，資源の賦存などが異なり，お互いの歴史的な関係も複雑である。

　2016年の時点において，中国の経済規模と人口はともに域内で最大であり，モンゴルのそれらはともに最小である。ただし一人当たりGDPでは，日本が3万

＊　本章の作成にあたっては，ERINAの研究スタッフから有用かつ多くのインプットやコメントがあった。とくに新井洋史，エンクバヤル・シャクダル，志田仁完，中島朋義，南川高範，三村光弘，穆堯芊の各氏には感謝したい。

1 ）中国は，東部，中部，西部，東北の4つの地域に分けられ，東北地域は遼寧省，吉林省，黒龍江省の三省を指す。ここでは東北地方としてこれら三省に加えて内モンゴル自治区（通例，西部の一部とされる）の東部を含むと考える。ロシアには8つの連邦管区があり，そのうちの一つである極東連邦管区に所属する連邦構成主体は，サハ共和国，沿海地方，ハバロフスク地方，アムール州，カムチャッカ地方，マガダン州，チュコト自治管区，サハリン州，ユダヤ自治州の9主体である。大統領全権代表はハバロフスク地方のハバロフスクに駐在している。

表1　北東アジア諸国・地域の GDP，人口，一人当たり GDP

	1996年			2016年		
	GDP (十億米ドル)	人口 (百万人)	GDP/人口 (米ドル)	GDP (十億米ドル)	人口 (百万人)	GDP/人口 (米ドル)
中国	867.2	1,223.9	709	11,232.1	1,382.7	8,123
(中国東北地方)	(95.0)	(126.7)	(750)	(1,068.0)	(134.3)	(7,952)
日本	4,834.0	125.7	38,453	4,936.6	127.0	38,883
韓国	598.1	45.5	13,137	1,411.0	51.2	27,533
北朝鮮	21.4	21.7	986	31.1	24.9	1,249
モンゴル	1.6	2.3	694	11.0	3.0	3,660
ロシア	421.0	148.1	2,843	1,283.2	143.4	8,946
(ロシア極東地域)	(22.5)	(7.5)	(3,018)	(53.1)	(6.2)	(8,565)
北東アジア	6,743.3	1,567.2	4,303	18,905.3	1,732.3	10,914
(狭義の北東アジア)	(5,546.2)	(329.4)	(16,837)	(7,511.2)	(346.7)	(21,665)

(注)　中国の東北地方の数値は遼寧省，吉林省，黒龍江省，内モンゴル自治区（東部のデータが入手可能でない
　　　ので自治区全体）の合計である。ロシアの極東地域の数値は極東連邦管区の数値で，サハ共和国，沿海地
　　　方，ハバロフスク地方，アムール州，カムチャッカ地方，マガダン州，チュコト自治管区，サハリン州，
　　　ユダヤ自治州の合計である。
(出所)　中国，日本，韓国，モンゴル，ロシアの GDP と人口は，IMF, *World Economic Outlook database*, April
　　　2018より，北朝鮮の GDP と人口は，Bank of Korea, *Press Release*, November 2011, July 2017より，中国東
　　　北地方とロシア極東地域の GDP と人口は環日本海経済研究所『北東アジア経済データブック』2006年，
　　　2017年より，それぞれ入手し，筆者作成。

8880ドルと最も高く，北朝鮮が1250ドルと最も低い。日本と韓国は高所得国であ
り，中国とロシアは上位中所得国，モンゴルは下位中所得国，北朝鮮は低所得国
である。

　また，1996〜2016年の20年間で，中国の GDP は13倍以上になり，一人当たり
GDP は11.5倍になった。中国に次ぐ速さで成長したのはモンゴルで，GDP は9
倍以上，一人当たり GDP は7倍以上になった。それに比べ，この間「失われた
20年」を経験した日本の GDP と一人当たり GDP はほとんど変わっていない。
日本に次いで成長しなかったのが北朝鮮で，GDP は1.5倍，一人当たり GDP は
1.3倍になったに過ぎない。興味深い点は，中国の東北地方とロシアの極東地域
で，それぞれ中国全体とロシア全体に比べて，成長の速さが遅れたことである。
そのため，1996年にはこれら地方・地域の一人当たり GDP は国全体の一人当た
り GDP を上回っていたが，2016年には国全体を下回るようになった。

　本章は，北東アジア各国が今後も持続的な経済成長を果たす上で，どのような
経済構造上の制約を乗り越えていかなくてはならないか，どのような経済構造改
革・制度改革が必要か，どのような地域経済協力が望ましいか，という問題につ

いて分析する。そこで，以下，主に1990年以降の時期について，北東アジア各国経済の現状と課題を包括的に概観しておくことにしたい。

2　北東アジア各国の成長と歴史的前提

　大半の北東アジア諸国は，第二次世界大戦後，めざましい経済発展を遂げてきた。日本は1950年代央から70年代初めにかけて高度経済成長を達成して逸早く先進国となり，韓国も日本を追うかたちで1960年代後半から80年代後半にかけて高度経済成長を経て，80年代後半には民主化を達成した（この経験は「漢江の奇跡」と呼ばれる）。中国は改革開放に乗り出した1970年代末から2000年代後半まで長期の高度成長を経て，2010年には日本を抜いて世界第2位の経済大国になった。ロシアは，ソ連崩壊後の90年代初めに市場経済化に乗り出したが，当初は経済的に停滞し，2000年代に入ってようやく経済成長の波に乗ることができた。モンゴルもロシアを追って市場経済化を始めて，当初経済的に落ち込んだが，90年代央にはプラスの成長を再開した。北朝鮮はソ連の崩壊に面して，効果的な経済改革に乗り出さなかったため，経済的な困難が続き，その状況は大きく変わっていない。

　2008年のリーマン・ショック以降，北東アジア各国はいずれも，成長率の低下ないしは低成長の下で（図1），経済構造改革を断行して成長の底上げを図るという課題に面している。北東アジア各国が成長していくためには，各国内での政策努力だけでなく，各種の域内経済協力が有効だと考えられる。域内で市場経済化を果たしていない北朝鮮については，その軍事リスクを管理しつつ，市場経済化の方向に誘導していくことが極めて重要な課題になっている。

　北東アジア諸国は，大きく三つのグループに分けて考えることができる（表2）。第一のグループは，もともと市場経済に基づく資本主義的な経済システムを運営してきた日本と韓国であり，第二は，中央集権的な社会主義経済システムから市場経済への移行を進めてきた中国，モンゴル，ロシアであり，第三のグループは，まだ本格的な市場経済システムへの移行に乗り出していない北朝鮮である。政治体制としては，第一のグループである日本と韓国は複数政党に基づく民主主義体制をとるが，第二のグループに属する中国，モンゴル，ロシアの政治体制は多様である。中国は共産党による一党独裁体制をとり，モンゴルは日本や韓

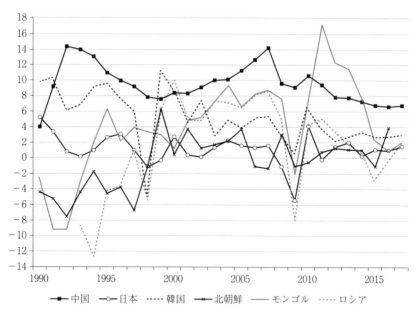

図1 北東アジア諸国の経済成長率（％）

（出所）北朝鮮以外の諸国の成長率はIMFのWEOデータから，北朝鮮のGDP成長率は韓国銀行の推計から入手し，筆者作成。IMF, *World Economic Outlook database*, April 2018; Bank of Korea, *Press Release*, July 22, 2017.

表2　北東アジア諸国の経済・政治体制（2018年）

	経済体制	政治体制
中国	社会主義的な市場経済制度	中国共産党による一党独裁体制
日本	資本主義的な市場経済制度	複数政党に基づく民主主義制度
韓国	資本主義的な市場経済制度	複数政党に基づく民主主義制度
北朝鮮	社会主義的な統制経済	朝鮮労働党による一党独裁体制 （事実上は金日成・金正日・金正恩の世襲による強権的統治）
モンゴル	資本主義的な市場経済制度	複数政党に基づく民主主義制度
ロシア	資本主義的な市場経済制度	複数政党に基づく民主主義制度 （事実上は18年に及ぶプーチン体制）

（出所）筆者作成。

国と同様の複数政党による民主主義的な政治体制をとり，ロシアは複数政党による民主主義体制を掲げるが，現状では18年におよぶウラジーミル・プーチンによる統治が続いている。第三のグループである北朝鮮では，金日成（キム・イルソン）・金正日（ジョンイル）・金正恩（ジョンウン）の世襲による強権的な統治が

続いている。

2.1 資本主義的な市場経済国：日本と韓国

ここでは，まず第二次大戦後，資本主義的な市場経済制度のもとで経済成長を遂げてきた日本と韓国について，その経済成長の歩みを概略する。

日本

日本経済は，第二次世界大戦によって壊滅的な打撃を受けた。戦前から戦中にかけて発行された国債が日銀によって引き受けられていたことから，ハイパーインフレーションが発生した。政府・日銀は，預金封鎖や新円切り替えを行い，通貨の流通量を抑えて物価安定に努めた。日本を占領下に置いた連合国軍最高司令官総司令部（GHQ）は，財閥解体，農地改革，労働改革などを通じて，経済民主化を進めた。財閥解体では，戦前から経済を支配していた財閥が解体され，新たに独占禁止法が導入されて自由で公正な競争の原則が定められた。農地改革によって，長らく農村を支配していた地主・小作関係が廃止されて自作農が創設され，食料生産増加の基盤ができた。労働改革では，労働三法（労働組合法，労働関係調整法，労働基準法）が制定されて，労働組合の設立など労働者の権利が保障された。その一方，資源配分を主要産業に振り向ける傾斜生産方式がとられ，復興金融金庫から基幹企業（鉄鋼や石炭）に大量の融資が行われたことから，インフレが続いていた。そこで，GHQ は，1948年12月に「経済安定9原則」を勧告し，その実施のために「ドッジ・ライン」を作成し，また「シャウプ勧告」によって所得税中心の税制を導入した[2]。これらの政策でインフレは終息したが，

2）「経済安定9原則」とは，①予算の均衡，②徴税の改善，③融資の制限，④賃金の安定化，⑤物価統制の強化，⑥為替の管理（1ドル＝360円の単一為替相場の設定），⑦輸出産業のための資材の割り当て，⑧重要国産品・工業製品の生産の増大，⑨食糧集荷，を指す。
　「ドッジ・ライン」とは，1949年に GHQ 経済顧問として訪日したデトロイト銀行頭取のジョセフ・ドッジが作成した，「経済安定9原則」の実施策で，日本経済の自立と安定のための財政金融引き締めをめざしたものだった。
　「シャウプ勧告」とは，1949年に訪日したコロンビア大学教授のカール・シャウプを団長とする使節団が行った，日本の粗税制度に関する勧告である。税制改革の骨子は，①負担の公平性と資本価値の保全，②直接税（所得税や法人税）中心主義，③間接税の整理，④地方自治の独立性の強化，⑤税務行政の改善，からなっていた。

今度はデフレになり，安定恐慌（ドッジ不況）と呼ばれる状況になった。また，日本は米国からガリオア・エロア資金援助を受け，戦後復興に活用した（この資金は後に返済された）。

　1950年に朝鮮戦争（1950〜53年）が勃発すると，日本では戦争の前進基地として朝鮮特需が発生し，それを機に日本経済は急速に回復した。1956年の『経済白書』は，もはや戦後ではないと宣言した。1955年から73年までの期間は高度経済成長の時期となり，年平均10％以上の経済成長が実現した。この期の前半には，「神武景気」（1954年12月〜1957年6月）や「岩戸景気」（1958年7月〜1961年12月）と呼ばれる経済拡大がみられた。1960年に池田勇人内閣が，所得を10年間で2倍にするという「国民所得倍増計画」を発表し，この計画は7年で達成された。さらに，1964年の東海道新幹線の開通や東京五輪の開催などの特需によって，オリンピック景気となり，日本経済は好調を極めた。1960年代後半からは「いざなぎ景気」（1965年11月〜1970年7月）と呼ばれる，戦後最長の好景気を記録し，この間1968年に，日本のGDPは西ドイツを超え，世界第2位となった。この時期になると，旧財閥系企業が回復し，戦後解体された財閥が株式の相互持ち合いを通じて事実上再生した。

　1971年8月15日にニクソン・ショックが起き，日本は1973年2月に固定為替レート制から変動レート制に移行することとなった。高度成長期に労働人口が農村部から都市部に移動し続けた結果，農村部の過疎化と大都市部の過密化が問題となっていたことから，田中角栄内閣（1972〜74年）は「日本列島改造」に乗り出した。日本列島を高速道路・新幹線などの高速交通網で結び，地方の工業化を促し，過疎と過密の問題と公害の問題を同時に解決するとしたのである。これに触発されて日本列島改造ブームが起き，1973年前半には地価が急激に上昇し，物価も上昇した。その中で，1973年10月に第一次石油ショックが起き，二桁インフレの狂乱物価となった。政府・日銀は，インフレを抑えるための総需要抑制策をとったことから1974年にはマイナス成長になり，高度経済成長期は終えた。日本経済は，1974年から1991年まで，安定成長期に入ることになった。

　日本経済は，第一次石油ショックに柔軟に対応した。製造業企業は，原油価格の上昇で企業収益が悪化するなか，減量経営に努めて労働生産性の向上を図る一方，省エネルギー投資を拡大してエネルギー消費の節約に努めた。この結果，日本のエネルギー消費効率は飛躍的に向上し，国際競争力の回復につながった。産

業構造は，重厚長大型から軽薄短小型・ハイテク型・省エネ型に移っていった。その結果，主要輸出品は鉄鋼から自動車や家電へと移り，貿易収支の黒字が定着し，1980年代に入ると，これらの産業分野の躍進は，米国との間に日米貿易摩擦を引き起こした。

1985年には，プラザ合意を契機に，急激な円高が生じた。そのため，日本銀行は大幅な金融緩和を実施し，政府は景気拡大政策をとった。その結果，過剰流動性が発生し，不動産価格や株価が上昇して好景気となり，「平成バブル景気」（1986年12月〜1991年2月）が起きた。また，大幅な円高を背景に，価格競争力を失った日本企業は東南アジアを中心に直接投資により生産移転を図った。

1991年に資産価格バブルが崩壊して，安定成長期（1974〜91年）が終わり，日本経済は「失われた20年」と呼ばれる長期停滞と物価デフレに陥った。土地価格・株価などの資産価格が長らく低迷したこと，企業部門がバブル崩壊による三つの過剰（設備，雇用，債務）から長らく抜け出せなかったこと，銀行部門が潜在的な不良債権を抱えたまま1997〜98年の銀行危機を迎えたこと，などで経済が停滞した。その間，不良債権が積み重なり，生命保険会社，証券会社，銀行などの金融機関の破綻が相次ぎ，銀行危機が発生した。経済はマイナス成長になり，デフレーションに陥った。2000年代に入り，小泉純一郎内閣（2001〜05年）は聖域なき構造改革を始め，積極的に不良債権処理を進め，大手銀行同士の合併・統合が行われた。その結果，銀行危機は終息し，世界経済の好調にも支えられ，日本経済は「いざなみ景気」（2002年2月〜2008年2月）に入ったが，成長率が低く，かつデフレや名目賃金の低下が続いたこととから，「実感なき景気回復」と言われた。

2008年9月にリーマン・ショックが起きると，経済活動が急激に収縮した。企業部門が，少子高齢化の進展や労働市場の変化など新たな経済環境に十分対応できなかったことが，経済の落ち込みを大きくした。1999年から始まっていた物価下落は2006〜08年には終息したかに思われたが，リーマン・ショック後再びデフレとなり，日本経済を苦しめた。欧州では，2010年にギリシャの債務危機をきっかけに南欧諸国経済が大きく落ち込んでユーロ危機につながり，日本経済にも悪影響が及んだ。この間，中国が高成長を続けたことからそのGDPが急拡大し，日本のGDPは2010年に中国に追い抜かれ，世界第3位になった。2011年3月に，東日本大地震と津波による福島第一原子力発電所の事故が起き，経済に悪影響を

与えた。

2012年末に登場した第2次安倍晋三政権は，アベノミクスの「3本の矢」の下で，低迷が続く日本経済の再生とデフレ脱却をめざす成長戦略を打ち出した。3本の矢は「大胆な金融緩和」，「機動的な財政政策」，「民間投資を喚起する成長戦略」の組み合わせであり，成長戦略は国内経済の構造改革を促すための諸施策から成っている。それは，同時に，各種の経済連携協定（TPP，日EU EPA，RCEPなど）の交渉締結や海外インフラビジネスの拡大など，海外諸国との経済協力にも力点を置いている。日本経済は，低い潜在成長率，少子高齢化，公的債務の累積という深刻かつ構造的な課題に面している。持続的・安定的な経済成長を確保することなくして，公的債務の対GDP比を維持可能な水準に抑えていくことが難しく，国家債務危機のリスクへの対応が迫られている。

韓国

1945年8月に日本が第二次世界大戦で降伏すると，朝鮮半島は日本の統治から連合国軍の管轄下に入り，北緯38度線以北をソ連軍が，同以南を米軍がそれぞれ管轄することになった。占領期においては，米国は南半部を，当初は旧日本総督府の機構を利用して間接統治し，のちに直接統治した。ソ連は北半部を朝鮮人による臨時人民委員会および人民委員会を通じて間接統治した。1948年，米ソ両国は南北にそれぞれ自国が影響力を持つ政権を樹立した。すなわち，南には李承晩（イ・スンマン）が大統領となる「大韓民国」が，北には金日成が首相となる「朝鮮民主主義人民共和国」が成立した。1950年6月，北朝鮮は武力統一を目指して，ヨシフ・スターリンと毛沢東の許可・了承の下，北緯38度線を超えて南侵し，朝鮮戦争（1950～53年）が起きた。これに対して米軍を中心にした国連軍が参戦し，中国は人民志願兵（実態は中国人民解放軍）を送り，ソ連は武器調達や訓練などで支援した。3年間に及ぶ戦争は朝鮮半島全土を荒廃させ，53年7月，国連軍と中朝連合軍が板門店で休戦協定を調印した。これにより，朝鮮半島の南北への二分化は固定された。

韓国は朝鮮戦争で壊滅的な打撃を受け，農産物，原材料・半製品などを米国からの援助に依存する一方，消費財の加工産業を育成した。1950年代後半に米国からの対韓援助が減少すると，自律的な経済発展を遂げる必要に迫られた。李承晩政権（1948～60年）は経済開発政策を策定したが，実施されず，1961年に軍事ク

ーデターが起こり，その翌年，反共安保体制を唱える朴正熙（パク・チョンヒ）が大統領に就任した。この当時，北朝鮮はソ連や中国の支援の下で経済復興を進め，韓国よりも経済的に優位にあったことから，それに対抗すべく経済発展を進める必要があると考えられた。

　韓国経済は，朴正熙政権（1962〜79年）の4次にわたる五カ年計画の下で，めざましい発展を遂げた。それは，政府主導の下，大企業を中心とした輸出志向型の工業化による経済発展で，かつ海外からの資金借り入れに依存したものだった。朴政権は経済計画に沿って，市中銀行を政府の統制下に置き，銀行資金を特定産業の育成や輸出振興のための融資に振り向けた。また経済発展を優先する観点から議会制民主主義を制限し，労働運動を抑圧して賃金の高騰を防いだため，後に「開発独裁」と呼ばれた。韓国は天然資源に恵まれず，海外からエネルギー資源や食料・原材料を輸入する必要があり，そのために加工貿易立国をめざしたが，とりわけ大企業（財閥）を中心に産業素材，部品・部財を輸入して製品輸出を行う戦略をとった。こうした輸出志向型の工業化を進めるために，インフラ整備（ダム建設，水質源開発，発電所の建設）や工場建設を進め，それに必要な巨額の投資資金は，不十分な国内貯蓄を補うために，海外からの借り入れで賄った。

　この時期の韓国の経済発展にとって重要な点は，日本と米国からの経済・技術援助が大きな役割を果たしたことである。韓国は1965年の日韓基本条約を契機として，日本から3億ドルの無償資金，2億ドルの有償資金（円借款），民間借款3億ドル以上の資金と技術援助を得ることになった。朴政権は，これらの資金を国内投資に向け，技術を工業化に利用することで経済発展の基礎を築いた。また，1966年から，韓国軍のベトナム派兵の見返りとして，米国から巨額の経済・軍事援助を受け，ベトナムでの建設事業に韓国企業が進出するなど，官民挙げてベトナム戦争に参加した。また韓国製品が大量に米国市場に輸出され，三星，現代などの財閥が急成長した。こうした「ベトナム特需」もあり，ベトナム戦争中の10年間を通じて，韓国は高成長を達成した。

　1979年10月に朴正熙大統領が暗殺されると，全斗煥（チョン・ドゥファン）が同年12月に軍事クーデターを起こした。これに抗議して大規模な学生デモが発生したが，新軍部は非常戒厳令を全国に拡大し，これに反発していた光州での民主化要求デモを武力で弾圧し，多数の市民が死亡した（光州事件）。全斗煥政権（1980〜88年）は，経済の安定基盤の強化，効率性の向上，国土の均衡発展と社

会開発をめざし，安定成長を図ろうとした。というのは，全大統領が就任した当時，経済はマイナス成長に陥り，40％以上の高インフレとなり，巨額の貿易赤字を抱えていたことから，経済の安定化が必要とされたからである。また81年9月には，ソウル五輪の開催が決まり，韓国経済の成長がめざましいことを印象づけた。全大統領は，自らが経済政策の主導権を握るために，政策の担当を朴政権時代に作られた経済企画院から，青瓦台の経済首席に移すことになった[3]。

1987年に民主化運動が高まると，軍人出身だが文民に転じていた盧泰愚（ノ・テウ）は次期大統領候補として，「オリンピック終了後，然るべき手段で信を問う用意がある」とする「民主化宣言」を出した。その直後の，16年ぶりの民主的選挙で勝利し，大統領に就任した。それまでの韓国は政府主導の成長至上主義の下で経済発展をめざしてきたが，盧泰愚政権（1988〜93年）は政策の焦点を「先進国」入りするための基盤作りに置くことになった。とりわけ，「民主化宣言」により経済面での民主化が起こった。第一に，それまでの労働運動を弾圧して低賃金労働力を経済発展に動員する政策が転換され，労働運動の活性化を通じて，賃金上昇を許すようになった。政府主導型から民間主導型の経済体制への転換が始まったのである。第二に，それまでの高度成長期には，中小企業が十分成長せず，大企業と中小企業の「二重構造」が顕在化していたところ，政府は中小企業の育成に乗り出した。第三に，高度経済成長の下で顕在化していた社会的な問題，たとえば医療保健制度の導入などに積極的に取り組んだ。

1993年には，金泳三（キム・ヨンサム）が大統領に就任し，32年ぶりの文民政権が発足した。韓国は1996年に，先進国クラブである OECD に加盟した。しかし97年には，アジア通貨危機の影響を受けたこともあり，深刻な通貨・金融・経済危機が発生した。1998年に韓国民主化運動の象徴と言える金大中（キム・デジュン）が大統領に就任し，初めて与野党による政権交代が実現された。経済危機により，企業の相次ぐ倒産，失業者の急増などが起きていたが，金大中政権（1998〜03年）は IMF プログラムの下で，経済改革に着手した。破綻した銀行の再構築，財閥のビッグディール政策（事業交換，統廃合），労働市場改革などを

3）韓国は，朝鮮戦争で壊滅的な打撃を受けたが，1960年代後半以降の高度経済成長を経てめざましい経済発展を遂げ，80年代後半には民主化を達成した。この経験は「漢江の奇跡」と呼ばれる。

通じて，経済のV字回復を実現させたのである。しかし，急激な産業構造の転換は貧富の格差を拡大させた。

2000年代以降の韓国経済は低成長と格差拡大の問題を抱えることになった。低成長は，少子高齢化の急速な進行，産業のキャッチアップ段階の終了，中国をはじめとする新興国の追い上げといった構造的な要因によってもたらされた。格差の拡大は，企業の間，個人の間にみられるようになった。企業間の格差は，輸出志向的な大企業が成長を加速化させる一方で，国内市場を中心とする中小企業の成長が伸び悩んだことから生じた。個人の間の格差は，学歴のある者とない者，大企業に務める者とそうでない者，正規労働者と非正規労働者，などの間で見られた。盧武鉉（ノ・ムヒョン）政権（2003〜04年，04〜08年）は，所得の伸び悩み，格差の拡大，若年層の就職難，不動産価格の高騰などの問題に対応しようとした。

李明博（イ・ミョンバク）は，①国民に仕える政府，②活気に満ちた市場経済，③能動的な福祉，④人材大国，⑤グローバル・コリア，という五つの国政指標を掲げて大統領に就任した。李明博政権（2008〜13年）は，投資環境の整備，FTA推進，雇用の質的改善，少子高齢化対策の強化，「大韓民国747」構想を打ち出した。「747」構想とは，10年間で平均7％の成長を実現し，10年後に国民所得4万ドルを達成し，世界第7位の経済大国になるという極めて野心的な構想だった。韓国は2010年に，欧米以外で始めてG20サミットを主催するほどの経済力をつけていた。続く朴槿恵（パク・クネ）政権（2013〜16年）は，重点政策として「経済民主化」や「創造経済」を掲げ，「経済革新3カ年計画」にも乗り出した。「経済民主化」では，財閥による市場の支配や経済力の濫用を防止する政策を打ち出した。「創造経済」では，産業構造を高度化するための科学技術の振興と産業への活用，ITと従来型産業の融合，ベンチャー企業の積極的な支援などを具体化していった。「経済革新3カ年計画」は，労働改革，公共改革，教育改革，金融改革の4大構造改革に衣替えすることになった。しかし，2016年12月に国会が朴大統領の弾劾訴追案を可決し，17年3月に憲法裁判所が罷免を決定したこともあり，その政策は十分実現に移されることがなかった。

文在寅（ムン・ジェイン）政権（2017年〜）は，先進国キャッチアップ型の戦略は限界にきているとして，政府の支援を大企業や製造業の成長に振り向けるのではなく，「人」への投資に振り向けて所得主導の経済成長をめざすという考え

方を示した。そのために，正規雇用の拡大，最低賃金の1万ウォンへの引き上げなどを打ち出した。新産業の育成では，「第4次産業革命委員会」を設置して，人工知能（AI）分野の競争力強化や，次世代の超高速無線通信「第5世代（5G）」の構築を図るとしている。2018年には平昌冬期五輪に北朝鮮の選手団を招き，6月の米朝首脳会談への橋渡しを行った。

2.2　経済体制移行諸国

　次に，中国，ロシア，モンゴルを経済体制移行諸国として取り上げる。中国はまさにこの体制移行の最中にあり，市場経済化が完了していない。ロシアとモンゴルは，1990年代に苦しみを伴った市場経済移行の過程を経験した。北朝鮮は本格的な体制移行にまだ乗り出していないため，次節で取り上げる。

中国

　中華人民共和国は1949年10月に，毛沢東の指導下で中国共産党により建国された。急進的な社会主義建設をめざした毛は，1958年に「大躍進政策」を発動して野心的な計画の遂行を指示した。農業の集団化（人民公社化）を行い，農民を大量に動員して鉄鋼の増産をめざしたが，農業生産が減少し，多くの餓死者を出したと言われ失敗に終わった。毛の失政により，政治の実権が劉少奇・鄧小平に移ったが，毛は1960年代半ばから「文化大革命」を通じて政治の実権を取り戻そうとした。しかし，この政治闘争は多数の犠牲者を出し，かつ農・工業生産など経済活動全体を停滞させて，中国経済を危機的な状況に追い込んだ。1976年に毛が死去することで，ようやく「文化大革命」は終結した。

　1978年12月の第11期3中全会では，鄧小平の指導の下，共産党の活動の重点を「社会主義現代化建設に置く」ことが決議され，経済建設を進めるために「改革開放」政策に踏み切ることになった。毛沢東時代の「大躍進政策」と「文化大革命」で疲弊した経済を立て直すため，現実派の鄧が市場経済の導入を開始したのである。それまで中国では，個人や企業の私有財産が認められず，国家が生産・販売・分配等の経済活動を直接管理していたが，そうした統制経済体制が改められ，私有制と市場メカニズムが導入されることになった。1980年代前半，改革は生産性の低下していた農業分野から着手された。「人民公社」が解体されて生産責任制が導入されたことから，各農民の生産増への誘因が高まり，生産性が大幅

序　章　北東アジアにおける経済成長の課題と域内経済協力

に改善した。また農村では，小規模企業（郷鎮企業）による非農業活動（サービス業や軽工業）が認められた。80年代半ば以降は，改革が国有企業部門にも導入され，国有企業の経営自主権が拡大し，利益の内部留保も認められたことで，企業部門の生産性が改善した。また，産業政策における地方政府の権限が高まった。都市部では外国資本の積極的な利用が奨励され，深圳，珠海，汕頭，厦門の四地域に「経済特区」が，上海，天津，広州，大連などの沿岸部諸都市に「経済技術開発区」が，長江デルタ，珠江デルタ，閩南デルタ地域に「開放区」がそれぞれ設置された。1988年には，私営企業が「社会主義公有制経済の補完物」として規定され，私営企業の活動が飛躍的に拡大することになった。

　こうした改革開放政策は，中国経済の成長を呼び起こしたが，その一方で中国社会に大きな問題を引き起こすことにもなった。農村部と都市部，沿岸部と内陸部などの間の経済格差が拡大し，官僚の腐敗が横行したのである。中央銀行による通貨供給や地方政府による固定資産投資の拡大が経済活動を過熱させ，1980年代末には年率18％台のインフレが起き，政権に対する不満が高まった。そうした中で89年6月に，民主化を求める学生や市民によって「天安門事件」が起きた。政府は，厳しい経済緊縮政策を打ち出し，社会秩序の回復に取り組んだ。その結果，社会的な混乱は収まったが，88年に11％を超えていた経済成長率が1989～90年に4％前後へと低下した。それに伴い，統制経済を復活させる動きが強まり，改革開放路線は停滞することになった。しかし1992年初，公職から退いていた鄧小平は，深圳や上海など中国南部諸都市を視察して「南巡講話」を発表し，改革開放の重要性を強調した。これは，天安門事件後の内向きの党内路線を修正し，改革開放路線を推進する上で決定的な役割を果たした。

　89年に中国共産党の第3代総書記になっていた江沢民は，鄧の後継者として，共産党による一党独裁体制を維持しつつ改革開放政策を推進した。92年10月には，1990年代に「社会主義市場経済」を建設することが決まり，市場経済化がさらに進められた。江沢民・朱鎔基政権（1998年3月～2003年3月）は，国有企業改革・金融改革・政府機構改革を三大改革と位置づけて，改革に取り組んだ。社会主義市場経済の名の下に国有企業が主要産業を支配する構図は変わらなかったが，国有企業に生産・販売，資金調達，人事管理など14項目の経営自主権が与えられ，自ら市場ベースで生産や販売を行えるようになった。また，地方政府も「南巡講話」を受けて，開発区の建設に乗り出し，外資企業の誘致に努めた。こうして中

13

央政府による改革開放政策の推進と地方政府によるインフラ整備によって，外資企業が本格的に中国に生産拠点を設けるようになり，中国は「世界の工場」に向けて動き出した。2001年11月には世界貿易機関（WTO）に加盟し，中国経済がますます世界経済に取り込まれることになった。その一方，都市と農村，沿海部と内陸部の格差はさらに拡大し，「三農問題」などが深刻化したことから，江・朱政権は格差是正にも取り組んだ[4]。江沢民はまた，「三つの代表」論を提示し，私営企業家の入党に道を開いた[5]。

　改革開放政策のさらなる推進によって，中国経済は1990年代前半には高い成長を実現したが，地方政府が外資企業誘致のために開発区の建設を急いで過剰投資を行ったこともあり，再びインフレが加速し，「過熱」状態になった。そこで，金融政策の引き締め，投機的な融資の抑制，投資計画の見直しが行われ，高インフレは90年代後半にかけて終息した。1997年にはアジア金融危機が始まって，中国の経済成長も鈍化し，デフレになった。

　2000年代に入ってからは，国内投資と輸出が中国経済の成長の牽引力となった。「第10次五カ年計画」（2001〜05年）では，2010年のGDPを2000年の2倍にすることが目標とされ，高速鉄道，高速道路網，三峡ダムなど多くの国家レベルのインフラプロジェクトが打ち出された。こうしたインフラ投資はGDPの4割を超え，建設業だけでなく，鉄鋼，セメント，その他素材など工業部門全体の急成長をもたらした。同時に，製造業を中心とした外資企業の進出により中国の国際貿易が大幅に拡大し，中国経済の成長を後押しした。中国は世界一の貿易大国となった。

　2002年に党総書記になった胡錦濤は，「科学的発展観」に基づいて経済発展方

4）「三農問題」とは，農民，農村，農業の三つの問題を指す。農民問題とは，農民の収入が低く，農民は社会保障の権利を得ていないことを意味する。農村問題とは，農村の経済状態が立ち遅れ，都市-農村間の貧富の差が拡大していることを意味する。農業問題とは，農業が産業として極めて低い水準にあることを意味する。

5）「三つの代表」論とは，中国共産党は，先進的な社会生産力の発展，先進的文化の前進，最も広範な人民の根本的利益，の三者を代表するものとする思想を指す。これに関連して，党の位置づけが従来の「労働者階級の先駆者」と同時に，「中国人民と中華民族の先駆者」でもあると明記され，もはや党が特定の階級の代表に留まらないことが示された。これは，社会主義市場経済化の進展により，唯一の指導政党である共産党が，私営企業家を排除するのでなく，彼らを包摂すべきことが認識されるようになったことを反映している。

式を転換し，「小康社会」や「和諧社会」というスローガンを掲げ，民生重視，格差是正，自然との調和の姿勢を打ち出した[6]。たとえば，「三農問題」の解決に向けて，農民の足かせとなっていた戸籍について改革を始め，2020年までに農民一人当たり収入を08年の2倍にする目標を定め，農民の土地経営権の移転を公式に承認し，農村部に保険制度を導入して社会保障整備を進めるなど独自の政策を打ち出した。さらに，沿海部と内陸の格差是正をめざし，西部大開発や東北地域新興策などを展開した。また，深刻化する環境破壊に対して，2010年までにエネルギー原単位05年比20％削減の目標を出した。

胡錦濤・温家宝政権（2003年3月〜2013年3月）は，同時に，健全な経済成長を維持する姿勢もとり，様々な制度的な改革を進めた。たとえば「第11次五カ年規画」（2006〜10年）では[7]，2010年までに一人当たりGDPを2000年比で倍増することを掲げ，2006年の第17回共産党大会では，2020年までに一人当たりGDPを2000年比4倍にする目標を打ち出した。制度面では，2004年の全人代で，私有財産権保護を明記した憲法改定案が採択され，株式制度，企業統治制度など，国有企業の改革のための政策が打ち出された。2007年の全人代では，私有財産の保護を明記した「物権法」，国内企業と外資企業の所得税を一本化する「企業所得税法」が採択された。

2008年9月のリーマン・ショックにより，欧米経済が大きく収縮したが，中国も輸出の急減で成長率が落ちた。しかし，胡・温政権は4兆元に上る経済対策を打ち出して経済成長を支え，いち早くリーマン・ショックから回復した。その結果，2010年にはGDPで日本を追い抜き，米国に次ぐ世界第2位の経済大国とな

6）「科学的発展観」とは，「人を基本」とし，経済・社会・政治・文化など「全面的」に調和のとれた持続可能な発展をめざすもので，急速な経済成長に伴う環境問題・資源問題や格差問題に対処するものとされる。「小康社会」は，社会経済発展の段階的目標として鄧小平時代からめざされてきた概念である。

「小康」とは「いくらかゆとりのある」という意味であり，中国では2000年に小康社会が「基本的に」実現されたが，まだ「全面的」には実現されておらず，2020年に全面的「小康社会」ができるとされる。

「和諧社会」とは，矛盾のない調和のとれた社会のことを指す言葉であり，2004年の第16期4中全会で提起された。

7）第11次5カ年計画からは，名称が「計画」から「規画」に変更になり，政府と市場の役割が明確にされ，市場の発展の方向性を強調するものとされた。

った。ただし，このときの経済対策は，後にインフラ・不動産部門の過剰投資や鉄鋼・セメントなどの工業部門で過剰設備など大きな副作用をもたらすことにつながった。「第12次五カ年規画」（2011～15年）では，2015年までの目標として，経済発展方式の転換加速，民生重視，内需拡大，格差是正などが提起された。

　2012年に習近平が党総書記に就任すると，健全な経済社会の建設，経済外交を通じた国際的な影響力の増大，米国に対抗する軍事大国の建設がめざされることになった。中国の「特色ある社会主義制度」を整備・発展させるために，金利や人民元レートの市場化，戸籍制度の規制緩和，税制改革，農地改革，一人っ子政策の緩和など様々な経済改革が打ち出された。また，「一帯一路」構想やアジアインフラ投資銀行（AIIB）の設立に向けた動きが始まった。海洋権益を守り，海洋強国を建設することも表明された。汚職・腐敗の撲滅が共産党政権の安定を保証するとの立場から，反腐敗運動が始められた。

　中国経済は，2010年に10.6％の高成長を記録して以降，成長率が傾向的に低下し，高度成長期を終えて中高度成長期という「新常態」に入った。その背景としてはいくつかの要因が挙げられる。第一に，これまで農村部に存在していた余剰労働力が枯渇し，同時に労働供給の基礎となる生産年齢人口（国際基準の15～64歳）も2014年にピークアウトし減少局面に入っていることが挙げられる。第二に，インフラ投資を長く続けてきたため，過剰投資問題が出てきており，従来のような高い水準のインフラ投資が望めなくなっている。第三に，公害問題など環境制約が強くなり，高い成長率が望めなくなっている。第四に，企業の過剰設備や過剰債務が増大し，不動産部門でも過剰在庫が積み上がり，理財商品などシャドーバンキングの活動が拡大している状況では，政策的な刺激策をとって経済成長を引き上げることが難しくなっている。

　こうした状況を受けて，「第13次五カ年規画」（2016～20年）では，経済の中高速成長の維持が明記されるとともに，供給側の構造改革や消費主導型経済への転換が強調された。供給側の構造改革とは，鉄鋼業や石炭業を中心とした部門での過剰生産能力，不動産の過剰在庫，工業部門企業の過剰債務の解消をめざすことを意味する。とりわけ，過剰設備や過剰債務を抱えた「ゾンビ企業」（事実上破たんしているが，補助金等によって生き残っている国有企業など）をなるべく早く整理・淘汰していくことが重視されている。また，2020年までに「小康社会」を「全面的」に実現するために，①経済の中高速成長を維持する，②生活水準と

質を普遍的に向上させる，③国民の資質と社会の文明化を著しく向上させる，④生態環境を総体的に改善する，⑤各種制度をより成熟させ定型化する，という五つの目標が掲げられた。

このような観点から，中国は経済構造の転換を図っているところであり，従来の輸出・投資主導型の経済から消費主導型の経済にシフトすること，重厚長大型の製造業から軽薄短小型・ハイテク型の製造業に，あるいは高付加価値のサービス業にシフトすることがめざされている。また，都市と農村，地域間，高所得層と一般労働者の間の所得格差に対処するために，戸籍制度を根本的に改めると共に戸籍制度とつながる社会保障制度を整備していくことがめざされている。

習近平総書記は，第19回全国代表大会（2017年10月）で，2020年に全面的な「小康社会」を建設し，2035年までに「社会主義現代化」を成し遂げ，2049年までに「社会主義現代化強国」の実現をめざすとした。党規約に「習近平の新時代の中国の特色ある社会主義思想」が党の行動指針として盛り込まれることになった。また，一帯一路，中国の夢，人類運命共同体，などの言葉も党規約に盛り込まれた。2018年３月の全人代では，憲法を改正して，国家主席と副主席の任期を２期10年とする制限を撤廃し，習近平思想を憲法に盛り込むこととした。これにより，習近平主席の任期は2023年以降も続くことが可能になった。

ロシア

ロシアはもともと，旧ソビエト社会主義共和国連邦（ソ連）を構成する最も重要な共和国であり，ソ連崩壊後は国際的にその権利・義務を引き継ぐ国として認識され，行動している。

ソ連は，ロシア革命（1917年）後の1922年末にソ連共産党による一党独裁の下で建国され，世界初の憲法上の社会主義国となった。第二次世界大戦においては，ドイツと戦い，連合国の勝利に決定的な役割を果たした。大戦後のソビエト時代には，世界初の人工衛星スプートニクの打ち上げや有人宇宙飛行の実現など，技術先進国でもあった。また東西冷戦期には東側の盟主として，軍事的に西側諸国と対抗する勢力となった。しかし，社会主義の下での計画経済・統制経済は次第に行き詰まり，経済成長をもたらすための経済改革が必要とされるようになった。

1985年にソ連の指導者となったミハイル・ゴルバチョフは米国のロナルド・レーガン大統領（当時）との間で冷戦を終結させる一方，ペレストロイカ（改革）

とグラスノスチ（情報公開）を掲げて政治・経済体制の抜本的改革に取り組んだ。しかし，国内の民族主義の高まりや保守派と改革派への分裂が深刻化する中で，ゴルバチョフは1990年3月に大統領に就任したものの，「1991年8月クーデター」が起き，その求心力は大きく失われた。その間，改革派のボリス・エリツィンは，1990年にロシア・ソビエト社会主義共和国をロシア共和国と改称して主権宣言を行い，翌年同国大統領に就任した。それを受け，ソ連を構成していた他の多くの共和国も連邦を脱退することになった。91年12月にはゴルバチョフ大統領が辞任し，ソ連は崩壊した。

　ソ連の崩壊により，ロシア共和国の国名はロシア連邦に変更され，エリツィンが大統領を続けた。エリツィンは1992年1月に，中央計画経済から市場主義経済システムへの移行をめざして，国際通貨基金（IMF）等の助言に基づく急進的な経済改革（「ショック療法」）を開始した。その核心は，価格の自由化，対外経済取引の自由化，国営企業の民営化，企業改革，労働市場改革，金融市場改革，税制改革，社会的安全網の整備など一連の経済構造改革だった。しかし，価格自由化や民営化を中心とする「ショック療法」は，ロシア経済に大きな混乱をもたらし，長期的な低迷を招くことになった。価格自由化は，中央銀行による大量の国債引受けもあり，1992年に前年比2500％以上のハイパーインフレを引き起こして，人々の金融資産の実質価値を大きく引き下げ，貧困層を拡大させた。また改革当初から90年代後半にかけてGDPが大幅に縮小した。同時に，急激な民営化政策によって，多くの国営企業株が，政界と密接な関わりをもつ「オリガルヒ」と呼ばれる新興財閥の所有となり，大企業の寡占化が進み，政治的にも大きな影響力を持つようになった。1997年には成長がプラスに転じつつあったが，アジア通貨危機の影響を受けて，98年に債務超過による財政危機に面し，再び落ち込んだ。

　急進的な市場経済移行に伴う経済的混乱やロシアの国際的地位の低下を受けたエリツィン大統領は，後継の大統領として，自身が最後に首相として任命したウラジーミル・プーチンを指名した。2000年に大統領となったプーチンは，国内の安定と政府権力の強化を目指し，議会勢力及び地方勢力の掌握といった中央集権化や，反政権の新興財閥「オリガルヒ」の解体やマスコミの統制など，強権的な政治安定を追求した[8]。また，持続的な経済成長に成功し，「優先的国家プロジェクト」（保健，教育，住宅建設，農業）を通じて国民生活の向上を図った。

　2期8年の大統領任期を終えたプーチンは，側近のドミートリー・メドヴェー

ジェフを後継に指名する一方，自らも首相として引き続き政権に留まった。メドヴェージェフ大統領はプーチン路線を継承しつつ，経済の「近代化」を最重要視して経済改革を進めるとともに，大統領の任期（4年から6年へ）や国家院（下院）の任期（4年から5年へ）を延長するなど政治改革も進めた。

　2012年には，プーチンが「予定通り」大統領に復帰し，第3期プーチン政権が発足した。2014年3月にクリミアを「併合」すると，欧米諸国との間に緊張関係が生まれ，国際的な経済制裁を受けることになったが，愛国主義的傾向を強める国民世論の圧倒的な支持を得た。しかし，石油・天然ガスなどの天然資源に経済的・財政的に依存するロシアは，2014年後半からの国際原油価格の低迷を受けて，2015〜16年とマイナス成長に陥り，経済・財政状況が大幅に悪化した[9]。2017年にはプラス成長に回復しているが，経済基盤が強固になっているわけではない。2018年3月には大統領選挙が実施され，プーチン大統領が再選され，第4期プーチン政権が始まった。

モンゴル

　モンゴルでは，第二次世界大戦前の1920年代から，ソ連と緊密な関係をもつモンゴル人民革命党による一党独裁の下で，社会主義体制が維持されていた。しかし，ソ連のようには重工業が発展せず，首都のウランバートルに人口集中する中で軽工業が展開される程度で，それ以外の地域では小麦栽培を中心とした大規模農業や牧畜業が中心だった。1960年代初に経済相互援助会議（コメコン）への加盟で，経済面でもソ連への貿易・資金依存が高まり，ソ連の援助による資源開発が行われてその後の鉱業部門発展の基礎が築かれた。

　1980年代末期には，モンゴルでも東欧情勢の変化やソ連のペレストロイカに触発され，サンジャースレンギーン・ゾリグなどが市場経済導入と自由選挙を求め

8）プーチン大統領は，親欧米・反政府的なオリガルヒをほぼ一掃したが，これが後にロシアと欧米諸国が対立する一つの要因となっている。追放されたオリガルヒはイギリス等に拠点を移し，欧米や西側資本の支援を受けて反プーチン運動を展開している。

9）ロシアは最も鉱物・エネルギー資源が豊富な国の一つであり，原油，天然ガス，燃料用亜炭，石炭などの採掘量が多い。原油の産出量と輸出量はサウジアラビアに次ぐ世界第2位であり，天然ガスの産出量は米国に次ぐ世界第2位である。原油の大半は輸出されているが，天然ガスの大半は国内で消費されている。

て，民主化運動が高まった。1990年には，ドマーギン・ソドノム閣僚会議議長（首相）らの決断により，人民革命党の一党独裁政権が終わり，複数政党制の下で最初の自由選挙が行われた。1992年に最初の民主憲法が制定され，モンゴル人民共和国はモンゴル国へと改称され，社会主義が放棄された。憲法には，国民の最終目標は人民の民主社会の建設であると謳われ，政治の民主化は，モンゴル経済にとっても重大な転換点となった。ただ，その後の4年ごとの総選挙では，政権が頻繁に交代することになり，必ずしも一貫した政策がとられていないという問題が残された。

　モンゴルは，民主化と同時に市場経済化を開始したが，その際，国際通貨基金（IMF），世界銀行，アジア開発銀行（ADB）などによって推奨された一連の経済改革を積極的に進めた[10]。モンゴルで導入された経済政策は，ロシアと同様，価格と貿易の自由化，金融自由化，民営化，規制撤廃などで特徴づけられた「新自由主義」政策パッケージだった。しかし，こうした政策は短期間で急激に導入された「ショック療法」でもあったことから，経済活動の収縮，成長の鈍化，失業・貧困・格差の拡大など望ましくない結果をもたらした。鉱物資源と家畜資産に恵まれるとはいえ，国民の4分の1以上が貧困状態に陥り，移行から30年近く経った現在も安定的な経済成長が実現されていない。

　当初の経済改革の最優先課題は市場経済の基礎を築くことにおかれ，政府はマクロ経済バランスの回復と経済構造改革という2つの政策を同時に実行した。マクロ経済バランスの回復を目指して，価格と貿易の自由化，単一為替レート制の導入，厳格な信用の管理，補助金の廃止，社会的セーフティネットの構築などに取り組んだ。経済構造改革では，国有部門の民営化，私的財産権の確立，企業改革，財政・金融制度の改革，法制度の整備，独占体の規制，外国投資の促進，教育・保健部門の改革などを進めた。マクロ経済の安定化を図り，経済・社会インフラを整備し，民間部門に経済的な意思決定を委ねていくことで，貯蓄と投資を増強し，競争力を強化し，輸出を促進し，経済成長を確かなものにする方向が示された。これらの一連の改革は，民間部門に基づく市場志向的な経済発展への基礎を築いたという意味で極めて重要な意義をもった。実際，民間部門は1995年ま

10）モンゴルは，1991年にIMF，世界銀行，ADBに，そして1997年には世界貿易機関（WTO）に加盟した。

序　章　北東アジアにおける経済成長の課題と域内経済協力

でに経済活動の中心となり，2013年には GDP の80％を担うほどに拡大した。

　しかし，新自由主義的な「ショック療法」による経済体制移行の過程は円滑なものではなく，多くの移行症候群を伴った。広範な価格の自由化と頻繁な通貨切り下げの結果，1992～93年にハイパーインフレが起きた。貿易や製造業を中心に，ほぼすべての経済活動が移行ショックによる打撃を受け，1990～93年の間に実質 GDP は20％縮小した。1990～91年のコメコン制度の解体とソ連の支援撤退により，モンゴルは輸出市場を失い，貿易が縮小した。とりわけ，軽工業（カシミヤ加工産業を除く）をはじめとする製造業が大きく衰退した。モンゴル経済は1994年から回復を始めたが，実質 GDP が1990年の水準に戻ったのは，移行開始後10年を経過した2001年だった。この間，社会主義時代から引き継がれた基礎教育，環境保護，公共事業規制，健康保険，年金制度などが，最低限のものに縮小される中で，失業，貧困，不平等などの社会問題が深刻化した。

　2000年代には経済が順調に拡大する中で，ナンバリーン・エンフバヤル首相・大統領のもとで，次のようないくつかの重要な国家プロジェクトが採用され実行に移された―垂直・水平方向の幹線道路網の構築のための「ミレニアム道路」プロジェクト（2001年承認），モンゴルの砂漠化を抑えるための「グリーン・ベルト」国家プロジェクト（2005年に承認），「ミレニアム開発目標（MDGs）に基づく包括的国家開発戦略」（2008年に承認）。とくに，「包括的国家開発戦略」では，輸出志向の産業育成，民間主導の経済成長が重視され，2021年まで毎年二桁の経済成長率を達成し，中所得国入りすることが目標として掲げられた。

　しかしモンゴル経済は，2008年の世界金融危機の影響を受け，2009年にマイナス成長となった。その後，鉱物資源分野の順調な発展を背景に，国際資源価格の回復により，2010～11年にはV字回復を果たした。しかし，資源ナショナリズムを背景とする制限的な対内投資政策や法律の制定により，対内投資が激減し，かつ中国の景気減速や世界的な資源価格安の影響により主要産業である鉱業が不振となり，2015～16年と経済成長率が落ち込んだ。こうした厳しい状況を踏まえ，モンゴル政府は2017年，国際通貨基金（IMF）との間で支援プログラムを受入れ，構造改革に取り組んでいる。

2.3　北朝鮮

　北朝鮮は，世界の中でも特異な存在である。いまだに中央集権的・対外閉鎖的

な社会主義経済制度を堅持し、かつ朝鮮労働党の一党独裁の下で、金日成・金正日・金正恩の世襲による強権的な政治体制が存続している。また朝鮮戦争が国際的に終結していない現状を踏まえて、米国と韓国を敵視する立場から、長距離弾道ミサイルや核兵器の開発を進めてきた。

第二次大戦後、ソ連の間接統治下に置かれていた北朝鮮は、1948年に社会主義国として独立し、金日成が首相に就任した。金日成は南北の武力統一をめざし、南半部に侵攻して朝鮮戦争（1950〜53年）を引き起こしたが、米軍を中心とする国連軍の介入を招き勝利には至らず、かえって大きな被害を蒙った。北朝鮮は休戦後も、韓国の「解放」をめざし体制間競争をくり広げた。50年代半ばから60年代初にかけて、ソ連や中国からの援助を受けて重工業中心の産業復興を進め、韓国よりも経済的に優勢になった。1960年代から80年代までは、三次にわたる七カ年計画を打ち出して経済発展を図ろうとしたが、順調な成果が挙げられなかった。1981年に、経済成長を続ける韓国でソウル五輪の開催が決まり、韓国と経済力が逆転したことが明らかになった。1989年に東欧社会主義圏、91年にソ連が崩壊すると、これら諸国からの援助資金の流入が途絶え、当時のコメコン諸国との貿易が激減し、北朝鮮経済は極めて深刻な危機を迎えることになった。

北朝鮮は、1990年代に入って経済活動の持続的な縮小を経験し、1989〜98年の10年間で実質GDPは三分の二の規模に縮小した（韓国銀行による推計）[11]。99年になり、ようやく長期下降に歯止めがかかったが、その間、金正日が最高指導者になった94年から、洪水問題・食糧難（1990年代央から後半）、エネルギー不足、資金不足、財政破綻が起き、体制崩壊の危機に直面した。96年には食糧配給がほぼ止まって配給制度が機能不全に陥ったこともあり、1995〜96年は「苦難の行軍」の時期と呼ばれた。栄養失調や飢餓で大規模の死者が発生し、脱北者が相次いだ[12]。

---

11) 北朝鮮の実質GDPはその後ある程度回復したが、1989年の水準を回復するには至っていない。2016年の実質GDPは、89年の水準よりもまだ16%低い水準にある（韓国銀行の推計）。90年代の経済危機はいくつかの構造的な要因によってもたらされた。第一に、ソ連の崩壊により、国際貿易と援助資金流入が急減したことが挙げられる。第二に、旧コメコン諸国との間の貿易が大幅に縮小した後も貿易・投資が自由化されず、閉鎖経済体制がとられた。第三に、経済活動の全般を覆ってきた中央集権的な計画経済・統制経済の限界が明らかになった。

序　章　北東アジアにおける経済成長の課題と域内経済協力

こうした深刻な事態を背景に，北朝鮮は2002年に「経済管理改善措置」（7.1措置）と呼ばれる経済改革に乗り出した。それは，①公式価格の引き上げと為替レートの切り下げ，②農民市場の容認と自由取引空間の拡大，③企業の自主権の拡大，などを含むものだった。公式価格の引き上げは，公式価格を闇市場価格に収斂させることで，闇市場の拡大に歯止めをかけることを意図したものだった。「農民市場」は，農民が自留地で栽培した農作物を販売できる市場として容認され，2003年には農作物だけでなく，工業品消費物資の市場を含む「総合市場」が認定された。こうした改革は，配給制度の崩壊後，住民が食糧や生活必需品を手に入れるための市場が急速に発展していたところ，そうした実態を追認するものだった。企業の自主権の拡大は，国営企業の意思決定を合理化することをめざしたものだった。しかしこの経済改革は社会主義的な統制経済の枠組みを前提した上で進められたため，経済活動は活性化されず，かえって貧富の格差の拡大につながった。

また，市場の拡大は当局の警戒心を高め，2005年頃から市場に対する統制が行なわれるようになり，2002年の改革路線は後退した。2009年には突如通貨のデノミが行われ，市場の閉鎖や外貨流通の取締りが実施され，経済統制が強化された。デノミで旧通貨が新通貨に交換された際，交換に限度額が設けられたが，これは2002年の経済改革によって富を蓄えた富裕層の資産を国家が事実上没収することを目的とするものだったとされる。しかし，デノミの直後から高いインフレが起き，物資不足に拍車がかかったことから，多くの住民が食糧や生活必需品を入手できない状態に陥った。その結果，市場は再び開かれ，外貨の流通も認められるようになった。

2012年に権力を継承した金正恩は，社会主義的な統制経済の行きづまりによる経済危機から脱却するために，経済改革を通じて経済発展を進める姿勢を見せた。実際，同年には「新経済管理改善措置」（6.28措置）を打ち出し，市場を容認し，

---

12) 大飢饉が発生した理由は複合的なものだったと考えられる。第一に，1995年の大水害以降，気象災害が相次いで北朝鮮を襲ったことが挙げられる。第二に，化学肥料や農薬を大量に使用し，耕地面積を広げるために無理な段々畑を作るなど，農業政策そのものに問題があった。永年にわたる化学肥料の大量使用は地力の低下を招き，無理な耕地の拡大とともに，水害に脆弱な農業環境を作り出していた。第三に，集団農業制度は経済的な誘因を引き出すものではなく，非効率的で，農業生産を低迷させていた。

国営企業や共同農場の経営の自由度を広げるなど市場経済導入に向けた改革路線を進めた。この結果，市場経済が拡大して生活必需品の大半が市場を通じて取引されるようになり，国際的な経済制裁にも拘らず，農産物生産や経済成長の上昇につながった可能性がある。しかし，起業の自由を認めたり，協同農場制度から個人農制度に移行したりするなどの本格的な改革には至っていない。一方で，2013年3月には，経済建設と核戦力建設を同時に進める「並進路線」を打ち出し，17年までに4回の核実験を行い（金正日時代からのものを含むと計6回），大陸間弾道ミサイル（ICBM）の開発を進めた。核・ミサイル開発は国際社会から糾弾され，さらに厳しい経済制裁を招いた。

また2016年5月には，35年半ぶりに開催された朝鮮労働党大会で，「国家経済発展5カ年戦略」（2016～20年）が提示された。この戦略の目標は，2016～20年の5年間で，人民経済全般を活性化させ，経済部門間の均衡を保障して，国の経済を持続的に発展させる土台をつくることだとされた。具体的には，エネルギー問題を解決しながら，4つの先行部門（電力，石炭，金属，鉄道）と基礎工業部門（機械工業など）を正常化させ，併せて農業と軽工業部門の生産を増やして人民生活の向上を図る，とした。とりわけ経済発展と人民生活の向上のために，電力と食糧の安定供給に向けて全力で取り組む姿勢が示された。金正恩第1書記は「北朝鮮は政治的・軍事的には強国の地位を確立しているが，経済的にはまだ遅れている」との認識を示し，「経済強国となるためには，党と国家が総力を結集しなければならない」とした。

2018年4月には，北朝鮮は，史上初となる6月の米朝首脳会談を控えて，「並進路線」が歴史的な課題を果たしたとし，今後は経済建設に総力を集中させる新路線に転換する方針を示した。当面は，「国家経済発展5カ年戦略」の期間に，工業・農業の生産を拡大し，「豊かで文化的な生活」の実現に努めるとされる。

3　北東アジア地域の経済構造上の課題

北東アジア各国の経済構造上の課題を検討するために，まずGDPの供給構造と需要構造について概観し，次いで人間開発指数，世界競争力指標，ビジネス環境指標，ガバナンス指標から示唆される，各国の経済発展・競争力・制度上の問題点を明らかにする。

3.1 GDP の供給・需要構造

　ここでは，北東アジア各国の経済構造の特徴を押さえるために，GDP の構造を供給面，需要面から検討する。

GDP の供給構造

　図 2 は，北東アジア各国の GDP を供給面から捉え，主要な産業の付加価値の対 GDP 比の時間的な変化をプロットしたものである。主要な産業として，農業，鉱工業（とりわけ製造業），サービス業の GDP に占める比率が示されている。この図から，各国の供給構造がお互いに異なること，時間とともに変化してきたことがわかる。

　まず中国では，全体の GDP に占める農業の比率が傾向的に低下し，製造業の比率が緩やかに低下し，サービス業の比率が上昇していることがわかる。農業の比率はこの35年ほどの間に30％程度から10％以下の水準になり，製造業の比率は40％から30％の水準に向けて緩やかに低下し，サービス業の比率は20％強から50％強になり，経済の中で最も重要な部門になっている。中国では，サービス業の対 GDP 比をさらに引き上げていくこと，製造業の中味をハイテク産業など生産性の高い分野にシフトしていくことが課題になっている。

　日本では，経済のサービス化が急速に進み，サービス業の比率がこの35年間で60％から70％程度の水準に上昇する一方，製造業の比率は27％ほどの水準から傾向的に低下し20％程度となり，農業の比率は1980年の時点でも 2 ％と極めて低く2016年では 1 ％程度にしかすぎない。日本のサービス業の比率は北東アジアの中で最も高く，農業の比率は最も低い。

　韓国では，日本よりも高い30％程度の比率で製造業が維持されており，この30年間ほぼ変わっていない。農業の比率は1980年の17％から大きく低下して2016年には 2 ％程度になり，サービス業の比率は50％から上昇し60％程度となっている。韓国は日本の産業構造変化の後追いをしているように思われるが，最大の違いは，韓国の製造業/GDP 比が低下傾向を示しておらず，かつ中国と同程度の水準にあり，北東アジアで最も高いことである。

　北朝鮮では，この20年ほどの間に大きく拡大したり後退したりする産業部門はなく，サービス業/GDP 比が45％程度と最も高く，製造業と農業の対 GDP 比がいずれも20％程度の水準になっている。北朝鮮のサービス業/GDP 比は北東アジ

25

図2　北東アジア諸国のGDPの供給構造（%）

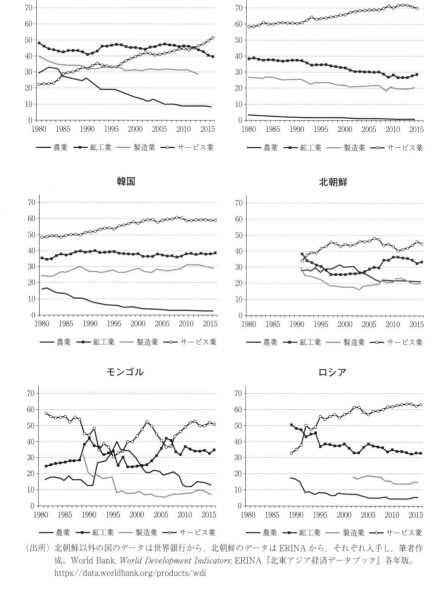

（出所）北朝鮮以外の国のデータは世界銀行から，北朝鮮のデータはERINAから，それぞれ入手し，筆者作成。World Bank, *World Development Indicators*; ERINA『北東アジア経済データブック』各年版。
https://data.worldbank.org/products/wdi

アの中で最も低く，農業/GDP 比は最も高い。つまり，北朝鮮は産業構造の変化
という点で，最も遅れた国だということができる。

　モンゴルでは，産業構造の変化が必ずしもスムーズなかたちで進んでいない。
たとえば，サービス業/GDP 比は，1980年代初めの60％近い水準から80年代後半
以降大きく低下して90年代央には30％ほどの水準になり，その後上下変動を繰り
返し，近年は50％程度の水準を推移している。製造業は80年代末に GDP の30％
ほどを占めていたが，経済体制移行に伴い急激に低下し，直近では10％以下の水
準になっている。しかし，鉱業が活性化したことから，鉱工業/GDP 比は一時
25％ほどの水準に低下したものの，近年では35％ほどの水準になっている。鉱業
（鉱工業と製造業の差）の対 GDP 比は北東アジアの中で最も高い。農業/GDP 比
は1980年代には20％弱の水準にあったが，90年代に入ると大きく上昇し，90年代
末には35％の水準にまで達したが，その後は緩やかに下落し，近年では10％を若
干上回る水準にある。いずれにせよ，10％以下という製造業の水準は北東アジア
の中で最も低く，製造業の再活性化が課題となっている。

　ロシアでは，サービス業の趨勢的な拡大と，製造業をはじめとする鉱工業およ
び農業の趨勢的な縮小が起きている。サービス業/GDP 比は60％以上であり，北
東アジアでは日本に次ぐ大きさとなっている。製造業/GDP 比は15％以下でモン
ゴルに次ぐ低さである。ロシアにとっても製造業の再生が課題になっている。農
業/GDP 比は 5 ％程度である。

GDP の需要構造

　図 3 は，北東アジア諸国（北朝鮮を除く）の GDP を需要面から捉え，主要な
支出項目の対 GDP 比をプロットしたものである。主要な支出項目としては，家
計最終消費，政府最終支出，総固定資本形成，財・サービス純輸出が示されてい
る。この図から，需要面での成長の原動力が時間に伴い，かつ各国間で大きく異
なっていることがわかる。

　中国では，総固定資本形成（投資）の対 GDP 比が時間とともに上昇し一時は
45％に達したものの，ここ数年は若干低下している。それでも投資/GDP 比は，
40％以上で他の北東アジア諸国と比べると格段に高い。一方，家計最終消費
/GDP 比は傾向的に低下し，40％以下の水準になっている。この水準は，投資比
率よりも低く，かつ北東アジアの中で最も低い。こうした点を反映して，中国は

図3 北東アジア諸国のGDPの需要構造（%）

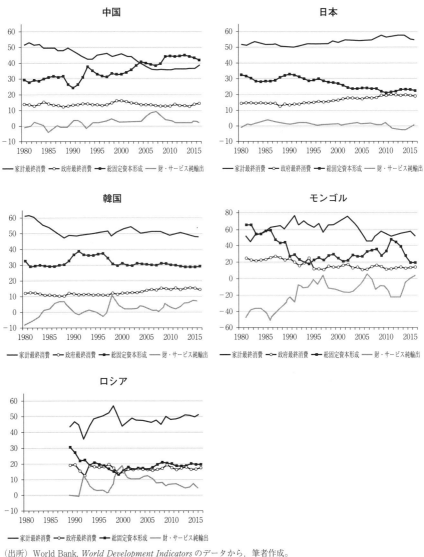

（出所）World Bank, *World Development Indicators* のデータから，筆者作成。
https://data.worldbank.org/products/wdi

序　章　北東アジアにおける経済成長の課題と域内経済協力

これまでの投資主導型の経済成長から，消費主導型の経済成長に転換しようとしており，そうした転換によって，中国はより健全な経済成長を達成できるとしている。純輸出/GDP 比は2000年代後半に10％近くに上がったが，それ以降は低下しており，近年の経済成長は純輸出主導型だとはいえなくなっている。

　日本の場合は中国と逆で，投資/GDP 比が時間とともに趨勢的に低下し，家計消費と政府消費の対 GDP 比が趨勢的に上昇している。とりわけ，投資の対 GDP 比が近年は20％近くへと下がっており，投資の活性化が課題になっている。家計最終消費/GDP 比は60％程度と，北東アジア諸国の中で最も高い水準にある。純輸出/GDP 比はほぼゼロの周辺で安定している。

　韓国では，投資/GDP 比が1980年代の30％ほどの水準から1990年代初に40％近い水準に上昇したが，97～98年の金融危機を経て下落し，その後は再び30％前後の水準で安定的に推移している。家計消費/GDP 比は1980年代に60％以上の水準から50％程度に低下したあとは，その水準で安定的に推移している。政府消費/GDP 比は2000年代に入って緩やかに上昇しており，純輸出/GDP 比が近年上昇傾向にある。

　モンゴルの場合は，家計消費，投資，純輸出の対 GDP 比の時間的な変動が極めて大きい。家計消費/GDP 比は，経済体制移行前の1980年代に45％程度の水準から50％代の水準に上昇し，体制移行期間中もその水準を維持したが，2000年代前半に40％台に落ち，その後はその水準で推移している。投資/GDP 比は，1980年代後半に60％程度の高水準から急激に低下を始め，90年代前半には20％の水準にまで落ち，その後は徐々に回復して2010年代初めには45％に達したが，再度急速に低下し，直近年では20％と極めて低い水準にある。投資の活性化が順調な経済発展のための課題となっている。純輸出/GDP 比も大きく変動し，1980年代の40％という大幅な赤字は解消したが，2000年代に入っても20％の赤字が生じた。近年は赤字幅が縮小し，若干の黒字も計上されるようになっているが，これは投資の低下を反映したものであり，必ずしも健全な姿とは言えない。

　経済体制移行後のロシアでは，家計消費，投資，政府消費の対 GDP 比は比較的安定的に推移している。家計消費/GDP 比は50％前後の水準であり，投資と政府消費の対 GDP 比は20％程度の水準となっている。ただし，対 GDP 比で20％程度という投資水準は低く，日本やモンゴルと同様，投資の活性化が課題となっている。純輸出は黒字で対 GDP 比で5～10％ほどの水準にある。

3.2 人間開発，世界競争力，ビジネス環境，ガバナンス

次に，北東アジア各国の特性を，人間開発，世界競争力，ビジネス環境，ガバナンスの観点から比較・整理する。これらの比較では，データ不足から北朝鮮を取り上げることが難しい場合が多いが，少なくともそれ以外の諸国を相互に比較することができる。

国連開発計画（UNDP）の人間開発指数

「人間開発指数」（HDI）とは，保健，教育，所得という人間開発の三つの側面に関して，その平均的な達成度を測るための指標であり，国連開発計画（UNDP）により1990年から発表されている[13]。保健の指標としては「平均寿命」が用いられ，教育の指標としては「就学予測年数」と「平均就学年数」が用いられ，所得の指標としては「一人当たり国民総所得」（GNI）が用いられている。「一人当たりGNI」は2011年基準の米ドル建ての購買力平価（PPP）で換算された値である。表3は，北東アジア諸国の人間開発指数とその構成要素をまとめたものである。北朝鮮については，「平均寿命」と「就学予測年数」のみのデータが入手可能であるが，それ以外のデータは示されていない。

表3　北東アジア諸国の人間開発指数（2015年）

	中国	日本	韓国	北朝鮮	モンゴル	ロシア
人間開発指数	0.738 (90)	0.903 (17)	0.901 (18)	―（―）	0.735 (92)	0.804 (49)
平均寿命	76.0	83.7	82.1	70.5	69.8	70.3
就学予測年数	13.5	15.3	16.6	12.0	19.8	15.0
平均就学年数	7.6	12.5	12.2	―	9.8	12.0
一人当たりGNI	13,345	37,268	34,541	―	10,449	23,286

(注)　人間開発指数の各国内の数字は世界ランキングを示す。一人当たりGNIは米ドル表示。
(出所) UNDP, *Human Development Report 2016*, March 2017より筆者作成。

---

13) 指数は全て，（実測値−最小値）／（最大値−最小値）の式によって標準化された上で，HDIが計算される。ここでの最大値・最小値は世界全体の中での最大値・最小値であり，この式により，各国の値を0から1の間の値に標準化することができる。「一人当たりGNI」指数については，自然対数で対数変換してから標準化される。

序　章　北東アジアにおける経済成長の課題と域内経済協力

　北東アジア諸国（北朝鮮を除く）を人間開発指数の高い順に並べると，日本（世界全体で17位），韓国（18位），ロシア（49位），中国（90位），モンゴル（92位）となる。日本は，「平均寿命」，「平均就学年数」，「一人当たりGNI」で，北東アジアの中でベストの実績を示しているが，「就学予測年数」では，ロシア，韓国に次ぐ第3位である。韓国は，全ての分野で，北東アジアのなかで第2位の実績を示している。ロシアは，「平均寿命」で第5位，「就学予測年数」で第4位，「平均就学年数」と「一人当たりGNI」で第3位となっている。中国は，「平均寿命」では第3位，「一人当たりGNI」では第4位だが，「就学予測年数」と「平均就学年数」で第5位となっている。中国の課題は，就学年数を引き上げることだということがわかる。モンゴルは，「平均寿命」と「一人当たりGNI」で最下位である（とくに「平均寿命」は北朝鮮よりも低い）。モンゴルの「就学予測年数」は19.8と北東アジア諸国の中で第1位だが，「平均就学年数」が9.8と第4位になっている。モンゴルにとっては，平均寿命を引き上げることと，生徒や学生を実際に就学させることが課題だ。

ワールドエコノミックフォーラム（WEF）の世界競争力指数

　表4は，ワールドエコノミックフォーラム（WEF）が発表した2017～18年の「世界競争力指数」を北東アジア諸国（北朝鮮を除く）についてまとめたものである。この表からいくつかの点が分かる。これら諸国を国際競争力の高い順に並べると，日本（世界全体で6位），韓国（26位），中国（28位），ロシア（41位），モンゴル（102位）となる。中国，日本，韓国，ロシアでは極めて強い分野がある（日本と韓国では複数分野）。中国，日本，韓国では極めて弱い分野はないが，モンゴルでは極めて弱い分野が多数あり，ロシアでは極めて弱い分野が一つある。比較的弱い分野はすべての国にみられる。

　中国の強みは「市場規模」の大きさにあり，好調な「マクロ経済環境」も中国にとってプラスの要素となっている。極めて弱い分野はないものの，比較的弱い分野として，「技術的な準備力」が不足していること（北東アジアの中で最低のモンゴルに次いで弱い）が挙げられる。日本の強みは「事業の洗練性」，「インフラストラクチャ―」，「市場規模」，「健康・初等教育」，「イノベーション」にある。極めて弱い分野はないが，比較的弱い分野として「マクロ経済環境」が良好でないこと（とりわけ公的債務問題の深刻さなどにより北東アジアで最低）が挙げら

表4　北東アジア諸国の世界競争力指数とランキング，2017〜18年

	中国	日本	韓国	モンゴル	ロシア
全体	5.0 (27)	**5.5 (9)**	5.1 (26)	3.9 (101)	4.6 (38)
基礎的要因	5.3 (31)	5.7 (21)	5.8 (16)	4.1 (100)	4.9 (48)
制度	4.4 (41)	5.4 (17)	4.0 (58)	3.4 (108)	3.7 (83)
インフラストクチャー	4.7 (46)	**6.3 (4)**	**6.1 (8)**	3.1 (108)	4.9 (35)
マクロ経済環境	6.0 (17)	4.3 (93)	**6.6 (2)**	4.4 (89)	5.0 (53)
健康・初等教育	6.2 (40)	**6.6 (7)**	6.3 (28)	5.6 (85)	6.0 (54)
効率性向上要因	4.9 (28)	5.4 (10)	4.9 (26)	3.8 (91)	4.6 (38)
高等教育・訓練	4.8 (47)	5.4 (23)	5.3 (25)	4.5 (65)	5.1 (32)
財市場の効率性	4.5 (46)	5.2 (13)	5.0 (24)	4.0 (111)	4.2 (80)
労働市場の効率性	4.5 (38)	4.8 (22)	4.2 (73)	4.2 (68)	4.3 (60)
金融市場の発展	4.2 (48)	4.9 (20)	3.9 (74)	3.0 (129)	3.4 (107)
技術的な準備力	4.2 (73)	6.0 (15)	5.6 (29)	4.2 (74)	4.5 (57)
市場規模	**7.0 (1)**	6.1 (4)	5.5 (13)	3.0 (104)	5.9 (6)
イノベーション・洗練性要因	4.3 (29)	**5.6 (6)**	4.8 (23)	3.1 (116)	3.8 (57)
事業の洗練性	4.5 (33)	**5.7 (3)**	4.9 (26)	3.3 (123)	4.0 (71)
イノベーション	4.1 (28)	**5.4 (8)**	4.8 (18)	3.0 (101)	3.5 (49)

（注）　指標は1（最低）から7（最高）の値をとる。括弧内の数字は，世界全体で137か国中のランキング。各国
　　　　で，極めて強い分野は太字で示され，極めて弱い分野は濃い網掛で，比較的弱い分野は薄い網掛で，それ
　　　　ぞれ示されている。
（出所）　World Economic Forum, *The Global Competitiveness Report, 2017-18*（September 2017）データから筆者
　　　　作成。https://www.weforum.org/reports/the-global-competitiveness-report-2017-2018

れる。韓国の強みは「マクロ経済環境」と「インフラストラクチャー」にあり，
極めて弱い分野はないが，比較的弱い分野として，「金融市場の発展」や「労働
市場の効率性」（北東アジアで最低）が低いことが挙げられる。モンゴルでは，
強みがなく，極めて弱い分野が多数ある。とくに「金融市場の発展」，「事業の洗
練性」，「財市場の効率性」，「インフラストラクチャー」，「制度」，「市場規模」，
「イノベーション」が不十分であることが挙げられる。比較的弱い分野も多く，
「マクロ経済環境」（現在モンゴルはIMFプログラム下にある），「健康・初等教
育」，「技術的な準備力」の面で遅れている。ロシアでは，強みとして「市場規
模」の大きさが挙げられる。ロシアの極めて弱い分野は「金融市場の発展」が遅
れていることであり，比較的弱い分野は，「制度」，「財市場の効率性」，「事業の
洗練性」の面で遅れがみられることである。

世界銀行のビジネス環境の指標とランキング

　表5は，世界銀行の『ビジネス環境の現状2018：雇用創出のための改革』

序　章　北東アジアにおける経済成長の課題と域内経済協力

表5　北東アジア諸国のビジネス環境の指標とランキング（2017年6月）

	中国	日本	韓国	モンゴル	ロシア
全体	65.3 (78)	75.7 (34)	**83.9 (4)**	69.0 (62)	72.5 (35)
事業開設	85.5 (93)	84.4 (106)	**95.8 (9)**	90.1 (59)	93.0 (28)
建設許可の取得	47.3 (172)	73.4 (50)	77.7 (28)	78.2 (23)	65.3 (115)
電力事情	68.8 (98)	89.9 (17)	**99.9 (2)**	55.0 (139)	92.8 (10)
不動産登記	76.2 (41)	73.9 (52)	76.3 (39)	74.2 (50)	88.7 (12)
資金調達	60.0 (68)	55.0 (77)	65.0 (55)	80.0 (20)	75.0 (29)
少数投資家の保護	48.3 (119)	58.3 (62)	71.7 (20)	66.7 (33)	61.7 (51)
納税	62.9 (130)	76.7 (68)	86.7 (24)	77.3 (62)	79.3 (52)
国際貿易	69.9 (97)	86.5 (51)	92.5 (33)	66.9 (110)	69.2 (100)
契約執行	**78.2 (5)**	65.3 (51)	**84.2 (1)**	58.5 (88)	72.2 (18)
破綻処理	55.8 (56)	**93.4 (1)**	**89.3 (5)**	43.5 (93)	57.8 (54)

（注）　数値は「最先端への距離」（distance to frontier; DTF）として0～100の値をとり，0に近いほど最後進国のスコアに近く，100に近いほど最先端国のスコアに近い。括弧内の数値は190カ国中のランキング。各国で，極めて強い分野は太字で示され，極めて弱い分野は濃い網掛で，比較的弱い分野は薄い網掛で，それぞれ示されている。

（出所）　World Bank Group, *Doing Business 2018: Reforming to Create Jobs*, October 2017 よりデータを入手し，筆者作成

（2017年10月）に基づき，北東アジア各国（北朝鮮を除く）の「ビジネス環境」の指標と国際的なランキングを示したものである。データは2017年6月時点のものである。ビジネス環境改善の目的は，中小の起業家による創造性の足かせとなる煩雑な規制を取除き，彼らの事業設立・拡張を容易にすることを通じて，投資と雇用の創出・拡大を図り，経済成長に結びつけることにある。そうした観点から世界銀行は，「事業開設」（起業・事業設立の容易さ），「建設許可の取得」（許可取得の容易さ），「電力事情」（電力供給を受けることの容易さ），「不動産登記」（登記の容易さ），「資金調達」（企業の資金調達の容易さ），「少数投資家の保護」（保護の程度），「納税」（税・社会保険料納付の容易さ），「国際貿易」（取引の容易さ），「契約執行」（契約履行の容易さ），「破綻処理」（処理の容易さ）に焦点を当て，それぞれについて最先端国からどの程度離れているかをスコア化し，世界の中でのランキングを求めている。

　この表から，北東アジアにおけるビジネス環境は，国の間でのバラツキが大きいことがわかる。まず，全般的に最も良好なビジネス環境を示しているのは韓国であり，日本，ロシア，モンゴルと続き，中国が最下位にランクされている。中国の場合，その強みは「契約執行」にあるが，大きな弱みとして「建設許可の取得」，「納税」，「少数投資家の保護」の面で問題があり，加えて「電力事情」，「国

33

際貿易」、「事業開設」などでも改善の余地がある。日本の強みは「破綻処理」に
ある一方、大きな弱みは「事業開設」にあり、加えて「資金調達」についても改
善の余地がある。韓国のビジネス環境は全体として極めて高く評価されており、
世界で第4位となっている（第1位ニュージランド、第2位シンガポール、第3
位デンマーク）。韓国の強みは「契約執行」、「電力事情」、「破綻処理」、「事業開
設」にあり、弱みはほとんどない。モンゴルでは大きな強みはなく、大きな弱み
は「電力事情」と「国際貿易」にあり、「破綻処理」と「契約執行」に改善の余
地がある。ロシアでも大きな強みはないが（ただ「電力事情」と「不動産登記」
にある程度の強みがある）、大きな弱みは「建設許可の取得」と「国際貿易」に
ある。興味深い点は、モンゴル、ロシア、中国においては「国際貿易」でビジネ
ス環境を大きく改善させることが共通の課題であり、この点、地域協力を通じた
国際貿易の活性化が有用であることが示唆される。

世界銀行の世界ガバナンス指標

　最後に、世界銀行による「世界ガバナンス指標」を検討する。世界銀行は、ガ
バナンスを「一国の権威・権力が行使される一連の慣習と制度」と定義し、各国
のガバナンスの状態を政治・経済・制度の面から評価するために、「国民の声と
説明責任」「政治的安定と暴力の不在」「政府の有効性」「規制の質」「法の支配」
「汚職の抑制」という6つの側面から指標化している。表6は、北東アジア各国
のガバナンス指標をまとめたものである。これまで見た「世界競争力指標」や
「ビジネス環境指標」を用いた分析では、北朝鮮が取り上げられなかったが、こ
こでは北朝鮮も評価の対象に加えられている。

　この表から、平均的なガバナンス指標が最も高いのは日本であり、それに韓国、
モンゴル、中国、ロシアと続き、北朝鮮が最下位となっている。中国の平均的な
ガバナンス指標は北朝鮮、ロシアのそれを上回るものの、モンゴルのそれよりも
低くなっている。中国にはガバナンス上の強みはないが、その大きな弱みは「国
民の声と説明責任」にあり、北東アジアの中では北朝鮮に次いで低い水準となっ
ている。また、「政治的安定と暴力の不在」でも遅れている。日本のガバナンス
指標は全ての分野で、他の北東アジア諸国を上回っており、とりわけ「政府の有
効性」、「汚職の抑制」、「規制の質」で抜きんでている。韓国のガバナンス指標は、
「政治的安定と暴力の不在」を除いて、全ての分野で日本に次ぐ高さになってい

序　章　北東アジアにおける経済成長の課題と域内経済協力

表6　北東アジア諸国の世界ガバナンス指標（2016年）

	中国		日本		韓国		北朝鮮		モンゴル		ロシア	
	推定値	順位	推定値	順位	推定値	順位	推定値	順位	推定値	順位	推定値	順位
全体の平均	-0.42	(40.2)	1.36	(88.2)	0.75	(72.8)	-1.65	(5.7)	0.06	(53.1)	-0.73	(25.5)
国民の声と説明責任	-1.62	(6.9)	1.00	(77.8)	0.63	(67.0)	-2.13	(0.0)	0.45	(60.1)	-1.21	(15.3)
政治的安定と暴力の不在	-0.52	(27.1)	1.01	(86.2)	0.17	(51.9)	-0.71	(21.9)	0.82	(73.3)	-0.89	(16.7)
政府の有効性	0.36	(67.8)	1.83	(95.7)	1.07	(80.8)	-1.65	(3.9)	-0.11	(50.5)	-0.22	(44.2)
規制の質	-0.26	(44.2)	1.43	(90.4)	1.11	(84.1)	-2.33	(0.0)	-0.08	(52.4)	-0.42	(37.0)
法の支配	-0.22	(46.2)	1.38	(88.5)	1.14	(86.1)	-1.63	(3.4)	-0.22	(46.6)	-0.80	(21.2)
汚職の抑制	-0.25	(49.0)	1.51	(90.9)	0.37	(66.8)	-1.45	(5.3)	-0.50	(35.6)	-0.86	(18.8)

(注)　各指標は-2.5から+2.5の間で推定値として表示され，推定値が大きくなるほど，ガバナンスが良好と判断される。順位とは百分率順位であり，100に近いほどその国は上位に位置し，0に近いほど下位に位置する。各国で，極めて強い分野は太字で示され，極めて弱い分野は濃い網掛で，比較的弱い分野は薄い網掛で，それぞれ示されている。
(出所)　World Bank, *Worldwide Governance Indicators* より筆者作成。

る。「政治的安定と暴力の不在」では，日本，モンゴルに次ぐ水準である。北朝鮮のガバナンス指標は，「政治的安定と暴力の不在」を除いて，全ての分野で北東アジアの中で最下位になっている。とくに，「国民の声と説明責任」と「規制の質」においては世界209カ国中最も低い水準であり，「法の支配」，「政府の有効性」，「汚職の抑制」でも極めて低い水準となっている。モンゴルには大きな強みや弱みのある分野がないが，「政治的安定と暴力の不在」は日本に次ぐ高さとなっており，「汚職の抑制」は北朝鮮，ロシアに次ぐ低さとなっている。ロシアのガバナンス指標は，全ての分野で北朝鮮に次ぐ低さになっており，とりわけ，「国民の声と説明責任」，「政治的安定と暴力の不在」，「汚職の抑制」で問題がある。

4　北東アジアにおける経済的な相互依存

　次に，北東アジア諸国の経済がどの程度国際化しているか，どの程度相互依存関係をもっているかを概観する。ここでは，国際的な旅行支出，国際貿易，海外直接投資のデータを用いて検討する。まず表7は，北東アジア諸国に焦点を当てて，2016年の時点で，海外旅行収支の受取と支払，財・サービス貿易の輸出と輸入，海外直接投資残高の対外投資と対内投資について，それぞれの対GDP比を

35

表7　北東アジア諸国の国際経済取引の対GDP比（%），2016年

中国		日本		韓国		北朝鮮		モンゴル		ロシア	
海外旅行収支											
受取	支払	受取	支払	受取	支払	受取	支払	受取	支払	受取	支払
0.4	2.3	0.6	0.4	1.2	1.9	—	—	2.9	4.3	0.6	1.9
財・サービス貿易											
輸出	輸入	輸出	輸入	輸出	輸入	輸出	輸入	輸出	輸入	輸出	輸入
19.6	17.4	16.4	15.6	42.8	35.6	—	—	43.4	48.5	26.7	21.4
海外直接投資残高											
対外	対内	対外	対内	対外	対内	対外	対内	対外	対内	対外	対内
11.3	11.9	28.5	3.8	22.0	13.3	—	5.0	3.6	119.3	26.2	29.5

（注）　海外旅行収支は国際収支表に計上される旅行収支の受取，支払データ。海外直接投資は残高。
（出所）International Monetary Fund, *Balance of Payments Statistics*, CD ROM; World Bank, *World Development Indicators*; UNCTAD, *Overseas Direct Investment database*; IMF, *World Economic Outlook database* よりデータを入手し，筆者作成。

まとめたものである。

　まず海外旅行収支の受取と支払の対GDP比をみると，モンゴルが最も高い比率を示しており，日本が極めて低い比率を示していることがわかる。日本を除くすべての北東アジア諸国で，支払が受取を大きく上回っており，これは外国人訪問者（インバウンド）が自国で支出する金額よりも，自国民旅行者（アウトバウンド）が海外でより多くの金額の支出を行っていることを意味する。この傾向はとりわけ中国で顕著にみられる。日本には近年多くの外国人旅行者が訪問しているが，彼らが支出する金額は日本のGDPの0.6%であり，さほど大きい金額ではない。日本人が海外で支出する金額はさらに小さく，GDPの0.4%にすぎない。

　財・サービス貿易の対GDP比をみると，この比率が高いのはモンゴルであり，次いで韓国，ロシアとなっている。最も低いのは日本であり，次いで中国である。貿易についても，モンゴルが最も開放的であり（貿易の対GDP比が高い），日本は最も閉鎖的である（貿易/GDP比が低い）。

　海外直接投資残高の対GDP比を見ると，対外投資か対内投資かで，各国ごとに大きなバラツキがあることが分る。対外投資では，最大の投資国（対GDP比）は日本であり，次いでロシア，韓国となっている。対外投資比が最も低いのはモンゴルであり，次いで中国となっている。対内投資では，最大の受入国（対GDP比）はモンゴルで対GDP比119%ときわめて高く，次いでロシア，韓国と

36

なっている。対内投資/GDP 比が最も低いのは日本の3.8％で，次いで北朝鮮，中国である。このように，日本は対 GDP 比で見た場合，北東アジアで最大の投資国だが，最小の受入国でもある。その逆に，モンゴルは北東アジアで最小の投資国だが，最大の受入国である。

4.1 自国民の海外旅行の訪問先，外国人旅行者の出身国

表 8 は，北東アジア各国（北朝鮮を除く）において，自国民（アウトバウンド）が海外旅行先として主にどの国に訪問しているか（主要旅行先トップ10カ国），外国人旅行者（インバウンド）が主にどの国から来ているか（主要出身国

表8　北東アジア諸国の国民の主要旅行先，外国人訪問者の主要出身国（トップ10カ国），2015,
16年

中国		日本		韓国		モンゴル		ロシア	
アウトバウンド	インバウンド	アウトバウンド	インバウンド	アウトバウンド	インバウンド	アウトバウンド	インバウンド	アウトバウンド	インバウンド
マカオ	香港	米国	中国	中国	中国	中国	中国	トルコ	ウクライナ
香港	マカオ	中国	韓国	日本	日本	ロシア	ロシア	エジプト	カザフスタン
タイ	台湾	韓国	台湾	米国	米国	韓国	韓国	ポーランド	フィンランド
韓国	韓国	台湾	香港	タイ	台湾	香港	日本	カザフスタン	中国
日本	ベトナム	タイ	米国	フィリピン	香港	日本	米国	中国	ポーランド
台湾	日本	フランス	タイ	ベトナム	フィリピン	カザフスタン	カザフスタン	ウクライナ	アゼルバイジャン
米国	ミャンマー	シンガポール	オーストラリア	香港	タイ	米国	ドイツ	スペイン	ウズベキスタン
シンガポール	米国	グアム	マレーシア	台湾	マレーシア	マカオ	フランス	ジョージア	アルメニア
ベトナム	ロシア	ベトナム	シンガポール	シンガポール	インドネシア	シンガポール	オーストラリア	イタリア	ドイツ
ドイツ	モンゴル	ドイツ	フィリピン	マカオ	ベトナム	オーストラリア	イギリス	タイ	モンゴル

（注）　アウトバウンドは2015年，インバウンドは2016年のデータ。各国民の主要旅行先，外国人訪問者の主要出身国が北東アジア域内国である場合には，網掛けで示されている。

（出所）　アウトバウンドのデータは国連・世界観光機関（UN World Tourism Organization），インバウンドのデータは各国の政府観光局（中国国家旅游局，日本政府観光局，韓国観光公社，モンゴル政府観光局，ロシア政府観光局）および国連・世界観光機関よりそれぞれ入手し，筆者作成。

37

トップ10カ国）をまとめたものである。アウトバウンドは2015年，インバウンドは2016年のデータである。ここから，日・中・韓の間では，旅行者がお互いに極めて緊密な形で相互交流していることが分る。中国の場合は，ロシアからの訪問者もトップ10に入っている。日・韓の場合は，モンゴルやロシアとの交流が限られている。モンゴルでは，日・中・韓に加え，ロシアとの間の相互交流が活発である。ロシアにとっては，欧州諸国やCIS諸国との間の旅行者の相互交流が活発で，中国との交流も重要だが，日・韓との交流の程度は限られている。また，ロシア以外の北東アジア諸国にとっては，米国との旅行者交流も極めて重要である。

4.2 貿易の相手国

表9は，2016年における北東アジア各国（北朝鮮を除く）の，輸出・輸入の主要相手国（トップ10カ国）をまとめたものである。ここから，日・中・韓の間の

表9　北東アジア諸国の輸出・輸入の主要相手国（トップ10カ国），2016年

中国		日本		韓国		モンゴル		ロシア	
輸出	輸入	輸出	輸入	輸出	輸入	輸出	輸入	輸出	輸入
米国	韓国	米国	中国	中国	中国	中国	中国	オランダ	中国
香港	日本	中国	米国	米国	日本	イギリス	ロシア	中国	ドイツ
日本	台湾	韓国	オーストラリア	香港	米国	ロシア	日本	ドイツ	米国
韓国	米国	台湾	韓国	ベトナム	ドイツ	ドイツ	韓国	イタリア	フランス
ドイツ	ドイツ	香港	台湾	日本	台湾	イタリア	米国	ベラルーシ	イタリア
ベトナム	オーストラリア	タイ	ドイツ	シンガポール	サウジアラビア	シンガポール	ドイツ	韓国	ベラルーシ
オランダ	マレーシア	シンガポール	タイ	台湾	オーストラリア	日本	ベトナム	米国	日本
インド	ブラジル	ドイツ	サウジアラビア	インド	ベトナム	香港	マレーシア	日本	韓国
シンガポール	スイス	オーストラリア	インドネシア	メキシコ	カタール	米国	ポーランド	ポーランド	ポーランド
台湾	タイ	イギリス	UAE	マレーシア	ロシア	韓国	ウクライナ	カザフスタン	イギリス

（注）　主要な貿易相手国が北東アジア域内国である場合には，網掛けで示されている。
（出所）IMF, *Direction of Trade Statistics* のデータより筆者作成。

序　章　北東アジアにおける経済成長の課題と域内経済協力

貿易には緊密な相互依存関係が存在するが，これら三カ国にとってモンゴルやロシアは主要な貿易相手国ではないことがわかる（ただし韓国にとってロシアは第10位の輸入元）。これは，日・中・韓三カ国がいずれも東アジア地域で形成されてきたサプライチェーンに組み込まれているが，モンゴルやロシアは組み込まれていないことの反映である。モンゴルは，日・中・韓・ロとの間で活発な貿易を行っているが，モンゴルの経済規模・貿易規模が小さいことから，相手国にとってモンゴルは主要な貿易パートナーではない。ロシアにとっては，欧州諸国に加え，日・中・韓が主要な貿易相手国である。また，全ての北東アジア諸国（北朝鮮を除く）にとって，米国も主要な貿易相手国である。

4.3　海外直接投資の相手国

　表10は北東アジア各国の，2016年における対外・対内直接投資残高でみた，直接投資の主要な相手国（トップ10カ国）をまとめたものである。この表では，中国とモンゴルの対外投資の相手国は，それぞれの政府当局が発表したデータに基づくものではなく，それぞれの相手国当局が対内投資としてIMFに報告したデータに基づいたものであるため，留意して取り扱う必要がある。とくにモンゴルの対外投資については，対外投資先として，明白なトップ10カ国にあたるものが限られている。

　この表から，海外直接投資の相手国は，国によってバラツキがあるものの，日・中・韓の間では緩やかな相互依存関係が存在することがわかる。まず中国では，主要な対外投資先として北東アジアの国は入っていないが（韓国は第12位），主要な対内投資元として日本と韓国が入っている。日本の場合には，主要な対外投資先として中国と韓国がトップ10位に入り，対内投資元ではどの北東アジアの国も入っていない（ただし韓国が11位）。韓国の場合は，主要な対外投資先として中国が第1位となっており（日本は第12位），主要な対内投資元として日本（第1位）と中国（第9位）が入っている。モンゴルでは対外・対内直接投資の両者において，大半の北東アジア諸国が主要な相手国となっている。すなわち，主要な対外投資先として中国，韓国，ロシアが入り，主要な対内投資元として中国，日本，韓国が入っている。ロシアの場合は，海外直接投資の相手国は欧州諸国やオフショア市場が大半で，北東アジア諸国への依存度は極めて限られている。

39

表10 北東アジア諸国の対外・対内直接投資残高の主要相手国・地域, 2016年

中国		日本		韓国		モンゴル		ロシア	
対外投資	対内投資	対外投資	対内投資	対外投資	対内投資	対外投資	対内投資	対外投資	対内投資
香港	香港	米国	米国	中国	日本	中国	中国	キプロス	キプロス
シンガポール	英領バージン諸島	イギリス	フランス	米国	米国	韓国	カナダ	オランダ	オランダ
オーストラリア	日本	中国	オランダ	香港	オランダ	ロシア	シンガポール	英領バージン諸島	ドイツ
米国	シンガポール	オランダ	シンガポール	ベトナム	イギリス	イタリア	ルクセンブルグ	オーストラリア	シンガポール
オランダ	韓国	オーストラリア	イギリス	オーストラリア	シンガポール	タイ	香港	スイス	フランス
カナダ	米国	タイ	スイス	シンガポール	ドイツ		オランダ	トルコ	ルクセンブルグ
インド	ドイツ	シンガポール	ケイマン諸島	ケイマン諸島	香港		日本	イギリス	スイス
カザフスタン	ケイマン諸島	韓国	香港	オランダ	マルタ		米国	ドイツ	イギリス
ミャンマー	オランダ	ケイマン諸島	台湾	インドネシア	中国		韓国	米国	ジャージー
ルクセンブルグ	台湾	香港	ルクセンブルグ	イギリス	フランス		イギリス	バハマ	英領バージン諸島
韓国(12)		韓国(11)		日本(12)					

（注） 中国とモンゴルの対外直接投資残高データは，IMF 報告国の対内直接投資データによるものを利用。対外・対内直接投資の主要相手国が北東アジア域内国である場合には，網掛けで示されている。
（出所） IMF, *Coordinated Direct Investment Survey* のデータより筆者作成。

5 本書の各章の要約

最後に，本書に収録された各章を要約しておくことにしたい。

5.1 第1章「日本経済の成長と北東アジア」

第1章では，日本における「失われた20年」と呼ばれる長期経済停滞と日本経済の構造的な問題点を明らかにし，進行中のアベノミクスの内容と進捗状況を説

序　章　北東アジアにおける経済成長の課題と域内経済協力

明し，その成果を評価する。また，日本はどのようなかたちで北東アジア諸国との経済協力を進め，いかにその成長力を取り込んで経済成長を図っていくことができるかを検討する。

　日本経済は，2012年末以来の5年半以上に及ぶアベノミクスの下で，「失われた20年」から脱却しつつある。この間，景気拡大が続き，経済活動や雇用情勢は極めて堅調で，潜在成長率も2008～09年の0％から17年には1％程度の水準にまで高まっている。人口減・少子高齢化の下で潜在成長率をさらに底上げしていくためには，労働供給を拡大させるとともに，労働生産性を引き上げていくことが欠かせない。労働供給の拡大には，女性とシニア層の労働参加率を高めるとともに，外国人労働をこれまでより積極的に活用することが重要だ。労働生産性を高めるには，投資（設備，IT，AI，ロボット等）の拡大，労働の質や流動性の向上，第4次産業革命につながる技術革新を促すことがカギで，これまでの成長戦略で示された重要な諸施策を着実に実行していくことが求められる。

　また，日本としては，「国内」という狭い枠組みでのみ経済成長を考えるのではなく，発展めざましい中国をはじめ北東アジア諸国の成長力を取り込んでいくという発想が重要だ。そのためには，日本経済をさらに開放的なものにする一方で，北東アジア地域の安定的な成長を支援できるビジネスモデルと国内態勢をつくり，経済協力の利益が内需や雇用に結びつくようにしていく努力が欠かせない。

　北東アジア地域との経済協力で日本が力を入れていくべきは，インバウンド観光の促進，貿易・投資の拡大，インフラ協力だ。第一に，日本は他の北東アジア諸国と連携して，相互に観光旅行者を誘致する態勢をつくることが望ましい。観光客の国際交流は相互理解の向上につながり，企業間のビジネス交流にもプラスの影響を与えよう。第二に，日本は中国・韓国との日中韓FTAに加えて東アジア地域包括的経済連携（RCEP）を締結することで，国際分業体制をさらに効率化させることができる。中堅・中小企業が海外ビジネスを行えるような枠組みを作っていくことが重要だ。第三に，インフラ事業を北東アジア諸国と協力して進めることで，観光，貿易・投資，ビジネスを活性化できる。石油・ガス部門での対ロシアインフラ協力は日本のエネルギー輸入元の確保につながろう。

5.2　第2章「中国経済の『新常態』－構造変化・地域発展・国際連携」

　2013年以降，中国経済は「新常態」（ニューノーマル）と呼ばれる，新たな構

造変化の時期に入り，その内容や影響について様々な議論が展開されている。例えば，経済成長率の傾向的低下と成長の質の向上，消費の拡大とサービス業の振興，イノベーションによる成長の促進，国有企業改革，財政・金融制度改革などの課題が取り上げられている。しかし，中国国内の「地域」という視点から中国の構造問題を考察する研究は限られており，各「地域」の成長様相の変化や関連政策についてこれまで十分に検討されてきたとは言い難い。近年，中国の「地域」経済は大きな転換点を迎えており，その変化は中国経済の持続的発展と地域間格差の是正に重要な意味を持つものである。中国経済が力強く成長していくためには，エンジンの役割を果たす先進地域の成長が不可欠であろうし，中国全体で均衡の取れた経済発展を実現するためには，後進地域に対する支援政策も重要だろう。このように，中国経済の将来展望を明らかにするためには，「地域」経済を分析対象にすることが必要不可欠である。

　こうした点を踏まえ，第2章は，中国経済の構造変化を中国国内の「地域」の視点から分析する。第一に，中国経済は「新常態」と呼ばれる中高速成長期に入っているが，中国の経済構造は急激に変わるものではなく，その強みと弱みがすぐになくなるわけでもない。投資依存・消費不足・国有企業改革・イノベーションによる成長の促進などの課題は以前から指摘されていることであり，今後徐々に改善していくものと考えられる。

　第二に，これまで中国の経済構造変化の研究に欠如していた「地域」の視点を加えて分析してみると，中国の地域経済は大きな変容を遂げており，これまでの沿海・中部・西部・東北という枠組みで捉えきれない，極めて多様で複雑な形で変化していることがわかる。投資消費比率の国際比較から中国経済は投資偏重であることが確認され，その度合いは省ごとで多様なものになってきている。投資偏重の度合いが低い「地域」は，所得水準が高く，外資の導入比率や第三次産業の比率が高いという先進的な特徴をもつ傾向がある。中国の各省の投資比率や省間の多様化に関する主成分分析と相関検定を行うと，先進的な地域ほど投資比率が低く，先進的でない地域ほど投資比率が高いことが知られる。今後，「一帯一路」，「長江経済帯」，「京津冀協同発展」の実施により国内地域経済の一体化が進展し，各地域の経済はよりダイナミックに変化し，それが将来の中国の経済地図に大きな影響を与える可能性がある。

　第三に，経済成長率の減速が顕著である東北地域にとっては，「一帯一路」構

序　章　北東アジアにおける経済成長の課題と域内経済協力

想は国境開発を中心とする国際協力政策と大都市を中心する国内開発策を結合させた，これまでにない戦略であり，極めて重要なものである。東北地域は，「一帯一路」の下で北東アジア各国との経済協力を推進するとともに，域内都市に留まらず，北京市や上海市などの中国国内の経済先進地域との連携を促す必要がある。北東アジアに目を向けると，中国と他の北東アジア諸国との貿易においては，歴史的・文化的・地理的な近接性による国際連携の競争優位は次第に減退し，グローバル化の中で国際分業に参入するための産業競争力の強さが決め手となっている。中国の東北地域は連結性を強化することで，国際競争力を高めることができよう。

5.3　第3章「韓国経済の構造改革と通商政策」

　第3章では，韓国の経済構造改革と通商政策について分析を行う。1997～98年の通貨・金融・経済危機以降，各政権によってとられた経済構造改革とFTA政策の取り組みを整理し，今後の韓国経済の構造改革の方向と，北東アジアにおける地域内協力のあり方を展望する。

　まず韓国の潜在成長率が今後低下することを説明し，潜在成長率低下の流れを緩やかにするためにも構造改革が必要性であることを示し，これまでどのような構造改革が進められてきたかを説明する。次いで，これまでの構造改革により構造問題が解消された経済部門として財政部門，金融部門，企業部門（とりわけ企業財務構造）を挙げ，これらの部門で，どのような構造問題がどのような改革により，どのように解消されたのかについて明らかにする。

　まだ構造問題が解消されていない経済部門として，労働部門，企業部門（とりわけ経営不振企業の構造調整），家計部門（とりわけ負債），対外部門（とりわけ国際資本移動）を挙げる。これらの経済部門で，これまでどのような構造改革が行われたか，構造問題の現状はどのようなものか，今後どのような構造改革が必要かについて明らかにする。

　次に，自由貿易協定（FTA）の締結を通じた対外的な貿易・投資の自由化が経済構造改革に貢献しうるという観点から，韓国におけるFTA政策を概観する。FTA政策は1997～98年の経済危機以降，金大中政権によって新たな通商政策として開始された。韓国のFTAは，韓国にとって国内の構造改革を推進する働きと対外的な貿易・投資関係を促進する働きを併せ持つものであったかどうかを検

討する。最後にこれらの分析を踏まえて，韓国が北東アジアにおける地域協力に
大きく貢献できる分野について展望する。

5.4 第4章「北朝鮮経済」

北朝鮮は自国の国民経済の状況について，信頼できる統計データを発表してお
らず，正式に発表されるのは，毎年の最高人民会議（議会）で内閣が発表する国
家予算の予決算のみである。ある程度信頼性のあるデータとしては，貿易相手国
の貿易統計からのミラーデータによる対外貿易の規模や内容が挙げられる。

北朝鮮は，1990年代初めのソ連・東欧の社会主義政権崩壊により，それまで所
与の前提としてきた政治的，軍事的，経済的な支えを失った。これに伴い，朝鮮
戦争後一貫して追求してきた重化学工業中心の経済政策を修正して，軽工業，農
業，貿易を重視する方向に転換したが，逆に国防産業の衰退を招いたため，政策
は再修正され，元に戻された。

1990年代中盤から，国家による配給制度がほころびはじめ，一般の住民は非国
営部門に生活の糧を依存する傾向が生まれた。金正日時代には経済の現状に制度
を合わせる経済改革が試みられたが，商品経済があまりにも浸透したため，2009
年11月に紙幣交換を行い，国営部門に力を与えようとした。しかし，それは失敗
し，2010年以降，国民生活を向上させることが重要な国家目標となっている。

金正恩政権は，このような現状を踏まえ，経済政策を慎重に，かつ抜本的に改
善することを目指している。2013年3月の「経済建設と核武力建設の並進路線」
は，対外的には核兵器開発により米国に対する抑止力を確保し，国内的には経済
建設と国民生活向上により多くの資源を集中させることを目標にしている。同時
期に生産刺激のための経済的インセンティブの導入が慎重に試行され，それが13
年8月の社会主義企業管理責任制という政策へとつながっていった。

2016年5月に35年半ぶりに開催された朝鮮労働党第7回大会では，経済が苦し
いことを率直に認め，そこからの飛躍のための方策として2020年までの5年間で
主として電力，石炭，金属，鉄道運輸部門，基礎工業部門等を振興させる「国家
経済発展5カ年戦略」を発表した。現状の公式なシステムの下では，私的所有を
認めない社会主義計画経済なので，そうした公式な制度と商品経済が浸透してい
る現実との乖離が深刻になっている。

今後，北朝鮮が国内経済を成長させ，対外市場を拡大していくためには，朝鮮

序　章　北東アジアにおける経済成長の課題と域内経済協力

半島の核問題を解決するとともに，米朝間，南北間の相互不信を解消する必要がある。それと同時に，北東アジア各国が北朝鮮を域内の重要なメンバーとして迎えつつ，全世界から技術や資金を導入できる方策を検討していくことが必要となろう。

5.5　第5章「ロシア極東経済の構造問題と北東アジア協力」

　第5章では，ロシア極東の構造問題とその克服における北東アジア経済協力の役割に関して検討する。周知のとおり，ロシア経済の成長と構造問題を規定する主因の一つは，豊富な天然資源の賦存に伴う資源依存体質にある。ロシア経済は，成長面，輸出面，財政面において油価変動の影響を大きく受け，それゆえに国際状況の変化に脆弱であるという構造的問題を抱えている。この資源依存という構造問題は，2000年代の歴史的な油価上昇を通して強化された。さらに，その後の油価低迷や国際的な経済制裁を含む国際環境の悪化は，ロシアの経済成長の深刻な制約要因となっている。

　ロシア極東地方にとってさらに深刻であるのは，地域産業構造がより強く鉱業に偏っているにもかかわらず，資源から得られる利益が大きいとは言えないこと，さらに地理的に辺境・遠隔・低密度であるということである。すなわち，天然資源に由来する収益の多くの部分は財政や輸送・商業マージンとしてロシア中央へと吸収され，極東地方に残される部分がわずかであり，資源産業に雇用創出効果を期待することは難しい。また，極東地方はロシアの国内市場から遠く離れ，かつその市場規模も小さいため，資源に依存しない形での自立的な成長が非常に難しいのである。

　この章では，ロシア極東地方の構造的な問題を解決するうえで，豊富な資源賦存と北東アジア地域への近接性という地域の優位点を改めて検討する。極東地方の経済開発を進め，構造問題を解決していくためには，豊富な資源を積極的に活用すべきだろう。ただし，資源を原料形態でのみ供給するのでは，従来通り地域への利益還元が小さい。そこで，より高付加価値型の産業の振興を図ることが必要となる。この際，資源からの収益を直接的に地域発展に投資できるような制度的な仕組みづくりが一考に値しよう。

　他方で，ロシアの中心的な消費地や欧米の市場から遠く離れて立地する極東地方にとって，アジア諸国，とりわけ日本，中国，韓国といった北東アジア諸国の

45

大市場をターゲットとし，これら諸国との地域的な経済連携を強化していくことは当然の成長戦略となる。実際，ロシア政府は，「東方シフト」を政策的に展開している。この観点からは，資源加工とアジア市場への輸出に加え，極東地方をロシアとアジアを結ぶ輸送ネットワークの結節点として強化していくことが重要な課題となっている。

5.6　第6章「モンゴルの経済発展と北東アジア協力─1990〜2016年」

　モンゴルは，中央計画経済から市場経済へと急激に移行した旧社会主義国の一つであり，市場経済移行の過程で新自由主義的な「ショック療法」に基づく経済改革が進められた。しかし，こうした急進的な政策はしばしば望ましくない経済的結果を生み，経済縮小，失業・貧困・所得格差などの成長鈍化をもたらした。経済体制移行からおよそ30年経つが，国民の5分の1以上が未だに貧困から抜け出せないまま，持続可能な経済成長モデルを模索していると言ってよい。

　モンゴルは市場経済移行を開始後，世界銀行，IMF，ADBなど国際機関や二国間援助機関から，経済管理と金融面で多大な支援を受けてきた。それにも関わらず，移行期の経済政策上の不手際と新自由主義の下での両極分解によって経済活動が大きく損なわれ，移行以前に達成されていた経済的な基盤も弱体化した。70年に及ぶ計画経済の下で作られ発展していた経済基盤が失われた。2000年のGDPは，1990年レベルに追いつくことができず，この期間はモンゴルの失われた10年となった。

　1990年代初めに製造業が崩壊した後は，鉱業部門が経済の主流となり，移行の過程で経済が鉱業に大きく依存するようになったことから，近年の成長は主要輸出品目の国際価格と海外需要の動きに連動することになった。しかし，同部門への過剰な依存と，海外市場の変動に対する脆弱性は，国の管理能力を超えたものになり，経済成長を不安定化させてきた。鉱業品価格と海外需要の低迷によって輸出が減り，対内直接投資が減少した。また，モンゴルの消費財並びに工業中間財は大半が輸入に依存していることから，それらの輸入増加は国際収支を悪化させ，通貨価値を引き下げる要因となり，経済活動全般に影響を及ぼす傾向にある。

　畜産業は経済にとってもう一つの重要な部門であり，家畜数が増加し続けている。しかし，家畜を原材料とする加工産業の発展はまだ遅れており，製造業が経済に占める役割は，移行前の水準に比べてはるかに小さいままである。

序　章　北東アジアにおける経済成長の課題と域内経済協力

このように，経済体制移行開始後30年近くたった現在でも，安定的な経済基盤ができていない。持続可能で包摂的な成長のために，モンゴルは経済基盤と輸出市場を拡大して，経済発展に向けた適切な戦略を設定し実行していく必要に迫られている。このような試みに対しては，北東アジア地域における様々な協力イニシアチブやプロジェクトへの積極的な参画が重要な解決策の一つとなろう。

5.7　第7章「北東アジアの経済相互依存と経済協力」

第7章では，北東アジア地域における経済的相互依存の現状を評価し，さらなる経済協力の可能性について検討する。

北東アジア地域では，それぞれの国がバランスのとれたかたちで国内の経済成長・発展を追求するとともに，地域での国際協力を進めてみずからの成長と発展を支える契機にしようとしている。日本，中国，韓国は人口の少子高齢化の中で，いかに労働生産性を引き上げていくかという共通の経済構造問題に面している。ロシア，モンゴルは資源国として，さらなるインフラや資源部門への投資により資源生産を拡大し，日・中・韓をはじめとするアジア地域に輸出を増大しようとしている。中国とロシアに囲まれた内陸国であるモンゴルは，中・ロと協力して国境を越えるインフラ構築を進めなければ海外市場にアクセスできないという地理的な制約に面している。ロシアとモンゴルは同時に，資源だけに依存するのではなく，製造業の再生などを通じて多様な経済構造を整えようとしている。北朝鮮にとっては，言うまでもなく市場経済を制度的に導入し，経済開放・改革を進めていくことが経済発展のために何よりも必要だろう。

こうした点を踏まえ，この章では，北東アジア諸国がこれまでどのように経済的な相互依存関係を深めてきたか，どのような経済協力分野がお互いの経済成長を支える上で有益か，といった問題について検討する。北東アジア諸国の間の経済的な相互依存関係は，海外旅行者の国際交流，貿易・直接投資の拡大，インフラの連結性の強化などを通じ，この20～30年のあいだに格段に深まってきた。もともと資源・エネルギーを海外に依存せざるを得ない日本や韓国は貿易立国として，製品を輸出し資源・エネルギーを輸入する戦略をとっていたが，次第にASEAN諸国や中国に生産拠点を移し，東アジア地域にサプライチェーンを構築して垂直的な産業内貿易を大きく進展させてきた。1980年代から90年代にかけて中国，ロシア，モンゴルが市場経済化を進め，貿易・投資をテコに経済発展を進

めてきたことも，北東アジアの経済的な相互依存を高めることに貢献した。しか
し北東アジア地域では，物的インフラ，ことにお互いをつなぐ国際輸送インフラ
や原油・ガスのパイプラインがほとんど発展しておらず，国際的なインフラの連
結性が不十分である。物流の促進には，鉄道，高速道路，港湾の整備が必要であ
り，国境通過の円滑化も欠かせない。ロシアの石油・天然ガスの日・中・韓への
輸出拡大のためには，パイプラインの建設や港湾までのインフラ整備が必要だ。

　こうした観点から，第7章では，北東アジア地域における観光，貿易・投資，
インフラ連結性の面での経済協力の可能性について以下のような方向性を提示し
ている。国際観光の分野では「北東アジア地域観光圏」の構築，貿易・投資の分
野では「北東アジアFTA」の形成，インフラ連結性の分野では多国間のインフ
ラ協力の枠組みである「北東アジア地域協力」プログラムの発足をそれぞれめざ
すことである。

5.8　終章「北東アジア地域の経済展望」

　最後の終章では，本書の全体を取りまとめるとともに，北朝鮮が改革・開放路
線をとって北東アジアの地域経済協力に加わるようになったときに，この地域の
状況がどのように変化するのかを展望する。

　北朝鮮が改革開放に動き出すと，北東アジア地域全体が大きく動き出し，この
地域で平和と繁栄のための経済統合が大きく進む可能性がある。第一に，北朝鮮
をめぐる国境の垣根が確実に低くなることで，北朝鮮が中国，韓国，ロシアと鉄
道路線・高速道路でつながり，ガスパイプラインが敷設され，人やモノやカネや
情報の動きが活発なものになろう。大図們江地域（GTR）の横断輸送回廊が整
備され，中国の東北地域，ロシアの極東地域，北朝鮮，そして韓国が経済的に一
体化し，北東アジア経済圏がこの地域に誕生しうる。第二に，日本海を軸に，日
本と大陸の北東アジア地域がより容易につながることになる。日本から中国東北
地方に出るには，日本海を渡りロシアの港から陸路を使う物流ルートがあるが，
北朝鮮が国際社会の中に入ってくれば，日本から北朝鮮の羅津港経由で中国の東
北地方に出ていくルートが開発されよう。第三に，北朝鮮で改革開放と市場経済
化が進むと，韓国の受ける経済的なメリットが極めて大きいだけでなく，北東ア
ジア全域が北朝鮮の成長・発展を通して高い成長を享受できるようになる。日中
韓FTAや北東アジアFTAに北朝鮮が加わることで真に北東アジア広域的な

FTA ができ，極めて大きな便益が生まれることになる。

6　まとめ

　北東アジア諸国は，いかに構造改革を通じて経済成長の制約を取り除き，持続的な成長につなげるかという課題に直面している。本書は各国で必要とされる経済構造改革を明らかにするとともに，観光協力，貿易・投資の自由化，インフラ連結性の強化などの地域経済協力が，各国の成長促進につながるポテンシャルをもつことを論じる。北朝鮮が北東アジアの経済協力に参加するようになれば，地域の経済的なダイナミズムはさらに高まることになろう。

　このように，北東アジアは大きな潜在性を持った地域だが，現在の政治状況の中では潜在性の多くが発揮されていない。そうした潜在性を発揮させるためには，言うまでもなく北朝鮮の指導者である金正恩氏の考え方が変わっていく必要があり，米国ならびに域内国である日本・中国・韓国・モンゴル・ロシアがたえずそうしたダイナミックな将来を展望して，様々な未来志向的なイニシアチブを進めていくことが望ましい。

■第 1 章■ 日本経済の成長と北東アジア

河合正弘

1 はじめに

　日本経済は，1980年代後半のいわゆる「平成バブル」が崩壊した後，1990年代
〜2000年代に「失われた20年」と呼ばれる長期経済停滞と物価デフレに陥った。
バブル崩壊後，土地価格・株価などの資産価格が長らく低迷したこと，銀行部門
が潜在的な不良債権を抱えたまま1997〜98年の銀行危機を迎えたこと，企業部門
がバブル崩壊による 3 つの過剰（設備，債務，雇用）から長らく抜け出せなかっ
たこと，などで低成長が続いた。日本経済は2000年代に入って，銀行部門の再構
築や世界経済の好調を反映して成長を回復したかにみえたが，少子高齢化の進展
や労働市場の変化など新たな経済環境に十分対応できないまま，2008年のリーマ
ン・ショックの影響を受けて，経済活動が急激に収縮した。1999年から始まって
いた物価下落は2006〜08年には終息したかに思われたが，リーマン・ショック後
再びデフレとなり，日本経済を苦しめた。2012年末に登場した第 2 次安倍晋三政
権はアベノミクスの「 3 本の矢」の下で，日本経済の再生とデフレ脱却をめざす
成長戦略を打ち出した。 3 本の矢は金融緩和政策，財政拡張政策，構造政策の組
み合わせであり，成長戦略は国内経済の構造改革を促すための諸施策から成って
いる。それは，同時に，各種の経済連携協定（環太平洋パートナーシップ
［TPP］，日 EU EPA，東アジア地域包括的経済連携［RCEP］など）の交渉締結
や海外インフラビジネスの拡大など海外諸国との経済協力にも力点を置いている。
　しかし日本経済は依然として低い潜在成長率，少子高齢化，公的債務の累積と
いう深刻かつ構造的な課題に面している。持続的・安定的な経済成長を回復させ
ることなくして，公的債務の対 GDP 比を維持可能な水準に抑えていくことは難
しく，国家債務危機のリスクへの対応が迫られている。アベノミクスの成否は，

日本のデフレ脱却がどれだけ早く実現するか，潜在成長率がどこまで高まるか，公的債務の維持可能性が確保されうるか，によって判断されよう。

　本章では，まずこれまでの「失われた20年」と呼ばれる長期経済停滞の原因を探り，日本経済の構造的な問題点を明らかにする。次いで，アベノミクスの内容と進捗状況を説明し，その間の日本経済の動きを押さえることで，アベノミクスの成果を評価する。日本経済の根本的な再生のためには，成長を阻む構造的な問題に取り組むことが不可欠であるが，同時に，ダイナミックに成長を続ける新興アジア諸国との経済連携を一段と深め，その成長力を取り込めるようにしていくことが必要だ。そうした観点から，日本はどのようなかたちで北東アジア諸国との経済協力を進め，それをテコに経済の立て直しを図れるかを検討する。

2　日本の経済構造問題

2.1　「失われた10年」から「失われた20年」へ

　1990年代に「失われた10年」と呼ばれる長期的な経済停滞を経験することになった日本経済は，1997年に銀行危機に陥った。しかし，その後不良債権問題に取り組み，2000年代初めに金融システムを健全化させて，2002年からは自律的な経済回復を始めていた。2002年から2007年の期間においては，外需がプラスで成長に貢献し，内需も大きく伸びるという成長パターンが見られた。ところが，リーマン・ショックの影響で，2008年の後半から2009年の前半にかけて輸出と民間設備投資が急激に落ち込み，GDPの伸びも大幅なマイナスになった[1]。その後の経済回復は着実に進んだが，物価デフレから抜け出せず，東日本大震災の影響もあり，2010年代の初めまで力強い経済成長を示すことができなかった。

　日本の経済成長率は長期的に下落傾向を示してきた。GDP成長率は1960年代以降トレンドとして低下し，とくに1980年代から90年代にかけて，年平均4.4％から1.5％に下がり，2000年代には0.5％にまで下がった。しかし2010年代には世

1）日本経済が世界的な金融・経済危機から大きなインパクトを受けた原因として，二点挙げられる（Kawai and Takagi [2009]）。第一に日本の輸出構造が欧米市場に過度なかたちで依存するものになっていたこと，第二に日本の国内経済構造が相当程度，貿易財部門へシフトしてしまっていたことである。こうした二つの構造的な問題から，日本経済は海外の経済動向のインパクトを，より大きく受けるようになっていた。

第1章　日本経済の成長と北東アジア

図1-1　日本の名目・実質GDP（兆円），GDPデフレーター（2011年＝100）

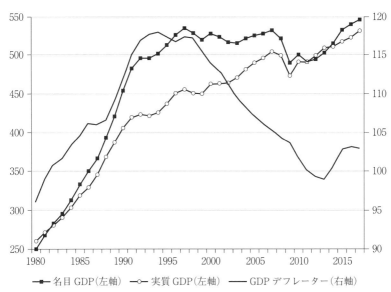

　　　　―■―名目GDP（左軸）　―○―実質GDP（左軸）　――GDPデフレーター（右軸）

（注）　GDPは2011年基準支出額（2008SNA対応）
（出所）1994～2017年データについては内閣府・統計表一覧（2017年10～12月期1次速報値）より，
　　　　1980～93年データについては内閣府　国民経済計算年次推計・平成23年基準支出額GDP系列
　　　　簡易遡及（1980年～1993年）より入手し，筆者作成．
　　　　http://www.esri.cao.go.jp/jp/sna/data/data_list/sokuhou/files/2017/qe174/gdemenuja.html
　　　　http://www.esri.cao.go.jp/jp/sna/data/data_list/h23_retroactive/23kani_top.html

界金融危機からの反動もあり，1.5％へと上昇している．

　これを名目GDPの水準でみると，1990年に454兆円あったGDPは1997年には534兆円のピークをつけたが，その後は絶対水準が低迷し続けた（図1-1）．ようやく2007年に532兆円になったが，2008年のリーマン・ショックで再度下落した．その後は2013年から回復を始め，2016年にようやく1997年のピークを越え，2017年には過去最高の546兆円になった．実質GDPは1990年以降わずかながら伸びているが，これは長期間にわたり物価デフレーションが続いたからであって，名目GDPが伸びたからではない．名目GDPが停滞するなかで，日本経済の低成長が過去20年間続き，それはまさに「失われた20年」だったといってよい．

　日本経済の最大の問題の一つは，名目GDPが拡大してこなかったことだ．名目GDPが拡大しないと，公的債務/GDP比率を引き下げて，公的債務の維持可能性を保っていくことが難しくなる．また名目GDPが伸びないなかで，デフレ

53

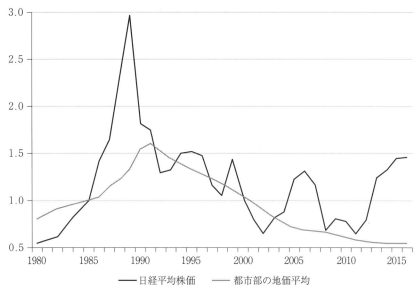

図 1-2　日本の地価・株価（1980年＝1.00）

――　日経平均株価　　――　都市部の地価平均

（出所）日本銀行，日本不動産協会のデータより，筆者作成。

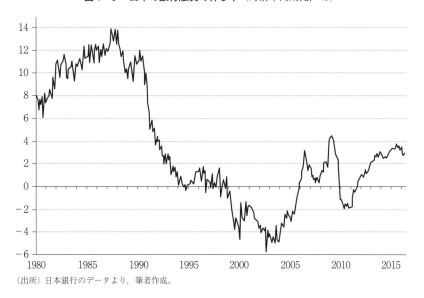

図 1-3　日本の銀行融資の伸び率（対前年同期比，％）

（出所）日本銀行のデータより，筆者作成。

図1-4 日本の企業債務の対GDP比（％）

―― 信用残高ギャップ　―― 信用残高/GDPの実際値　……… 信用残高/GDP比のトレンド

（出所）BIS, *Quarterly Review database* より，筆者作成。

が生じていたことから，企業家のアニマルスピリッツを阻害して経済停滞をあと押しした可能性が高い[2]。

　1990年代に始まった日本経済の長期停滞は，1980年代後半の資産価格バブルが90年代始めに破裂したことを背景としている。図1-2は日本の地価・株価をプロットしたものだが，日経平均は1989年12月末に3万8900円を超えたあと1990年に入って大きく下落し，それ以降も傾向的な下落を続けた。日本の地価は株価ほど大きな変動を示していないが，1991年9月にピークアウトした後，近年に至るまで一貫して下落を続けた。

　この間，銀行融資は1980年代前半から対前年比で二桁の伸びを示し，1987年には14％に達したが，1991年以降急減し，98年末から2005年にかけてはマイナスの伸びとなった（図1-3）。その後，回復したものの，リーマン・ショック後に再度マイナスになった。銀行融資がプラスの成長を示すようになったのは，2011年

---

[2] Kawai and Morgan (2013) は，持続的な低インフレないしデフレは，長期的な成長率にマイナスの影響を与えるという計量分析の結果を示している。

図1-5 日本の総固定資本形成，資本減耗，純固定資本形成の対GDP比（%）

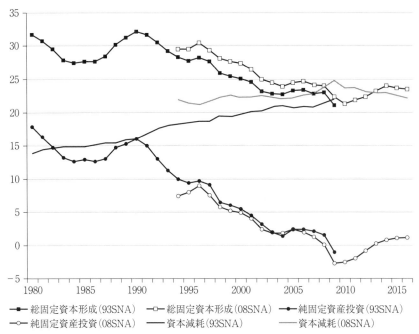

(出所) 1994〜2016年データについては内閣府・2016年度国民経済計算（2011年基準・2008SNA）より，
1980〜2009年データについては内閣府 2009年度国民経済計算（2000年基準・93SNA）より入手し，
筆者作成。
http://www.esri.cao.go.jp/jp/sna/data/data_list/kakuhou/files/h28/h28_kaku_top.html

の後半からである。

　日本のバブル期には日本の企業は大きな額の債務を抱えたが，バブルの破裂に伴い，企業債務の過剰が顕在化することになった。図1-4から，過大な企業債務は1980年代前半から90年代前半にかけて見られ，その後，企業債務の縮小（deleveraging）が90年代後半から2000年代後半まで続いたことがわかる。バブル崩壊後，ほぼ15年にわたり，日本企業が債務縮小に励んできたと言ってよい。

　こうした企業の状況を反映して，日本の投資/GDP比率はバブル崩壊後，一貫して低下してきた。図1-5の純投資（総投資マイナス資本減耗）の動きを見ると，総投資よりも急速に低下して，リーマン・ショック時にはマイナスになり，資本ストックの取り崩しが進んでいたことがわかる。これは，企業部門が過剰な設備を抱えていたことから，バブル崩壊後は過剰設備の取り崩しを行ったことの

第1章　日本経済の成長と北東アジア

結果である。ここでは雇用データを示してはいないが，企業は三つの過剰（設備，債務，雇用）を抱え，バブル崩壊後はそれらの調整を行うことになったのである。

　以上まとめると，日本の長期経済停滞の重要な要因として，バブルの崩壊に対する日本経済の調整に相当な期間が要したことが挙げられる。その理由の一つは，政策当局者がバブル崩壊の日本経済への影響を過小評価し，企業の過剰債務や銀行の不良債権の処理を急がせなかったことにある。1997年の銀行危機に面した後は，政策当局者は不良債権処理に積極的に対応したが，問題の解決にほぼ10年間が費やされたといってよい。しかし，リーマン・ショックによる影響を含めると，日本経済の停滞は20年間続いたともいえる。後半の10年間の間に日本経済の構造問題がより明らかになってきたと言ってよい。

2.2　日本経済の構造問題

　日本経済の構造問題としては，以下の点が挙げられる—①低い潜在成長率，②人口減少と少子高齢化の進展，③公的債務の維持可能性へのリスクの高まり。

低い潜在成長率

　図1−6は，日本の潜在成長率とその各要因の寄与度の推計（内閣府と日本銀行によるもの）を示したものである。潜在成長率を構成する要因としては，全要素生産性（TFP），資本ストック，労働供給（日本銀行の推計では，労働時間と雇用者数とに分解されている）が挙げられる。内閣府と日本銀行の統計の間では，潜在成長率の水準や各要因の寄与度の大きさの間に若干の違いがあるが，両者にはいくつかの点で共通の特徴がある。

　第一に，潜在成長率が1980年代の4％程度から90年代，2000年代にかけて傾向的に低下してきたことである。潜在成長率は2008年〜09年にはほぼ0％にまで低下した。その後はアベノミクスの成果もあり，0.8〜1.1％の成長率に達している。第二に，資本ストックの寄与度が80年代から90年代始めには1％から2％程度と高かったが，それ以降，大きく急速に低下していることが挙げられる。実際2009〜12年にはマイナスの寄与度を示しており，それ以降はプラスになったものの，まだ低い水準にある。第三に，労働の寄与度は1980年代には概ねプラスだったが，1990年代初めから2013年までマイナスとなった。2014年からは若干のプラスになったが，それは就業者数の伸びの効果が労働時間の減少の効果を上回った

図1-6　日本の潜在成長率と各要因の寄与度（％）

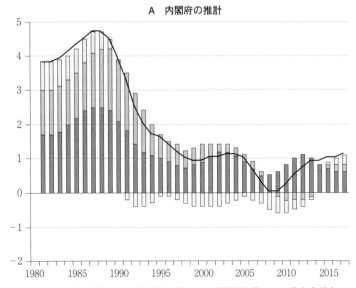

A　内閣府の推計

■ 全要素生産性　■ 資本投入量　□ 労働投入量　— 潜在成長率

（出所）内閣府のデータより，筆者作成。

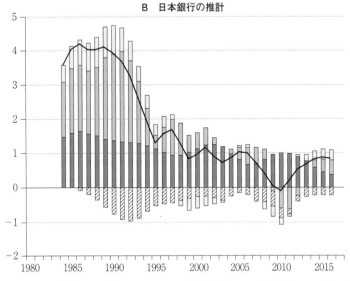

B　日本銀行の推計

■ 全要素生産性　■ 資本ストック　□ 労働時間　▨ 就業者数　— 潜在成長率

（出所）日本銀行のデータより，筆者作成。

図1-7　日本の産業別労働生産性 （1994年＝100）

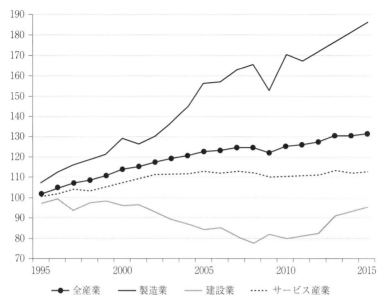

（注）　労働生産性は，就業者1時間当たりの実質付加価値。サービス産業は電気・ガス・水道，卸売・小売業，運輸・郵便業，宿泊・飲食サービス業，情報通信業，金融・保険業，専門・業務支援サービス業，教育，保健衛生・社会事業，その他のサービス業により構成。
（出所）　日本生産性本部「生産性データベース（JAMP）」より，筆者作成。https://www.jpc-net.jp/jamp/

からである。第四に，TFPも1980年代から90年代前半の1％以上の高い水準から傾向的に低下してきている。2010年前後には0.8～1.0％の水準にあったが，2015年以降は0.3～0.6％程度の寄与度になっている。

　このように日本の潜在成長率は時間とともに傾向的に低下してきた。日本の時間当たりの労働生産性を見ると，経済全体では1990年代央から2015年にかけて傾向的に上昇してきたことがわかる（図1-7）。しかし，その上昇は機械産業（自動車やエレクトロニクスなど）を中心とした製造業の伸びによるところが大きく，サービス産業の生産性は2000年代前半から伸びておらず，建設業では1990年代と比べてむしろ下がっている。製造業は国際競争力が高く，今後とも絶えざる技術革新を行っていくことが予想され，とくに付加価値の高い知識・情報分野に特化して，それ以外の低生産性の生産過程は新興アジア諸国等に移転し続けていくことになろう。それに比べて，非貿易財分野であるサービス産業や建設業について

図1-8　日本およびOECD加盟国の労働生産性，2016年（購買力平価換算ドル表示）

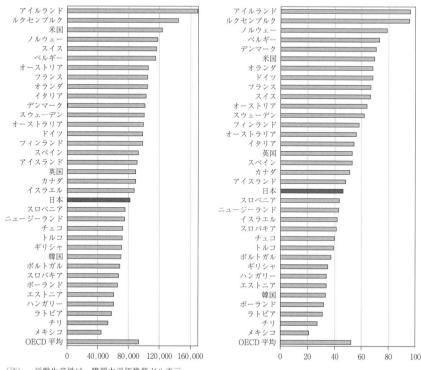

(注)　労働生産性は，購買力平価換算ドル表示。
(出所)　日本生産性本部「生産性データベース（JAMP）」より，筆者作成。https://www.jpc-net.jp/jamp/

は国際競争が働きにくく，それらの生産性の向上が課題になっている[3]。

　日本の労働生産性は時間とともに緩やかに上昇してきているが，国際比較でみると決して高いとはいえない（図1-8）。とりわけ，日本の一人当たり，あるいは時間当たりの労働生産性はOECD加盟35か国の中で21位，20位であり，OECD平均の90％以下に過ぎない[4]。いずれも先進7カ国の中で最も低い水準で

---

3) 宮川・比佐［2009］によれば，日本のサービス産業の全要素生産性（TFP）は，サービスの品質を考慮すると，一般に考えられているほど低くはないものの，依然として米国の80％程度の水準にしかすぎない。

ある。日本のランキングが OECD 加盟国の中で20位前後であるという状況は1970年以来変わっておらず，唯一の例外は1990年に一人当たり労働生産性が15位になったことがある程度である。言い換えれば，日本経済の低生産性は長期的・構造的なものであり，それを大きく改善させることは容易ではない。

人口減少と少子高齢化

　潜在成長率の低下傾向の背後には，日本の人口減少と少子高齢化という人口構成の大きな変化がある。図1−9は日本の総人口と生産年齢人口（15〜64歳），および人口構成の変化をプロットしたものである。2016年以降のデータは厚生労働省の国立人口・社会保障研究所の推計に基づくものである。まず図1−9Aに示されているように，日本の生産年齢人口は1995年に8720万人のピークに達したあと低下を続け，2015年には7730万人になり，2050年には5280万人にまで低下することが見込まれている。総人口も2008年には1億2810万人のピークに達したあと低下し，2015年に1億2710万人となり，2050年には1億190万人にまで縮小するとされている。生産年齢人口の低下は労働供給の低下につながりやすく，人口の減少は日本国内の消費市場の規模の縮小につながる可能性がある。

　図1−9Bで日本の人口構成を見ると，総人口に占める生産年齢人口比が減少するとともに，高齢者の比率が急速に増加しつつあることが見てとれる。1990年代までは，生産年齢人口比率は70％近くで安定的に推移していたが，それ以降低下を始め，2015年には61％になり，2050年には52％にまで下がる見込みだ。高齢者比率は，2005年に20％を超え，2015年には27％になり，2050年には38％にまで上昇することが見込まれている。同時に，合計特殊出生率の低下により，14歳以下の若年者の比率は傾向的に低下しており，少子高齢化が着実に進行しつつある[5]。

　ただし日本の場合，興味深い点は，生産年齢人口が2000年代に入って目に見えるかたちで減少しているにも関わらず，労働力人口や就業者数が低下していない

4）労働生産性が極めて高いのはアイルランドとルクセンブルクだが，これら諸国には節税目的で多くの企業が進出してGDPを押し上げており，必ずしも経済実態を反映していない可能性がある。

5）合計特殊出生率は2005年には1.26という戦後最低の水準にまで下がったが，それをボトムに上昇を始め，2015年には1.45まで戻している。

図1-9 日本の人口減少と少子高齢化

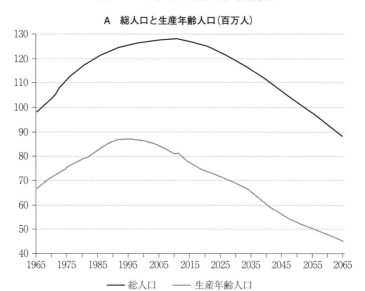

A 総人口と生産年齢人口（百万人）

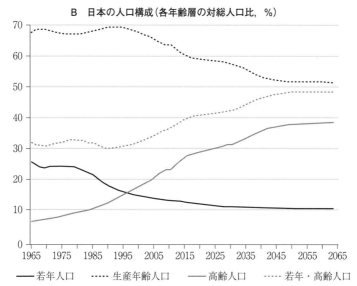

B 日本の人口構成（各年齢層の対総人口比，%）

(注) 各年10月1日現在の人口（日本における外国人を含む）。2016年以降の人口推計は出生中位・死亡中位を想定。
(出所) 厚生労働省 国立社会保障・人口問題研究所のデータより，筆者作成。
http://www.ipss.go.jp/pp-zenkoku/j/zenkoku2017/db_zenkoku2017/db_zenkoku2017gaiyo.html

第1章　日本経済の成長と北東アジア

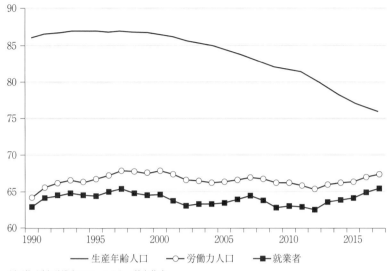

図1-10　日本の生産年齢人口と労働力人口・就業者数（百万人）

(出所) 厚生労働省のデータより、筆者作成。

ことだ。図1-10によれば，労働力人口，就業者数ともに2012年まで緩やかに下落したが，それ以降は増大し，いずれも1997年のピーク時とほぼ同じ水準に戻っている。これは女性と65歳以上のシニア層の労働力・就業者数が拡大しているからである。彼らが労働市場に参加することで，生産年齢人口の低下は労働供給にマイナスの影響を与えていないのである。ただし，彼らは主に非正規雇用のかたちで就業している。

公的債務の累積

　日本では，経済停滞が続いた1990年代を通じて，有効需要を保つために毎年経済対策が打ち出されて財政支出が拡大し，財政赤字が恒常化してきたことから，公的債務の水準が急増した。図1-11が示しているように，平成バブル崩壊後，財政バランスはトレンドとして悪化しており，それに応じて公的債務が増大している。とりわけリーマンショックを契機に，財政赤字はさらに膨らみ，公的債務も大幅に拡大している。構造的には，高齢化の進展を反映して社会保障給付支出が伸び続ける一方，それに対する税の裏付けが不十分であることから，財政赤字

図 1-11　財政収支と公的債務（対 GDP 比）

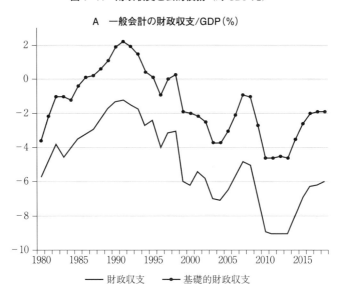

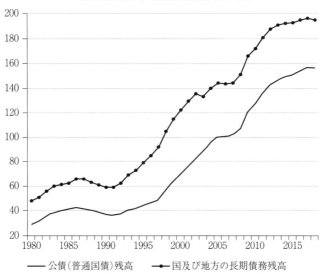

（注）　財政収支の計数は国の一般会計の当初予算ベースによる。
（出所）　財務省「我が国の財政事情（平成30年度予算政府案）」より筆者作成。
　　　　http://www.mof.go.jp/budget/budger_workflow/budget/fy2018/seifuan30/04.pdf

が定着している。それに加えて，安倍政権の下でも財政出動が続き，その結果，財政赤字と公的債務がさらに増大し続けている。直近の2018年度予算案によれば，国の財政収支と基礎的財政収支の赤字はそれぞれ GDP の 6 ％，2 ％であり公的債務（普通国債）残高と国及び地方の長期債務残高の対 GDP 比は156％，196％となっている。

　政府債務残高の対 GDP 比は OECD 加盟国の中でも最大規模で，第 2 位のギリシャ，第 3 位のイタリアを大きく上回っている。ただし，純債務残高の対 GDP 比で見るとギリシャを下回るものの，イタリアとほぼ同水準にある。財政赤字と公的債務の累増を放置すると，いずれ金利が高騰し，財政危機・債務危機に陥る可能性がある。そのため，財政と債務の維持可能性を確保することが避けて通れない課題となっている。

3　アベノミクス：「3 本の矢」政策の進展・成果・課題

　安倍晋三首相は，2012年12月に発足した第 2 次安倍内閣でアベノミクスを打ち出した。アベノミクスとは，安倍首相が掲げた一連の経済政策に対して与えられた通称であり，「再生の10年」（2013〜2022年度）の平均で名目 3 ％程度，実質 2 ％程度の経済成長を確固たるものにする目的で，「大胆な金融政策」，「機動的な財政政策」，「民間投資を喚起する成長戦略」という「3 本の矢」を含むものである。つまり，金融緩和を通じてデフレから脱却し，経済対策によって政府が有効需要を創出し，規制緩和や構造改革によって潜在成長率を高めようとする政策パッケージである。こうした，金融政策，財政政策，構造政策の組み合わせは極めて重要であり，今や G20など国際的にもこの 3 つの政策の組み合わせが支持されているところである。以下，アベノミクスの進捗状況を説明し，その成果と課題を指摘したい。

3.1　金融政策・財政政策・構造政策の進展
　「3 本の矢」といわれる政策パッケージは，1999年から続く物価下落（デフレ）から脱却し，財政的な支えの下で構造改革を進めて，持続的な経済成長に寄与することを目指すものである。

大規模金融緩和政策

　日本の消費者物価は1999年に下落を始め，2006年と08年にはプラスに転じたが，リーマン・ショックを受けて再び下落し，2009〜12年と物価下落が続いていた。日本銀行はこうした持続的な物価下落から脱却する目的で，2013年4月の黒田総裁就任後初の政策決定会合で，「量的・質的金融緩和」政策の導入を決めた（ボックス1）。2％の物価目標はすでに白川前総裁の下で導入されていたが，それを2年程度で達成するため，「量的緩和」では，日銀が供給するマネタリーベース（資金供給量）を年間60兆〜70兆円増やし，2年間で2012年末の138兆円から14年末には270兆円に倍増させるとともに，長期国債を年間50兆円規模で購入するとした。また「質的緩和」では，40年債を含む長期国債を買い入れて国債の償還までの期間（平均残存期間）をそれまでの3年弱から7年程度へ延長するとともに，上場投資信託（ETF）を年間1兆円規模，Jリート（不動産投資信託）を年間300億円規模で購入するとした。あわせて，日銀の長期国債保有残高を銀行券発行残高以下に制限する「銀行券ルール」についても一時的に停止し，無制限に買い取ることを表明した。

　つまり日本銀行は，大量のマネーを市場に供給することで，企業・家計に定着したデフレ心理（マインド）を払拭し，2％の物価安定目標を実現しようとしたのである。この政策は「異次元緩和」ないし「黒田バズーカ」と呼ばれ，市場からは「驚き」をもって迎えられた。

　この金融緩和が，2013年春から14年夏にかけては，円安と株高を生み，コア消費者物価（生鮮食品を除く消費者物価指数）は着実に上昇した。しかし，14年秋以降はコア消費者物価の伸びが鈍り，15年に入ってもその傾向が続き，15年夏には再びマイナスになりそれが16年末まで続いた。したがって，当初期待されていた2％のインフレは2年以内には実現されず，実現が予想される期日も計6回にわたり先送りされ，その間金融政策は数次にわたりさらに緩和されることになった。日銀は，2014年10月に，マネタリーベースを年60〜70兆円から80兆円に拡大する追加金融緩和を発表した。2016年1月に，日銀当座預金の一部金利をマイナス0.1％に設定することを発表し，同2月からは日本の歴史上初のマイナス金利政策が導入された。同7月には，ETF購入ペースが年6兆円に拡大された。同9月には，「総括的検証」に基づき，金融政策の枠組みが「長短金利操作付き量的・質的金融緩和」へと変更され，短期金利はマイナス0.1％，十年物金利はゼ

第1章　日本経済の成長と北東アジア

ボックス1　「量的・質的金融緩和」の導入について

（1）「量的・質的金融緩和」の導入

日本銀行は，消費者物価の前年比上昇率2％の「物価安定の目標」を，2年程度の期間を念頭に置いて，できるだけ早期に実現する。このため，マネタリーベースおよび長期国債・ETFの保有額を2年間で2倍に拡大し，長期国債買入れの平均残存期間を2倍以上に延長するなど，量・質ともに次元の違う金融緩和を行う。

①マネタリーベース・コントロールの採用（全員一致）

量的な金融緩和を推進する観点から，金融市場調節の操作目標を，無担保コールレート（オーバーナイト物）からマネタリーベースに変更し，金融市場調節方針を以下のとおりとする。

「マネタリーベースが，年間約60～70兆円に相当するペースで増加するよう金融市場調節を行う。」

②長期国債買入れの拡大と年限長期化（全員一致）

イールドカーブ全体の金利低下を促す観点から，長期国債の保有残高が年間約50兆円に相当するペースで増加するよう買入れを行う。また，長期国債の買入れ対象を40年債を含む全ゾーンの国債としたうえで，買入れの平均残存期間を，現状の3年弱から国債発行残高の平均並みの7年程度に延長する。

③ETF，J-REITの買入れの拡大（全員一致）

資産価格のプレミアムに働きかける観点から，ETFおよびJ-REITの保有残高が，それぞれ年間約1兆円，年間約300億円に相当するペースで増加するよう買入れを行う。

④「量的・質的金融緩和」の継続（賛成8反対1）

「量的・質的金融緩和」は，2％の「物価安定の目標」の実現を目指し，これを安定的に持続するために必要な時点まで継続する。その際，経済・物価情勢について上下双方向のリスク要因を点検し，必要な調整を行う。

（2）「量的・質的金融緩和」に伴う対応

①資産買入等の基金の廃止

資産買入等の基金は廃止する。「金融調節上の必要から行う国債買入れ」は，既存の残高を含め，上記の長期国債の買入れに吸収する。

②銀行券ルールの一時適用停止

上記の長期国債の買入れは，金融政策目的で行うものであり，財政ファイナンスではない。また，政府は，1月の「共同声明」において，「日本銀行との連携強化にあたり，財政運営に対する信認を確保する観点から，持続可能な財政構造を確立するための取組を着実に推進する」としている。これらを踏まえ，いわゆる「銀行券ルール」を，「量的・質的金融緩和」の実施に際し，一時停止する。

③市場参加者との対話の強化

上記のような巨額の国債買入れと極めて大規模なマネタリーベースの供給を円滑に行うためには，取引先金融機関の積極的な応札など市場参加者の協力が欠かせない。市場参加者との間で，金融市場調節や市場取引全般に関し，これまで以上に密接な意見交換を行う場を設ける。また，差し当たり，市場の国債の流動性に支障が生じないよう，国債補完供給制度（SLF）の要件を緩和する。

（出所）日本銀行（2013年4月4日）

　　　　http://www.boj.or.jp/announcements/release_2013/k130404a.pdf

ロ近辺に誘導することとし，政策の軸足がイールドカーブ・コントロールに移ることになった。

財政刺激策

　機動的な財政政策とは，積極的な財政出動によってデフレ脱却や経済成長をスムーズに実現しようとする政策である。積極財政によって雇用と所得を生み，民間経済活動の活性化につなげていくことがめざされた。当初は，公共事業による東日本大震災の復興支援や防災対策など「国土強靭化」がうたわれたが，次第に成長戦略に貢献し持続的成長に資する分野に財政支出の重点が移されるようになった。

　具体的には，2013年度以降一般会計予算規模（当初）が毎年拡大することになった。当初予算規模でみると，2001年度から08年度までは83兆円以下の規模で推移していたが，リーマン・ショックの影響に対処するための措置により，09年度に88兆円に上昇して10年度には92兆円になった。その後，安倍内閣発足後の13年度予算からは毎年増大し，2018年度は98兆円にまで拡大した。

　安倍政権は，これに加えて，毎年補正予算を組んで財政的な支えを行ってきた。補正予算の概要は以下の通りである：

- 2012年度の「日本経済再生に向けた緊急経済対策」（10.3兆円，事業規模20.2兆円）
- 2013年度の「好循環の実現のための経済対策」（5.5兆円，事業規模18.6兆円）
- 2014年度の「地方の好循環拡大に向けた緊急経済対策」（3.1兆円，事業規模16.0兆円）
- 2015年度「一億総活躍社会の実現に向けて緊急に実施すべき対策等（一億総活躍社会，TPP対策，防災・復興）」（3.3兆円，事業規模3.5兆円）
- 2016年度「未来の投資を実現する経済対策（21世紀型のインフラ，安全・安心・防災，一億総活躍社会)」（3.3兆円，事業規模28.1兆円）[6]
- 2017年度「新しい経済政策パッケージ（生産性革命，人づくり革命，災害対策）」（2.7兆円）

6）2016年度の第二次補正予算。第一次補正予算は熊本地震復旧対策等のため0.78兆円が計上された。

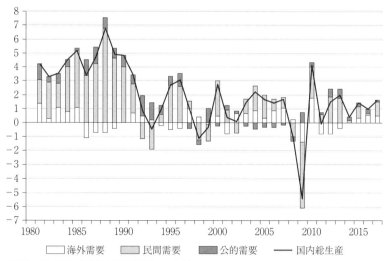

図1-12 経済成長率と内需(民・公)・外需の寄与度 (%)

(出所) GDPは2011年基準支出額 (2008SNA対応)
1994～2017年データについては内閣府・統計表一覧 (2017年10～2月期1次速報値) より,
1980～93年データについては内閣府 国民経済計算年次推計・平成23年基準支出額GDP系列
簡易遡及 (1980年～1993年) より入手し, 筆者作成。
http://www.esri.cao.go.jp/jp/sna/data/data_list/sokuhou/files/2017/qe174/gdemenuja.html
http://www.esri.cao.go.jp/jp/sna/data/data_list/h23_retroactive/23kani_top.html

　こうした財政刺激策の結果,GDP成長率に対する公的需要の寄与度が一貫してプラスになった。図1-12は経済成長率と内需(民間需要・公的需要)および外需の寄与度を示したものである。図から明らかなように,2003～08年の公的需要の寄与度はマイナスだったが,世界金融危機の影響に対処するための財政出動から,2009～10年と公的需要の寄与度はプラスになった。その後,2013年からは一貫して公的需要の寄与度はプラスになっている。アベノミクスのもとで,公的需要が経済成長を有効需要面から後押ししてきたことがわかる。

成長戦略

　安倍政権は,日本経済の持続的な成長を実現するために,民間投資を喚起する成長戦略を導入して各種の構造改革を進めることとした。持続的な経済成長を実現するには,潜在成長率の引き上げが必要であり,それを目指した施策がとられることになった。潜在成長率の引き上げは,労働供給の増大と労働生産性の上昇

によってもたらされる。労働供給の増大は，男性中年層だけでなく若者・シニア層・女性などあらゆる層の働き手の労働参加を促し就業率を引き上げていくことや，外国人労働力の活用によって果たすことができる。労働生産性の上昇は，投資（企業設備投資，IT投資）の拡大，労働の質の向上（IT教育の普及，大学教育，社会人再教育，グローバル人材の育成），資本と労働の成長分野へのシフト，技術革新（科学技術イノベーション）の推進によって実現することができる。

　そうした観点から，安倍政権は，2013年以来毎年成長戦略を打ち出すことになった（その概要は付表1を参照のこと）。まず「日本再興戦略―Japan is BACK」（2013年6月）では，日本産業再興プラン，戦略市場創造プラン，国際展開戦略の3つのアクションプランを示した。このうち日本産業再興プランでは，民間投資の活性化，雇用制度改革・人材力の強化，科学技術イノベーションの推進，IT社会の実現，立地競争力の強化，中小企業・小規模事業者の革新を掲げ，雇用の拡大や生産性の向上につながる施策をめざした。第2の戦略市場創造プランでは，国民の「健康寿命」の延伸，クリーン・経済的なエネルギー需給の実現，次世代インフラの構築，地域資源で稼ぐ地域社会の実現を通じて，健康関連市場，クリーンエネルギー市場，次世代の最先端インフラ市場，農産物・観光サービス市場の拡大をめざした。第3の国際展開戦略では，通商関係の構築と経済連携の推進，日本国内のグローバル化を図って世界の経済成長を取り込んでいくとした。

　次いで2014年と15年には，それぞれ日本再興戦略の改訂版が出された。これらの改訂版では，13年版を強化するためのいくつかの新たな方向性と施策が示された。たとえば2014年改訂版（副題は「未来への挑戦」）では，2013年の成長戦略で残された課題だった，①女性の更なる活躍の場の拡大や海外の人材の受入れの拡大，②農業・農村の所得倍増を達成するための生産性向上，③医療・介護などの健康関連分野の成長市場化，の3点について新たな施策が示された。さらに，法人税改革やコーポレートガバナンス改革にも焦点が当てられた。2015年改訂版（副題は「未来への投資・生産性革命」）では，アベノミクスは「第二ステージ」に入ったとして，供給制約を乗り越えるための「未来投資による生産性革命」と地方の活性化をめざす「ローカル・アベノミクスの推進」が掲げられた。未来投資による生産性革命では，人口減少と少子高齢化に対処する目的で，設備，技術，人材への投資を通じて生産性を高めることが重視された。

　2016年には，「日本再興戦略2016―第4次産業革命に向けて」（2016年6月）が

第1章　日本経済の成長と北東アジア

出され，2020年をめざして「名目 GDP600兆円」を実現させることを軸とした成長戦略が示された。そのために，①新たな「有望成長市場」の戦略的創出，②人口減少に伴う供給制約や人手不足を克服する「生産性革命」，③新たな産業構造を支える「人材強化」，の三つの課題に向けて更なる改革に取り組むとした。とりわけ，GDP600兆円に向けた「官民戦略プロジェクト10」のもとで，新たな有望市場の創出とローカルアベノミクスの深化が目指された。ここでは，今後の生産性革命を主導する最大の鍵として，IoT（Internet of Things），ビッグデータ，人工知能（AI），ロボット・センサーなどのブレークスルーを活用する「第4次産業革命」が重視されている[7]。第4次産業革命により，大量生産・画一的サービスの提供から少量・多品種の生産・サービスの提供，既往の資源・資産の効率的な活用，AIやロボットによる労働の補助・節約が可能となり，生産性が大きく高まることが期待されている。

　2017年には，「未来投資戦略2017―Society 5.0の実現に向けた改革」（2017年6月）が発表され，中長期的な成長を実現していくために，第4次産業革命のイノベーションをあらゆる産業や社会生活に取り入れることで，様々な社会課題を解決する「Society 5.0」を実現するという視点が示された[8]。この戦略では，①Society 5.0に向けた戦略分野，②Society 5.0に向けた横割課題，③地域経済好循環システムの構築，④海外の成長市場の取り込み，がまとめられている。Society 5.0に向けた戦略分野では，健康寿命の延伸，移動革命の実現，サプライチェーン（供給網）の次世代化，快適なインフラ・まちづくり，FinTech など新しい分野も取り扱われている。Society 5.0に向けた横割課題は，価値の源泉の創出と価値の最大化を後押しする仕組みとに分けられ，前者はデータ利活用基

7）第4次産業革命とは，18世紀末以降の水力や蒸気機関による工場の機械化である第1次産業革命，20世紀初頭の分業に基づく電力を用いた大量生産である第2次産業革命，1970年代初頭からの電子工学や情報技術を用いた一層のオートメーション化である第3次産業革命に続く，IoT，ビッグデータ，人工知能，ロボット・センサーなどの技術革新やシェアリングエコノミーなどの事業革新を指す。

8）Society5.0とは，①狩猟社会，②農耕社会，③工業社会，④情報社会に続く，人類史上5番目の新しい社会で，サイバー空間（仮想空間）とフィジカル空間（現実空間）を高度に融合させたシステムにより，経済発展と社会的課題の解決が両立する，人間中心の社会だとされる。新しい価値やサービスが次々と生まれ，社会の主体たる人々に豊かさをもたらしていくことが期待されるとしている。

盤・制度構築，教育・人材力の抜本強化，イノベーション・ベンチャーを生み出す好循環システムを含み，後者は規制の「サンドボックス」の創設，規制改革・行政手続簡素化・IT化の一体的推進，「稼ぐ力」の強化，公的サービス・資産の民間開放，国家戦略特区の加速的推進，サイバーセキュリティ，シェアリングエコノミーを含んでいる。地域経済好循環システムの構築では，中堅・中小企業・小規模事業者の革新 / サービス産業の活性化・生産性向上，攻めの農林水産業，観光・スポーツ・文化芸術が挙げられている。海外の成長市場の取り込みでは，インフラシステム輸出，経済連携交渉，データ流通・利活用に係る国際的共通認識・ルールの形成，中堅・中層企業の海外展開支援，日本の魅力を活かす施策，などが重視されている。

　このように，成長戦略は当初の重点を民間企業活力の復活，ビジネス環境整備，雇用・女性・人材育成，農林水産業の成長産業化，エネルギー産業の育成，通商の拡大・グローバル化推進などの分野に重点を当て，次第に法人税減税，規制改革（国家戦略特区），産業再編成，コーポレートガバナンス改革，情報技術（IT）の積極的な利用，働き方改革にシフトし，近年はIoT，AI，ロボットなどの活用による第4次産業革命の社会実装を整備してSociety 5.0の実現をめざそうとしている。第4次産業革命はそれ自体高度な技術革新をもたらし生産性の向上につながるとともに，新たな市場を創出するという需要面の効果もあり，供給・需要の両面で経済再生につながるポテンシャルをもっている。また，健康・医療，農業，電力分野での改革も進められ，中小企業とサービス部門の生産性向上が目指されるとともに，地方の経済活性化にも目配りがされている。

　安倍政権の成長戦略において興味深い点は，成長戦略を具体的に実行に移すための施策を示し，それに向けた「重要成果指標」（KPI, Key Performance Indicator）を設定し，その後の成長戦略で，KPIの進捗状況をモニターするとともに，新たに必要だと考えられるKPIを順次追加していったことである。大半のKPIには目標年次と数値目標が設けられており，客観的なデータでそれらの進展状況が評価され，順調に進んでいるKPIについては数値目標が引き上げられ，十分進んでいないKPIについては追加的な施策が考慮されている。最終目標を達成したKPIは削除され，関連するKPIは整理・統合されるなどして，2016〜17年には計134のKPIが示されている。付表2はそれらのKPIのうち3分の2ほどをリストアップしたものである。

3.2　アベノミクスの成果

　アベノミクスの成果は何よりも好調なマクロ経済パフォーマンスと潜在成長率の上昇に現れている。成長戦略で示されたミクロの構造改革もある程度進んでいるが，十分進んでいない分野もみられる。

マクロ経済パフォーマンスの改善

　表1-1は，アベノミクスの下でのマクロ経済パフォーマンスを評価するために，安倍政権発足時の2012年とそれから5年後の2017年の主要経済指標を比較したものである。参考のために，2007年の経済指標も示されているが，これはリーマン・ショックが起きる前年であり，好調な世界経済を反映して，日本でも一般的な経済パフォーマンスが大きく改善していた年である。しかし，リーマン・ショックで日本経済は大きく落ち込み，デフレが戻り成長率が低迷したことから，アベノミクスとは，日本経済の長期低迷からの脱却とリーマン・ショックからの回復をめざすという二重の課題に対処するための政策でもあった。

　まず2013年4月からの大規模金融緩和により，株価が押し上げられ，円高が是正されて円安が進み，消費者物価のインフレ率はプラスの領域に入ってきた。日

表1-1　主要マクロ経済指標の比較（2007年，12年，17年）

	2007年	2012年	2017年
日経平均株価(年末)	15308円	10395円	22765円
円ドル・レート(各年12月)	113.12円/ドル	86.32円/ドル	112.65円/ドル
消費者物価指数(コア)	0.0%	−0.1%	0.5%
名目 GDP	531.7兆円	495.0兆円	545.8兆円
実質 GDP	504.8兆円	498.8兆円	530.8兆円
GDP デフレーター	−0.7%	−0.8%	−0.1%
需給ギャップ	1.5%	−1.1%	0.4%
就業者数	6450万人	6263万人	6553万人
失業者数	251万人	279万人	183万人
失業率	3.9%	4.3%	2.8%
有効求人倍率	1.04	0.80	1.50
名目賃金(現金給与総額)	−1.0%	−0.9%	0.4%
実質賃金(現金給与総額)	−1.1%	−0.9%	−0.2%
基礎的財政収支/GDP(年度)	−1.2%	−5.6%	−3.4%
普通国債発行残高(年度末)	541.5兆円	705.0兆円	863.9兆円

(出所) 内閣府，日本銀行，総務省，厚生労働省などのウェブサイトからデータを入手し，筆者作成。

図 1-13 日本の景気動向指標（一致指数，2010年＝100）

（出所）内閣府「統計表一覧：景気動向指数　結果」より筆者作成。http://www.esri.cao.go.jp/jp/stat/di/di.html

本の名目GDPは2012年の495兆円から2017年までの5年間で過去最大となる546兆円に増加した。実質GDPも5年間に6.4％伸び，需給ギャップがマイナスからプラスに転じた。労働市場が大きく好転し，就業者数は6553万人へと290万人増加し，失業者数は183万人へと100万人近く減少した。その結果，失業率は2.8％と事実上の完全雇用水準を達成し，有効求人倍数は1.50で，平成バブル期の水準を上回る1974年以来43年ぶりの高水準になっている。2012年12月からの景気拡大が64カ月連続で続き，日本経済はリーマン・ショックによる影響からだけでなく，バブルの崩壊以来の「失われた20年」からも抜け出しつつあるといってよい。

　実際，2012年12月からの景気拡大はめざましい。図1-13が示すように，1980年代以降の日本経済は大きく2度の景気拡大を経験した。第1回目の1980年代後半に始まった「平成バブル景気」（1986年12月〜1991年2月）は1990年代初めをピークにして，その後大きくしぼんだ。第2回目の景気拡大は，2000年代の「いざなみ景気」（2002年2月〜2008年2月）で，それは日本の金融部門の再構築と

図1-14 日本の失業率（％）と有効求人倍率

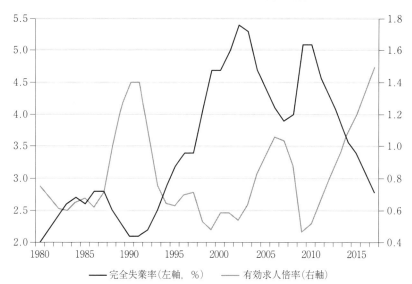

(注) 1970～72年のデータは沖縄を含まない。
(出所) 失業率については厚生労働省「労働力調査」から，有効求人倍率については厚生労働省「一般職業紹介状況（職業安定業務統計）」（2017年12月）から入手し，筆者作成。
http://www.stat.go.jp/data/roudou/longtime/03roudou.htm
https://www.e-stat.go.jp/stat-search/files?page=1&layout=datalist&tstat=000001020327&cycle=1&tclass1=000001034875&second2=1

世界経済の好調に支えられたものだったが，08年秋のリーマン・ショックで大幅に落ちこんだ。そして今回の拡大局面が3回目となる。今回は，2014年4月に消費税率が引き上げられ，景気が一時的に頓挫したものの，依然として景気拡大の局面が続いている[9]。

すでに述べたように，雇用情勢は極めて良好で（図1-14），就業者数が拡大しつつ失業率が低下し，2017年は2.8％という非常に低い数字になり，完全雇用に近づいている。有効求人倍率も上がっており，流通，接客などのサービス業を中

---
[9] 今回の景気拡大局面は，1965年11月から1970年7月まで57カ月続いた「いざなぎ景気」を超えただけでなく，2002年2月から2008年2月まで73カ月続いた戦後最長の「いざなみ景気」をも超える可能性がある。今回の景気拡大が73カ月を超えて戦後最長になるとすれば，それは少なくとも2018年12月まで続くことを意味する。

図1-15 日本の消費者物価指数の上昇率と主要項目の寄与度（％）

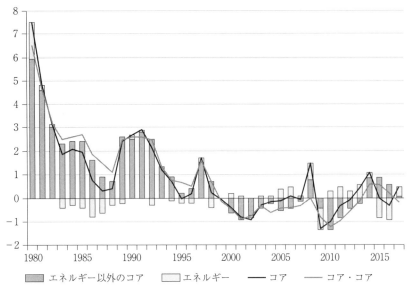

（注） コアは生鮮食品を除く総合，コア・コアは食料（酒類を除く）及びエネルギーを除く総合。2014年と15年の数値は，2014年4月の消費税率の引き上げ効果を取り除いたもの。
（出所） 総務省「消費者物価指数」2015年基準（全国，年平均）より筆者作成。
https://www.e-stat.go.jp/stat-search/files?page=1&layout=datalist&toukei=00200573&tstat=000001084976&cycle=0&tclass1=000001085995&tclass2=000001085936&tclass3=00000

心に人手不足が起きている。そのため，非正規労働者の正規化が進むとともに，不十分ながらも名目賃金の上昇圧力が生まれている。

このように，日本の景気動向を示す指標は軒並み好調ではあるもの，物価安定目標2％が達成されていない。2013年4月からの大規模金融緩和により，コア消費者物価（生鮮食品を除く）は13年から14年の夏にかけて大きく上昇した（図1-15）。その後は消費税率の引き上げや世界の石油価格の下落等を反映して伸び悩み，14年秋からマイナスに転じ，それは16年末まで続いた。17年に入るとコア消費者物価は上昇を再開し，消費者物価が持続的に下落するというデフレの状況ではなくなった。しかしコア・コア消費者物価（食料とエネルギーを除く）は17年にマイナスになり，企業や消費者が持続的な物価上昇を確信する状況にはなっていない。人々が持続的な物価上昇を確信するには，名目賃金が消費者物価を超えるスピードで着実に上昇し，それがコアおよびコア・コア消費者物価に反映され

るようになることが必要だろう。

成長戦略の成果

　安倍政権の下では，2013年6月以来毎年成長戦略が打ち出され，構造改革に必要な施策がとられてきた。政府はこれらの施策の成果を数値的に捉えるために，重要成果指標（KPI）を発表した上でモニターし，フォローアップしてきた。政府は2018年2月に未来投資会議の「平成29年度産業競争力強化のための重点施策等に関する報告書」を発表した。これは，「日本再興戦略2016」で主要施策に設定されたKPIについて，2018年1月の時点で得られた情報に基づいて進捗状況を評価したものである。これによると，計134のKPIのうち，60のKPIが目標年次に向けて順調に成果が上がっている（A評価）とされ，54のKPIが目標達成に向けて十分な進捗を示していない（B評価）とされる。2017年1月に行われた同様の評価と比較すると，A評価，B評価ともにKPI数が大きくなっている[10]。

　表1-2は，主な施策に関するKPIの進捗状況の評価についてまとめたものである。ここから，設備投資（2018年度までに80兆円），中小企業・小規模事業者等による特許出願の割合（2019年度までに15％），医薬品・医療機器の審査ラグ（2020年度までに0年），節電した電力量を取引する「ネガワット取引市場」の創設（2017年中に創設），失業期間6か月以上の失業者数（2018年までに約114万人に減少）については，いずれも目標が達成されたことがわかる。また数値目標はまだ達成されていないが，目標年次までに達成される可能性の高いKPIとして，製造業の労働生産性（年間2％以上の伸び），訪日外国人旅行者（2020年に4000万人，30年に6000万人），国民の健康寿命（2020年までに1歳以上延伸して男性71.42歳，女性74.62歳），一般病院での電子カルテの普及率（2020年度までに90％），大学等と企業の大型共同研究の件数（2020年度末までに1380件），高度人材認定（2020年末までに1万人）などが挙げられる。目標年次までに目標達成が

10）2017年1月の評価報告書では，十分な情報が得られず評価困難であったKPIが32に上ったが，18年1月にはそれは12に下がっている。従って，2018年になってB評価の件数が増えたのは，十分な情報が得られるようになったため，17年に評価困難とされていたKPIのうち半数ほどがB評価となったからだと考えられる。

表1-2 成長戦略の主要施策に関する重要成果指標（KPI）の進捗状況

施策	成果目標	実績・進捗状況	評価
1. 中小企業・小規模事業者等の生産性革命			
海外展開	2017年度までに1万社	2016年度累計8500社（目安クリア）	A
特許出願の割合	2019年度までに約15%	2016年15%（目標達成）	A
業績	2020年までに黒字企業140万社	2016年度約92.3万社（目安未達）	B
2. 企業の収益性向上・投資促進による生産性革命			
製造業の労働生産性	年間2%を上回る伸び	2014～16年の年平均2.6%（目安クリア）	A
サービス産業の労働生産性	2020年までに2.0%の伸び	2016年0.2%（目安未達）	B
設備投資	2018年度までに80兆円程度	2016年度82.6兆円（目標達成）	A
3. Society 5.0 の社会実装と破壊的イノベーションによる生産性革命			
(3.1) 第4次産業革命の社会実装と生産性が伸び悩む分野の制度改革等			
国民の健康寿命	2020年までに1歳以上延伸（男性71.42歳，女性74.62歳）	2013年男性71.19歳，女性74.62歳（目安クリア）	A
健診受診率（40～74歳）	2020年までに80%（特定健診含む）	2016年71.0%（目安未達）	B
ロボット介護機器の市場規模	2020年に約500億円，2030年に約2,602億円	2015年24.4億円（目安未達）	B
一般病院での電子カルテの普及率	2020年度までに90%	2014年77.7%（目安クリア）	A
医薬品・医療機器の審査ラグ	2020年までに0年	2016年度0年（目標達成）	A
農業の担い手による農地の利用	2023年までに全農地面積の8割	2016年度末54.0%（目安未達）	B
農業の担い手のコメの生産コスト	2023年度までに2011年全国平均比4割削減（約9600円/60kgに）	2016年の個別経営10,900円/60kg，組織法人経営11677円/60kg（目安未達）	B
訪日外国人旅行者数	2020年に4000万人，2030年に6000万人	2017年に2869万人（目安クリア）	A
地方の免税店数	2018年に20000店へ増加	2017年10月16444店（目安クリア）	A
ロボット国内生産市場規模	2020年の製造分野で1.2兆円，非製造分野で1.4兆円	2016年製造業分野7160億円，2015年非製造業分野1239億円（目安未達）	B
(3.2) イノベーション促進基盤の抜本的強化・ベンチャー支援			
イノベーション世界ランキング	2017年度末までに世界第1位	2017～18年8位（目標未達成）	B
世界大学ランキング	2023年までにトップ100に10校以上	2017年6校（目安未達）	B
40歳未満の大学本務教員数	2020年度末までに1割増（48139人に）	2016年度43452人（目安未達）	B
大学等と企業の大型共同研究の件数	2020年度末までに2倍増（1,380件に）	2015年度1004件（目安クリア）	A
企業から大学等への投資	2025年までに3倍増（3453億円に）	2016年度1244億円（目安未達）	B
(3.3) Society 5.0 のインフラ整備			
政府情報システムの数	2018年度末までに725削減	2015年3月447削減（目安クリア）	A
情報処理安全確保支援士の登録者数	2020年までに3万人超	2017年10月6994人（目安クリア）	A
電力システム送配電部門の法的分離	2020年4月1日実施	一体的な改革を着実に推進	F

「ネガワット取引市場」の創設	2017年中に創設	2017年4月1日創設(目標達成)	A
PPP/PFIの事業規模	2022年度までに21兆円に拡大	2016年度10.8兆円(目安クリア)	A

(3.4) 成長部門への人材移動と多様で柔軟なワークスタイルの促進

失業期間6か月以上の失業者数	2018年までに2割減少(約114万人に)	2016年104万人(目標達成)	A
25～44歳の女性の就業率	2020年に77％に増加	2016年72.7％(目安クリア)	A
転職入職率(パートタイムを除く)	2018年までに9％に増加	2016年8.0％(目安未達)	B
大学等での社会人受講者数	2018年に24万人に増加	2018年9月約12万人(目安未達)	B
無線LANの普通教室への整備	2020年度までに100％	2016年度33.2％(目安未達)	B
高度人材認定	2017年末までに5000人，2020年末までに10000人	2017年6月8515人(目安クリア)	A

(3.5) 行政からの生産性革命

世界銀行のビジネス環境ランキング	2020年までに3位以内	2018年24位(2013年15位から低下)	B

(3.6) 海外の成長市場の取り込み

貿易のFTAカバー比率	2018年までに70％以上	2017年1月40.0％(未達)	B
企業のインフラシステム受注	2020年に約30兆円に増加	2015年約20兆円(目安クリア)	A

(注)　「日本再興戦略2016」における主要施策のKPI（2018年1月現在）を評価したもので，「日本再興戦略改訂2015」におけるKPIのうち変更したものも含まれる。A評価は「目標達成期間に対する経過期間の割合以上に，KPIが目標達成に向けて進捗しているもの」，B評価は「AほどKPIが進捗していないもの」，F評価は「施策の実行自体がKPIとなっており，年度ごと施策の実施状況を確認するもの」とされている。

(出所)　首相官邸・経済再生本部『平成29年度産業競争力強化のための重点施策等に関する報告書』（2018年2月1日）より筆者作成。https://www.kantei.go.jp/jp/singi/keizaisaisei/miraitoshikaigi/dai13/siryou2-2.pdf

　難しいと思われるKPIとしては，サービス産業の労働生産性（2020年までに2.0％の伸び），40歳未満の大学本務教員数（2020年度末までに4万8139人），パートタイムを除く労働者の転職入職率（2018年までに9％に増加），世界銀行のビジネス環境ランキング（2020年までに3位以内），貿易のFTAカバー比率（2018年までに70％以上）などがある。イノベーション世界ランキング（2017年度末までに世界第1位）は目標年次内には達成されなかった。

　このように成長戦略の成果については，進捗しているKPIと進捗していないKPIとがある。進捗していると評価されたKPIの中には，マクロ経済的な成長の回復に伴う結果とみられるものもあり，構造改革による成果とは判定できないものが含まれている。進捗していない項目については，その理由を明らかにして問題点を洗い出し，KPIの達成に向けてどのような施策が必要なのかという分析を深める必要があろう。2016～17年の潜在成長率の上昇は，成長戦略を5年間続けてきた成果である可能性が高いが，KPIの進展がどのように潜在成長率の上昇に結びついてきたのかという観点から成果評価を行うべきだろう。そのこと

で，今後どの KPI に優先順位をおいて成長戦略を実行していくべきかがより明らかになろう。

　KPI 評価を離れて，成長戦略の推進の効果について見ると，いくつかの分野で大きな進展があり，いくつかの分野では効果が上がっていない。大きな進展があったのは，法人税改革，GPIF 改革，通商政策，インバウンド観光である。ある程度の進展がみられたのは，コーポレートガバナンス改革，女性活躍推進，働き方改革，農業改革，国家戦略特区，電力改革だろう。十分な進展が見られないのは地方経済の活性化だ[11]。

　法人税の実効税率は2014年度の34.62％から16年度に29.97％へ引き下げられ，18年度には29.74％になる予定である。ただし，法人税は国際的に高い水準にあった米国が大幅に引き下げ，フランスでも税率引き下げの動きがあるなど減税競争が激しくなっている。このため産業界の間では，法人税をアジア諸国並みの25％程度までさらに下げることを求める声が根強い。GPIF 改革については，リスク資産への運用拡大や組織統治面の改革が進展した。通商政策については，米国の TPP 離脱により「FTA カバー比率70％」の数値目標は未達だが，TPP11や日 EU EPA などメガ FTA 交渉が大きく進展した。インバウンド観光では，訪日外国人旅行者数が2012年の840万人から2017年には2870万人へと大幅に増加したが，今後は地方への誘客が課題である[12]。

　ある程度進展見られた分野として，まずコーポレートガバナンス改革が挙げられる。この改革においては，社外取締役の選任など形式的な対応が整いつつあるが，今後は企業パフォーマンスの向上など実質が問われよう。女性活躍推進では，女性が働きやすい環境を作り，女性を登用する方向が多くの企業によって打ち出されており，実際女性の労働参加率が目に見えて高まっている。働き方改革では，長時間労働の是正や非正規雇用の処遇改善など一定の進展がみられるが，それが労働生産性の向上につながることが必要だ。農業改革では，農協改革，減反制度の廃止，攻めの農業など新たな方向性が打ち出されているが，それらが農業生産性の向上につながることが重要だ。国家戦略特区では，これまで10の区域が認定

11）みずほ総合研究所（2017）を参照のこと。
12）それに引き換え，海外に出国する日本人旅行者（アウトバウンド）の数は，2012年の1850万人から17年の1790万人へと縮小した。

され，50項目超の規制改革が進んでいるが，事業の進捗に遅れがみられる区域もある。電力改革では，3段階の改革が進行中だが，再生可能エネルギーを電源とした電力供給の増強や電力価格の低下につながることが必要だ。

　地方経済の活性化については，十分進展しているとは言いがたい。というのは，東京圏や大都市への大幅な転入超過が続いており，多くの地方では高齢化が進む中で人口減少がとまらず，産業の活性化が遅れているからだ。各地方独自の成長戦略が求められよう。

3.3　アベノミクスの課題

　以上見たようにアベノミクスのもとで日本経済は大きな成果を上げてきたが，物価安定目標2％の達成や実質賃金の上昇，基礎的財政収支（プライマリーバランス）の黒字化など，なお達成が容易でない課題が残されている。企業や家計部門で根付いている強固なデフレ心理を払拭していくこと，進行する人口減少・少子高齢化に対応していくこと，公的債務の維持可能性を確保していくことなどが優先課題として挙げられる。

強固なデフレ心理の払拭

　日本経済の当面の課題の一つは，企業や消費者が依然としてデフレ心理にとらわれていることだ。日本の企業をみると，内部留保（利益剰余金）残高は1980年代以降ほぼ一貫して上昇しているが，2000年代央からはそれ以前のトレンドと比べてより急激に伸びている（図1-16）[13]。2016年度末には400兆円を上回る水準になり，2012年度末から新たに100兆円積み上がっている。内部留保は，その多くが土地，建設仮勘定，その他の有形固定資産（機械設備など），無形固定資産，投資有価証券といった固定資産で保有されているが，現金・預金，受取手形，売掛金，有価証券，棚卸資産といった流動資産としても運用されている。そのうち現金・預金については，1980年代から2000年代後半までは，ほぼ150兆円程度で安定していたが，2010年代に入ると急増し，2012年度の170兆円から16年度には210兆円に伸びた。

13）内部留保は，企業決算の純利益から役員賞与，配当，租税などを差し引いた利益剰余金にあたり，ここではその累積残高であるストック値が示されている。

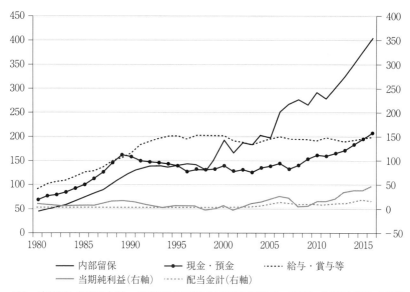

図1-16 企業の内部留保，現金・預金，給与・賞与等，配当金計（兆円）

(注) 内部留保（利益剰余金）＝利益準備金＋積立金＋繰越利益剰余金，で定義。企業は全産業，全規模をカバーしている。各年度データ。
(出所) 財務省「法人企業統計」年度データより，筆者作成。
https://www.e-stat.go.jp/dbview?sid=0003060791

　企業の内部留保や預金・現金については，企業が「必要以上にため込んでいる」としばしば批判されている。内部留保を十分な設備投資や株主への配当に回せば現金・預金が過大に積み上がることがなく，そもそも，労働者への賃金増加や下請け企業への単価引き上げなどが十分行われれば内部留保が過大になることはない，という考え方である。実際，図1-16で給与・賞与の動きをみると，1990年代前半から2016年度にいたるまで，ほぼ200兆円の水準で一定であり，近年伸びている様子はない。また配当金計をみても，純利益と比較して伸びがはるかに緩やかである。要するに，日本の企業は国内経済の持続的な成長に確信をもっておらず，将来の景気後退や経営危機時への備えとして，内部留保や現金・預金の保有を厚くしているとみられる[14]。こうした企業行動は，個々の企業にとっては合理的であっても，全体からすると需要を拡大させないため，経済成長につながらないという一種の合成の誤謬をつくり出している。

　こうしたデフレ心理は家計部門の行動にもみられる。図1-17は家計部門が保

82

図1-17 家計の主要な金融資産残高（兆円）

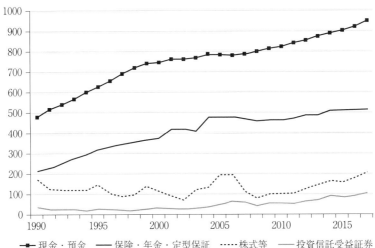

(注) 内部留保（利益剰余金）＝利益準備金＋積立金＋繰越利益剰余金，で定義。企業は全産業，全規模をカバーしている。各年度データ。
(出所) 日本銀行「資金循環統計」（2018年3月19日）より，筆者作成。
http://www.stat-search.boj.or.jp/ssi/cgi-bin/famecgi2?cgi=$nme_a000&lstSelection=FF

有する金融資産残高の推移を示したものである。ここから，家計のもつ現金・預金と保険・年金・定型保証資産は1990年代からほぼ一貫して伸びているが，株式等や投資信託受益証券は殆ど伸びていないか大きく伸びていない。保険・年金・定型保証資産は2000年代前半までは比較的速いスピードで伸びたが，それ以降は500兆円ほどの水準で殆ど伸びていない。これに対し，現金・預金は1990年代に大きく伸びた後，2000年代の伸びは緩やかになったが，2010年代に入って再び急速に伸びている。2017年末には家計のもつ金融資産残高は1880兆円に上り，その51％にあたる960兆円が現金・預金で保有されている。家計が強い現金・預金志向をもつ背景としては，経済成長率が低く国内に魅力的な投資先が少ないとみていること，年金など社会保障への不安がある中で，安全志向から名目価値の下が

---

14) 中小企業は，大企業と異なり，内部留保の大半を現金・預金のかたちで保有しており，将来的に運転資金を確保できずに資金繰り悪化で経営危機に面するリスクへの備えをしているように思われる。

らない資産保有を選好していること，などが挙げられる。

　企業，家計に広がっているデフレ心理は，実際に 2 ％前後の持続的なインフレ
を引き起こして，デフレには戻らないという確信がもたれるようにすることによ
ってのみ，払拭できよう。そのためには，緩和基調の金融政策を維持するだけで
なく，政府による潜在成長率引き上げのための構造改革が不可欠である。企業や
家計が将来に明るい展望をもてるよう，規制緩和，税制改革，技術革新（IoT や
AI）へのテコ入れなどで経済が活性化し，有望産業での設備投資・雇用の拡大
や全般的な賃金引上げが実現する環境を整えることが必要だ。

人口減少と少子高齢化への対応

　日本経済の極めて重要な課題は，政府と民間部門が一体になって，進行しつつ
ある人口減少と少子高齢化に正面から向き合って対応していくことだ。人口減少
が進むと国内の市場規模が縮小する。少子高齢化が進むと労働供給が減少し，年
金・医療などの社会保障費が急増して財政負担がさらに高まることになる。その
結果，潜在成長率が下がり，財政状況がさらに悪化し，世界経済の中での日本の
存在感はますます薄れることになろう。

　日本の総人口は1967年に 1 億人を超え，2008年にはピークの 1 億2810万人に達
した。その後人口は低下し，2015年には 1 億2710万人へとピーク時から100万人
ほど減り，減少傾向は続いている（2017年の推計値は 1 億2650万人）。厚生労働
省の国立社会保障・人口問題研究所によれば，仮に男女の年齢別生存率と合計特
殊出生率が2004年の水準のまま推移し，かつ外国人労働者を受け入れないとすれ
ば，総人口は2050年に 1 億190万人となり，2015年から2520万人減ることになる。
毎年当たり平均70万人強の減少にあたる。

　生産年齢人口は，1995年ピーク時の8720万人から2015年には7730万人となり，
この間990万人減少した。生産年齢人口はその後さらに減少を続け（2017年の推
計値は7580万人），2050年には5280万人になり，2015年から450万人減るとされる。
この間，若年人口は520万人減り，高齢人口は450万人増えるので，人口減少の大
半が生産年齢人口の減少によるものだといえる。生産年齢人口の減少数は毎年当
たり平均70万人であり，人口の毎年当たりの減少数と見合っている。

　生産年齢人口の減少にも拘わらず，第 2 節でみたように，これまでは実際に働
く就業者数は増え続けてきた。2017年の就業者数は6530万人で，今後もしばらく

は伸びることが予想され，1953年以降で最高だった97年の6560万人を上回ることになろう。就業者増を牽引してきたのは，女性やシニア層の非正規労働者だ。生産年齢期の女性の就業率は68％を超えており，これは米国よりも高く，OECD先進国並みの水準になっている。65歳以上のシニア就業者数は770万人となり，高齢人口の22％以上が就業していることになる。今後も女性とシニア層を中心とした就業率の上昇が見込まれるが，それには中長期的な観点から限界がある。というのは，女性の労働参加率が男性並みの水準に高まるなど楽観的な想定のもとで，就業者数が2025年に向けて7000万人近くまで増えることは考えられるものの，いずれ女性やシニア層の労働力も枯渇するからだ。

　したがって，労働供給を増やすには，外国人労働者に依存するしかない。しかし，日本での外国人労働者の受け入れ体制の整備は遅れている。日本で働く外国人労働者は2017年10月の時点で128万人に上る（厚生労働省）。外国人労働者の数は2012年から急激に増加し，5年間で約60万人増えており，日本の雇用者総数の約2％を占める水準になっている。資格別にみると，技能実習制度の在留資格者が26万人であり[15]，資格外活動ができる外国人のうち留学生が26万人だ。高度人材などの「専門的・技術的分野」の外国人労働者は24万人となっている。政府は高度人材の受け入れには前向きだが，単純労働者の受け入れを認めておらず，技能実習生や留学生が事実上の単純労働者として急増しているのが実態だ。とりわけ技能実習生は，製造業，建設業，農業などで人手不足を補う貴重な労働力として活用されているが，労働者としての最低限の権利保障の枠外におかれているケースが多いと言われる。

　社会保障・人口問題研究所によれば，外国人を年間25万人受け入れるならば，2050年の時点で，受け入れなしのケースと比べ，総人口が1170万人増えているとされる。過去5年間で年平均12万人の外国人労働者を受け入れてきたことから，毎年25万人の外国人を受け入れることは日本にとって大きな負担ではあるまい。

---

15) 技能実習制度は「開発途上国への技術移転」を名目に1993年に制度化されたもので，人手不足に悩む企業や事業所が外国人を労働力として活用できる制度である。実習生は，3年間（延長含め最長5年間），日本企業の雇用のもとでさまざまな職業上の技能を習得・習熟できるとされている。しかし，実習生は日本人がやりたがらない過重労働や危険な仕事を担う一方で，使い捨てにされているとも言われる。技能実習生，資格外活動者，専門的・技術的な高度人材以外に，46万人の永住者らが日本に在留している。

実際，過疎化が進んでいる日本の地方では，外国人労働者受け入れが望まれており，地方経済の活性化に大きく貢献しよう。高度人材以外に，意欲や能力が高い外国人労働者をある程度受け入れるとともに，彼らに最低賃金や労働時間のルールを適用しつつ，日本社会に溶け込ませていくことが必要だろう。

労働力不足に対応していくには，労働生産性の向上により，労働者一人当たりの付加価値を増やすことも欠かせない。今後は，投資の拡大（設備投資，IT 化，AI やロボットなどの導入），労働力の質の向上（高等教育，社内教育，オンザジョブ・トレーニング），技術革新の促進，成長産業への資本・労働の移動の円滑化などが重要な役割を果たすようになろう。これまでの成長戦略に沿って，着実に規制緩和や労働市場改革（「働き方改革」を含む）を進めていくことが重要だ。ただし，労働市場の流動性を高めるには，これまでの終身雇用や年功序列を柱とする日本的な雇用慣行をどのように変えていくか，採用・昇進・解雇に関する日本型の人事制度をどのように変えていくか，企業内で労働者による技能の蓄積をどのように担保していくか，など根本的な問題が残されており，一挙に進むとは考えにくい。経済実態の変化や業種に応じて，徐々に変革が進むものと考えられる。

公的債務の維持可能性の確保

もう一つの課題は，政府部門の債務の維持可能性を確保すべく，財政再建に努めることだ。公的債務の維持可能性を確保するとは，「債務残高/GDP 比率の発散を止め，安定的に適切な水準に引き下げていくこと」だといってよい。公的債務/GDP 比の適切な水準とは，その水準のもとで無理のない債務負担ができ，増税したり社会保障経費など必要な歳出項目を削減したりすることなく財政運営ができる水準だといってよい。公的債務の対 GDP 比を引き下げていくためには，名目 GDP が成長するか，基礎的財政収支（プライマリーバランス）が改善するか，あるいはその両者が必要である。名目 GDP の成長のためには，成長戦略を通じて実質 GDP を引き上げ，デフレ脱却により GDP デフレーターを上昇させることがカギになる。債務/GDP 比率が発散しないためには，名目 GDP が名目金利を上回って成長することが重要だ。また，プライマリーバランスの改善のためには，政府の歳入を伸ばし，歳出を抑制していくことが欠かせない。

公的債務の維持可能性に努めることが重要なのは，もしそれが失われたならば，

第1章　日本経済の成長と北東アジア

日本経済が公的債務危機に面する懸念があるからである。現行の公的債務の水準はOECD諸国の中でも最悪だが，日銀の低金利政策で政府の債務負担は低い水準に抑えられている。しかし，財政への信認が失われたり，何らかの理由で金利が大幅に上昇したりすることになると，政府の債務負担が急上昇し，債務返済能力に疑問がもたれて国債の投げ売りを招き，債務危機につながるリスクがある。債務危機に陥れば，従来の社会保障の水準を保つことができなくなり，それは日本の経済社会の安定性を脅かすことになろう。そうならない前に財政の健全化を進め，社会保障制度を機能させ続けることが重要なのである。

　実際，2012年度末には，日本の公債（普通国債）残高と国・地方の長期債務残高はそれぞれ705兆円（対GDP比で143%），932兆円（同188%）という高い水準に達していた。12年12月に発足した安倍政権は2013年6月，経済再生と財政健全化を両立させるとの観点から中長期の財政健全化の方針を打ち出した。すなわち，『経済財政運営と改革の基本方針について』（骨太2013）で，「国・地方のプライマリーバランスについて，2015年度までに2010年度に比べ赤字の対GDP比の半減，2020年度までに黒字化，その後の債務残高の対GDP比の安定的な引下げを目指す」という財政健全化目標を示したのである。

　2014年4月の消費税率の引き上げ（5%から8%へ）もあり，2015年度のプライマリーバランスは対GDP比率で-2.9%と10年度の-6.3%と比べて半減以上となった。ところが，安倍首相は2014年11月に，消費税率10%への引き上げ（当初2015年10月予定）を2017年4月まで1年半延期すること，2016年6月には，それをさらに2019年10月まで2年半延期することを表明した。また，2017年9月には，19年10月に予定される消費税率の引き上げに伴う増収分を財政赤字の穴埋めに使うのではなく，その一部を子育て支援，教育負担の軽減，介護人材の確保などの歳出拡大に振り向ける方針を表明し，政府は国・地方のプライマリーバランスを2020年度に黒字化する目標の達成を先送りする方針を固めた。

　2018年1月に内閣府が公表した『中長期の経済財政に関する試算』では，消費税率が19年10月に10%に引き上げられても，成長実現ケース（実質GDP1.4%から2%程度，名目GDP3%以上の成長）の場合，20年度のプライマリーバランスは10兆円（対GDP比1.8%）の赤字になり，黒字化の時期は27年度になることが示された（図1-18参照）。経済成長が政府の想定通りに回復しないベースラインケースでは，財政状況はさらに悪化するとされた。ただし，プライマリーバ

図1-18 国・地方の基礎的財政収支と公債等残高の将来シナリオ（対GDP比）

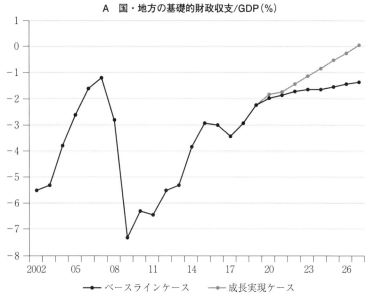

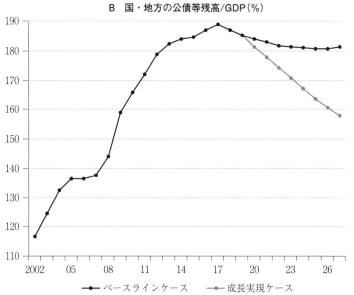

（出所）内閣府『中長期の経済財政に関する試算』（2018年1月23日）より筆者作成。
http://www5.cao.go.jp/keizai2/keizai-syakai/shisan.html

第1章　日本経済の成長と北東アジア

ランスの赤字が解消しなくても，公債等残高の対GDP比は当面低下していくとされた。つまり，2017年度の189％のピークから，27年度には158％（成長実現ケース），181％（ベースラインケース）に漸減していく。これは，2025年度まで名目GDP成長率が長期名目金利を上回ることが想定されているからである。債務等残高/GDP比の低下は，日銀の低金利政策に依存しており，その意味で持続的なものではない可能性がある。

　債務の維持可能性を確保していくためには，経済成長に加えて，やはりプライマリーバランスの改善を通じた財政再建が欠かせない。歳入と歳出の両面から改善させていくことが求められる。歳入面では，いうまでもなく消費税率をまずは10％に引き上げることである。歳出面では，増大し続ける社会保障費の自然増を抑えることだ。

　消費税はもともと竹下内閣のもとで1989年4月に導入されたものであり，当初の税率は3％だった[16]。その後，橋本内閣の下で，1997年4月に，消費税率が3％から5％に引き上げられた。そして民主党の野田政権のもとで，2012年8月，民主党・自民党・公明党の3党合意を受けて，社会保障の安定財源確保のため「消費税率を2014年4月に5％から8％へ，2015年10月に10％へ引き上げる」ことを盛り込んだ，社会保障・税一体改革関連法案が可決・成立した。安倍政権はこの法案に基づき，2014年4月から消費税率を8％に引き上げた。しかし消費税率引上げを見越した駆け込み需要の反動で，4月以降民間最終消費や住宅購入が大きく落ち込み，GDP成長率も2014年第2・3四半期と続けてマイナスになった。GDPは2015年第1四半期には増税前の水準を回復したが，消費と住宅投資は弱含みが続いた[17]。そうした状況を受けて，安倍首相は，2度にわたり消費税率10％への引き上げ時期を延期したのである。

　消費税率は予定通り2019年10月に引き上げるべきだろう。その際，14年4月に

---

16) 消費税が導入された理由としては3点挙げられる。所得税・法人税中心の税制をバランスのあるものにすること，物品税など個別間接税の問題点を解決すること，年金・医療など高齢化社会に対応するための社会保障財源を確保することだった。消費税導入後2回の税率引き上げを経て，2017年度の一般会計歳入のうち租税及び印紙収入に占める消費税収入の比率は29.7％になっている（所得税は31.1％，法人税は21.5％，その他17.7％）。

17) 実際，民間最終消費と民間住宅投資は2017年末になっても14年第一四半期の水準まで回復していない。

図1-19 国の一般会計歳出の推移，1980〜2018年度（兆円）

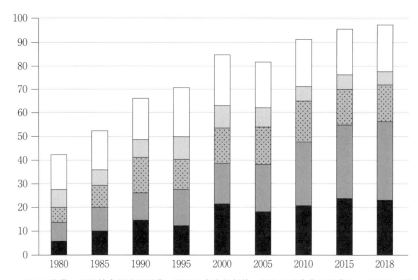

(注) 計数は当初予算ベース。2018年度の計数は，政府予算案による。その他は文教および科学振興費，防衛関連費などを含む。
(出所) 財務省「我が国の財政事情（平成30年度予算政府案）」より筆者作成。
http://www.mof.go.jp/budget/budger_workflow/budget/fy2018/seifuan30/04.pdf

経験した大きな駆け込み需要とその反動を繰り返さず，消費・住宅投資と経済活動を平準化させることが重要だ。14年4月の消費税率引き上げ（5％から8％へ）の際には，政府が消費税率引き上げの価格への転嫁を促すよう，事業者に対し価格指導を行ったこともあり，税率引き上げに伴い価格が一斉に引き上げられた。それが消費の駆け込み需要とその後の大きな反動を招いた。そうしたことを防ぎ，消費需要を平準化させるためには，税率引き上げとともに価格が一斉に引き上がらないようにすることが望ましい。政府が事業者に対して価格指導を行わず，事業者が税率引き上げによるコスト増をいつどのように価格に転嫁するかを，各事業者の自由裁量にゆだねることが効果的だろう。それでも駆け込みやその反動があれば，それをある程度相殺するための経済対策を用いることも正当化されよう。

歳出面では，急激に増大し続けている社会保障費の自然増を抑えていくことが重要だ。図1-19は国の一般会計歳出（当初予算）の推移を示したものである。

第1章　日本経済の成長と北東アジア

1980年度から90年度にかけて，国債費，社会保障費，地方交付税等が大きく伸びて，全体の歳出規模を拡大させた。90年度以降も大きく伸び続けているのは国債費と社会保障費である。とりわけ社会保障費は90年度から2018年度にかけて毎年平均7600億円伸びている。そこで，2015年の財政健全化計画では，社会保障費の自然増を年5000億円程度に抑えることが決まり，2018年からは公的年金支給額について，「マクロ経済スライド」を強化することで年金財政の改善をめざすことになった[18]。しかし，日本の社会保障経費は，高齢者向けの社会保障給付が中心で，家族関連の社会保障給付（児童手当，就学前教育等）が極めて少ない。今後は，家族関連の社会支出，とりわけ子育て支援など少子化対策のための支出が拡大していくことが見込まれる。そうした観点からすると，社会保障経費の伸びを大きく抑制していくことは難しく，消費税率の欧州並みの水準（15〜20％）への引き上げが避けられまい。

----

18)「マクロ経済スライド」とは，2004年の年金制度改正で導入された仕組みで，賃金や物価の伸びによる改定率をさらに調整して，緩やかに年金の給付水準を引き下げていく措置である。年金の支給額は現在「賃金・物価スライド」と「マクロ経済スライド」の二つのスライド制度によって調整されることになっている。2004年までは「賃金・物価スライド」に基づき，賃金や物価の伸びを基準にして年金額が調整されていたが，新たに「マクロ経済スライド」が導入されて，年金支給額の伸びが賃金や物価の上昇分以内に抑えられることになった。たとえば，物価が2％上昇したら，それに応じて年金支給額も2％上昇することになっていた。2004年以降は，賃金や物価の伸びから，年金加入者数の減少率と平均余命の伸びに応じて新たに算定した「スライド調整率」を差し引いて年金の支給額を決めることになった。これは，少子高齢化の進展で年金制度の長期的な給付と負担の均衡を保つことや，将来世代の年金水準を確保することが難しくなってきたことからとられた，安定的な年金制度を維持するための措置である。ただし，賃金や物価がある程度上昇する場合にはマクロ経済スライドが適用されるものの，①賃金や物価の伸びが小さく，マクロ経済スライドを適用すると年金額が下がってしまう場合には，年金支給額の改定は行われないこと，②賃金や物価の伸びがマイナスの場合もマクロ経済スライドは適用されず，賃金や物価の下落分のみ年金支給額が下がること，とされた。2018年4月からは，マクロ経済スライドの効果を強化するため，賃金や物価が下がった場合でも，適用されることになっている。ただし，賃金や物価が下がった年にはマクロスライド調整は行われず，翌年度以降に繰り越されて，賃金・物価上昇時にまとめて調整されることになる。マクロ経済スライドによる調整は，年金財政の収支バランスを保つことができるようになるまで続けられるとされ，さしあたり2043年度まで続く予定である。

4　日本経済の国際化と北東アジア協力

　日本経済の優先課題は，デフレ脱却と構造改革を成し遂げ，それをテコに経済的な再生を果たしていくことである。つまり，人口減少と少子高齢化の問題に正面から対応し，潜在成長率を引き上げていくことが最大の課題だが，そのためには，ダイナミックに成長する北東アジア地域を含む新興アジア諸国との経済連携を深め，その経済活力を取り込んでいくことが欠かせない。安倍政権の成長戦略でも，観光業の促進で訪日外国人（インバウンド）旅行者の拡大や，海外の成長市場の取り込みのため以下のような施策が掲げられ，そのための KPI も設定されている。

- 経済連携協定（TPP，RCEP など）や投資協定・租税条約の締結・改正
- 中堅・中小企業の海外展開支援
- インフラシステム輸出の拡大
- 海外の医療技術・サービス市場の拡大
- データ流通・利活用に係る国際的共通認識・ルールの形成
- 対内直接投資誘致の強化

　北東アジア地域には中国・韓国といった日本と製造業分野でサプライチェーンを構成している諸国や，モンゴル・ロシア極東地域のように鉱物資源が豊富な国・地域もあり，これらとの経済連携の強化が日本経済の成長に寄与することが期待される。日本国内の市場規模が将来的に大きく成長することが見込まれないなかで，これら諸国・地域との貿易・投資・ビジネス活動の拡大を図っていくことが必要だ。とりわけ中・韓とは日中韓自由貿易協定（FTA）や東アジア地域包括的経済連携（RCEP）協定の交渉が進んでおり，早期の交渉妥結が望まれる。モンゴルとの間では経済連携協定が発効しており，相互の貿易・投資の拡大が見込まれる。ロシアとは「8 項目の経済協力」の協議が進展しており，極東地域を中心に各種の企業間協力の可能性が模索されている。また，海外旅行者のインバウンド需要も伸びており，さらなる拡大に向けた受け入れ態勢の整備が必要とされている。

4.1　日本経済の国際化

　日本経済は，戦後一貫して，輸出入貿易と対外・対内投資を拡大させて経済の

国際化を進めてきた。もともと資源小国である日本は，製造業品の輸出を行って外貨を稼ぎ，それで石油・天然ガス等のエネルギーや原材料・食糧を海外から輸入するという貿易立国として経済成長を果たしてきた。1985年にプラザ合意を経て急激な円高が起こると，国際価格競争力を失った製造業企業が，大挙して韓国，台湾，シンガポール，タイ，インドネシアなど東アジアの新興諸国に進出することになった。1990年代に入ると，日本企業は経済自由化を進めていた中国にも進出し，近年はベトナムやインドなど進出先を多様化しながら多国籍化を深めてきた。日本企業は，進出先から海外の第三市場に輸出し，あるいは最終製品を日本に逆輸入するという戦略をとってきた。

　そうした戦略を進める一貫として，日本企業は高い技術力をテコに東アジア域内でサプライチェーンをつくってきた。つまり，日本国内で高付加価値の部品・中間財や資本財を生産して，それらを進出先の工場に輸出する，進出先の工場は日本からの部品や中間財に付加価値をつけて，例えば中国などにさらに輸出する，そして中国で最終製品に加工して，日本に製品として持ち帰るだけでなく，欧米などの最終製品市場にも輸出する，という多国間に及ぶ取引関係を東アジアの中でつくってきたのである。

貿易・投資の国際化の程度

　このように日本経済は貿易・投資の面で国際化を進めてきた。輸出と輸入は1980年の1470億ドル，1570億ドルから2016年には8085億ドル，7682億ドルへと拡大し，貿易総額でみると米国，中国，ドイツに次ぐ世界第4位の貿易大国になっている。対外直接投資残高と対内直接投資残高で見ても，1980年の196億ドル，33億ドルから2016年の1兆4447億ドル，1867億ドルへと大幅に拡大している。対外直投資残高でみると，今や日本は米国，香港，イギリスに次ぐ世界第4位の投資大国である。

　とはいえ，日本経済の国際化の程度は経済規模に照らしてみるとまだ十分ではない。データを国際的に比較してみると，日本の貿易や直接投資の対GDP比率は極めて低いことがわかる。2016年の財・サービスの貿易総額の対GDP比率は31.9%で，OECD35カ国の中で米国に次いで下から二番目の34位である。輸出の対GDP比率は16.4%，輸入の対GDP比率は15.6%で，いずれも34位となっている。これらの数字は北東アジアの中国（貿易総額の対GDP比37.0%），韓国

（78.4％），モンゴル（91.9％），ロシア（48.0％）と比べても極めて低い水準である。このように，日本は貿易立国といいながら，貿易面での国際化は極めて遅れている。

　日本の企業は対外直接投資というかたちで，欧米や新興アジア諸国に国際展開している。とりわけ東アジアにおけるサプライチェーンの構築には，日本の対東アジア向け直接投資が大きな役割を果たしてきた。すでにみたように，その絶対的な規模は極めて大きい。ところが直接投資残高を対GDP比率で国際的に比較すると，日本企業の海外進出はまだ遅れていることがわかる。日本企業が海外に進出する対外直接投資残高の対GDP比率は28.5％で，OECD35カ国の中で21位と比較的低い（UNCTADデータによる）。海外の企業が日本に進出している程度を示す対内直接投資残高の対GDP比率はわずか3.8％で，OECD35カ国の中で最下位になっている。日本は海外企業の受け入れという点では，事実上閉鎖的な国だと言える（因みに北朝鮮の対内直接投資の対GDP比は5.0％である）。

　このように，日本経済は確かに国際化しているものの，他の先進国や主要新興経済諸国と比べるとまだ不十分で，さらなる国際化の余地がある。日本の場合，輸出産業はその時々の技術開発のリーディング・インダストリーであり，輸出が拡大することによって国内経済に対してプラスの外部効果をもたらしてきた可能性がある。その意味で，現在の対GDP比16％という輸出依存度は低く，今後も上昇していく余地が大きい。また，輸入については，日本が比較優位をもたない分野での財・サービスが輸入されていることを考慮すると，輸入がさらに拡大することは日本経済の効率化という観点からは歓迎すべきことだ。対外直接投資についても日本企業の国際化はさらに進む可能性があり，対内直接投資については拡大の余地は極めて大きい。

投資収益への依存が拡大する日本の経常収支

　図1-20は日本の経常収支とその主要項目（貿易収支，サービス収支，所得収支）の対GDP比の推移を示したものである。まずここから見てわかることは，経常収支が一貫して黒字で（1980年を除く），増減を繰り返しながらも対GDP比で1〜4％の範囲で動いてきたことである。貿易収支は2010年まで黒字を計上していたところ2011年から15年まで赤字となったが，2016年以降は黒字に戻っている。サービス収支は対GDP比で約1％ほどの赤字幅で安定的に推移してきた

図1-20 日本の経常収支（対GDP比）の推移（%）

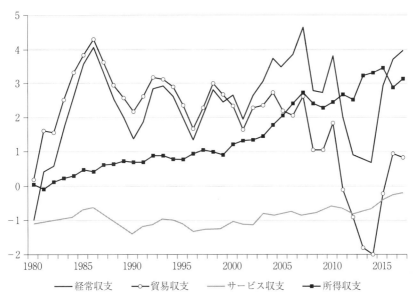

（出所）経常収支データは財務省から，GDPデータは内閣府からそれぞれ入手し，筆者作成。1996年以降の経常収支データは『国際収支マニュアル第6版』に依拠しており，それ以前のデータとは厳格には接続しない。

が，2010年代半ば以降は緩やかに赤字幅が縮小しつつある。所得収支は1980年にはほぼ均衡していたが，その後黒字に転じ，一貫して黒字幅が着実に伸びてきた。

2017年の経常収支黒字は対GDP比で4.0%と2007年，1986年に次ぐ大きさになっている。経常収支黒字を長らく支えてきたのは貿易収支だったが，2011年の東日本大震災を機に多くの原子力発電所の稼働が停まり，原油・天然ガスの輸入が拡大して，赤字になった。2011〜15年の5年間赤字が続いたあと，原油価格の低迷で貿易収支は黒字化したが，対GDP比で1%程度であり，以前ほど決定的な大きさではない。所得収支の黒字幅が傾向的に拡大しているが，これは対外直接投資からの投資収益収支（海外子会社からの配当金や利子などの純受け取り額）などを反映する第一次所得収支が増大しているからである。また，近年は外国人観光客のインバウンド数が増大し，旅行収支の大幅な改善によりサービス収支の赤字が縮小しつつある。こうしたことから，日本の経常収支黒字のけん引役が財の輸出から投資収益や観光サービスなどに切り替わりつつあるといってよい。

所得収支の黒字は，北米，欧州，アジア地域で大半が計上されており，日本にとってアジア地域の意義が大きく，ことに中国・韓国との所得収支黒字は大きな額に上っている。所得収支が大幅な黒字であるのは，日本が経常収支黒字を累積してきた結果，国際投資ポジションが大幅なプラスになり，海外から配当・利子などのかたちで資産所得を得られるようになっているからだ。日本は対外純資産国として，成熟した国際収支構造を持つ方向に進みつつあるといってよい。

4.2　北東アジアとの貿易・投資の相互依存

日本はこの数十年のあいだ，中国・韓国との間の経済的な相互依存関係を深めてきた。とりわけ，観光をはじめとする海外旅行者の交流，輸出入貿易，海外直接投資の面での相互依存関係は深まっている。しかし，日本とモンゴルやロシアとの経済交流の程度は小さく，日本が北東アジア地域の全ての国と同程度で経済相互依存関係を深めているわけではない。

表1-3は，日本の北東アジア諸国・地域との国際相互依存関係を見る上で，海外旅行者の交流，輸出入貿易，直接投資残高の観点からまとめたものである。この表では，日本から見たパートナー国・地域について海外旅行者数，貿易額，投資残高額で重要度の高い国・地域が上位10位まで並べられている。北東アジア諸国については，20位以内に入る国を欄外に示したが，北朝鮮，モンゴル，ロシアはどの項目でも，上位20位に入っていない。

表の最初には，日本からみた，日本人海外旅行者（アウトバウンド）の主要な旅行先と外国人旅行者（インバウンド）の出身国・地域が示されている。まず，日本人旅行者の訪問先の第一は米国であり，続いて中国，韓国，台湾，タイとなっている。日本を訪問する外国人旅行者の最大は中国からで，続いて韓国，台湾，香港，米国からとなっている。このように日本をめぐる海外旅行者の動きは中国・韓国と緊密な関係をつくり出しており，台湾や米国も重要なパートナー国・地域である。時系列的に見ると，日本を訪問する中国人旅行者の数は急増しているものの，日本から中国（及び韓国）に出かける旅行者の数が減っている。ASEAN諸国に出かける日本人旅行者の数が増えていることを勘案すると，中国（や韓国）との間の政治的な関係の悪化が日本人旅行者の行動に影響を与えているものと考えられる[19]。中国人旅行者数の急増はいわゆる「爆買い」を通じて日本経済に貢献し，かつ中国人の日本への理解を高める効果をもってきた。しか

第1章　日本経済の成長と北東アジア

表1-3　日本の海外旅行，貿易，海外直接投資の主要相手国・地域

海外旅行者		貿易		直接投資残高	
アウトバウンド (2015)	インバウンド (2016)	輸出 (2016)	輸入 (2016)	対外投資 (2016)	対内投資 (2016)
米国	中国	米国	中国	米国	米国
中国	韓国	中国	米国	イギリス	フランス
韓国	台湾	韓国	オーストラリア	中国	オランダ
台湾	香港	台湾	韓国	オランダ	シンガポール
タイ	米国	香港	台湾	オーストラリア	イギリス
フランス	タイ	タイ	ドイツ	タイ	スイス
シンガポール	オーストラリア	シンガポール	タイ	シンガポール	ケイマン諸島
グアム	マレーシア	ドイツ	サウジアラビア	韓国	香港
ベトナム	シンガポール	オーストラリア	インドネシア	ケイマン諸島	台湾
ドイツ	フィリピン	イギリス	アラブ首長国連邦	香港	ルクセンブルグ
				韓国(11) 中国(15)	

(注)　日本の海外旅行（アウトバウンド，インバウンド），貿易（輸出，輸入），海外直接投資（対外投資，対内投資）の主要相手国が北東アジア域内国である場合には，網掛けで示されている。

(出所)　海外旅行者のアウトバウンドのデータは UN World Tourism Organization が集計したデータ，インバウンドのデータは日本の観光庁の公表データ，貿易データは IMF, *Direction of Trade Statistics* の公表データ，直接投資残高データは IMF, *Coordinated Direct Investment Survey* の公表データからそれぞれ入手し，筆者作成。

し，中国への日本人旅行者数が減ってきている現状は，日本人の中国理解の高まりという点からは問題だろう。また，日本とモンゴルやロシアとの旅行者の国際交流は極めて限られている。

　次に国際貿易の面で日本と北東アジア諸国との関係をみると，ここでも日本と中国・韓国との間の関係が緊密であることがわかる。日本にとって，主要な輸出相手国は米国，中国，韓国，台湾，香港であり，主要な輸入相手国は，中国，米国，オーストラリア，韓国，台湾となっている。日本の輸出先・輸入先の時系列的な変化をみると，貿易相手国としての米国のウェイトがトレンドとして低下し，中国のウェイトが急速に高まっている。日本の総輸出に占める対中国輸出のシェアは急速に伸びているが，この5年ほどは若干低下しており，18%程度にとどま

---

19)　一つの解釈は，日中間（あるいは日韓間）の政治的な関係が悪化したことから，リスク回避度が高いと考えられる日本人旅行者が中国（や韓国）を訪問先として選ばなくなったことである。その一方，中国（や韓国）の旅行者は対日政治関係の悪化をさほど気にせず，日本への訪問をそれほど高リスクとみなしていない，という違いがあるものと思われる。

っている。しかし日本の輸入先としての中国の重要性は急増し，そのシェアは今や26％である。中国の製品・農産品が日本経済を支えるほど欠かせないものになっているといえる。

次に日本の直接投資残高の動向をみると，日本の対外投資先では，米国，イギリス，中国，オランダ，オーストラリアが重要で，韓国は第8位である。日本の対内直接投資の受け入れ元では，米国，フランス，オランダ，シンガポール，イギリスが主で，韓国は11位，中国は15位となっている。日本の対外直接投資の時系列的な変化をみると，米国や欧州が依然として主要な相手国・地域だが，次第にアジア向け，特に ASEAN と中国向けの対外投資が傾向的に増えている。しかし日本から中国への直接投資のシェアは全体の8％とまだ低く，今後とも伸びる余地が大きい。日本の対韓投資のシェアも2％台と低く，今後さらに伸びる余地がある。日本の対モンゴル，ロシア投資は極めて小さい。

4.3　北東アジア協力

以上の分析から，日本と北東アジア諸国との地域的な協力の方向性が示されよう。第一は，域内で海外旅行者の移動をさらに活性化させていくことだ。とりわけ，インバウンド需要は経済成長に貢献するだけでなく，人々の直接的な交流を通して相互理解の促進につながりうる。第二は，拡大しつつある東アジアのサプライチェーンを強化すべく，自由貿易協定などで貿易・投資をさらに活性化させていくことだ。第三は，各国のインフラの連結性を拡大・強化することで，地域としての経済的な魅力を高めていくことだ。米国のトランプ政権が保護主義的な傾向を高める中で，日本と北東アジア諸国がこうした経済協力を通じて経済的な相互依存関係を強化していくことが重要だ。

観光協力

日本からみて第一に重要な経済協力は，観光振興を通じてインバウンド需要を高めていくことだろう。インバウンド需要の拡大は，経済的にプラスの効果をもつだけでなく，人的交流を通じて相互認識を深め信頼強化につながる効果をもつ。お互いの文化や考え方，生活のしかたを理解することが相互信頼の醸成に寄与するものと思われる。

安倍政権は，東京五輪が開催される2020年には4000万人の海外旅行者を呼び込

み，2030年までには6000万人とする数値目標をたてている。2015年には急増する中国人観光客を中心に「爆買い」が起きたが，それは一過性に終わった。しかし，その後も中国人観光客数は伸びており，着実なインバウンド需要が見込めよう。とりわけ，「化粧品・香水」や「医薬品・健康グッズ・トイレタリー」に代表される安全・安心で高品質の消費財には底固い需要が見込める。また，リピーターが増えるにつれ，モノの消費からコトの消費へと観光客の関心が移っており，日本のサービスの質が重要な役割を果たすようになろう。

　日本からみると，インバウンドだけでなく，日本人旅行者のアウトバウンド数を拡大させることも重要だ。とりわけより多くの日本人が中国・韓国だけでなく，モンゴルやロシアを訪問するようになることで，相互理解が高まり，日本と北東アジア諸国・地域との貿易・投資・ビジネス活動の活性化にもつながろう。

日中韓 FTA と RCEP

　貿易・投資の活性化という観点から重要なことは，日本が中国・韓国との間の自由貿易協定（日中韓 FTA）をできるだけ早く締結することだ。日本は韓国と2003年末に二国間 FTA 交渉を開始したが，ほぼ1年後に交渉を停止し，それ以降二国間交渉は行われていない。中国と韓国は二国間 FTA の交渉を2012年に開始し，2015年末に中韓 FTA を発効させた。日・中，日・韓の間で二国間 FTA が存在しない状況で，現在は日中韓 FTA 交渉（2013年開始）が進められている。日中韓 FTA のメリットは大きいものの，政治・経済的な理由によって FTA 交渉は進捗していない。その理由としてはいくつかの点が挙げられる。

- 日・中や日・韓の間の政治的な関係が良好なものでなかったこと
- 日本は中国・韓国に対し農業で比較劣位にある分野が多く，自由化に前向きでなかったこと
- 中国は日本に対し製造業やサービス業で比較劣位にある分野が多く，自由化に積極的でなかったこと
- 韓国は日本に対し製造業で比較劣位にある分野が多く，かつ対日赤字の拡大が懸念され，自由化に積極的でなかったこと

このように各国とも相互に比較劣位となる産業部門を抱えているが，FTA はどの国全体にとっても全体でプラスの効果をもたらすことが知られている。重要なことは，各国ともに FTA により不利益を被る産業分野の縮小や競争力強化に

励み，生産資源をより生産的な分野に移していくよう構造改革を進めることである。そのことでFTAからの利益を国全体が享受できるようになろう。とりわけ，日中韓FTAができると，それは北東アジアFTAにつながる潜在性をもつことから，その意味でも重要である。

　日中韓FTA交渉と並行して進められているRCEP協定も重要である。ASEAN＋6の16か国からなるRCEPは，ASEAN経済共同体とASEANが日・中・韓・印・豪NZのそれぞれと結んでいる5つのFTAとが中心になっている。ところが，RCEPの交渉では，日本と中国の間に，自由化の程度や貿易・投資ルールの内容において大きな溝があることから十分進捗していない。しかし，RCEPを構築することで，東アジアのサプライチェーンをカバーするFTAができ，貿易・投資のさらなる活性化につながろう。

　日本はまたトランプ政権によるTPP離脱後のTPP11を主導して，その交渉合意・署名にこぎつけた[20]。これは2018年中にも発効する可能性があり，近年の日本の経済外交の大きな成果といってよい。TPP11はもともとのTPPで22の貿易・投資ルールを凍結し，4つの項目で例外を設けたものであるが，貿易・投資の自由化の程度や貿易・投資ルールの面で21世紀型の質の高い自由貿易協定である。TPP11は北東アジアにとっても重要な意味をもつ。第一に，TPPは今後の世界全体の自由貿易協定のモデルになりうるものであり，米国がいずれTPPに復帰する可能性もあり，TPP11はその受け皿になるものである。第二に，TPP11はRCEP交渉のための重要な基準・ベンチマークを提供しうるものである。第三に，韓国やタイ，フィリピンなど東南アジア諸国がTPP11に参加する可能性があり，中国も中長期的には参加する可能性がある。RCEPとTPPが出来上がると，アジア太平洋地域FTAへの展望が開け，北東アジアもその中に組み込まれうることになる。

北東アジアのインフラ開発協力

　北東アジアにおけるインフラ投資の必要額は大きな規模に上る。表1-4はKawai（2013）によるインフラニーズの推計額を示したものである。交通，エネ

20）TPP11の参加国は，オーストラリア，ブルネイ，チリ，カナダ，日本，マレーシア，メキシコ，ニュージーランド，ペルー，シンガポール，ベトナムである。

第1章　日本経済の成長と北東アジア

表1-4　北東アジアにおける毎年のインフラ投資の必要額の推計（10億米ドル）

国/地域	中国 東北地域	北朝鮮 （DPRK）	モンゴル	ロシア 極東地域	越境 （国際）	総計
分野　　　　期間	2010〜20	2011〜20	2010〜15	2013〜25		
交通	12.6	4.3	0.7	4	0.8	22.4
エネルギー	31	1	0.8	0.9	1.2	34.9
情報通信技術（ICT）	4	0	0.1	0	0.1	4.2
環境	1.2	0	0.1	0	0.1	1.4
総計	48.8	5.3	1.7	4.9	2.2	62.9

（出所）Kawai（2013）.

ルギー（電力を含む），情報通信技術（ICT），環境分野のインフラ投資の必要額
は，毎年総額629億ドルに上る。その大半は中国の東北地方で必要とされるもの
であり，中国国内で資金調達できよう。しかし，クロスボーダー・インフラにつ
いては，国際的な取り組みが必要で，国際機関による融資などが必要となる可能
性がある。とくにモンゴルなど内陸国にとっては，国際的な連結性を高めるため
に，中国やロシアとの連携が不可欠である。

　日本は北東アジアにおける，こうした地域的なインフラつくりで協力していく
ことが望ましい。観光業や物流の発展，貿易・投資・ビジネス活動の活性化のた
めには，インフラ整備と連結性の強化が避けて通れないからだ。日本と大陸北東
アジア（とりわけロシアや韓国）を結びつけるための海路交通インフラの開発も
欠かせない。アジア開発銀行（ADB）とアジアインフラ投資銀行（AIIB）の共
同融資を始め，大図們江開発プログラムや「一帯一路」構想との連携も視野に入
れた取り組みや民間部門を呼び込む努力が必要だろう。また，交通・電力をはじ
めとしてあらゆる分野で産業・社会インフラが欠如している北朝鮮にとっては，
経済発展とりわけ貿易・直接投資を通じた産業化の促進のためのインフラ整備が
欠かせない。こうしたインフラ協力のメリットを北朝鮮に示すことで，北朝鮮が
平和裏に国際社会に復帰する誘因を提示することにもつながろう。

環境・資源・エネルギー協力

　日本の環境改善，省エネ，医療・保健，都市化対策などの知見を北東アジア諸
国，とくに中国やロシアなどと共有していくことも地域協力を深める上で望まし
い。

中国は，公害問題，都市化，所得格差，高齢化，医療・保健，社会保障制度つくりなど重要な課題に面しているが，日本の経験や知見を伝えていくメカニズムをつくることが求められる。中国の公害問題については，微小粒子状物質（PM2.5）など大気汚染の深刻化が進んでおり，この面で日本が過去の公害対策を経て得た環境技術や意識転換など様々な知見を中国の汚染対策に生かすことができる。所得格差についても，高度成長期の日本で，都市化が進み中小企業が発展した中で社会保障制度がつくられたことを背景に，所得分配が悪化しなかった経験から，有用な知見を提供することができよう。また日本同様，少子高齢化が進む中国にとっては，それに対応できる医療・保健制度や社会保障制度を構築していくことが必要で，日本での経験や試みが有用だろう。こうした知的・政策交流に加えて，ライフスタイルなどについての文化的交流，若者や地方の人々の間での人的交流を進めるなど重層的な協力体制をつくっていくことが有効だ。

　また，ロシアとの間では，安倍首相が2016年5月に提案した「8項目の経済協力プラン」の具体化に向けた検討が進められている。それは，①健康寿命の伸長，②快適・清潔で住みやすく，活動しやすい都市作り，③中小企業交流・協力の抜本的拡大，④エネルギー，⑤ロシアの産業多様化・生産性向上，⑥極東の産業振興・輸出基地化，⑦先端技術協力，⑧人的交流の抜本的拡大，といった多面的な分野で協力する予定になっている。たとえば，①では日本式の健康診断の導入，②では日本の信号システムの導入による渋滞緩和や下水道の補強，④ではヤマルLNGプロジェクト向け融資，日本の省エネ技術の活用，再生可能エネルギーの普及，⑥では港湾・空港ターミナルの建設・整備，などが検討されている。日本は経済協力を通じてロシアとの信頼醸成を深め，北方領土交渉でロシアから前向きの対応を引き出すことを狙い，ロシアは日本企業による対ロ投資の促進や石油・ガスなど天然資源の対日輸出を拡大するとともに，平和条約の締結につなげる狙いがあると言われる。日ロ間の意図は違うとはいえ，日ロ経済協力が進むことは相互理解の強化につながり，日ロ間の経済交流を活性化させるものと期待される。

5　まとめ

　日本経済は，2012年末以来の5年半に及ぶアベノミクスの下で，着実に経済成

長を遂げ，「失われた20年」から脱却しつつある。5年以上にわたる景気拡大が続き，経済活動や雇用情勢は極めて堅調で，潜在成長率も2008〜09年の0％から17年には1％程度の水準にまで高まっている。しかし，人口減・少子高齢化の下で潜在成長率をさらに底上げしていくためには，労働供給を拡大させるとともに，労働生産性を引き上げていくことが欠かせない。労働供給の拡大には，女性とシニア層の労働参加率を高め，外国人労働をこれまでより積極的に活用することが重要だ。労働生産性を高めるには，投資（設備，IT，AI，ロボット等）の拡大，労働の質や流動性の向上，第4次産業革命につながる技術革新を促すことがカギで，これまでの成長戦略で示された重要な諸施策を着実に実行していくことが求められる。また，日本としては，「国内」という狭い枠組みでのみ考えるのではなく，成長めざましい中国をはじめ北東アジア諸国の成長力を取り込んでいくという発想が重要だ。そのためには，日本経済をさらに開放的なものにする一方で，北東アジア地域の安定的な成長を支援できるビジネスモデルと国内態勢をつくり，経済協力の利益が内需や雇用に結びつくようにしていく努力が欠かせない。

　北東アジア地域との経済協力で利益が大きいのは，インバウンド観光の促進，貿易・投資の拡大，インフラ協力だろう。第一に，日本は中国・韓国・モンゴル・ロシアと連携して，相互に観光旅行者を誘致する態勢をつくることが望ましい。観光客の国際交流は相互理解の向上につながり，企業間のビジネス交流にもプラスの影響を与えよう。第二に，日本は中国・韓国と日中韓FTAを締結し，ASEANも巻き込んでRCEPを実現させることで国際分業体制をさらに効率化させることができる。中堅・中小企業が海外ビジネスを行えるような枠組みを作っていくことだ。日本の得意とする環境・省エネ技術や健康・医療分野での知見を北東アジアに移転して，環境に優しい低炭素型の経済発展や健康な生活様式の拡大を促すこともできる。第三に，インフラビジネスを北東アジア，とりわけロシアの極東地域に拡大していくことが挙げられる。石油・ガス部門でのインフラ協力は日本のエネルギー輸入元の確保につながろう。

　そうした観点から，北東アジア協力は，とりわけ日本海側の「地方」経済にとってのメリットが大きい。人口が減少し地場産業が弱い「地方」にとっては，北東アジアの成長力をどこまで取り込めるかが，経済再生の成否に大きな影響を与えよう。北東アジアの主要な空港・海港との定期便の就航，インバウンド観光の誘客，学生間の国際交流，中国や韓国からの留学生の取り込みや地元での就職先

確保，地場の中小企業にとってのビジネス機会の拡大など，地方間協力を強化することで様々なかたちで地方経済の活性化に寄与していくことができよう。

参考文献

みずほ総合研究所［2017］「アベノミクス5年と今後の政策課題～長期政権で引き続き目指す日本経済の『真の夜明け』～」（緊急リポート　12月21日）

宮川努・比佐章一［2009］「生産性の回復と日本経済：世界同時不況を克服する途」，樋口美雄＋財務省財務総合政策研究所『日本経済の構造変化と景気回復』（日本評論社，2009年）所収，1～27頁。

Kawai Masahiro［2013］ "Financing Development Cooperation in Northeast Asia." *Northeast Asian Economic Review*, 1: 10 (March 2013), pp. 1-40.

Kawai Masahiro and Peter Morgan［2013］ "Banking Crises and 'Japanization'." In Changyong Rhee and Adam S. Posen, eds., *Responding to Financial Crisis: Lessons from Asia Then, the United States and Europe Now* (Washington, D.C.: Peterson Institute for International Economics).

Kawai Masahiro and Shinji Takagi［2011］ "Why Was Japan Hit So Hard by the Global Financial Crisis?" In Daigee Shaw and Bih Jane Liu, eds., *The Impact of the Economic Crisis on East Asia: Policy Responses from Four Economies* (Cheltenham and Northampton: Edward Elgar), pp. 131-148.

OECD, *2010 Going for Growth*.

第1章　日本経済の成長と北東アジア

付表1　第2次・第3次，第4次安倍政権の成長戦略

日本再興戦略（2013年）	日本再興戦略改訂2014	日本再興戦略改訂2015
Japan is BACK （アベノミクス）	未来への挑戦	未来への投資・生産性革命 （アベノミクス第2ステージ）
2013年5月	2014年6月	2015年6月
1．日本産業再興プラン ● 緊急構造改革プログラム（産業の新陳代謝） ● 雇用制度改革・人材力強化 ● 科学技術イノベーション強化 ● 世界最高水準のIT社会の実現 ● 立地競争力のさらなる強化（エネルギー制約，特区など） ● 中小企業・小規模事業者の革新 2．戦略的市場創造プラン ● 国民の「健康寿命」の延伸 ● クリーン・経済的なエネルギー需給の実現 ● 安全・便利で経済的な次世代インフラの構築 ● 世界を惹きつける地域資源で稼ぐ地域社会の実現（農林水産業，観光資源） 3．国際展開戦略 ● 戦略的な通商関係の構築と経済連携の推進（TPPやRCEP等） ● 海外市場獲得のための戦略的な取組（インフラ輸出，クールジャパン等） ● 我が国の成長を支える資金・人材等に関する基盤の整備（国内のグローバル化の推進，対内直投，グローバル人材）	1．日本の「稼ぐ力」を取り戻す ● 企業が変わる（コーポレートガバナンスの強化：GPIF等の運用の在り方の見直し：産業の新陳代謝とベンチャーの加速，成長資金の供給促進） ● 国を変える（成長志向型の法人税改革；イノベーションの推進とロボット革命） 2．担い手を生み出す ● 女性のさらなる活躍促進 ● 働き方改革 ● 外国人材の活用 3．新たな成長エンジンと地域の支えてとなる産業の育成 ● 攻めの農林水産業の展開 ● 健康産業の活性化と質の高いヘルスケアサービスの提供 4．成長の成果の全国波及 ● 地域活性化と中堅・中小企業・小規模事業者の革新 ● 地域の経済構造改革	1．未来投資による生産性革命 ● 「稼ぐ力」を高める企業行動（「攻め」のコーポレートガバナンスの強化：イノベーション・ベンチャーの創出：アジアなど成長市場の挑戦） ● 新時代への挑戦を加速：「第4次産業革命」（IoT・ビッグデータ・人口知能による産業構造・就業構造変革の検討：セキュリティを確保したうえでのIT利活用の徹底） ● 個人の潜在力の徹底的な磨上げ（長時間労働は正による労働の「質」の向上，女性，高齢者等の活躍促進：雇用と教育の一体的改革） 2．ローカルアベノミクスの推進 ● 中堅・中小企業・小規模事業者の「稼ぐ力」の徹底強化 ● サービス産業の活性化・生産性の向上 ● 農林水産業，医療・介護（ICT化含む），観光業の基幹産業化 ● 官製市場の民間開放による新ビジネスの創出 3．「改革2020」（成長戦略を加速する官民プロジェクト）の実行 ● 次世代都市交通システム ● 分散型エネルギー資源の活用 ● 先端ロボット技術 ● 医療のインバウンド ● 観光地経営 ● 対内直接投資の拡大

（出所）日本経済再生総合事務局ウェブサイトより筆者作成。
　　　　https://www.kantei.go.jp/jp/singi/keizaisaisei/kettei.html#tousi2017

日本再興戦略2016	未来投資戦略2017
第4次産業革命に向けて （名目600兆円に向けた成長戦略）	Society 5.0の実現に向けた改革
2016年6月	2017年6月

日本再興戦略2016	未来投資戦略2017
1．600兆円に向けた「官民戦略プロジェクト10」 ● 新たな有望市場の創出（①第4次革命の実現〔IoT・ビッグデータ・AI・ロボット〕；②世界最先端の健康立国へ；③環境エネルギー制約の克服と投資拡大；④スポーツの成長産業化；⑤既存住宅流通・リフォーム市場の活性化） ● ローカルアベノミクスの深化（⑥サービス産業の生産性向上；⑦中堅・中小企業・小規模事業者の革新；⑧攻めの農林水産業の展開と輸出力の強化；⑨観光立国の実現） ● 国内消費マインドの喚起（⑩官民連携） 2．生産性革命を実現する規制・制度改革 ● 新たな規制・制度改革メカニズムの導入 ● 国家戦略特区の活用 ● コーポレートガバナンスのさらなる強化 ● PPP/PFI等による公的サービス・資産の民間開放拡大 3．イノベーション創出・チャレンジ精神にあふれる人材の創出 ● イノベーション，ベンチャー創出力の強化 ● 経済成長を切り拓く人材の育成・確保 ● 成長制約打破のための雇用環境整備，女性の活躍 4．海外の成長市場の取り込み ● TPPを契機にした中堅・中小企業の海外展開支援 ● インフラシステム輸出の拡大 ● 対内直接投資誘致の強化 ● 経済連携交渉，投資協定・租税条約の締結・改正 5．改革のモメンタムの活用 ● 「改革2020」プロジェクトの推進	1．Society 5.0に向けた戦略分野 ● 健康寿命の延伸（遠隔診療，AI，革新的な再生医療等製品等の創出） ● 移動革命の実現（データの戦略的収集・活用） ● サプライチェーンの次世代化（データ連携） ● 快適なインフラ・まちづくり（インフラ整備・維持管理の生産性向上） ● FinTech（オープン・イノベーション/キャッシュレス化） 2．Society 5/0に向けた横割課題 2A．価値の源泉の創出 ● データ利活用基盤・制度構築（公共データのオープン化，知財・標準の強化） ● 教育・人材力の抜本強化（「IT力強化集中緊急プラン」の策定，高度外国人，生産性の高い働き方） ● イノベーション・ベンチャーを生み出す好循環システム 2B．価値の最大化を後押しする仕組み ● 規制の「サンドボックス」の創設 ● 規制改革・行政手続簡素化・IT化の一体的推進 ● 「稼ぐ力」の強化（経営者の大胆な投資と再編の決断を後押し）：コーポレートガバナンス改革を形式から実質へ ● 公的サービス・資産の民間開放 ● 国家戦略特区の加速的推進 ● サイバーセキュリティ ● シェアリングエコノミー 3．地域経済好循環システムの構築 ● 中堅・中小企業・小規模事業者の革新／サービス産業の活性化・生産性向上（IoT/ロボット/クラウド導入・高付加価値化） ● 攻めの農林水産業 ● 観光・スポーツ・文化芸術（地域振興） 4．海外の成長市場の取り込み ● インフラシステム輸出 ● 経済連携交渉等 ● データ流通・利活用に係る国際的共通認識・ルールの形成 ● 中堅・中小企業の海外展開支援

第1章　日本経済の成長と北東アジア

付表2　安倍政権の成長戦略で掲げられた主な重要成果指標（KPI）

1．Society 5.0に向けた戦略分野

(1.1) 健康・医療・介護
- 国民の健康寿命を2020年までに1歳以上延伸し，2025年までに2歳以上延伸（2010年男性70.42歳，女性73.62歳）
- 2020年までにメタボ人口を2008年度（1400万人）比25％減らす（2011年度，08年度比9.7％減）
- 2020年までに健診受診率（40～74歳）を80％（特定健診を含む）（2010年67.7％）
- 健康増進・予防，生活支援関連産業の市場規模を2020年に10兆円に拡大する（現状4兆円）
- 医薬品，医療機器，再生医療の医療関連産業の市場規模を2020年に16兆円に拡大する（現状12兆円）

(1.2) 移動サービスの高度化，「移動弱者」の解消，物流革命の実現
- 2020年に，自動ブレーキが，国内販売新車乗用車の90％以上に搭載（2015年45.4％）
- 2020年に，安全運転支援装置・システムが，国内車両（ストックベース）の20％に搭載，世界市場の3割獲得（2015年国内車両の装着率6.5％，2014年世界市場獲得率の代替値40.5％）
- 2030年に，安全運転支援装置・システムが，国内販売新車に全車標準装備，ストックベースでもほぼ全車に普及（2015年国内販売新車の装着率42.2％，国内車両の装着率6.5％）

(1.3) 世界に先駆けたスマートサプライチェーンの実現
- 2018年度までに，設備投資を年間80兆円程度に拡大させることを目指す（2014年度：68.4兆円）
- 製造業の労働生産性について年間2％を上回る向上（2013年–15年の伸び率の平均1.4％）
- 2020年までに，工場等でデータを収集する企業の割合を80％に，収集したデータを具体的な経営課題の解決に結びつけている企業の割合を40％にする（2016年それぞれ67％，20％）

(1.4) インフラの生産性と都市の競争力の向上等
- 2025年度までに建設現場の生産性の2割向上を目指す
- 2030年に国内の重要インフラ・老朽化インフラはすべてセンサー，ロボット，非破壊検査技術等を活用した高度で効率的な点検・補修が実施されている
- 2030年には，安全運転支援装置・システムが国内販売新車に全車標準装備，ストックベースでもほぼ全車に普及している
- 国内向け乗用車生産台数のうち自動ブレーキの装着車台数の増加（2012年約18.5万台）
- 自動ブレーキについて，前方障害物衝突被害軽減制御制動装置又は低速度域前方障害物衝突被害軽減制御制動装置の普及をめざす
- 2020年までに，都市総合力ランキングにおいて，東京が3位以内に入る（2016年3位）

(1.5) FinTech の推進等
- 2020年6月までに，80行程度以上の銀行におけるオープンAPIの導入を目指す
- 2027年6月までに，キャッシュレス決済比率を倍増し，4割程度とすることを目指す
- 2022年6月までに，IT化に対応しながらクラウドサービス等を活用してバックオフィス業務（財務・会計領域等）を効率化する中小企業等の割合を現状の4倍程度とし，4割程度とすることを目指す
- 2020年度までに，日本のサプライチェーン単位での資金循環効率（サプライチェーンキャッシュコンバージョンサイクル：SCCC）を5％改善することを目指す。

(1.6) エネルギー・環境制約の克服と投資の拡大
- 2020年に約26兆円の内外のエネルギー関連市場を獲得する（現状8兆円）
- 2020年4月1日に電力システム改革の最終段階となる送配電部門の法的分離を実施する
- 1500度級のIGCCについて，2020年代の実用化を目指す
- 浮体式洋上風力，2018年頃までに世界で初めて商業化する
- 蓄電池，2020年に世界市場の5割を獲得する（2013年約1割）

- 2020年代早期に一般家庭を含めスマートメーター化する
- 2030年までに，乗用車の新車販売に占める次世代自動車の割合を5～7割とすることを目指す（2012年度35.8％）
- 建築材料について，2013年度中にトップランナー制度を導入する
- 商用水素ステーションを2020年度までに160か所程度，2025年度までに320か所程度整備する（2017年3月90か所が開所済み）
- 節電した電力量を取引する「ネガワット取引市場」を2017年中に創設する
- エネルギー・リソース・アグリゲーション・ビジネスの本格的立上げに向け，産学のトップマネジメント層で構成されるフォーラムや官主体で実務者レベルが集まる検討会といった政策推進の場を創設する

(1.7) ロボット革命／バイオ・マテリアル革命
- 2020年のロボット国内生産市場規模を製造分野で1.2兆円，サービス分野など非製造分野で1.2兆円を目指す
- 製造業の労働生産性について年間2％を上回る（2013～15年の伸び率の平均1.4％）
- ロボット介護機器の市場規模，2020年に約500億円，2030年に約2600億円に拡大させる（2015年247億円）
- ほ場間での移動を含む遠隔監視による無人自動走行システムを2020年までに実現

(1.8) 既存住宅流通・リフォーム市場を中心とした住宅市場の活性化
- 2025年までに，既存住宅流通の市場規模を8兆円に倍増する（2013年4兆円）
- 2025年までに，リフォームの市場規模を2010年（6兆円）から12兆円に倍増する（2013年7兆円）

2．Society 5.0に向けた横割課題
2A．価値の源泉の創出
(2A.1) データ利活用基盤の構築
- 2020年度までに，地方公共団体のオープンデータ取組率を100％とする

(2A.2) 知財・標準化戦略の推進，公正な競争環境の確保
- 2013年から2023年までの10年間で，権利化までの期間を半減させ平均14月とする（2015年度平均15.0月）
- 中小企業の特許出願に占める割合を2019年度までに約15％とする（2015年14％）
- 2020年までに中堅・中小企業等の優れた技術・製品の標準化を100件実現する（2016年5件）

(2A.3) 人材の育成・活用力の強化
- 大学・専門学校等での社会人受講者数を2018年までで24万人とする（2015年12万人）
- 3年間で1500人程度の若手・外国人へ常勤ポストを提示する
- 2020年までに海外に派遣する日本人留学生を6万人（2010年）から12万人に倍増する
- 2020年までに外国人留学生を倍増する（2013年13万5519人）
- 国際バカロレア認定校等を200校に増やす（2014年4月19校）
- 授業中にITを活用して指導することができる教員の割合について，2020年までに100％を目指す（2014年度71.4％）
- 都道府県及び市町村におけるIT環境整備計画の策定率について，2020年度までに100％を目指す（2014年度31.9％）
- 無線LANの普通教室への整備を2020年度までに100％を目指す（2014年度：27.2％）
- 2022年までに大学・専門学校等の社会人受講者数を100万人とする（2015年約49万人）
- 2022年までに専門実践教育訓練給付の対象講座数を5,000とする（2017年2,417講座）

(2A.4) 雇用制度・働き方改革
- 失業期間6か月以上の者の数を2018年までに2割減少させ114万人にする（2012年151万人）

第1章　日本経済の成長と北東アジア

- 転職入職率（パートタイムを除く一般労働者）を2018年までに9％に引き上げる（2014年8.9％）
- 2020年に20～64歳の就業率を81％に引き上げる（2015年78.1％）
- 2020年に25～44歳の女性の就業率を77％に引き上げる（2015年71.6％）
- 2017年度末までに約50万人分の保育の受け皿を拡大し，待機児童の解消を目指す（2013～14年度の2か年の保育拡大量は約21.9万人）
- 2020年に指導的地位に占める女性の割合を30％に引き上げる（2013年女性の管理職比率7.5％）
- 2020年に20～34歳の就業率を79％に引き上げる（2015年76.1％）
- 2020年に60～64歳の就業率を67％に引き上げる（2015年62.2％）
- 2020年に障害者の実雇用率を2.0％に引き上げる（2015年1.88％）
- 2017年末までに5000人，2020年末までに1万人の高度人材認定を目指す（ポイント制の導入（2012年5月）から2015年12月までに高度人材認定された外国人数は4347人）

(2A.5) イノベーション・ベンチャーを生み出す好循環システム
- 2020年度までに，官民合わせた研究開発投資の対GDP比を4％以上とする（2015年度3.56％）
- 2023年までに，世界大学ランキングトップ100に10校以上入ることを目指す
- 2017年度末までに，イノベーション（技術力）世界ランキングが世界第1位になることを目指す（2015～16年は第5位）
- 2025年までに企業から大学，国立研究開発法人等への投資を2014年度の3倍増とする（3453億円）ことを目指す（2015年1,209億円）
- ベンチャー企業へのVC投資額の対名目GDP比を2022年までに倍増することを目指す（2013～2015年の年平均0.029％）
- 国立大学法人の第3期中期目標期間（2016～2021年度）を通じて，各大学の機能強化のための戦略的な改革の取組への配分及びその影響を受ける運営費交付金等の額の割合を4割程度とすることを目指す

2B．価値の最大化を後押しする仕組み

(2B.1) 規制の「サンドボックス」制度の創設

(2B.2) 規制改革，行政手続の簡素化，IT化の一体的推進
- 2020年までに，世界銀行のビジネス環境ランキングにおいて，日本が先進国3位以内に入ることを目指す（2016年10月26位）
- 2020年3月までに重点分野の行政手続コストを20％以上削減する

(2B.3) 「形式」から「実質」へのコーポレートガバナンス・産業の新陳代謝
- 大企業（TOPIX500）のROAについて，2025年までに欧米企業に遜色のない水準を目指す

(2B.4) 公的サービス・資産の民間開放（PPP/PFIの活用拡大等）
- 2013～2022年度の10年間でPPP/PFIの事業規模を21兆円に拡大する。このうち，公共施設等運営権方式を活用したPFI事業については，7兆円を目標とする（2013～2015年度のPPP/PFI事業約9.1兆円，公共施設等運営権方式を活用したPFI事業約5.1兆円）

(2B.5) 国家戦略特区による大胆な規制改革

(2B.6) サイバーセキュリティの確保
- 2020年までに，情報処理安全確保支援士の登録者数3万人超を目指す（2017年4月4,172名）

(2B.7) シェアリングエコノミー
- シェアリングエコノミー活用地方公共団体の事例を平成29年度中に少なくとも30地域で創出する

3．地域経済好循環システムの構築

(3.1) 中堅企業・中小企業・小規模事業者の革新／サービス産業の活性化・生産性向上
- 開業率が廃業率を上回る状態にし，開業率・廃業率が米国・英国レベル（10％台）になることを目指す（2014年度の開業率4.9％，廃業率3.7％）
- 2020年までに黒字中小企業・小規模事業者を70万社から140万社に増やす（2015年度92万3037社）

- サービス産業の労働生産性の伸び率が，2020年までに2.0％となることを目指す（2015年1.3％）
- 産官学の連携によるコンソーシアムを形成し，地域技術を活用した先導的技術開発プロジェクトを，毎年200程度を目安に，5年間で約1000支援する

(3.2) 攻めの農林水産業の展開
- 2023年までに，全農地面積の8割が担い手によって利用されることを目指す（2016年度末54.0％）
- 2023年までに，資材・流通面等での産業界の努力も反映して，担い手のコメの生産コストを2011年全国平均比4割削減する（2011年産のコスト1万6001円/60kg）
- 2023年までに，法人経営体数を2010年比約4倍の5万法人とする（2010年12,511法人，2016年20,800法人）
- 6次産業化の市場規模を2020年度に10兆円とする（2010年度1.2兆円，2015年度5.5兆円）
- 2019年に農林水産物・食品の輸出額1兆円を達成する（2012年4497億円，2016年7502億円）

(3.3) 観光・スポーツ・文化芸術
- 訪日外国人旅行者数を2020年に4000万人，2030年に6000万人とすることを目指す（2016年2404万人）
- 訪日外国人旅行消費額を2020年に8兆円，2030年に15兆円とすることを目指す（2016年3兆7,476億円）
- スポーツ市場規模を2020年までに10兆円，2025年までに1兆円に拡大することを目指す（2015年5.5兆円）
- 成人の週1回以上のスポーツ実施率を，現状の40.4％から2021年までに65％に向上することを目指す
- 2025年までに，文化GDPを18兆円（GDP比3％程度）に拡大することを目指す（2015年8.8兆円）
- 2020年までに，鑑賞活動をする者の割合が約80％まで上昇，鑑賞以外の文化芸術活動をする者の割合が約40％まで増加することを目指す
- 全国のスタジアム・アリーナについて，多様な世代が集う交流拠点として，2025年までに新たに20拠点を実現する

4．海外の成長市場の取り込み
- 2018年までに，FTAカバー比率70％を目指す（2016年度末40.0％）
- 2020年までに，外国企業の対内直接投資残高を35兆円に倍増する（2012年19.2兆円，2016年27.8兆円）
- 2020年までに，中堅・中小企業等の輸出額が2010年比2倍になることを目指す（2010年度12.6兆円，2014年度14.9兆円）
- 2020年に，約30兆円のインフラシステムの受注を実現する（2010年約10兆円，2015年約20兆円）
- 2020年に，海外の医療技術・サービス市場の1.5兆円を獲得する（現状0.5兆円）
- 2020年度までに，放送コンテンツ関連海外売上高を500億円に増加させる

（出所）首相官邸・経済再生本部「日本再興戦略—Japan is BACK」（2013年6月），「日本再興戦略改訂2014－未来への挑戦」（2014年6月），「日本再興戦略改訂2015—未来への投資・生産性革命」（2015年6月），「日本再興戦略2016—第4次産業革命に向けて」（2016年6月），「未来投資戦略2017—Society 5.0の実現に向けた改革」（2017年6月）より筆者作成。
https://www.kantei.go.jp/jp/singi/keizaisaisei/kettei.html#tousi2017

■第2章■ 中国経済の「新常態」
―構造変化・地域発展・国際連携[1]

穆尭芊・南川高範

1 はじめに

本章では，中国経済の構造変化を中国国内の地域という視点から分析する。こ
こでいう地域の視点とは，中国全体を一つの経済体として見るのではなく，各地
域（省・直轄市・自治区を含む）経済が中国を構成しているという見方を明確に
することを意味する。2013年以降，中国経済は「新常態」（ニューノーマル）と
呼ばれる新たな構造変化の時期に入り，それが今後どのように推移していくかに
ついては様々な議論が展開されている。例えば，経済成長率の傾向的低下と成長
の質の向上，消費の拡大とサービス業の振興，イノベーションによる成長の促進，
国有企業改革，財政・金融制度改革などの課題が取り上げられている。しかし，
地域の視点から中国の構造問題を考察する研究は限られており，各地域の成長様
相の変化やそれに関連する政策について十分に検討されているとは言い難い。近
年，中国の地域経済は大きな転換点を迎えており，その変化は中国経済の持続的
発展と地域間格差の是正に重要な意味を持つものである。例えば，中国経済が力
強く成長していくためには，エンジンの役割を果たす先進地域の成長が不可欠で
ある。また，中国全体でバランスの取れた経済発展を実現するためには，後進地
域に対する支援政策も重要だろう。このように，中国経済の将来展望を明らかに
するためには，地域経済を分析対象にすることが必要不可欠だと考えられる。

本章はまず，中国経済の構造変化の研究に際してしばしば言及される「新常
態」について，既存の研究を踏まえながらその意味を吟味し，「新常態」だから
といって中国の経済構造が急激に変化するものではないことを指摘する。次に，

1）本稿は JSPS 科学研究費17K03754の助成を受けたものである。

中国経済の構造変化の研究に欠如している地域経済に着目し，各地域の実態を明らかにし，中国経済にとっての意味を検討する。その際，近年成長率の低下が目立つ東北地域の分析も行う。最後に，中国経済に大きな影響を与えると予想される「一帯一路」政策について，「新常態」との関係を明らかにし，東北地域を例に国内の地域間協力と国際地域連携の両面から当該政策の意味を明らかにする。

2　中国経済の「新常態」

2.1　「新常態」の内容とこれまでの研究

　2014年5月，習近平国家主席が河南省を視察した際に「我が国の発展は依然として重要な戦略的機会の時期にあり，自信を持ち，現在の経済発展段階の特徴を生かし，『新常態』に適応し，戦略的平常心を保つ必要がある」と語り，「新常態」という言葉を初めて使った[2]。以降，「新常態」は中国経済の新しい特徴を捉える表現として頻繁に使われるようになった。2014年11月，習近平国家主席は北京で行われた APEC・CEO サミットで演説し，「新常態」の特徴を具体的に述べた。すなわち，第1に，経済の高速成長から中高速成長への転換，第2に，経済構造の不断の改善と底上げ（第三次産業や消費の拡大，都市・農村格差の縮小，GDP に占める住民収入の割合の向上，経済成長の成果の国民への還元），第3に，（労働力・資本等）の要素投入型成長とりわけ投資主導型成長からイノベーションによる成長への転換である[3]。経済成長率の低下につれて，「新常態」は中国経済が新しい時代に突入したことを象徴する代名詞のように使われた。「新常態」に関連する研究は中国のみならず，日本でも盛んに行われている。

　宋［2016］は，中国経済の「新常態」は需給環境変化の実態及びその実態に求められた中国政府の政策の内容であり，「新常態」下での中国経済は必ずしも悲観的なものではなく，持続的な成長のための構造調整が進められていると指摘した。関［2016］は「新常態」の特徴として，成長率が低下している一方で，生産要素の投入量の拡大からイノベーションなどによる生産性の上昇へ，国有企業から民営企業へ，投資から消費へ，工業（第二次産業）からサービス業へという主

2）人民日報，2014年5月11日より。
3）人民日報，2014年11月10日より。

第2章　中国経済の「新常態」─構造変化・地域発展・国際連携

役交代が進んでいると述べた。丸川［2016］は，経済成長率ばかり目をとられていると，中国経済の重要な変化─すなわちイノベーションが経済発展を主導するようになったこと─を見落とすことになると指摘した。中国の経済成長にとって「技術と市場の新結合」といった広い意味でのイノベーションが重要な役割を果たすようになっているというのである。

　中国経済の「新常態」に関する日本の研究は，経済成長率の傾向的な低下は中国経済の構造変化を反映するものだという認識から，「新常態」の実態に即した，かつ成長率に囚われない経済構造変化の分析が中心である。「新常態」だからといって中国経済の構造は急激に変化するものではなく，中国経済の強みや内包する弱点もなくなるということではない。「新常態」を分析する際に，一般論にとどまらず，政策・産業・所得・金融・財政・企業・地域という具体的な分野における変化を適確に捉え，より専門的な視点を持つ必要があろう。

2.2　中国経済の連続性

　図2-1は1996年から2016年までの中国の実質GDP（2010年を基準年としている）の増加分（前年比）とGDP成長率を示している。確かに近年のGDP成長率は次第に低下し，10％以上の高速成長から6〜7％台の中高速成長に変わり，「新常態」の時期に入ったといえる。2016年のGDP成長率は6.7％，過去20年あまりで最低の成長率だった。ちなみに，最高の成長率を記録したのは2007年の14.2％であった。しかし，率ではなく，増加分で見た場合は状況が異なる。2016年の実質GDPの増加分は4兆25億元で，2007年の3兆8306億元を超えて過去20年間最高の数字である。GDPは一定期間に国内で生み出した付加価値の総額であり，国内でつくられた所得である。GDP成長率の分母が大きくなっているから，率が下がっても絶対額は増え続けている。中国経済の動向を観察する際に，GDP成長率だけでなく，付加価値の増加分も見る必要がある。この図で確認できるように，中国の経済成長は「新常態」によって止まるものではなく，連続性を保ちつつ経済構造が変化していくものと理解すべきだろう。

　図2-2は中国のGDP成長率への最終消費・資本形成・純輸出の寄与率を示している。最終消費と資本形成の寄与率は2000年代から拮抗しており，GDP成長に対する資本形成の役割は依然として大きい。中国にとって内需，とりわけ消費の拡大を喚起することは以前からの課題であり，構造問題になっている。2015

113

図2-1 中国のGDP増加分（前年比）とGDP成長率の推移

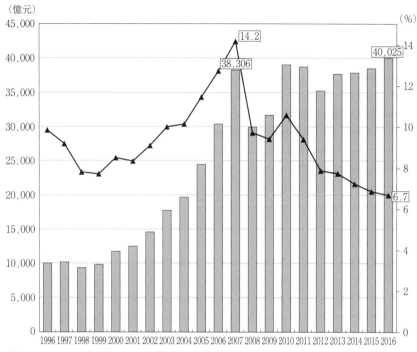

（注）　GDPは2010年を基準年とした実質値を取っている。
（出所）中国国家統計局ウェブサイトのデータより筆者作成

年から改善傾向が見られ，消費の割合は59.7%に拡大し，さらに2016年には64.6%へと上昇した[4]。この改善傾向は今後も続くと思われる。

表2-1は近年中国政府が掲げた主要な経済指標の目標値と実績値を示している。この表から，経済政策の目標・実績の上で中国経済が断続的に変化しているわけではなく，連続性を保っていることが確認できる。経済成長の目標値を徐々に下げているが，極端に低い水準になってはいない。消費者物価指数，都市部新規雇用者数，都市部登録失業率などの目標値も安定的な水準に設定されている。実績を見ると，目標値を達成している項目が多く，安定的に推移している。この

4）国家統計局ホームページより http://www.stats.gov.cn/tjsj/zxfb/201701/t20170120_1455942.html，2017年5月22日確認。

第2章　中国経済の「新常態」――構造変化・地域発展・国際連携

図2-2　中国GDP成長率への最終消費・資本形成・純輸出の寄与率

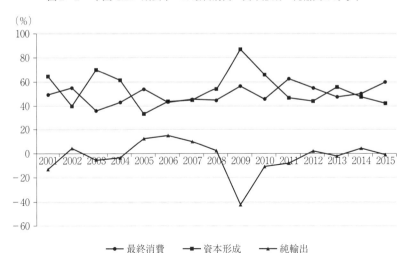

（出所）中国国家統計局ウェブサイトのデータより筆者作成

表2-1　近年中国政府が掲げた主要経済指標の目標値と実績値

年度	国務院政府活動報告公表期日	GDP成長率(%) 目標	GDP成長率(%) 実績	消費者物価指数(CPI)(%) 目標	消費者物価指数(CPI)(%) 実績	都市部新規雇用者数(万人) 目標	都市部新規雇用者数(万人) 実績	都市部登録失業率(%) 目標	都市部登録失業率(%) 実績
2003	2003年3月5日	7	10.0	—	1.2	—	859	—	4.3
2004	2004年3月5日	7	10.1	—	3.9	900	980	—	4.2
2005	2005年3月5日	8	11.4	4	1.8	900	970	4.6	4.2
2006	2006年3月5日	8	12.7	3	1.5	900	1,184	4.6	4.1
2007	2007年3月5日	8	14.2	3	4.8	900	1,204	4.6	4.0
2008	2008年3月5日	8	9.7	4.8	5.9	1,000	1,113	4.5	4.2
2009	2009年3月5日	8	9.4	4	−0.7	900	1,102	4.6	4.3
2010	2010年3月5日	8	10.6	3	3.3	900	1,168	4.6	4.1
2011	2011年3月5日	8	9.5	4	5.4	900	1,221	4.6	4.1
2012	2012年3月5日	7.5	7.9	4	2.6	900	1,266	4.6	4.1
2013	2013年3月5日	7.5	7.8	3.5	2.6	900	1,310	4.6	4.1
2014	2014年3月5日	7.5	7.3	3.5	2.0	1,000	1,322	4.6	4.1
2015	2015年3月5日	7	6.9	3	1.4	1,000	1,312	4.5	4.1
2016	2016年3月5日	6.5〜7	6.7	3	2.0	1,000	1,314	4.5	4.0
2017	2017年3月5日	6.5	—	3	—	1,100	—	4.5	—

（出所）政府活動報告各年版，国民経済・社会発展統計公報各年版に基づき筆者作成

表を見る限り，「新常態」を契機とした中国経済の急激な変化は見られず，中国経済の連続性と安定性が確認できる。

2.3　中国における投資主導の経済成長

　ここでは，中国経済が消費と投資の比率をみると極めて投資偏重であるという特徴に注目し，中国経済が抱える経済構造の問題について議論する。消費は，短期的な所得の水準ではなく，長期的な所得の水準に依存すると考えられており，投資を消費の水準と比較すると，中国の投資消費比率は，多国と比較して高い水準であることがわかる（図2-3）。図2-3は，OECD が定める高所得国とBRICS の5カ国を対象として，投資（I）と消費（C）の比率をI/Cにより計算し，箱ひげ図とよばれるグラフで示したものであり，ここでは中国の水準を実線で示している。

　箱ひげ図とは，中位50% の値を箱で示し，上位と下位の25% を上下の垂直線で，中央値を箱の中の水平の線で示した図である。実線で表した中国の値は全ての期間において最も高い投資消費比率であり，2002年以降第2位の国を大きく上回って上昇している。経済成長率において非常に高い水準を達成してきた中国であるが，その成長は投資偏重によるものであり，2000年には0.6に満たなかった投資消費割合が最も高い2010年には1.0に迫る水準にまで上昇している。こうした投資偏重の経済成長の方式は，通説となっている中国の過剰生産能力や過剰投資の議論につながるものであり，後の節で，この投資偏重の度合いについて各省の特徴との関連を検証の対象とする。

　以上をまとめると，「新常態」に対して様々な議論が展開されてきたが，経済成長率のみならず，中国経済の構造変化に注目する必要がある。中国の経済発展は連続性を持っており，「新常態」に入ったからといってその強みと弱みがすぐになくなるということではない。また，投資についてみると，中国は国際的にみて極めて投資偏重の経済であり，2000年以降消費の伸びに比べて投資が急速に拡大してきた。現時点でも投資消費比率は高い水準にあり，今後新常態に入り，消費主導による経済成長など経済の質の向上が望まれる点でもある。

図 2-3　OECD の高所得国ならびに BRICS 諸国の投資消費比率の推移

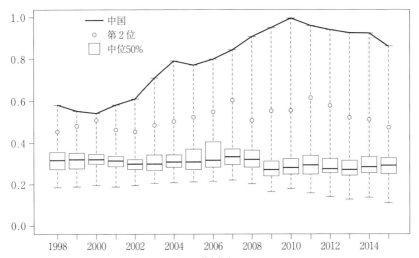

（出所）世界銀行のデータベース WDI のデータより筆者作成
http://databank.worldbank.org/data/reports.aspx?source = wdi-database-archives-%28beta%29,
2016年12月15日確認

3　中国における地域経済の構造変化

次に，中国の「新常態」をめぐる構造変化の通常の分析に欠如している地域経済に注目し，各省の地域総生産（GRP），投資，消費などのデータを用いて諸地域の構造と実態を明らかにする。また，経済成長率の減速が顕著になってきた東北地域もここに含めて検討する。中国の地域経済は大きな変貌を遂げつつあり，各地域はこれまでの枠組みでは捉えきれない複雑な成長の様相を呈している。この変化は，中国経済の持続的かつバランスの取れた成長の達成に大きな意味を持っている。

3.1　地域の経済成長と開発政策

図 2-4 は1995年から2015年までの主要経済指標（GRP，全社会固定資産投資，社会消費品小売総額，地方財政一般収入，住民消費水準，私営企業社数）について，省間の変動係数を計算しその推移を示したものである。変動係数は各省の値の標準偏差を平均値で割った値で，各経済指標の省間のばらつきの度合いを表す

図 2-4　省間の主要経済指標の変動係数の推移（1995-2015）

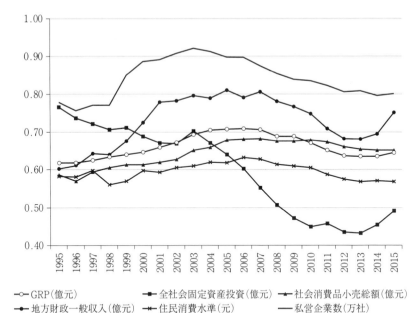

- ―〇― GRP（億元）
- ―■― 全社会固定資産投資（億元）
- ―▲― 社会消費品小売総額（億元）
- ―●― 地方財政一般収入（億元）
- ―＊― 住民消費水準（元）
- ―― 私営企業数（万社）

（注）　GRP，地方財政一般収入，住民消費水準は2010年を基準としたGDPデフレーターを用いて実質化している。全社会固定資産投資と社会消費品小売総額はそれぞれ2010年を基準とした投資価格指数，小売価格指数を用いて実質化している。
（出所）中国国家統計局ウェブサイトのデータより筆者作成

ものである。ここから確認できるように，全社会固定資産投資を除く多くの指標の変動係数は，1995年[5]から値が拡大し，2003年のあたりにピークに達した。このことは，期間内における地域成長のばらつきが拡大していたことを意味する。2003年以降は変動係数の値が減少傾向に転じ，2013年まで地域間のばらつきは縮小し続けた。各地域が一様な発展の方式に収束していったことが示唆される。また個別政策との関係でいうと，西部大開発の政策効果が徐々に現れた可能性がある。2013年前後にその状況が変化し，多くの指標の変動係数は上昇傾向に転じ，地域間のばらつきが再び拡大する方向に変化した。2008年より行われてきた各地域ごとの取り組みを積極的に支援する政策の結果，地域によって異なる状況で発展するようになった。後述するように，2015年以降に進められた地域経済の一体

---

5) 1995年は中国統計局のウェブサイトで入手可能なデータの最初年度である。

第2章　中国経済の「新常態」―構造変化・地域発展・国際連携

表2-2　中国における地域政策の展開

時期	政策の理念	政策の内容	代表的な政策
1953-1964年	産業配置の空間的均衡	全国基本建設プロジェクトの中西部への重点的配置	第一次五カ年計画，第二次五カ年計画等
1964-1978年	国防重視	沿海地域の産業を強制的に内陸部へ移転させる	三線建設
1978-1992年	開放政策の試み・実行	外国資本・技術の誘致，国際市場への参入	改革開放，経済特区，沿海開放都市等
1992-2000年	成長牽引地域の育成	沿海地域に対する積極的な政策支援，財政移転	上海浦東新区，天津濱海新区等
2000-2008年	地域格差の是正	内陸地域に対する積極的な政策支援，財政移転	西部大開発，東北振興，中部崛起
2008-2015年	多様な地域発展モデルの形成	地方レベルの発展戦略に対する中央政府の認可	広西北部湾経済区発展規画等（100件余）
2015年-現在	地域経済の一体化	インフラの疎通，発展戦略の協調，行政障壁の打破	一帯一路，長江経済帯，京津冀協同発展等

（出所）筆者作成

化政策は，全国の経済成長を支えるとともに，地域のヒト・モノ・カネの集積を促す効果もあった。全体から見れば，中国経済が成長するにつれ，各省間の発展はより多様なものになった可能性があり，このことは変動係数の推移とも整合的である。

　地域経済の実態を反映するかたちで，中国の地域開発政策は大きく変容してきた。表2-2は中華人民共和国建国直後から現在までの地域開発政策の展開を示している。2008年から2015年までは，中央政府は多様な地域発展モデルの形成を目指し，地域レベルの発展戦略を積極的に承認し，地方政府に実施させた。前述のとおり，各地域の経済発展状況は大きく異なり，中央政府による統一的な開発政策には限界があることが明らかになった。地域の経済的特色や比較優位に基づいて，地域発の発展戦略の重要性が認識されるようになったといってよい。各地方政府も中央からの政策支援や財政移転を獲得するために，積極的に発展戦略を作成して中央政府の承認を得ようとした。戦略の実施は主に地方政府によって行われ，中央政府は支援・指導する立場であった。地域によって異なる発展モデルの形成が奨励され，地域発の試みは全国レベルの改革に寄与する面もあった。2008年1月，国務院は「広西北部湾経済区発展規画」を承認し，地方主体の地域発展戦略の時代の幕を開けた。この時期に計100件以上の地域発展戦略が承認・

119

図2-5 各省のGRP成長率（2013-2015年の平均値）

凡例：下位25％　第1四分位-中央値　中央値-第3四分位　上位25％
（出所）中国国家統計局ウェブサイトのデータより筆者作成

実施されており，地方主体の地域発展戦略の時期だったことがわかる。

また，2015年から，「一帯一路」，「長江経済帯」，「京津冀（北京・天津・河北）協同発展」等の戦略が打ち出され，中国の地域政策は地域経済一体化の推進に重点をおかれるようになった。すなわち，インフラ整備，発展戦略間の協調，地域行政障壁の打破などを通じて，ヒト・モノ・カネ・情報などの生産要素の自由な移動と効率的な配置を促進し，経済先進地域と後進地域との一体化を実現するものである。世界銀行は，地域の経済発展は，生産要素の自由な移動と効率的な配置を前提とする経済活動の特定地域への集中（経済密度の向上）に伴って実現されると指摘した（世界銀行［2009］）。中国の地域経済は経済活動の集中，特定地域の経済的特色の形成及び地域間格差の変化などの諸要素を内包しながら発展しているといえよう。地域経済の一体化の進展により，この流れは今後，より強いものになると考えられる。その中で，東部沿海地域と中西部地域，大都市と中小都市，都市と農村，内陸地域と国境地域はどのような形で変化していくかを，長期の視点に立って観察する必要がある。

図2-5は各省のGRP成長率（2013-2015年の平均値）を高さ別で地図に示しているが，省ごとよりむしろ大きな地域ブロックごとに異なる様態で発展してい

ることがわかる。第1に，北京・山東・江蘇・上海・浙江・広東・海南などの東部地域は，GRP成長率が低下してきているが，消費の拡大，イノベーションの促進，産業構造の改善などの構造調整が進み，経済成長の高さから質の向上への転換が進んでいる。また，この地域の経済規模は比較的に大きいことから，成長率が低下しても，毎年のGRPの増加額はけっして小さくない。天津と福建は積極的な投資により高い成長率を実現させている。第2に，遼寧・吉林・黒龍江などの東北地域は，もっとも低い成長率になっており，地域経済の厳しい動きとして注目されている。東北経済を振興するには，国有企業改革，市場意識の強化，民営企業の育成，投資環境の改善，国際・国内地域間の連携強化などが求められている。中央政府は新しい東北振興政策を打ち出しており，地方政府と共に経済構造の改善と国際連携の促進に取り組んでいる。第3に，内モンゴル・山西・河北など資源型産業（石炭・鉄鋼）への依存が強い省では，国際エネルギー価格の下落と過剰な生産能力の存在により，近年では成長率が低下している。国際価格の変動が中国の地域経済発展に大きな影響を与えてきたことがわかる。ただ，この地域は「京津冀協同発展」政策の推進により北京・天津との一体化が進み，河北省を含んで大きく経済発展を遂げる可能性が高い。第4に，重慶・湖北・湖南・河南等の中部地域は，拠点都市を中心に周辺地域からの産業集積が進み，成長率は全国の上位にある。この地域は多くの人口と良好な産業基盤を有していることから，長江中流ベルトを中心に国内市場向けの新たな集積地を作ることで持続的な成長を実現し，その成果をまた周辺地域に波及させるという好循環を作り出す可能性がある。第5に，安徽・江西・貴州は東部沿海地域や大都市圏に距離的に近い利点を生かし，産業移転の受け入れや先進地域との一体化の推進により高い成長率を実現している。東部沿海地域では人件費・エネルギー価格・用地代などが高騰し，国内企業を中心に近隣の省に移転する動きがみられる。交通インフラの整備や制度改革など投資環境の改善により先進地域との一体化が進み，産業移転の受入を通じて地域経済を成長させる余地が大きい。第6に，チベット・新疆・陝西・青海などの「一帯一路」政策の拠点地域は，投資が積極的に行われたほか，中央アジアとの連携を強化しつつ，インフラ整備による経済活動の活発化が図られ，成長率が全国の上位に位置している。

　以上の分析は大まかな分け方に留まっており，各省の経済実態はより複雑で，かつ互いにリンクしているため，ひとくくりで説明できないものがある。地域経

済の実態を検討するには，より詳細な要因分析を行う必要がある。いずれにしても，中国の地域経済は，これまでの東部・中部・西部・東北という枠組みで捉えきれない，極めて多様で複雑な形で変化しており，それが将来の中国の経済地図に大きな影響を与えることはいうまでもない。「一帯一路」，「長江経済帯」，「京津冀協同発展」の実施により，国内地域経済の一体化は大きく進展すると予測され，各地域の経済はよりダイナミックに変化するに違いない。地域経済の変貌は，中国経済の構造変化の重要な側面であり，中国経済の将来を展望するうえで避けて通れない課題として，長期にわたり観察する必要があると考える。

3.2 省間の投資割合の分布

　中国では GDP に占める投資の割合が，消費の割合に対して極めて高いだけでなく，その高さが地域間でばらつきが大きいという特徴がある。ここでは，消費に対する投資が極めて高いという中国の構造問題に注目し，これを投資偏重の経済成長を実現してきた中国という観点から，省（直轄市・自治区を含む）別データにより，その要因について検証を行う。

　中国の各省について，投資偏重型の成長の度合いがどのように分布しているのかを，投資消費比率からみていく。図2-6は，中国各省の投資消費比率を箱ひげ図で表したものであり，中国の投資消費比率が省間でばらつきが大きいという特徴と，低い省の投資消費比率は，図2-3の2位の国の水準程度であることを示している。一方で中国の投資消費比率が高い省の水準は，低い省の3倍から4倍程度にまで達しており，その乖離が極めて大きい。

　また，中国の平均値を示す図2-3の実線が2010年以降低下傾向であるのに対して，図2-6中の中央値が，2010年から2014年まで緩やかな上昇ないし横ばい傾向にあることから，この期間は平均値を大きく左右する少数の省が，他省に先駆けて投資消費比率を低下させたと考えられる。実際他の省に先駆けて投資消費比率が低下傾向を示した地域は，北京や天津など12の地域である[6]。

　各省の生産に占める投資比率，消費比率が利用できる1998年以降のデータを用いて期間中の投資消費比率の減少率上位25%の省を，投資消費比率の低下が見

6）他省に先駆けて投資消費比率の低下が見られた省は，北京，天津，山西，内モンゴル，遼寧，江蘇，浙江，江西，山東，広西，重慶，四川の12の地域である。

第2章　中国経済の「新常態」―構造変化・地域発展・国際連携

図2-6　中国の投資消費比率の省間分布

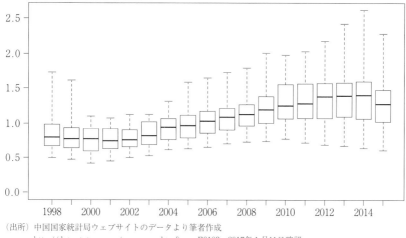

（出所）中国国家統計局ウェブサイトのデータより筆者作成
http://data.stats.gov.cn/easyquery.htm?cn = E0103, 2017年1月11日確認

られた省とみなしたとき，該当する省は北京，天津，河北，上海，江蘇，浙江，広東，海南という，中国の先進地域であることがわかる（表2-3）。これに対して，投資消費比率の減少率下位25%の省は，内モンゴル，吉林，広西，貴州，雲南，陝西，青海，寧夏というさらなる発展を必要とする後進地域である。

以下では，経済の特徴を表す指標として一人当りGRP，第三次産業生産額比率，外資企業投資比率，高齢化比率の4つを選択し，投資消費比率の低下が進んでいる地域の特徴について考察する。それぞれ所得水準，産業発展度，外資企業に対する開放度，高齢化の進展という社会構造の変化を反映する指標として採用している。4つの変数全てが存在する2006年から2015年のデータについて投資消費比率の変化分と，4つの変数の平均値の対応関係を表2-3に示した。

一人当りGRPのデータとして，中国国家統計局が公表する「国民経済計算」の「一人当り生産総値」を対象とした。一人当りGRPは，対象期間中に地域間格差が拡大し続けていたが，投資消費比率については必ずしもそうした傾向になかった。一方で投資消費比率との対応関係をみると，一人当りGRP上位25%に位置する省は8省のうち5省，下位25%に位置する省は3省で投資消費比率の減少上位，下位25%の省と符合している。上位25%で符合している省は北京，遼寧，浙江，江蘇，上海の5つであり，下位25%で符合している省は広西，貴

123

表2-3　先進度の関連指標と投資消費比率の関係

	投資消費比率		一人当りGRP		三次産業比率		外資比率		高齢化率 (65歳以上)	
	差分	先進性	平均値 (千元)	先進性	平均値 (%)	先進性	平均値 (%)	先進性	平均値 (%)	先進性
北京	-0.37	[1]	78.5	[1]	75.9	[1]	10.4	[1]	9.6	[0]
天津	0.22	[0]	77.5	[1]	46.3	[1]	8.8	[0]	10.7	[1]
河北	0.21	[0]	30.2	[0]	35.4	[-1]	3.4	[0]	8.9	[0]
山西	0.19	[0]	27.1	[0]	40.3	[0]	2.1	[0]	7.9	[-1]
内蒙古	0.26	[0]	50.0	[1]	37.7	[0]	1.7	[-1]	8.2	[0]
遼寧	-0.39	[1]	45.7	[0]	39.8	[0]	9.5	[1]	11.0	[1]
吉林	0.62	[-1]	34.7	[0]	37.0	[-1]	3.5	[0]	9.0	[0]
黒龍江	0.30	[0]	29.1	[0]	40.1	[0]	2.1	[-1]	8.9	[0]
上海	-0.30	[1]	79.2	[1]	59.4	[1]	16.1	[1]	11.6	[1]
江蘇	-0.31	[1]	57.5	[1]	42.0	[0]	13.6	[1]	11.6	[1]
浙江	-0.07	[1]	54.7	[1]	44.2	[1]	9.8	[0]	9.9	[0]
安徽	0.21	[0]	23.1	[-1]	35.8	[-1]	4.3	[0]	10.4	[1]
福建	0.52	[-1]	44.0	[0]	40.1	[0]	12.4	[1]	8.8	[0]
江西	-0.07	[1]	23.7	[-1]	34.7	[-1]	5.3	[0]	8.4	[0]
山東	0.11	[0]	44.2	[0]	38.0	[0]	5.5	[0]	10.4	[0]
河南	0.48	[-1]	26.4	[0]	32.0	[-1]	2.4	[0]	8.6	[0]
湖北	0.41	[0]	31.3	[0]	39.7	[0]	4.8	[0]	10.1	[1]
湖南	0.35	[0]	27.3	[0]	40.8	[0]	2.9	[0]	10.6	[1]
広東	0.08	[0]	47.8	[0]	46.3	[1]	16.9	[1]	7.2	[-1]
広西	0.50	[-1]	22.6	[-1]	36.8	[-1]	5.1	[0]	9.4	[0]
海南	0.11	[0]	26.5	[0]	46.6	[1]	12.0	[1]	8.1	[-1]
重慶	0.02	[1]	31.7	[0]	41.0	[0]	6.7	[0]	12.4	[1]
四川	0.07	[0]	23.8	[-1]	36.9	[-1]	4.3	[0]	12.1	[1]
貴州	0.56	[-1]	16.3	[-1]	46.3	[1]	2.2	[0]	8.8	[0]
雲南	0.66	[-1]	18.4	[-1]	41.2	[0]	1.8	[-1]	8.0	[-1]
西蔵	-0.35	[1]	19.9	[-1]	54.2	[1]	0.6	[-1]	5.8	[-1]
陝西	0.38	[0]	30.6	[0]	37.1	[0]	3.0	[0]	9.5	[0]
甘粛	0.22	[0]	18.0	[-1]	41.0	[0]	1.3	[-1]	8.6	[0]
青海	1.26	[-1]	26.9	[0]	36.2	[-1]	1.9	[-1]	6.8	[-1]
寧夏	0.82	[-1]	29.0	[0]	41.7	[0]	1.3	[-1]	6.5	[-1]
新疆	0.42	[0]	27.9	[0]	37.0	[0]	1.1	[-1]	6.7	[-1]

(注)　投資消費比率の［ ］内の値は1であれば減少率上位25％，0であれば中位50％，－1であれば下位25％であることを示し，それ以外の変数は［ ］内の値が1であれば上位25％，0であれば中位50％，－1であれば下位25％であることを示す。また投資消費比率は2006年から2015年にかけての差を，それ以外の変数の値は2006年から2015年までの平均値を評価の対象としている。

(出所)　中国国家統計局ウェブサイトのデータより筆者作成

州，雲南の３つである。

　第三次産業比率のデータは，中国国家統計局が公表する「国民経済計算」の「地区生産総値」ならびに，「第三産業増加値」の値から計算した。各地区の生産に占める第三次産業比率の特徴は，2010年以降省間のばらつきが縮小傾向にあることであり，これは投資消費比率の推移と異なる特徴である。第三次産業比率上位の省は，北京，上海，浙江，西蔵の４つの省で投資消費比率低下の省と符合している一方，投資消費比率の低下度で下位25％の省は吉林，河南，広西，青海の４つの省で符合している。

　投資に占める外資企業比率は，中国国家統計局の「固定資産投資と不動産」の「全社会固定資産投資」ならびに「企業登記類型別固定資産投資」の値から計算した。外資導入比率の特徴は，世界的な景気後退が観測された2007年から2012年にかけて，ばらつきが縮小していることであり，この特徴は，投資消費比率の推移には見られない。外資比率の高さで上位の省は北京，遼寧，上海，江蘇，浙江で投資消費比率の低下が見られた一方，外資比率下位の省は雲南，青海，寧夏で投資消費比率低下の度合いが下位であることが示された。

　高齢化比率は，中国国家統計局の「人口数」と「65歳以上の人口数」の値から計算した。この指標の特徴は，各年で省間のばらつきが一定の傾向を持たない点で，投資消費比率の推移と異なる。高齢化率の上位25％の省は，遼寧，上海，江蘇，重慶で投資消費比率の低下の度合いが高かった一方で，高齢化率が下位の雲南，青海，寧夏で投資消費比率の低下の度合いが低いという結果が示された。

　投資消費比率低下と各経済指標との対応をみると，一定程度の対応関係は見られたが，単一の指標からは，投資消費比率が高い地域の特徴を説明することが難しいことが分かった。以下では，多変量解析の手法により複数の指標を合成して計算される，主成分とよばれる指標から考察を行う。一人当り GRP，第三次産業比率，外資投資比率，高齢化率という四つの指標がすべて存在する2006年から2015年の期間を対象として，この期間の期間平均をとり，各変数を構成要素とする主成分を算出した。

　各主成分の構成比率を示した表２-４をみると，４つの変数の動きを最も大きく反映する主成分（第１主成分：PC1）の説明力が，全体の58.5％であり，その次に指標の動きを反映する第２主成分までで，全体の82.8％の変動を説明することを示している。PC1の係数は，全ての変数に係る係数が負値であり，変数の

表2-4 主成分因子の係数と説明力

	PC1	PC2	PC3	PC4
一人当りGRP	−0.594	0.072	−0.035	−0.800
三次産業比率	−0.458	0.598	0.544	0.370
外資比率	−0.561	−0.069	−0.697	0.441
高齢化率	−0.349	−0.796	0.466	0.167
累積の説明力	0.585	0.828	0.934	1

（出所）中国国家統計局ウェブサイトのデータより筆者作成

表2-5 投資消費比率と第一主成分の負値，第二主成分との相関係数

（ピアソンの相関検定の結果）

	相関係数	P値
PC1の負値	−0.378	0.036
PC2の値	0.028	0.882

（注）相関係数が0であることを検証するための検定の結果で，P値が0.05
より小さい場合，相関係数が0であるという仮説が棄却される。
（出所）中国国家統計局ウェブサイトのデータより筆者作成

意味合いとその特徴からここでは後進度合いの指標と解釈する。逆に，PC1のマイナス値は各地域の先進度を表す指標となる。一方で第2主成分PC2は，主に第三次産業比率と高齢化率の値を大きく取り，係数の符号から第三次産業が進展しつつ，高齢化はさほど進んでいない地域であるという特徴を示している。第2主成分の特徴は，労働力人口が高く，そうした労働力が第三次産業に投入されている地域と解釈することができる。

　計算された二つの指標と，投資消費比率の関係を見るために，投資消費比率と各主成分の相関係数を計算し，さらに相関の有無を判断するための検定を実行した（表2-5）。各省変数に計算された係数をかけてそのマイナスの値をとった指標（PC1の負値，先進度を示す指標）と投資消費比率の間には負の相関があること，労働流入度（PC2）と投資消費比率との間の相関は有意でないことが示されている。先進度と投資消費比率が負の相関をもつというこの結果は，他の条件を一定と仮定した場合，投資消費比率が低い地域は先進度が高い傾向にあるということを意味している。この先進度の構成比率は，一人当り GRP：第三次産業比率：外資比率：高齢化率＝1：0.77：0.94：0.59であり，一人当り GRP が最も

第2章　中国経済の「新常態」―構造変化・地域発展・国際連携

図2-7　投資消費比率の変化と先進度の対応

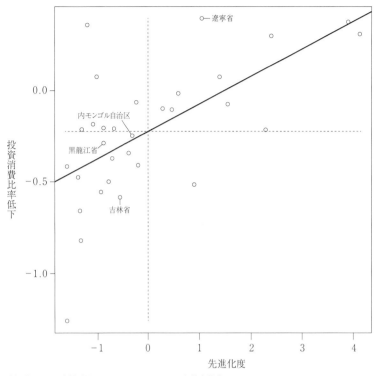

(出所)　中国国家統計局ウェブサイトのデータより筆者作成

重要な要素で，次に外資比率，第三次産業比率と続く。つまり，大規模投資を前提とした重厚長大産業に代表される第二次産業からサービス主体の第三次産業への転換が進んでいる地域や，過剰投資で省の成長率を引き上げる誘因のない外資系の投資比率が高い先進的な地域であるほど，投資消費比率の値が低いという結果と解釈でき，これは直観とも矛盾しない結果であると考える。

最後に，投資消費比率低下の度合いと，先進度の対応関係を検証した。2015年と2006年の投資消費比率の差をとりそのマイナス値をとったものを投資消費比率の低下度と定義し，先進度との関係を散布図にしたものが図2-7に示されている。北京，遼寧，上海，江蘇，浙江がいずれも上位25%に位置しており，河南，雲南，青海，寧夏がいずれも下位25%に位置する。また中国東北地方については，遼寧省を除いて2006年から2015年の間に投資比率が拡大しており[7]，先進度

127

も低下していると分類された。

　このように，統計指標を概観すると，中国全体でみたときの経済成長は，他国に比べて投資偏重であるものの，投資偏重の度合いは中国の各省でばらつきがある。このうち比較的投資偏重の度合いが低い地域の特徴は，所得水準の高いこと，外資の導入比率や第三次産業の比率が高いことという，先進的な特徴をもつ地域であることが示された。中国が「新常態」に臨み，安定的な経済成長を達成するために投資偏重の経済成長から消費の割合を高めていくことは，重要な課題である。そのために，投資環境の整備により，効率的な外国投資の導入を引き込む政策を実行することや，大規模投資を要する重厚長大型産業から，第三次産業の成長を促進することをめざすようになっている。

　また，中国東北地域に目を向けると，2015年時点で，内モンゴルと吉林省の投資比率が高い状況であり，第三次産業の比率は，この２つの省で低い水準である。黒龍江省は，第三次産業比率が上昇傾向にあるものの，外資導入の比率がいまだに低い状況である。こうした現状に鑑みて，中国東北地域の各省にとって，日本や韓国など先進技術をもつ地域との経済協力や，周辺地域からの観光誘致などにより，北東アジア協力を進めていくことが，安定成長に寄与すると考えられよう。このような地域協力が重厚長大産業からの転換を促し，投資偏重の経済成長から消費主導の経済成長を実現していくことに寄与するものと思われる。

4　「一帯一路」，「新常態」と国際連携

4.1　「一帯一路」の性格

　「一帯一路」は，2013年９月と10月に習近平国家主席が訪問先のカザフスタンとインドネシアで提起した「シルクロード経済帯」と「21世紀海上シルクロード」の２大構想を取り纏めたもので，現時点で最も注目される中国の外交政策構想である。2015年３月に国家発展改革委員会・外交部・商務部は「シルクロード

---

7 ）遼寧省のデータについては，2011年から2014年までの時期について信憑性に疑義を挟む余地がある旨の報道が『人民日報１月18日版』において報じられている。実際，遼寧省の2015年の成長率はプラスであるものの大きく低下し，2016年にはマイナス成長になった。このことは，2014年までの GDP データが過大に水増しされていたことを強く示唆する。

経済帯と21世紀海上シルクロードを共同で建設することを推進するビジョンと行動」（以下「ビジョンと行動」と省略する）を公表し、「一帯一路」の詳細が明らかになった。「一帯一路」の主旨は、「経済要素の秩序だった自由な移動、効率の高い資源配置と市場との高度な融合を促進し、関係各国の経済政策との協調の実現を推進し、さらに大きな範囲、高くて深いレベルでの地域協力を展開し、共同で開放・包容・均衡・恵みをもたらす地域経済協力の枠組みを推進する」ことである。協力の重点分野は、①政策（政府間協力、開発政策の相互リンク、具体的なプロジェクト[8]への共同支援など）、②インフラ整備（交通、エネルギー、情報通信など）、③貿易（貿易の便利化、通関・検査検疫協力、電子ビジネスの促進、投資環境の改善、対外直接投資の拡大など）、④資金（金融協力の促進、AIIB・BRICs銀行の運営、金融監督強化など）、⑤民心（文化・学術交流の拡大、若者・女性交流の促進、留学生の相互派遣、観光協力、伝染病予防、人材育成、政党・議会・友好都市・シンクタンクの交流強化など）の5つを挙げている。中国における各地方の協力の位置づけも明記している。2017年5月、中国政府の主催による「一帯一路」国際協力フォーラムが北京で開催された。130あまりの国と70以上の国際機関から計1500人が参加し、29カ国の首脳と国連事務総長を含む複数の国際機関のトップが出席し、「一帯一路」に対する高い関心が示された。

「一帯一路」をめぐる日本の研究は、中国の国際戦略として周辺国への影響や日本の対応策を考察する研究が多い。例えば、関［2015］は、「一帯一路」の実現に向けた中国政府の一連の取り組みは戦後米国が西欧諸国に実施したマーシャル・プランを思わせるものであり、一部のメディアでは「中国版マーシャル・プラン」と呼ばれていると紹介した。しかし、国際面のみならず、同戦略が打ち出された中国国内的な背景を検証することも重要で、とりわけ国内経済政策としての意味を明らかにすることが大切である。伊藤［2015］は、「一帯一路」が中国の対外戦略の一環であると同時に、国内の改革と経済政策の一環でもあるとし、「二つの過剰」（生産能力と外貨準備）を解消するための景気対策と成長戦略だと指摘した。金森［2015］は、「一帯一路」構想が（沿海部と内陸部の）地域格差の是正という国内経済問題を解決する一つの有力な手段として出されたものだと考察した。篠田［2015］も「一帯一路」がシルクロードの起点とされる中国の内

8）「人民日報」、2017年5月12日より。

陸部，沿岸部に経済・産業の振興をもたらすと指摘した。劉他［2015］は，「一帯一路」が国土の空間構造を改善・均衡化し，内陸部の大都市や対外開放の新拠点を形成させ，沿海部の国際競争力を高める機能を持ち，内陸国境地域における主要な通関ポイントや国境都市の発展も促進されると言及した。「一帯一路」の中国国内に及ぼす効果に関する分析は，①過剰な生産能力や外貨準備の解消，②内陸部の経済振興を通じた地域間格差の是正，③地域発展戦略の新しい展開及び国内経済の空間的変化への影響，にまとめられる。

　筆者の一人は，中国の地域政策の視点から分析を試みた。既存の地域発展戦略と比較して，「一帯一路」は実施に移された初めての全国対象の地域戦略であり，地域経済一体化の下で経済先進地域の沿海部と後進地域の内陸部を繋げて経済要素の自由な移動と効率的な配置を目指し，市場の力が発揮しやすい環境整備に重点を置く開発戦略であることを明らかにし，中国の地域発展戦略の新しい展開であることを指摘した（穆 2016a）。

4.2　「一帯一路」と「新常態」

　「一帯一路」は中国の政策構想で，「新常態」は中国経済の新たな段階を示すものであり，別次元のものであるように見える。しかし，両者はほぼ同じ時期に提起されており，その内容を検討していくと，実は深い関係にあることが分かる。第一に，「新常態」では，中国経済は高速成長から中高速成長に移行し，これまで国内で拡大してきた生産能力を生かすために，中国企業は積極的に海外市場に展開する必要がある。また，技術レベルの向上により，中国の製品・サービスは国際競争力が強化され，途上国を中心に世界の市場に求められるようになっている。中国企業は「一帯一路」を通じてより幅広い国際競争に参加し，世界市場における中国製品のシェアの拡大を図るとともに，中国の産業国際競争力の強化及び産業構造の高度化に貢献する。第二に，地域経済の視点から見れば，「一帯一路」は単独の戦略ではなく，「長江経済帯」，「京津冀協同発展」と共に中国の3大戦略として提起されたものである。この3大戦略は，中国経済の力強い成長とバランスの取れた発展に寄与する可能性があり，経済成長率の減速を特徴とする「新常態」に対処するための重要な政策でもあると考えられる。第三に，「一帯一路」は中国国内の地域経済一体化を推進し，地方間行政の障壁を取り除きながら生産要素の自由な移動と効率の高い配置を目指しており，質の高い国内共同市場

の形成に寄与する。「一帯一路」は中国国内の各地域における経済活動の集中,競争の促進,効率化,イノベーションの進展に大きく関わっており,中国の経済構造の変化に深く関わっている。「新常態」でも消費の拡大,イノベーションの促進,国有企業改革,財政・金融制度改革などの政策が講じられているため,中国経済の構造改革を推進する意味では,「一帯一路」と同様な方向性を持っている。

4.3 「一帯一路」と東北の地域振興

　図2-8で示すように東北3省の経済成長率は,東北振興政策が打ち出された2003年から約10年間のあいだに全国の成長率をおおよそ上回っていたが,2014年から下回るようになり,遼寧省は2016年にマイナス成長となった。2017年第1四半期の統計では,遼寧省の経済成長率は2.4%まで回復している。計画経済体制が長く維持されていた東北地域では,投資環境の改善,国有企業改革,民営企業の育成,市場意識の強化,人材の育成と活用,国際連携の促進などの重要課題が残されている。

　2015年12月,中央政府は「東北地域等旧工業基地の全面的振興に関する若干の意見」を承認し,新しい東北振興戦略が実施されるようになった。後に公表された同「意見」の内容では,この東北地域等旧工業基地振興戦略の位置づけについて,「一帯一路」,「京津冀協同発展」,「長江経済帯」の3大戦略と同様に実施されなければならないものであると明記されている。具体的な施策について,①体制・メカニズムの改革,②経済・産業構造の調整,③イノベーションの促進,④民生の保障と改善,の4点を挙げた。

　「一帯一路」は,東北地域の経済振興と国際連携に大きな影響を与えるものであり,東北地域にとってこれまでにない発展戦略であるといえよう。東北地域では,これまで各省がそれぞれ省内の都市を中心とした開発戦略を立案・実施してきた。例えば,黒龍江省ではハルビン市—大慶市—チチハル市の工業回廊構想があり,吉林省には長春市—吉林市一体化構想,遼寧省には瀋陽市を中心として鞍山・撫順・本渓・営口などの周辺都市を対象とする遼寧中都市群構想があった。また,各省は北東アジア諸国との協力をテーマに,国際連携を推進するための発展戦略も作成してきた。例えば,黒龍江省は内モンゴル自治区と共同でモンゴル・ロシアと連携強化を推進し,吉林省は国境地域の延辺朝鮮族自治州を中心と

図2-8 東北3省の経済成長率の変化

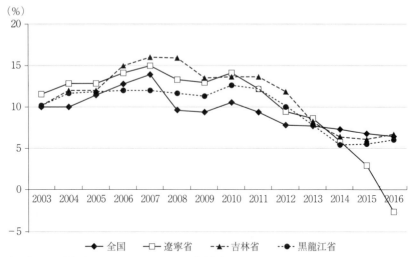

(出所)中国国家統計局ウェブサイトのデータより筆者作成

して北朝鮮・ロシア・韓国を中心とする北東アジア諸国との協力を強化し，遼寧省は丹東・大連・錦州などの沿海都市を中心として日本・韓国・北朝鮮といった北東アジア諸国との国際連携を推進してきた。各省が取り組んできた，経済規模が大きくて活力のある省内大都市を中心とした地域開発戦略と，国境地域を中心とした北東アジア諸国との国際連携・協力戦略との間に，どのように整合性を取るかは課題であった。しかし，「一帯一路」は国際協力を推し進めると同時に，国内のインフラ整備等を通じて地域経済一体化も推進しており，前述の2つの側面を同時に取り入れた戦略である。「一帯一路」の下で，黒龍江省は東部の綏芬河から牡丹江市―ハルビン市―大慶市―チチハル市を繋げて，内モンゴルの満洲里市を通してロシア・ヨーロッパへの物流ルートを整備している。吉林省は長春市‐吉林市‐延辺朝鮮族自治州を繋げて，ロシアや北朝鮮の港を利用して日本海に出るルートを推進している。遼寧省は大連市を中心とする遼寧沿海経済ベルトと瀋陽市を中心とする遼寧中部都市群の連携を強化するとともに，長春市―ハルビン市を経由する欧州向けのルートを開通している。東北地域における「一帯一路」は，国境開発を中心とする国際協力策と大都市を中心する国内開発策を結合させた，これまでにない戦略である。東北地域は，「一帯一路」の下で北東アジ

第2章　中国経済の「新常態」―構造変化・地域発展・国際連携

ア各国との経済協力を推進するとともに，省内都市に留まらず，北京市や上海市などの中国国内の経済先進地域との連携強化も行っている。

4.4　中国と北東アジア諸国の国際連携

中国と北東アジア諸国との貿易関係

　中国と北東アジア諸国（日本，韓国，ロシア，モンゴル，北朝鮮）との経済関係は大きく進展してきた。中国は1978年に改革開放政策を打ち出し，1994年に市場経済を導入し，2001年に世界貿易機関（WTO）に加盟した。その後，2008年の世界金融危機と2013年以降の経済減速を経験しているが，日本，韓国，ロシア，モンゴル，北朝鮮との貿易投資関係は不断に緊密化してきた。中国と日本の貿易額は1995年の575億ドルから2016年の2747億ドルに達し，20年間余りで5倍近くに拡大した。中国と韓国の貿易は同170億ドルから2545億ドルに，中国とロシアの貿易は同55億ドルから695億ドルに達し，それぞれ約15倍，13倍に拡大した[9]。中国とモンゴルの貿易は同1.6億ドルから45.2億ドル，中国と北朝鮮の貿易は同5.5億ドルから58.3億ドルに達し，それぞれ約28倍，10倍に拡大した。日本，韓国，ロシア，モンゴル，北朝鮮にとって中国は最大の貿易相手国である。

　図2-9は近年の中国と日本，韓国，ロシア，モンゴル，北朝鮮との貿易額の推移を示している。輸出・輸入共におおむね増加傾向にあり，中国と5カ国の貿易関係は大きく進展している。中国と北東アジア諸国との貿易額は，2008年の米国発の世界金融危機の影響を受けて一時下がったが，すぐに元に戻った。2014年以降，中国経済の減速や世界経済の回復の遅れなどの影響により，貿易額は再び減少傾向に転じたが，ロシアへの輸出や日本からの輸入は2016年に回復の兆しが見えはじめ，今後拡大する可能性がある。中国はロシアから多くの天然資源を輸入しているが，日本と韓国からの輸入と比べるとまだ少ない。韓国からの輸入は2013年に日本を超えたが，翌年に減少傾向に転じたため，拮抗している。日本，韓国，ロシアと比べて，モンゴルや北朝鮮との貿易額は小さいが，確実に増加している。いずれにせよ，中国と北東アジア諸国との貿易関係は様々な要因を受けながらも不断に深化している。今後中韓FTAの実施や日中韓サミットの進展，中ロ，中モ関係の緊密化により，5カ国の経済連携がより促進されよう。北朝鮮

9）出所：Global Trade Atlas（Global Trade Information Services 社）貿易データベースより。

図2-9 中国と北東アジア諸国との貿易額の推移（億ドル）

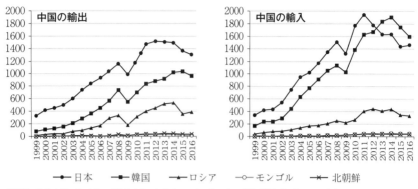

（出所）Global Trade Atlas（Global Trade Information Services社）貿易データベースより。

をめぐる複雑な国際情勢が改善されれば，中朝貿易は今後大きく増加する可能性がある。

中国と北東アジア諸国の貿易・経済関係を国別で見てみる。まず，日中経済の相互依存は深化している。ストックで見た日本の対中投資は2015年までで1018億ドルで，中国の外資誘致額の6.2%を占め，中国にとって最大の投資国である[10]。投資の分野は製造業，不動産業，流通業，農業など多岐にわたっている[11]。人の移動を見ると，2016年の訪日中国人数は前年比27.6%増の637万人と過去最高を記録している[12]。今後訪中日本人の増加も求められる。日中関係の進展には様々な要素が絡んでおり，順調とは言えないが，安倍晋三総理大臣は2017年に中国の「一帯一路」構想を支持するコメントを発表するなど，緩やかな回復基調にある。

中国と韓国は1992年に国交正常化を実現し，以降双方の貿易は順調に拡大した。2013年に韓国からの対中輸出額は1829億ドルに達し，日本の対中輸出額の1622億ドルを上回った。中韓FTAは2015年12月に発効され，発効時点で韓国側が50%

10）投資「地域」で見た場合，香港と英領ヴァージン諸島からの投資は日本を上回っている。
11）『中国商務年鑑』2016年版，中国商務出版社，2016年9月，p.474より。
12）出所：日本政府観光局（JNTO）訪日外客数統計より（https://www.jnto.go.jp/jpn/statistics/visitor_trends/index.html，2017年12月27日確認）。

の商品の関税を，中国側が20%の商品の関税を撤廃するとした。発効10年後までに中国側の71%の品目，韓国の79%の品目について関税撤廃，20年後までに中国の91%の品目，韓国の92%の品目について関税撤廃を達成することを目標としている。業種別で見ると，20年後の関税撤廃対象品目は製造業では中国製品の90%と韓国製品の97%に達し，農林水産業では中国側の93%と韓国側の70%に達することが予定されている。長期で見れば，中韓FTAは両国の貿易と投資の発展に大きなプラスになることが予想される。

　中国とロシアの間には産業構造の補完性が強く，ロシアの天然資源を中国に輸出し，中国の工業製品，日用製品をロシアに輸出する構図になっている。中国にとってロシアは重要な天然資源の調達先であり，近年における中ロ関係も急速に緊密化している。ウクライナ情勢をめぐり欧米による経済制裁が課されるなか，ロシアは「東方シフト」政策を打ち出し，中国との協力関係をより一層深めている。近年貿易のみならず，相互投資や中国の対ロ労働協力もさかんに行われている。

　モンゴルは中国と共に社会主義の時代を経験したが，1990年代の頭から急激な政治・経済体制改革を行い，市場経済化政策を導入するとともに大胆な対外開放策を実施してきた。人口300万人の内陸国であるが，中国とロシアを中心に国際貿易を発展させ，特に中国との経済関係が深い。近年のモンゴル貿易における中国の割合は輸出の8割以上，輸入の3割以上に達している。中国に対する過度の依存を改善することが求められているが，中国と協力して海への出口を確保し，中国からの投資と中国の巨大な市場を取り込みながら経済を発展させていく必要もある。

　中国と北朝鮮の経済関係も不断に深化している。前述のとおり，貿易額が大きく増加したほか，北朝鮮における中国企業の進出や中国に対する北朝鮮籍労働者の派遣も行われている。中国遼寧省の丹東市と吉林省の延辺朝鮮族自治州は中朝国境貿易の拠点地域に成長している。近年，北朝鮮の羅津港を通じた吉林省の越境輸送ルートの整備，黄金坪における中朝共同開発工業団地の設立などの具体的な協力案件が進められている。北東アジアをめぐる複雑な国際情勢，北朝鮮国内のインフラ整備状況や投資環境等の影響で，中朝の経済協力は長い道のりになるが，大きな潜在力が秘められている。

中国と北東アジアとの貿易における地域別の変化

周知のとおり，国際連携の進展は貿易額の増加，投資の拡大と人的交流の活発化に大きく貢献するが，中国の各地域からみた場合，そのメリットは必ずしも均一に受けられるものではない。国際連携を通じて貿易額を増やしている地域もあれば，その地域の成長により全国に占めるシェアが縮小する地域もある。

図 2-10は中国と日本，韓国，ロシア，モンゴル，北朝鮮の貿易に占める各地域[13]のシェアの変化を示している。まず，日本との貿易を見ると，東部は輸出入ともに 9 割近くのシェアを持って安定的に推移しており，中部，西部，東北との間に大きな差がある。東北の輸出シェアは1999年の11.9％から2016年の6.4％に約半減し，中部のシェアは同0.6％から同 4 ％に増加し，西部は同0.5％から 2 ％に微増ししている。日系企業の多い大連市を有する遼寧省のシェアが同11.7％から同6.4％に低下したのに対し，中部地域に属する河南省のシェアは1999年のほぼ 0 ％から2016年の2.9％に拡大している。東部地域の中でもシェアを伸ばしている省と減らしている省が併存している。輸入で見た場合は，東北のシェアが1999年の7.7％から2016年の4.7％に縮小したのに対し，中部のシェアは同1.3％から4.4％に拡大している。

次に，韓国との貿易を見ると，日本と同様な地域的な傾向が確認できる。東部は輸出入ともに 9 割前後のシェアを維持しており，中部，西部，東北と大きな差をつけている。東部の輸出シェアは1999年の83.8％から2016年の87.8％に拡大し，西部は同0.8％から4.9％に増加している。これに対して東北のシェアは同13.7％から同5.7％に約半減した。延辺朝鮮族自治州を有する吉林省のシェアは同0.5％から同0.1％に縮小したのに比べ，広東省は同7.0％から同19.7％に急増している。山東省は20％前後を維持し，天津は同16.7％から同6.2％に縮小した。輸入について中部は顕著に増加し（0.5％→5.8％），東北は減少している（同7.1％→同3.2％）。

ロシアとの貿易では，東部における輸出シェアは1999年の同49.6％から2016年

---

13) 中国の各地域（31省）を東部，中部，西部，東北の 4 ブロックに分けることが一般的である。東部は北京，天津，河北，上海，江蘇，浙江，福建，山東，広東，海南の10省，中部は山西，安徽，江西，河南，湖北，湖南の 6 省，西部は四川，重慶，貴州，雲南，チベット，陝西，甘粛，青海，寧夏，新疆，広西，内モンゴルの12省，東北は遼寧，吉林，黒龍江の 3 省である。

第2章 中国経済の「新常態」―構造変化・地域発展・国際連携

図2-10 中国各地域における北東アジア諸国との貿易のシェア

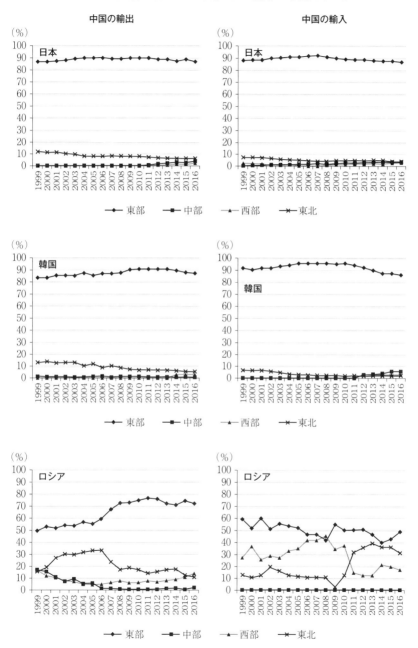

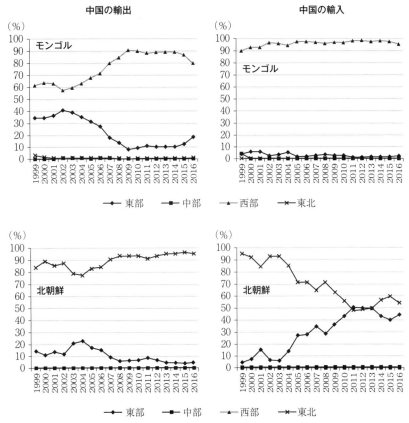

（出所）Global Trade Atlas（Global Trade Information Services 社）貿易データベースより。

の72.7％に急速に拡大している反面，ロシアからの輸入シェアは縮小している（同59.2％→49.6％）。近年の中ロ関係の緊密化により，広東，上海，江蘇，浙江等の東部地域はロシア市場を積極的に開拓している一方，資源輸入先の多角化を図ってロシアへの依存度を減らしている。ロシアと3000キロの国境線を持つ黒龍江省の輸出シェアは2006年の29％をピークにして縮小し続け，2016年には5.7％まで縮まった。輸入については，2011年に東北のシェアは約10ポイント急増し，その分西部は急減した。その理由は，ロシアのアムール州と黒龍江省を結ぶ中ロ石油パイプラインが2011年に稼働開始し，これまで西部地域に属する内モンゴルを通じて輸入されてきた石油が，同パイプラインを使用して黒龍江省に輸

第2章　中国経済の「新常態」─構造変化・地域発展・国際連携

入されるようになったことにある。黒龍江省の貿易はロシアとの資源取引に大き
く依存しており、中ロの輸送インフラ整備によって今後も大きく変貌する可能性
がある。

　モンゴルとの貿易を見ると、輸入では西部のシェアが圧倒的に多く、かつ安定
的に推移している。モンゴルと国境を接している内モンゴル自治区（西部）のシ
ェアは全国の9割以上を占めており、輸入製品のほとんどが鉱物と鉱物燃料であ
る。輸出では、西部の割合は1999年の61.5％から2009年の91.1％に急増し、その
後約8割から9割程度に安定している。東部の割合は同34.2％から同8.2％急減
し、その後約1割から2割程度に安定している。1999年から2009年までは北京、
上海、天津のシェアが大きく減少する一方、内モンゴル自治区のシェアが増加し
た。この間、東部から内モンゴルに輸出されていた繊維製品、一般機械などは、
内モンゴルでも生産・輸出できるようになり、西部のシェアが増えた。2015年か
ら東部と西部の開きは縮小傾向に向かっていると見られる。中部と東北のシェア
は極めて小さく、ほとんど変わっていない。

　中国から北朝鮮への輸出では、東北のシェアが圧倒的に大きく、1999年の84.3
％から2016年の95.4％に拡大している。近年では、遼寧省が7割強、吉林省が2
割弱を占めるという構図になっている。東部のシェアは1999年の14.1％から2016
年の4.5％に減少し、上海、天津、河北の縮小幅が大きかった。輸入では、東部
は同4.6％から44.9％に急増し、特に山東（1.4％→16.9％）、江蘇（0.0％→
12.8％）、河北（0.1％→10％）の増加幅が大きかった。その一方、東北は同
95.4％から同54.9％に急減し、特に吉林の減少幅が大きかった（50.1％→15.0
％）。東部地域が主に北朝鮮から鉱物資源を輸入し、貿易シェアを拡大している
ことに対し、東北は主に服装、繊維、水産品などを輸入し、貿易シェアを縮小し
ている。

　このように、中国における国際連携の進展は、各地域において異なる動態で推
移しており、そのメリットを一様に受けているわけではない。貿易額のシェアが
急速に拡大している地域もあれば、縮小している地域もある。特に、古くから日
本企業に親しまれた大連市を有する遼寧省の対日輸出シェア、韓国と文化的に近
い延辺朝鮮族自治州を有する吉林省の対韓輸出シェア、伝統的にロシアとの国境
貿易が活発化している黒龍江省の対ロ輸出シェアはいずれも縮小している。この
ことは、歴史的・文化的・地理的な近接性による国際連携の競争優位が次第に減

退し，グローバルな国際分業に基づく産業競争力の有無が貿易面で決め手になることを意味する。このような状況は，経済発展が進み市場経済が深く浸透している国や地域同士の貿易，国際関係が良好で安定している国・地域同士の貿易により強く表れる。その反面，経済発展の段階が途上にあり，国際関係も緊張している国や地域の貿易は，歴史的・文化的・地理的な近接性に依存する側面がある。また，経済成長している国や地域との貿易を長く行っていくためには，自国（地域）も不断に発展しなければならない。中国の東北地域は，北東アジアの国際連携の中で新しい競争優位を作る必要があり，それを実現するためには地域産業力の強化に基づく経済成長を実現しなければならない。このことはロシアの極東地域や日本の日本海沿岸地域についてもいえよう。

5　むすびにかえて

　本章は，中国経済の構造変化を中国国内の地域の視点から分析し，以下の結論が得られた。第一に，中国経済は「新常態」と呼ばれる中高速成長期に入っているが，中国の経済構造は急激に変わるものではなく，その強みと弱みがすぐになくなることを意味するものでもない。投資依存・消費不足・国有企業改革・イノベーションによる成長の促進などの課題は以前から存在しており，今後徐々に改善していくものと見られる。第二に，これまで中国の経済構造変化の研究に欠如していた地域の視点を加えて分析してみると，中国の地域経済は大きな変容を遂げており，これまでの沿海・中部・西部・東北という枠組みで捉えきれない，極めて多様で複雑な形で変化している。例えば，中国全体でみたときに，経済成長は他国に比べて投資偏重であるものの，投資偏重の度合いは中国の各省で大きなばらつきがある。投資偏重の度合いが低い地域は，所得水準が高く，外資の導入比率や第三次産業の比率が高いという先進的な特徴をもつ地域である。今後，「一帯一路」，「長江経済帯」，「京津冀協同発展」の実施により国内地域経済の一体化が進展し，各地域の経済はよりダイナミックに変化し，それが将来の中国の経済地図に大きな影響を与える可能性がある。第三に，経済成長率の減速が顕著である東北地域では，新たな振興政策が実施されよう。「一帯一路」は東北地域にとって国境開発を中心とする国際協力策と大都市を中心する国内開発策を結合させた，これまでにない戦略であり，今後北東アジア各国との国際連携を促進す

第2章　中国経済の「新常態」─構造変化・地域発展・国際連携

るとともに，中国国内における地域間連携も促す可能性がある。最後に，中国と日本，韓国，ロシア，モンゴル，北朝鮮との貿易をみると，歴史的・文化的・地理的な近接性による国際連携の競争優位は次第に減退しており，グローバルな国際分業に参入するための産業競争力の強さが決め手となろう。

参考文献

伊藤亜聖［2015］「中国『一帯一路』の構想と実態-グランドデザインか寄せ集めか？」『東亜』No.579（2015年9月号），pp. 30-40。

金森俊樹［2015］「『一帯一路』シルクロード・ルネサンスにかける中国の狙い」『国際金融』No.1272，pp. 22-29。

関志雄［2015］「動き出した『一帯一路』構想：中国版マーシャル・プランの実現に向けて」『野村資本市場クォータリー』No.18（4），pp. 171-175。http://www.rieti.go.jp/users/china-tr/jp/ssqs/120702ssqs.htm，2017年5月22日確認。

関志雄［2016］「『新常態』に移行する中国経済：量的拡大から質の向上へ」『日中経協ジャーナル』Vol.270，pp. 6-9。

篠田邦彦［2015］「新シルクロード（一帯一路）構想とアジアインフラ投資銀行（AIIB）：インフラ整備や産業振興を通じた中国の広域経済開発戦略」『アジ研ワールド・トレンド』No.21（5），pp. 37-44。

世界銀行［2009］「2009年世界発展報告 重塑世界経済地理」（中国語）（World Development Report 2009 Reshaping Economic Geography），清華大学出版社。

宋立水［2016］「『新常態』の中国経済をどう捉えるか」『経済研究』（明治学院大学）Vol.151，pp. 13-28。

丸川知雄［2016］「中国経済成長の新たな原動力：イノベーションと創業」『日中経協ジャーナル』Vol.270，pp. 10-13。

穆尭芊［2016a］「中国の地域発展戦略から見る『一帯一路』」，『北東アジア地域研究』Vol.22，pp. 18-31。

穆尭芊［2016b］「中国経済の『新常態』と東北地域の課題」『日中経協ジャーナル』Vol.273，pp. 6-9。

劉慧，葉尔肯・吾扎提，王成龍［2015］「『一帯一路』戦略対中国国土開発空間格局的影響」（中国語），『地理科学進展』2015年，Vol.34，No.5，pp. 545-553。

■第 3 章■ 韓国経済の構造改革と通商政策

高安雄一・中島朋義

1 はじめに

　本章では韓国の経済構造改革と通商政策について分析を行う。すなわち，2000年代以降の各政権における経済構造改革と自由貿易協定（FTA）政策の取り組みを整理し，今後の韓国経済の構造改革の方向と，北東アジアにおける地域内協力のあり方を展望する。

　まず第 2 節においては，韓国でこれまで行われた構造改革を整理したうえで，構造問題が解消された経済部門，未だに解消されていない経済部門を明らかにする。まず初めに韓国の潜在成長率が今後低下することを説明し，潜在成長率低下の流れを緩やかにするためにも構造改革が必要性であることを示す。次いで，過去に行われた構造改革により問題が解消された経済部門を取り上げ，どのような問題がありそれらの問題が解消されたのか，どのような構造改革により問題が解消されたのかなどについて示す。最後に，未だに構造問題が解消されていない経済部門につき，過去に行われた構造改革，構造問題の状況などにつき明らかにするとともに，1997年〜98年の通貨危機以降に発生した構造問題について考察する。

　第 3 節においては対外的な経済障壁の撤廃により韓国経済の構造改革に貢献してきた FTA 政策を紹介する。FTA は1997年の通貨危機後，金大中政権によって新たな通商政策として開始された。FTA は韓国にとって国内の構造改革を推進する働きと対外的な貿易投資関係を促進する働きを併せ持つものであった。韓国が北東アジアにおける地域内協力に今後どのように貢献できるかについても展望する。

2 韓国経済の構造改革

　韓国では，通貨危機に直面した後の1998年から，金融部門，企業部門，労働部門などにおいて構造改革が行われた。この構造改革は，発足したばかりの金大中政権（1998〜03年）で行われたものであり，IMFから金融支援を受ける際の条件でもあったことから，大胆に行われた。1998年における韓国の実質経済成長率はマイナス5.5％にまで落ち込んだが，その翌年である1999年には11.3％とV字型回復を成し遂げた。そして，経済が急速に回復した時期と構造改革が行われた時期が同じであったため，韓国は構造改革によりV字型の回復を成し遂げたといった印象を与えた。ただしこの成長率の回復は，マクロ経済政策の効果によるところが大きく，実際には構造改革によりV字型回復が成し遂げられたとまではいえないが，いくつかの経済部門の構造問題が解消され，長期的にみた成長率の引上げに寄与した可能性は高い。

　韓国で構造改革といえば，金大中政権の四大構造改革（金融，企業，公共，労働部門の改革）が知られているが，構造改革は実はそれ以前から行われており，また金大中政権以降にも構造改革が行われている。そして，改革により構造問題が解消した経済部門も少なくないが，現在においても構造問題が解消したとはいえない経済部門もある。韓国では今後，急速に高齢化が進み，その結果，潜在成長率が落ち込むことが予測されているが，残された構造問題を解消することで，潜在成長率の落ち込みを緩和できると期待されている。

2.1 低下する潜在成長率と構造改革の必要性

　韓国における実質GDPの成長率の動きを見ると，1953〜1960年は年平均5.3％，1960年代は9.5％，1970年代は9.2％，1980年代は9.9％と高成長が続いた。しかしその後，1990年代は6.9％，2000年代は4.4％と下落傾向で推移し，2010〜2016年も2.9％と下落が続いている（図3−1）。このように経済成長率が下落している背景には潜在成長率の低下がある。韓国開発研究院（KDI）の推計（以下，「KDI推計」とする）によれば，1980年代の潜在成長率は8.6％であったが，1990年代は6.4％，2000年代は4.5％と低下しており，2010年代は3.6％となると見通されている[1]（図3−2）。

　潜在成長率は大きく，労働投入の寄与，資本投入の寄与，全要素生産性

第 3 章　韓国経済の構造改革と通商政策

図 3-1　実質 GDP 成長率の推移

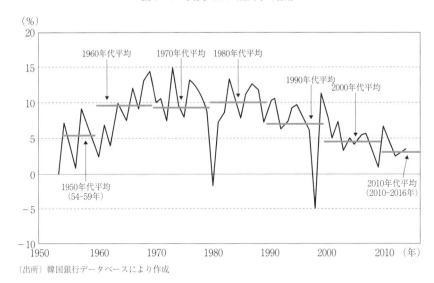

(出所) 韓国銀行データベースにより作成

図 3-2　潜在成長率と各生産要素・TFP の寄与度

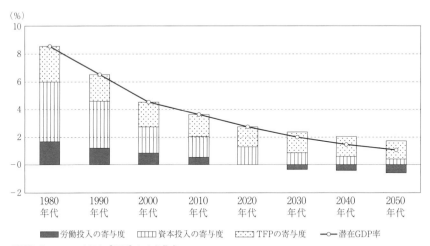

(出所) シン・ソッカほか [2013] により作成

---

1) シン・ソッカほか [2012] 50頁による。

145

図3-3　潜在成長率の低下要因

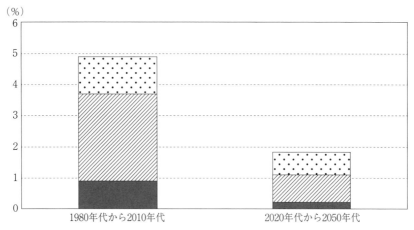

(出所) シン・ソッカほか［2013］により作成

(TFP) の3つに分解できる。KDI推計によれば，1980年代から2010年代までの潜在成長率の低下幅である5.0％ポイントのうち2.8％ポイントは資本投入の寄与度の低下によるものであり，労働投入の寄与度低下が1.2％ポイント，TFPの寄与度の低下が0.9％ポイントと続く（図3-3）。

1980年代から2010年代までの潜在成長率の低下幅のうち80％が資本投入および労働投入の寄与度の低下で説明できるが，これらの背景には少子高齢化がある。一般的に，少子高齢化は労働力人口の伸び率，ひいては労働投入の寄与度を低下させ，高齢化はマクロでみた貯蓄率，ひいては資本蓄積の寄与度を低下させる。韓国においても少子高齢化が進みつつあり，これが潜在成長率の低下をもたらしたと考えられる。

韓国では2020年頃から高齢化に拍車がかかる。これは，ベビーブーム世代である1955年から1963年の間に生まれた人々が65歳を超え始めるからである。2016年に統計庁が公表した将来人口推計によれば，高齢化率（総人口に対する65歳以上人口の比率）は2000年に7％を上回り，韓国も国連の定義による高齢化社会となったが，2018年には14％，2025年には20％を超え，2065年には42.5％に達することが予測されている（図3-4）。

146

第3章　韓国経済の構造改革と通商政策

図3-4　高齢化率

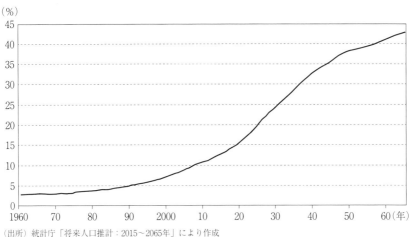

（出所）統計庁「将来人口推計：2015～2065年」により作成

　高齢化のスピードを高齢化率の上昇幅で見ると，2000年代は年平均で0.4％ポイントであったものが，2010年代には0.5％ポイント，2020年代には0.9％ポイントにまで早まっていく。そして2030年代も0.8％ポイントとスピードは速く，2040年代に0.5％ポイントとようやく高齢化のテンポも緩くなる。合計特殊出生率（以下，「出生率」とする）については，1970年には4.53であったが，その後は低下が続き2005年には1.08にまで落ち込んだ。出生率は2005年を底に若干回復したが，2012～2016年の平均値も1.22と低水準で推移している（図3-5）。さらに出生数は，1970年には100万人であったものが，2002年には50万人を切った。さらに2031年には40万人，2048年には30万人を切り，2065年には26万3,000人にまで落ち込む見通しである。
　今後，少子高齢化はスピードを上げつつ進むが，これにともなって潜在成長率も急速に低下することが見通されている。KDI推計によれば，潜在成長率は2020年代には2.7％に低下し，以降，2030年代は1.9％，2040年代は1.4％，2050年代には1.0％となる（前掲の図3-2）。2020年代から2050年代の間に，潜在成長率は1.7％ポイント低下するが，そのうち1.6ポイントは労働投入および資本投入の寄与度の低下によるものである（前掲の図3-3）。また国会の傘下機関である国会予算政策処も財政推計のために潜在成長率を見通しているが，最新の

図3-5 出生率と出生数

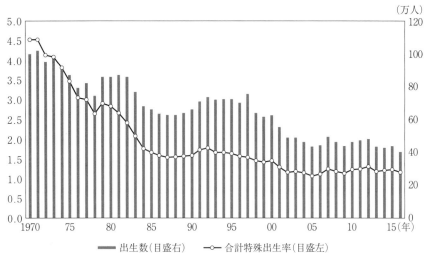

(出所) 統計庁データベースによる

2016年推計(以下,「予算政策処推計」)によれば,2020年代から2050年代における潜在成長率の低下幅とその要因は,KDI推計と概ね同じである[2]。

このように潜在成長率は2040年代には1.5%を切ると見通されている。実際の成長率が長期的に潜在成長率から逸れて動く可能性は小さく,韓国は低成長時代に入っていく。将来の潜在成長率を見通す際には,労働投入や資本投入の寄与度が推計されているが,これらは主に人口推計の結果にもとづいており蓋然性が高い。一方,TFPの寄与度の将来推計は難しいため,現在の数値を前提に若干の低下が予想されている。

具体的にはKDI推計では,2010年代のTFPの寄与度を1.6%,2050年代を1.3%,予算政策処推計は,それぞれ1.4%,1.2%と置いている。しかしながらTFPの寄与度が今後維持されるとは限らない。日本の例を見てみよう。1980年代の日本の潜在成長率は4.4%であったが,1990年代には1.6%に低下した。この間,少子高齢化の影響により労働投入および資本投入の寄与度が1.3%ポイント低下したが,TFPの寄与度は1.5%ポイント縮小している。内閣府は,不良債権

---

2) 国会予算政策処[2016, 13頁]による。

第3章　韓国経済の構造改革と通商政策

問題を始めとする構造問題により，生産性の高い分野に労働や資本が配分されなかったことなどが TFP の寄与度縮小の要因であると分析している[3]。また OECD［2015］は，企業の効率的な退出を促進する政策，労働力の移動を円滑化するなど生産性向上が期待できる政策を提言した。

　TFP の伸び率を高めるためには，基礎研究に対する公的助成など技術力向上に資する政策のみならず，資本や労働の非効率な配分を是正する構造改革が有効である。韓国では従来から構造改革が行われてきたが，これは成長率を高めるというよりは，インフレ抑制や地価抑制といった経済安定策の一環としての構造改革で，通貨危機以降に IMF により課された構造改革であった。しかし近年は，下落傾向で推移する潜在成長率の底上げを目的として構造改革が行われるようになった。

2.2　過去に行われた構造改革の成果

　TFP の伸び率を高め，潜在成長率の底上げを図るためには構造改革が有効である。韓国では過去から構造改革が行われており，一時期顕在化していた構造問題のいくつかは解消されているといってよい状態にあるが，その一方で解消されていない構造問題もある。そこで以下では，まず構造改革により問題が解消された経済部門を見る。

財政部門

　1970年代までは成長に重点が置かれた経済政策が講じられてきたが，1980年代に入り構造改革が本格的に実行されるようになった。そのひとつは財政構造改革である。中央政府の財政収支は1950年代から1970年代まで概ね赤字が続いており，経済規模に対する赤字幅も年々高まっていた[4]。これは，成長と開発のために財政支出を拡大させたことが要因であるが，結果として政府債務の拡大および物価の上昇を招いた。そこで財政健全化を進めるため，政府は1980年代初頭からゼロベース予算編成制度など財政構造改革に本格的に着手した。統合財政収支の動き

3）内閣府「潜在成長率について（中長期，マクロ的観点からの分析①）」（経済財政諮問会議「選択する未来委員会」第2回委員会会議資料2：2014年2月14日開催）による。
4）韓国経済開発院［2010，394〜395頁］による。

図3-6　統合財政収支および管理対象収支

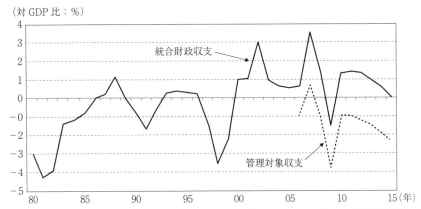

（注）　統合財政収支は，一般会計，特別会計，基金をすべて包括する収支の概念である。管理対象収支は，統合財政収支の対象から，現在は黒字であるが今後急速な高齢化のために赤字に転ずることが予想されている年金基金を始めとした社会保障基金を除いた収支である。
（出所）企画財政部資料などにより作成

を見ると，財政構造改革を行う直前の1981年にはGDPの4.3％に相当する赤字であった。しかし，1987年には統合財政収支[5]は黒字に転じ，その後は赤字に陥った時期もあったが総じて見れば黒字基調で推移している（図3-6）。

　政府は統合財政収支が赤字に陥った場合に，その翌年から均衡が達成されるまで一般会計の歳出を緊縮基調とすることで，統合財政収支の黒字化を目指すことを基本方針としている。例を挙げると，1998年には通貨危機後の景気後退のため大幅な税収減となったことなどから，統合財政収支がGDP比で3.6％と大きな赤字を記録した。政府はこれを受けて，翌年の1999年には「中期財政運営計画」を策定した。そして，2006年までに統合財政収支を均衡させるとした目標を置き，一般会計の歳出を名目経済成長率より2％程度低くすると明記して，実際にこれを徹底した。また，2001年は景気が後退していたにもかかわらず，歳出増加額を名目成長見通しの8～9％より2％以上低い6.1％に抑えた。このような財政健全化のための努力の結果，統合財政収支の黒字は目標年より早い2000年に達成された。なお2004年以降は，大幅な黒字となっている国民年金基金など社会保障基金を除いた収支である管理対象収支を目標としており，ハードルを高めたうえで

5）統合財政収支とは，一般会計，特別会計，基金をすべて包括する収支の概念である。

第 3 章　韓国経済の構造改革と通商政策

図 3 - 7　国家債務の対 GDP 比

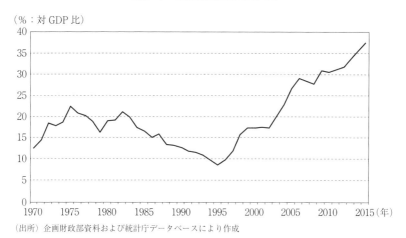

（出所）企画財政部資料および統計庁データベースにより作成

健全財政の維持を図っている。

　1980年代以降，韓国政府は財政規律の維持に力を注いできたが，結果として国家債務の対 GDP 比率（以下，「国家債務比率」）は低水準にとどまっている。国家債務比率は2003年には20％，2009年には30％を超え，2015年には37.9％となるなど，緩やかに高まっている（図 3 - 7 ）。しかしながら，2015年の水準もOECD 加盟国の大半の国々よりも低いことから，現状では財政構造は健全であると判断できる。国会予算政策処（2016）によれば，高齢化が進むことによる負担増により，現在の制度を維持した場合には，国家債務比率は151.8％に高まり，財政の持続可能性が失われる。ただし2012年に行われた国会予算政策処の分析によれば，①現行では 9 ％で固定されている国民年金保険料率を2025年までに12.9％まで引き上げる，②現行では10％である付加価値税率を2018年以降に12％に引き上げる，③現行の国税の減免比率である14.4％を2018年までに段階的に 9 ％に引き下げる，といった負担増に加え，④年金の支給年齢を段階的に引き上げ2025年には67歳とする，といった給付減を行った場合，2060年においても政府債務比率は64.7％にとどまる[6]。韓国の社会保障の特徴として「低負担―低福祉」が挙げられる。よって今後，福祉水準を高めなければ，大きな負担増を伴わ

---

6 ）国会予算政策処［2012］による。

ずに財政の健全性は維持可能であり，現在のところ財政部門の構造問題は解消されていると考えられる。

金融部門

1997年末に韓国は通貨危機に直面したが，金大中政権は1998年より四大構造改革に着手した。そのひとつが金融構造改革である。構造改革以前の金融部門は不良債権問題を抱えていた。銀行の不良債権比率は金融構造改革以前にも公表されていたが，国際標準と比較して範囲が限定されていたこともあり，1990年から1997年には2％以下で推移するなど，見かけ上は低水準にとどまっていた。具体的には，利子延滞が6カ月以上の債権でかつ担保でカバーされていない部分だけが不良債権とされており，3カ月以上利子が延滞されているすべての債権を不良債権と見なす国際標準で算定する不良債権比率より大幅に低い数値のみが公表されていた。

しかし国際標準を適用した場合の不良債権比率は，1990年から1997年の間，一貫して10％を超えていた（図3-8）。金融構造改革は，1998年上半期から2000年上半期にかけての第1次改革，2000年上半期から2002年末にかけての第2次改革に分けて実施された。第1次改革は，①健全，②条件付きで存続可能，③存続不能，の3つのカテゴリーに銀行を分けることから始められた。存続不能とされた銀行については，公的資金で不良債権を買い取るとともに資本注入をしたうえで，受け皿となる銀行に吸収させた。そして条件付きで存続可能とされた銀行は，合併や外資導入といった条件を受け入れさせた後，不良債権の買い取りおよび資本注入を行った。また第2次改革は，再度銀行を健全か否かで分類し，健全とされなかった銀行を合併させ，不良債権の買い取りや資本注入を行った。さらに健全行も含め，不良債権比率の目標値を一律に課すことで，全体としての不良債権比率の引下げを促した。

金融構造改革のために，政府は政府保証債の発行により公的資金を準備し，1997年11月から2002年末の間にGDPの30％に相当する159兆ウォンの公的資金を投入した。このような強力な改革の結果，一般銀行の不良債権比率は2000年以降急速に低下し，2004年末には2％を切り，2006年末には0.8％まで低下した。その後，2013年末には1.7％に上昇したものの，2016年末には0.8％にとどまっている。このような不良債権の動きから，不良債権の新規発生に処理が追いつかな

図3-8 不良債権比率

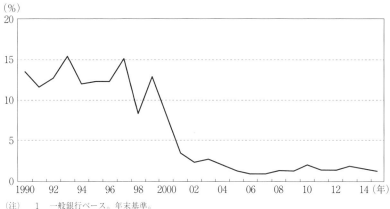

(注) 1 一般銀行ベース。年末基準。
2 不良債権は，97年以前は要注意以下与信，98年は無収益与信，99年以降はFLC基準における固定以下与信とした。90～98年末と99年以降の基準を比べると後者のほうが厳しい。
(出所) 1997年までは高安［2005］の15頁，それ以降は金融監督委員会報道資料などにより作成

い年もあったものの，総じて見れば不良債権処理は順調に行われてきたといえる。

最近の動きとして2013年以降の不良債権新規発生額と処理額を比較すると，2013年は新規発生額が21.6兆ウォン，処理額が17.3％と新規発生額が上回った。しかし，2014年，2015年，2016年は新規発生額がそれぞれ14.3兆ウォン，12.9兆ウォン，10.0兆ウォン，処理額がそれぞれ16.5兆ウォン，14.7兆ウォン，13.0兆ウォンと処理額が新規発生額を上回っている。また，不良債権処理により発生した損失は利益で十分カバーされており，その結果，2016年末のBIS基準の自己資本比率は15.8％と，資産の健全性や経営の安定性にも問題がない状況である。以上から金融部門の構造問題も解消されたと考えられる。

企業部門—財務構造全体

金大中政権が1998年に着手した四大構造改革の二つ目は企業構造改革である。企業構造改革はいくつかの改革にさらに細分化されるが，最も成功した改革としては企業財務改革が挙げられる。構造改革以前は主に財閥企業が金融機関からの借入金により投資を行うことで規模の拡大を競っており，その結果，収益構造が脆弱となっていた。韓国銀行の企業経営分析によると，1998年以前における製造業の負債比率は300％前後で推移していた。そして，1990年代以降の営業利益率

図3-9　企業の各種財務指標

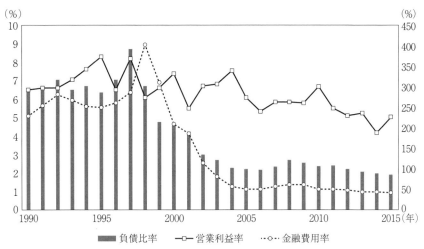

（出所）韓国銀行データベースにより作成

は6〜8％台と比較的高い水準であったものの，金融費用の対売上高比率（以下，「金融費用比率」）も5〜6％台と高い水準で推移しており，営業利益の多くが利子負担に消える構造となっていた（図3-9）。

　営業利益が高水準で推移した要因のひとつは，1990年代の中盤まで景気が拡大基調で推移したことであり，景気が後退して営業利益率が低下した場合，赤字に陥るリスクを抱えていた。実際に1996年に韓国は景気後退期に入り，中堅財閥の破綻をきっかけに財閥の破綻が相次いだ。1998年に政府が行った財務構造改革では，各財閥に負債比率を200％以下にするという一律の目標を提示した。そして当時の5大財閥については，大統領が財閥のオーナーを呼び出し，1999年末までの目標達成を約束させた。また5大財閥以外の財閥については，目標達成に向けた行動計画の作成を義務づけ，融資額が最大の銀行である主債権銀行に目標の達成状況を監視させた。この結果，1997年末に396％であった製造業の負債比率は，1999年末には215％となり，政府が目標としていた200％を概ね達成した。負債比率はその後も着実に低下し，2005年には101％にまで低下し，以降は100％程度で安定的に推移している。

　負債比率の低下は企業部門の収益構造を改善させた。金融費用比率は構造改革

図3-10　経済主体別の資金過不足（対GDP比）

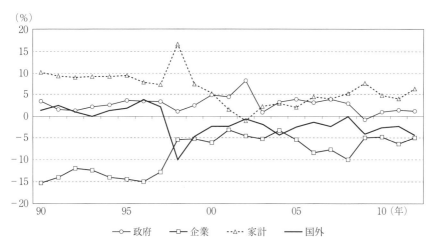

（出所）韓国銀行データベースにより作成

前の5～6％台から大きく低下し，2004年には1.3％となった。そしてそれ以降も1％程度で推移している。一方，2004年から2015年の間の営業利益率は平均で5.7％と構造改革以前から1％ポイント以上低下しているものの，金融費用比率を大幅に上回っており，企業部門の収益構造は大きく改善した。負債比率は低ければ低いほどよいという性格の指標ではないが，韓国の企業部門が抱えていた過剰債務を背景とした収益構造の脆弱性は，総じて見れば解決したと考えられる。

なお企業の負債比率が低下した要因として，企業構造改革が始まった1998年以降，それまで過剰に行ってきた設備投資を一転して抑制したことによるが，これにより韓国が抱えていた構造問題であった慢性的な経常収支赤字も解消することとなった。1990年代における韓国の経常収支は赤字基調で推移し，1996年にはGDPの4％にまで拡大した。一般的に一国の総貯蓄が総投資を上回れば，経常収支は黒字傾向，反対の場合は赤字傾向となる。貯蓄・投資バランスを見る上で，家計，企業，政府の3つの経済主体が重要である。通常，家計は貯蓄超過（資金過剰），企業は投資超過（資金不足）となる。韓国では財政が健全であるため，ほぼ一貫して資金過剰の状態にあるが，1997年までは企業の資金不足額がGDPの15％近くにまで達していた。家計の資金超過額も小さくなかったが10％近くと企業の資金不足幅には及ばなかったため，経済全体では資金不足の状態となった。

図3-11 経常収支(対GDP比)

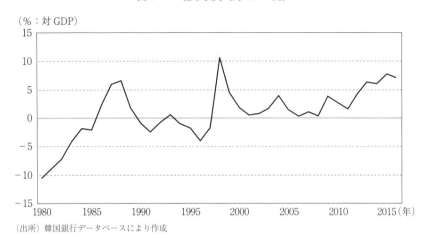

(出所)韓国銀行データベースにより作成

　通貨危機以降は,企業の過剰投資が解消され投資超過額がGDPの5%程度にまで縮小した。その結果,経済全体で貯蓄超過に転じた(図3-10)。

　このような貯蓄・投資バランスの動きを反映して,経常収支も通貨危機前後で異なった動きを示している。経常収支の対GDP比をみると1990年代は概ね赤字であり,赤字幅は1996年にはGDPの4.0%に達した。一方で通貨危機以降の経常収支は一貫して黒字が続くようになり,対GDP比は2000年代には上昇傾向で推移している(図3-11)。さらに対外債権と対外債務の対GDP比をみると,通貨危機以前は対外債務が対外債権を上回る状態が続いていたが,通貨危機後の2000年に逆転した。そして2000年代後半を除けば,対外資産と対外負債との差が拡大しており,2016年には対外資産が対外負債を対GDP比で28.6%ポイント上回る状況となっている(図3-12)。

2.3　残されている構造問題

　韓国はこれまでに行った構造改革によって,財政部門,金融部門および企業部門が抱えていた構造問題を解決してきた。しかしながら,解決がなされていない構造問題も少なからず残っている。具体的には,労働部門が抱えてきた構造問題,企業部門が抱えてきた構造問題のうち,経営不振企業の構造調整が残されている。また,1997年の通貨危機以降に新たに発生した家計負債,通貨急落のリスクなど

図3-12　対外資産および対外負債（対GDP比）

(出所）韓国銀行データベースにより作成

の構造問題もある。以下ではそれらを順を追って解説する。

労働部門の構造問題

　労働部門の構造問題とは労働市場の硬直性であり，その背景には敵対的な労使関係がある。朴槿恵前大統領は，「4大部門構造改革推進計画」（労働，公共，教育，金融部門）を公表する際の談話で，韓国が抱えている構造問題の最初に労働市場の硬直性を挙げた。特に大企業において，過度な賃金引上げ，合理化など生産性引上げ策の遅れが生じ，そのことが潜在成長率の引き下げにつながっている可能性がある。

　韓国では大企業を中心に労働組合側がハードルの高い要求を行い，この主張が使用者側に受け入れられることが少なくないが，その要因のひとつはストライキに対する使用者側の対抗手段が限定されていることが挙げられる。1987年までは労使関係を政府がコントロールしていた。正規雇用労働者であっても解雇は容易であるとともに[7]，政府が事実上賃金ガイドラインを示していたことから，賃金の高騰も発生しなかった。この状態は労働者の権利保護の側面からは問題であったが，労働市場は柔軟であったといえる。しかしながら，1987年6月に当時の盧泰愚大統領が，民主化宣言を行って以降，労働争議が頻発するようになり事情が

図3-13 ストライキによる労働損失日数

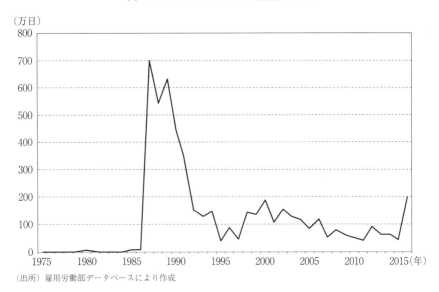

(出所) 雇用労働部データベースにより作成

一変した。ストライキによる損失日数[8]は，1980年から1986年の間は年平均で3万8,000日であったが，1987年には694万7,000日に急増した。損失日数はその後減少傾向で推移し，2007年以降は100万日を切る年が続いたが，2016年は203万5,000日と1991年以降で最多となった（図3-13）。

韓国では，使用者側が労働組合のストライキに対して対抗する措置が制限されている。労働組合および労働関係調整法の第43条では，使用者はストライキなどの争議行為で中断した業務を行うため，業務と関係ない者を採用する，あるいは代替することができず，さらに請負に出すこともできない。つまりストライキに

---

7) チョン・イファン［2010，46頁］によれば，1987年以前の韓国の労働者はいつでも解雇される無権利状態であったとしている。また，イ・ヨンジェ［2002，17頁］によれば，1970年代から1980年代前半にかけて，政府は間接的にではあるが賃金抑制を強力に進めてきたため，賃金の上昇が総じて抑制されていた。
8) 労使紛糾が直接的な原因になって発生した社会的損失を労働日数で測定した指標である。1日の労働時間（8時間）以上操業が中断された労使紛糾発生事業所を対象に算出しており，以下の式で定義される：勤労損失日数＝ストライキ期間中におけるストライキ参加者数×ストライキ時間÷1日の労働時間（8時間）。

第3章　韓国経済の構造改革と通商政策

図3-14　使用者の賃上げ提示率，労働組合の要求額，合意賃金引上率

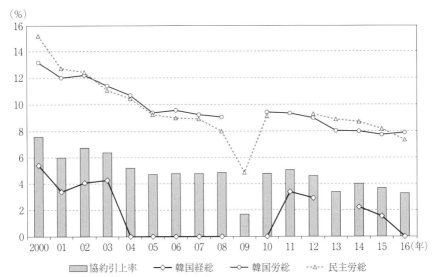

（注）　2004～2008年については主に大企業に対して凍結を提示した。2004年は300人以上の企業には凍結，300人未満の企業には3.8%，2005年は1000人以上の企業には凍結，1000人未満の企業には3.9%，2006年は収益性が低下した企業と全産業平均賃金の1.5倍を上回る高賃金大企業には凍結，それ以外には2.6%，2007年は大卒初任給および高賃金大企業には凍結，それ以外には2.4%，2008年は高賃金大企業には凍結，それ以外には2.6%を提示した。なお，2013年および2013年には労使政委員会などにおける合意により賃金引上率を提示していない。
（出所）　労働研究院［2016］などにより作成

よる業務中断で使用者側は損失を被ることとなり，労働組合の交渉力が強い状況にある。また使用者側が労働者を事業場から締め出すロックアウトも制限されている。よって労働組合にとってストライキは要求を通すための効果的な手段となっている。

　実際の要求を見てみよう。2000年以降について，使用者側の代表である韓国経営者総会（韓国経総）の賃上げ提示率，労働者側の代表である韓国労働組合総連盟（韓国労総）と全国民主労働組合総連盟（民主労総）の賃上げ要求額，そして合意賃金引上率は図3-14で示したとおりである。韓国経総が賃金引上げ率を提示しなかった年を除いた提示率の平均は1.8%であり，凍結とした年も少なくない[9]。一方，韓国労総，民主労総はそれぞれ平均で9.8%，9.6%の引上率を要求しており，労使間の隔たりが毎年大きい[10]。なお実際に合意した賃金の引上率である協約賃上げ率は平均で4.8%と，労使の中間値よりは1%ほど低い水準と

159

なっており，これだけを見ると，必ずしも労働組合の要求が受け入れられている
わけではないように見える。

　しかし実際には，大企業を中心に実質的な賃上げが受け入れられていると考え
られる。まず，協約賃金上昇率とは，常用労働者100人以上の事業所を対象とし
て，賃金交渉で労使が妥結した賃金上昇率であり，残業代，企業利益により事後
的に決まる賞与であり，実際に支払われた名目賃金上昇率とは異なる指標である。
韓国では基本給の割合が非常に低く，賞与などの割合が高い。これは賃金上昇率
を低く抑えるために基本給の引き上げをできるだけ抑制し，その代わりに賞与な
どを拡大してきたことによる[11]。例えば現代自動車の例を見てみよう，現代自
動車の基本給引上げ率は，2000〜2005年は7.0%，2006〜2010年は4.0%と低下し
た。一方，2001年から労組は通常賃金の引上げ要求の他に，当期純利益の一定比
率を成果給として分配するよう要求し始め，2001年には通常賃金の300%＋160万
ウォンの成果給が分配された。そして，以降，基本給の傾向とは逆に，成果給は
高まる方向に動き，2013年には通常賃金の500%＋920万ウォンにまで引き上げら
れた[12]。

　なお労働組合の組織率は2015年で10.2%に過ぎないが，300人以上の事業所に
ついては62.9%と高い。また労働組合の95.4%が企業別組合である[13]。よって
韓国経済を支える大企業の労働組合の交渉力は強く，特に近年は基本給ではなく，
成果給などの引上げ要求に重点を置いている。また労働組合の要求は賃金引上げ
にとどまらない。雇用労働部の調査によれば，100人以上の労働組合がある事業

　9）韓国経総は，2004〜2008年については主に大企業に対して賃金引上げの凍結を提示した。
　　2004年は300人以上の企業には凍結，300人未満の企業には3.8%，2005年は1000人以上の企
　　業には凍結，1000人未満の企業には3.9%，2006年は収益性が低下した企業と全産業平均賃
　　金の1.5倍を上回る高賃金大企業には凍結，それ以外には2.6%，2007年は大卒初任給および
　　高賃金大企業には凍結，それ以外には2.4%，2008年は高賃金大企業には凍結，それ以外に
　　は2.6%を提示した。なお，2013年および2013年には労使政委員会などにおける合意により
　　賃金引上率を提示していない（韓国労働研究院　2016，149頁）。
　10）民主労総は，2013年以降，同一賃金の要求に転じ，賃金の下限額を提示するようになった。
　　本稿では雇用労働部［2016，7頁］に示されている，下限額の上昇率を使用した。
　11）独立行政法人労働政策研究・研修機構「大法院判決，定期賞与は通常賃金に相当—遡及請
　　求が認めず—」（国別労働トピック：2014年2月）から引用。
　12）ユ・ヒョングン［2014，40-42頁］による。
　13）雇用労働部「2015年全国労働組合組織現況」などによる。

160

所のうち，25.1％が優先・特別採用を定めた団体協約を結んでいた。これは，採用に際し，定年退職者や長期勤続者の子女などを優先する取り決めであり，企業が生産性の高い人材を確保する際の障壁になることが考えられる。また，「新規採用時に労組の同意を必要とする」，「経営上の理由により解雇を行う場合に労組の同意を必要とする」，「企業分割・合併，譲渡・引受，事業所移転，休・廃業，新技術導入を行う際に労組の同意を必要とする」といった，企業の人事・経営権を過度に制限する内容の団体協約を締結していた事業所も調査対象のうち13.3％あった[14]。

　このような労働部門の構造問題に対して，政府が何も策を講じてこなかったわけではない。1998年の金大中政権では労働構造改革が四大構造改革のひとつに位置づけられ，労働市場の硬直性の解消が試みられた。その最重要の取り組みが，政府の仲介により労使の歩み寄りを促すため，労使政委員会を創設したことである。しかし労使政委員会は，発足して１年もたたないうちに民主労総が脱退し，その後，韓国労総も脱退するなど機能しなくなった。朴槿恵政権（2013〜16年）時にも政労使委員会が復活し，2015年９月には合意事項をまとめるなど成果が出かけたが，2016年１月には韓国労総が妥結を破棄するなど，現在は再び機能しない状況となっている。

　また2017年５月に発足した文在寅政権（2017年〜）も労働問題に力を入れている。同政権は同年７月に「国政運営５カ年計画」を公表した。ここには，2022年までに公共部門での働き口を81万人分創出，非正規労働者の使用理由制限の導入推進，先に示した朴槿恵政権が導入した２大指針，すなわち，公正人事指針および就業規則指針の撤廃など，選挙公約に盛り込まれた政策が示されている。また，この計画には低賃金労働者の所得改善を通じて所得格差の縮小や内需活性化を図り，ひいては成長率を高める効果を期待する最低賃金の引上げも含まれている。具体的には，2020年までに最低賃金を１万ウォンとするとされており，これを受けて雇用労働部は，2018年に適用される最低賃金を前年より16.4％高い6470ウォンとすることを公表した。

　計画どおり2020年までに１万ウォンにするためには，2019年および2020年の引

---

14) 雇用労働部「法律に違反した団体協約42.1％ことが明らかに―４月から雇用世襲，人事・経営権制限規定など集中改善指導―」（報道資料：2016年３月28日）による。

上率をそれぞれ15.2％とする必要があり，文在寅政権の最初の３年間における名目最低賃金引上率は平均すると毎年15.6％，実質値では毎年14.4％となる[15]。この実質引上率を歴代政権と比較すると以下の通りである。文在寅政権を除けば，盧泰愚政権の9.4％が最高である。同政権の名目引上率は16.3％であるが，消費者物価指数の上昇率が6.9％と高かったため，実質的な引上率は10％を切った。また盧武鉉政権は7.5％であり，朴槿恵政権の6.2％，金大中政権の5.1％，金泳三政権および李明博政権の2.6％と続く。もし，計画どおり文在寅大統領が2020年までに最低賃金を１万ウォンまで引き上げるならば，実質値で見る限り現政権の引上率が際立つこととなる。ただしこのような最低賃金の急激な引上げは中小企業にコスト面で重い負担を課すことになるため，最低賃金に達しない労働者の83％が集中する30人未満の事業主に対し，支援条件を満たした低賃金労働者一人当たりに毎月13万ウォンを上限とした支援金を支給することとした[16]。

　文在寅大統領の一連の最低賃金に関する施策により，大企業と中小企業の賃金格差拡大を緩やかにする効果が期待できる。ただし，大企業の賃金上昇に歯止めかける施策を行う計画はまったくなく，韓国経済全体のコストアップにつながり，結果的に国際競争力を失う可能性は否定できない。

企業部門―個別企業の構造調整

　企業構造改革については，全体としての財務構造改革は成功し，総じてみれば企業部門の財務体質は大きく改善した。しかし一部の企業の財務体質が改善しても，財務構造に問題がある企業の構造調整が進まなければ，金融機関が抱えるリスクが残り続けることとなる。

　財務構造に問題がある企業については，債権金融機関が自律的な合意を通じて企業構造調整を行うことが望ましいが，韓国では未だに自律的な構造調整が定着しておらず，政府の制度を通じた企業構造調整が行われている。政府の制度とは，①企業構造調整促進法に基づく常時危険評価制度，②銀行業監督規定に基づく主

15）最低賃金引上率の実質値は，消費者物価指数の上昇率を，韓国開発研究院（KDI）の2018年の経済見通しで示された1.5％を2020年まで横置きすることで求めた。

16）文在寅大統領の労働問題に関する施策については，高安雄一「最低賃金の引き上げ」（私の日韓経済比較論　第73回：東洋経済日報2017年８月25日），韓国政府「職場安定資金施行計画」案）」（報道資料：2017年11月19日）などによる。

第3章　韓国経済の構造改革と通商政策

債務系列制度である。

　常時危険評価制度は，企業構造調整促進法により対象とされる企業に対し，主債権銀行，すなわち最も多く信用を供与している銀行が，毎年定められた評価基準により企業の危険度を評価するものである。そして構造調整対象と判定された企業に対して，私的企業再生スキームであるワークアウト，あるいは法的企業再生スキームである法定管理により企業の構造調整を進める制度である。一方，主債務系列制度は，主債権銀行が対象とされる財閥全体に対し，定められた評価基準より毎年財務構造評価を行うもので，構造調整が必要であると分類された財閥と財務構造改善約定を結び，企業に構造調整を促す制度である。

　以下では，政府によるこれら2つの制度を見ることとする。第一に企業構造改革促進法に基づく常時危険評価制度であるが，この制度については私的企業再生スキームであるワークアウトが重要である。そこで，ワークアウトについて説明した後，常時危険評価制度について見ていくこととする。ワークアウトは1998年以降に韓国に導入され，現在でも利用が続いている企業再生スキームである。韓国では通貨危機の直後，金融機関が一部の優良企業を除いた多くの企業から資金回収を図っており，再生可能な企業でも倒産する事態に直面していた。倒産しても法定管理など裁判所が介在するスキームを利用して事業を再生する可能性も残されていたが，当時は法定管理の申請から計画の認可まで平均で2年程度もかかり，その間に事業再生が難しくなるケースが少なくなかった。また急速に悪化した当時の経済情勢を背景に法定管理を申請する企業が急増し，裁判所の処理能力も限界に達していた。そこで再生可能な企業が法的整理手続きに入る前に，迅速に再生手続きを開始するための私的整理スキームとして導入されたものがワークアウトである[17]。

　ワークアウトでは，債務調整，リストラなどが盛り込まれた再生計画を策定し，債権金融機関と対象企業の間で計画の義務履行を約束する企業改善約定書を締結する。韓国で導入されたワークアウトは，私的整理スキームではあったものの，実際には対象企業の選定も含め政府が強力に主導したことが特徴である。そして具体的には，企業が事業再編や人員削減を行うことを条件に，銀行は債務の減免や返済期間を延長するなどの方策が講じられた。

17）具本天［1998］などによる。

ワークアウトには法的根拠がなく，導入当初は政府が強く関与することにより機能していたが，時間が経つにしたがって合意に違反する事例が増加するなど問題点が指摘されるようになった。そこで2001年には企業構造調整促進法が制定され，ワークアウトに法的根拠を与え合意に法的拘束力を持たせた。また，金融機関が企業の信用危険度を定期的に評価して，自力再生が難しい企業の選別を恒常的かつ体系的に行い，自力存続が難しいと判定された企業に対し，ワークアウトや法定管理といった私的あるいは法的整理スキームによる構造調整を行うことが定められた[18]。企業構造調整法は2001年に2005年末までの時限法として制定されたものの，その間に自律的な企業構造調整が定着せず，2007年11月に約3年の時限法として再び立法された[19]。そして，その後も延長や再立法を繰り返し，現在は2018年6月までの第5次企業構造促進法が発効している状況である。

なお企業構造調整促進法の下では，自力で再生が難しい企業の判定基準が金融当局により概括的に定められ，構造調整手続きも細かく定められるなど，当事者の裁量の余地が狭められ，画一的な企業構造調整が行われるようになった。そして本来，企業構造改革の最終目標である市場原理にもとづく自律的な企業構造調整からは遠ざかる結果となった[20]。また企業構造調整促進法の下でも自力で再生が難しい企業の構造調整が十分になされていないといった指摘もある。

第二に銀行業監督規定に基づく主債務系列制度である。主債務系列制度は，前身である財閥に対する与信管理制度として1974年に導入された。そして通貨危機以降の1999年に現在の制度が導入され，従来の制度になかった財務構造改善約定制度を追加して，主債権銀行の権限が強化された。対象は，1999年には金融機関の総与信額が2,500億ウォン以上の財閥であったが，2013年以降は前年末の信用供与額が，金融機関全体の総信用供与額の0.075％以上である財閥とされており，2016年は42財閥が対象として選定された。選定された財閥に対しては，毎年，収益性，債務償還能力，財務安定性，キャッシュフロー，流動性を点数化し，点数

---

18) 2011年5月に施行された第3次企業構造調整促進法から，債権金融機関ではなく企業が構造調整のためのスキームを選択するようになった。

19) 2005年12月に国会に発議された延長法案は一部条項に対する違憲審判が請求されたため，国会を通過させることができなかった。よって法律に空白が生じることとなった（キムドンハン他2016：46）。

20) 高安［2005, 125-126頁］による。

に基づき構造調整が必要であるか否かを判断する。そして構造調整が必要であるとされた財閥と財務構造改善約定を締結し，主債権銀行が構造調整の進捗を監視する[21]。

　韓国には自律的な構造調整が定着していないという問題はあるものの，政府の制度を通じて構造調整を行う仕組みは構築されている。しかしながら，政府の制度は十分に機能しているとはいえない状況にある。韓国銀行［2015］は，利子補償比率，すなわち営業利益を利子費用で除した数値が3年連続で100％未満であった企業を慢性的限界企業と定義した上で，外部監査対象企業のうち慢性的限界企業が占める比率は2009年で8.2％であったものが，2014年には10.6％に高まっている点を明らかにしている。そして2014年においては，慢性的限界企業のうち10年以上利子補償比率が100％未満の企業が10.0％と，長期間財務状況が改善しないまま市場から退出していない企業が多いことがうかがえる。

　ク・ジョンハン［2017］は，特に2008年の世界金融危機以降，韓国では産業全体の構造調整が必要になっており，そのために金融機関が負担しなければならない費用が増大していることを指摘したうえで，金融機関が個別企業のワークアウトを推進することに消極的になっていると主張している。また2011年以降，ワークアウトを行うためには対象企業の申請が必要となったことにより，自力存続が難しいと判定された企業のうちワークアウトを開始する企業の割合が低下したことも，企業の構造調整が十分に進まない要因として挙げられている。またウォン・ジョンヒョン［2016］は，主債務系列制度は法的な根拠がなく，主債権銀行は財閥企業に対して効果的な管理ができない状態にある点を指摘している。

通貨危機後に発生した構造問題

　韓国は通貨危機などを契機に構造改革を行ってきたが，通貨危機以降にも家計負債，通貨急落のリスク，格差拡大などの構造問題が発生している。

　第一に家計負債である。韓国では政府のクレジットカード使用促進策を背景にクレジットカード危機が起き，2002年12月から2005年4月まで続いた景気後退の一因となったことがある。よって，韓国においては家計負債の増加が構造問題として注視されるようになっている。家計負債を貸手側の統計から見てみよう。統

21）主債務系列制度に関する記述はキムユンギョン［2015］などによる。

図 3-15　家計信用

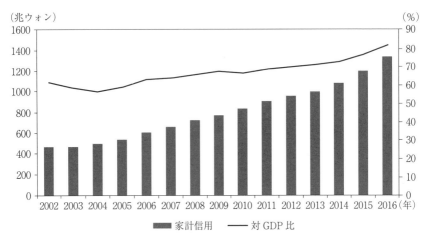

(出所) 韓国銀行データベースにより作成

　計がとれる2002年からの動きをみると，家計信用 (家計貸出と販売信用の合計) は2002年末の465兆ウォンから2016年末には1343兆ウォンと約3倍に拡大した (図3-15)。これを対GDP比でみると2000年代前半は概ね60％近くであったが，それ以降は緩やかに高まっており，2016年には82.0％と80％を超えた。政府は急増する家計負債に対して「家計負債管理方案」(2016年8月) を公表した。
　公表資料によれば，家計負債は分譲市場の好調および低金利を背景とした貸出増により増加している。そして，分割償還および固定金利を中心とした貸出慣行が定着し始めていること，金融機関の損失吸収能力が十分であり借手の償還能力も良好であるためシステムリスクの可能性は低いとしている[22]。ちなみに，分割償還を条件とした貸出の全貸出に対する割合は2010年末には6.4％に過ぎなかったが，2016年6月末には41.0％にまで高まった。また，固定金利による貸出しの全貸出に対する割合も2010年末の0.5％から2016年6月末の38.8％に高まった。さらに銀行のBIS比率は2016年3月末で14.0％と高水準であり2016年6月末の借手の延滞率は0.31％と低水準である[23]。一方で政府は，銀行貸出に対してリ

---

22) 企画財政部ほか「家計負債管理方案」(2016年8月25日) 3頁による。
23) 企画財政部ほか「家計負債管理方案」(2016年8月25日) 3頁による。

第3章 韓国経済の構造改革と通商政策

図3-16 ウォン・ドルレート

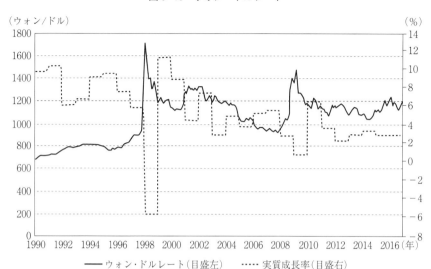

(出所)韓国銀行データベースにより作成

スク管理を強化するよう具体的な方策を指導しており，家計負債の急速な増加を抑える政策も行っている。

　第二にウォン急落のリスクである。為替レート（ウォン・ドルレート）を見ると，1997年末の通貨危機時および2008年に発生したリーマン・ショック以降にウォンが急落していることがわかる（図3-16）。一国の通貨が急落する場合，その要因が国内にあることも少なくないが，海外から危機が伝播することで，国内に要因がなくても通貨が急落することもある。海外から危機が伝播する経路の一つが金融チャンネルである。そしてこのチャンネルは欧米の金融危機が原因となる。まず欧米の金融機関がダメージを受けると，欧米の金融機関が資金を引き上げ，新興市場国の通貨安，資産価格下落をもたらす。通貨危機時のウォン暴落はその要因が国内にもあったが，リーマン・ショック以降のウォン暴落は，欧米における金融危機が金融チャンネルによって伝播した結果といえる。

　韓国では資本移動が経済に与える影響が大きくなっており，近年は海外で発生した金融危機の影響に翻弄されるリスクが高まっている。1980年代まで資本移動は厳格に管理されていたものの，1990年代に入り国際社会からの要請もあり，本格的に資本規制の緩和を行った[24]。まずは株式市場である。1992年1月に限定

167

的ながら国内株式市場が外国人に開放されて以降，順次制限が緩和されたものの，1997年末までは制限が残っていた。それが1998年にはごく一部の例外を除き株式市場が完全に外国人投資家に開放された。次に債券市場である。債券は内外金利差が大きく規制緩和を行えば大規模な資金流入が予想されたことから，通貨危機以前は株式以上に強く規制されていた。つまり外国人による国内の株式や債券への投資に対する規制については，通貨危機以前には，政府は規制緩和に慎重な立場を崩していなかった[25]。しかし1998年には債券市場もほぼ完全に開放された。その結果，国際金融市場が堅調に推移している時には比較的高収益が期待できリスクが小さい韓国に資金が流入し，国際金融市場が危機に陥ると韓国から一気に資金が流出する現象が見られるようになった。韓国政府は，1998年4月から2008年9月までの10年5カ月に2219億ドルが純流入した後，2008年9月から2009年1月までの4カ月間に695億ドルが純流出したとの具体的な数値を示しているが[26]，この数値は韓国が海外で発生した金融危機に脆弱なことをあらわしている。

　2008年のミニ通貨危機時において，韓国政府は外貨準備高を取り崩すことで対処したが，韓国はIMF，さらには1997年危機以降発足したアジアにおける金融協力（CMI）の枠組みからの支援を受けることはなかった。IMFからの支援を受けるためにはマクロ経済政策などに条件を課される。またCMIについても資金枠の80％がIMFと連携していた[27]。よって，韓国はリーマン・ショック以降のミニ通貨危機時にはCMIを利用せず，米国の連邦準備制度（FRB）と通貨スワップ取極を結び，実際に資金の融通を受けた。韓国はまた中国および日本とも通貨スワップ協定を結び，それがFRBとの通貨スワップとあいまって韓国の金融市場の安定化に貢献した。米国との通貨スワップ取極は2010年に満期終了したが，日本との通貨スワップ取極の資金枠は徐々に拡大し，2011年10月から2012年10月まで総額で700億ドルに達した。しかし2012年10月以降は徐々に縮小し2015年2月には日本との通貨スワップ取極はすべて終了した。

24）韓国では外国からの借入れについて，長期借入に対する規制に比較して短期借入に対する規制を早く緩和したため，短期借入が急速に増加したが（Kim et al. 2001），このような規制緩和のやり方が，1997年に韓国で発生した通貨危機の一因であると考えられる。

25）Kim et.al［2001, pp.26-41］による。

26）企画財政部ほか［2008］「資本流出入変動緩和方案」（報道資料 2010年6月14日）による。

27）現在は70％が連動している。

第3章　韓国経済の構造改革と通商政策

2016年8月末現在で韓国は，中国，マレーシア，アラブ首長国連邦，オーストラリア，インドネシアとの間で通貨スワップ取極を結んでいる。これらの規模を，2016年7月の為替レートで換算すれば合計で約760億ドルである。しかし，そのうち中国が占める比率が70％を超えており，中国に偏っていることが問題である。韓国が外貨不足に陥った場合，中国から人民元を受け取ることは可能であるが，韓国が外貨不足を解消するためには，人民元をさらにドルに交換する必要がある。しかしハードカレンシーではない人民元を，大規模かつ迅速に外国為替市場でドルに交換することは現実的ではなく，急激な資本流出に対する備えになっているとはいいがたい。よって，依然として韓国はウォン急落のリスクに脆弱である[28]。

3　韓国のFTA政策─通商政策と構造改革

1990年代末に至るまで，韓国の通商政策は関税と貿易に関する一般協定（GATT）・WTOの枠組みを通じた多国間の貿易自由化をその中心とし，自由貿易協定（FTA）など，二国間あるいは地域内の制度的枠組みには加わってこなかった。しかし1990年代には，ヨーロッパにおけるEU，北米におけるNAFTAに代表される大規模な地域経済統合の動きが生じ，これは韓国を含む東アジアの国々にも大きな影響を与えた。2000年代に入ると韓国はFTAを自らの通商政策の重要な手段の一つと位置付け，活発に交渉を開始することとなった。現状においては，米国，EUという二大先進経済とそれぞれ二国（地域）間FTAを締結し，さらに中国とのFTAも締結している。世界でもFTA政策に積極的な国の一つと位置付けられている。

3.1　韓国のFTA政策の概括

韓国のこれまでのFTA締結状況をまとめたものが表3−1である。韓国の最初のFTAは金大中政権下の1999年に交渉が開始された韓チリFTAである。盧武鉉政権（2003〜2007年）では，2003年にFTA政策の基軸となる「FTAロードマップ」が策定され，FTA締結候補国の短期，中長期の優先順位などが示

---

28) ウォン急落のリスクに関する記述は，高安［2010，2015，2017］などを参照した。

169

表3-1 韓国のFTA締結状況（2017年4月現在）

現状	相手国・地域	交渉経緯	現状
発効・調印	チリ	1999.12開始，2003. 2調印	2004. 4発効
	シンガポール	2004. 1開始，2005. 8調印	2006. 3発効
	EFTA(注)1	2004.12開始，2005. 7調印	2006. 7発効
	ASEAN(注)2	2005. 2開始，2006. 8調印(物品)，2007.11(サービス)	2007. 6発効(物品)2009. 5発効(サービス)
	インド	2006. 2開始，2009. 8調印	2010. 1発効
	EU(注)3	2007. 5開始，2010.10調印	2011. 7発効
	ペルー	2009. 3開始，2011. 3調印	2011. 8発効
	米国	2006. 2開始，2007. 6調印	2012. 3発効
	トルコ	2010. 4開始，2012. 8調印	2013. 5発効
	オーストラリア	2009. 5開始，2014. 4調印	2014.12発効
	カナダ	2005. 7開始，2014. 9調印	2015. 1発効
	ニュージーランド	2009. 6開始，2015. 3調印	2015.12発効
	ベトナム	2012. 5開始，2015. 5調印	2015.12発効
	中国	2012. 8開始，2015. 6調印	2015.12発効
	コロンビア	2009.12開始，2013. 2調印	2016. 7発効
交渉中	日本	2003.12開始	2004.11以降交渉中断
	メキシコ	2007. 8開始	交渉中断
	GCC(注)4	2008. 7開始	交渉中断
	インドネシア	2012. 7開始	
	日中韓FTA	2013. 3開始	
	RCEP(注)5	2013. 5開始	
	中米(注)6	2015. 9開始	
	イスラエル	2016. 6開始	
	EAEU(注)7	2017. 4開始	
共同研究他	MERCOSUR(注)8		2007.10研究結果発表2009. 7共同協議体設立
	SACU(注)9		共同研究開始に合意
	マレーシア		共同研究開始に合意
	モンゴル		2016. 7共同研究開始に合意

(注)　1　スイス，ノルウェー，アイスランド，リヒテンシュタイン4カ国によるFTA
　　　2　ブルネイ，カンボジア，インドネシア，ラオス，マレーシア，ミャンマー，フィリピン，シンガポール，タイ，ベトナムの10カ国
　　　3　ベルギー，ドイツ，フランス，イタリア，ルクセンブルク，オランダ，デンマーク，アイルランド，英国，ギリシャ，スペイン，ポルトガル，オーストリア，フィンランド，スウェーデン，チェコ，エストニア，キプロス，ラトビア，リトアニア，ハンガリー，マルタ，ポーランド，スロベニア，スロバキア，ルーマニア，ブルガリア27カ国による関税同盟
　　　4　サウジアラビア，UAE，オマーン，カタール，クウェート，バーレーン6カ国による関税同盟
　　　5　ASEAN，日本，中国，韓国，インド，オーストラリア，ニュージーランド
　　　6　コスタリカ，パナマ，グアテマラ，ホンジュラス，ドミニカ共和国の5カ国
　　　7　ロシア，ベラルーシ，カザフスタン，アルメニア，キルギス5カ国による関税同盟
　　　8　ブラジル，アルゼンチン，ウルグアイ，パラグアイ4カ国による関税同盟
　　　9　南アフリカ，ボツワナ，ナミビア，スワジランド，レソト5カ国による関税同盟
(出所)　日本貿易振興機構［2016］他

第3章　韓国経済の構造改革と通商政策

された。以降，これに基づき積極的な FTA 政策が展開された。この期間に交渉が開始されたものとしてはシンガポール，EFTA，ASEAN，インド，米国，日本，カナダが挙げられる。米国を除いた各国はいずれも「FTA ロードマップ」において短期の交渉相手国とされていたものである。これらのうち，シンガポール，EFTA，ASEAN，インド，米国との FTA は既に発効している。日本については，日本側の農産品，韓国側の製造業品の自由化が障害となり，2004年11月に交渉が中断されたままとなっている。

　これらのうちで，まず注目すべきは ASEAN との協定である。ASEAN は貿易相手地域として重要であり，また外交上も東アジア域内における重要なパートナーである。同時期に締結された経済規模の小さな国・地域との二国間 FTA に比して，格段に実体経済への影響が大きいものであった。

　次いで注目すべきは米韓 FTA である。米国は「FTA ロードマップ」において中長期の相手として類別されていたもので，交渉はその優先順位からは離れる形で開始された。相手国の経済規模の大きさに加え，内容的にも物品貿易における関税撤廃の例外の少ない点，サービス貿易，投資，知的財産権など，物品貿易以外の領域の自由化やルールの設定をカバーする先進性などにおいて，韓国のFTA の歴史の中で特筆すべきものとなった。表3－2にあるようにその内容は，その後に米国主導で交渉が進められた環太平洋パートナーシップ（TPP）とも対応するものとなっている。しかし同 FTA は両国の議会において批准手続きが遅れ，発効は2012年3月となった。

　李明博政権（2008〜2012年）では EU，ペルー，トルコ，コロンビア，メキシコ，GCC，オーストラリア，ニュージーランド，中国，インドネシア，ベトナムとの FTA 交渉が開始された。このうち，GCC，インドネシアを除く各国・地域との FTA は既に発効している。

　韓 EU FTA では，米国を凌ぐ経済規模を持つ相手と，韓米 FTA に匹敵する先進的な内容の FTA を締結した。また EU は先進国としては比較的高い関税率を自動車などの製造業品分野で維持しており，これが撤廃されることは韓国企業にとって，日本企業などとの競争上，大きな意味を持った。

　中国は現在の韓国にとって輸出，輸入とも最大の相手先であり，また WTOに加盟したとはいえ未だに多くの分野で高い関税率を維持している国である。したがって FTA 交渉において，サービス貿易，投資，知的財産権など，物品貿易

171

表3-2 TPPと米韓FTAの類似性

TPPの交渉分野	米韓FTAの章など
（1）物品市場アクセス	第2章　内国民待遇及び物品市場アクセス 第3章　農業 第4章　繊維 第5章　医薬品
（2）原産地規則	第6章　原産地規則
（3）貿易円滑化	第7章　貿易円滑化
（4）SPS(衛生植物検疫)	第8章　衛生植物検疫(SPS)
（5）TBT(貿易の技術的障害)	第9章　貿易の技術的障害(TBT)
（6）貿易救済(セーフガードなど)	第10章　貿易救済
（7）政府調達	第17章　政府調達
（8）知的財産権	第18章　知的財産権
（9）競争政策	第16章　競争
（10）越境サービス	第12章　越境サービス
（11）商用関係者の移動	その他「2011年2月10日付合意議事録」
（12）金融サービス	第13章　金融サービス
（13）電気通信サービス	第14章　電気通信サービス
（14）電子商取引	第15章　電子商取引
（15）投資	第11章　投資
（16）環境	第20章　環境
（17）労働	第19章　労働
（18）制度的事項	第22章　総則規定・紛争解決
（19）紛争解決	第22章　総則規定・紛争解決
（20）協力	―
（21）分野横断事項	―

（出所）高安（2012）

以外の領域で，対先進国のような多くの自由化が望めないとしても，韓国には大きな経済効果が期待できる相手であった。

　朴槿恵政権（2013〜2017年）において，二つの東アジアにおける多国間FTA，すなわち日中韓FTAと，ASEAN10か国に日中韓，インド，オーストラリア，ニュージーランドの6か国を加えた16か国による東アジア地域包括的経済連携（RCEP）である。これらはこれまで主に二国間FTAを推進してきた韓国にとっては新しい方向であり，大規模な地域経済統合の試みとなる。

　さらに2017年4月には，北東アジアの主要メンバーであるロシアを含む関税同

盟であるユーラシア経済連合（EAEU）とのFTA交渉を開始している

3.2 韓国のFTA政策の展望と北東アジア地域内協力

こうした一連のFTA政策の推進の結果，韓国のFTAカバー比率（FTA締結国との貿易額の全貿易額に占める比率）は大きく高まった。2009年の12%[29]であったものが，2015年には75%に上昇している。これはチリ85%，ペルーの78%に次いで世界第三位[30]となっている。

各FTAの自由化率を見ると，初期に結ばれた東南アジア諸国とのFTAでは自由化率は低く，ASEANとのFTAでは韓国側の自由化率が品目数ベースで90.8%に留まり，相手国側も低い水準であった。しかしその後に締結された先進国との最初のFTAである韓米FTAにおいては，韓国側の自由化率は品目数ベースで99.6%に達し，米国側は100%と非常に高いレベルの貿易自由化が達成されている。この後締結された，EU，オーストラリア，ニュージーランド，カナダなどの先進国とのFTAではいずれも同程度の自由化が実現されており，韓国のFTAの内容は高度なものになってきていた。

しかし，2015年に締結された韓中FTAにおいては，自由化率は大きく低下し，韓国側は品目ベースで92.2%，中国側は90.7%に留まっている。韓中FTAは物品の貿易でこうした不十分な水準にあるのみならず，サービス貿易，投資などの分野においても韓国がこれまでに締結した先進国などとのFTAに比べて，見劣りがする内容となっている。現在韓国にとって輸出入とも第一の貿易相手国である中国とのFTAがこうした低水準に留まる事は，貿易自由化を通じた構造改革の推進と言う政策目標からは好ましくない状況といえる。今後，日中韓FTA，RCEPなどのメガFTAの交渉を通じて，不十分な部分をさらに自由化していくことが望まれる。

上記のように韓国は中国との二国間FTAを締結し，日本とは日中韓FTA，RCEPという多国間の枠組みでFTAを交渉中である。またロシアを含むEAEUとの交渉も開始されている。さらにモンゴルとも2016年から二国間EPAの共同研究が開始されている。これらのFTAによって韓国は北朝鮮を除く北東アジア

---

29) 企画財政部［2009］
30) 関税庁［2015］

表 3 - 3　韓国が締結した FTA の自由化率

	韓国側		相手国側	
	品目数	輸入額	品目数	輸入額
チリ 〈韓・チリ FTA〉	96.3	—	99.9	—
シンガポール 〈韓・シンガポール FTA〉	91.6	—	100.0	—
ブルネイ 〈韓・ASEAN FTA〉	90.8	(91.6)	99.2	(90.0)
マレーシア 〈韓・ASEAN FTA〉	—	—	91.2	(90.3)
シンガポール 〈韓・ASEAN FTA〉	—	—	100.0	(100.0)
ベトナム 〈韓・ASEAN FTA〉	—	—	90.1 (87.1)	(76.9)
EU 〈韓・EU FTA〉	99.6 (100.0)	99.6	(100.0)	(100.0)
ペルー 〈韓・ペルー FTA〉	99.1	(100.0)	99.9	(100.0)
米国 〈韓・米 FTA〉	99.7	(99.1)	100.0	(100.0)
オーストラリア 〈韓・オーストラリア FTA〉	98.4	(99.8)	100.0	(100.0)
カナダ 〈韓・カナダ FTA〉	98.1	(99.5)	97.8	(100.0)
ニュージーランド 〈韓・ニュージーランド FTA〉	98.1	(96.4)	100.0	(100.0)
ベトナム 〈韓・ベトナム FTA〉	94.4	(94.7)	89.9	(92.4)
中国 〈韓・中 FTA〉	92.2	(91.2)	90.7	(85.0)

(注)　1　自由化率は，関税が最終的に撤廃される品目，すなわち，譲許除外，現行関税維持，季節
　　　　　関税など関税が残る品目を除いた品目の比率。
　　　2　チリおよびベトナムの輸入額基準の自由化率は出所の資料に記載がなかった。
　　　3　ブルネイ，マレーシア，シンガポール，ベトナムは，韓・ASEAN FTA でノーマルトラッ
　　　　　ク品目以外の数値。
　　　4　韓・ASEAN FTA の数値は HS6桁基準。なお，ベトナムにおける下段＜　＞内の数値は
　　　　　HS8桁基準。
(出所)　産業通商資源部のウェブサイト「FTA 強国 Korea」から得られる各 FTA の詳細説明資料によ
　　　　る。高安［2016］に初出のものを加筆修正

第3章　韓国経済の構造改革と通商政策

の全てのメンバーとネットワークを形成することとなる。北東アジアの貿易・投資分野における地域内協力のハブとして，重要な役割を担っていくことが期待される。

　また北東アジアを含むアジア太平洋地域全体の経済統合という視点で見るならば，TPPはその推進の役割を担うと期待されたが，米国の離脱によって当初の構想は頓挫した。米国以外のTPP参加の11か国は，2017年11月にTPP11の発効について合意したが，韓国は米国抜きのTPP11に参加する姿勢は見せていない。この状況で韓国をメンバーとする上記二つのメガFTAが，高い水準で統合を実現することができるならば，域内の貿易・投資に大きなプラスの影響を与えることが期待される。

参考文献

〔英語文献〕

Kim Soyoung, Sunghyun Kim and Yuniong Wang [2001] "Capital Account Liberalization and Macroeconomic Performance: The case of Korea", Korea Institute for Economic Policy.

OECD [2015] "The Future of Productivity".

〔韓国語文献〕

ウォンジョンヒョン [2016]「企業構造調整促進法重要争点」(国会立法政策処『銀行の企業構造調整における役割と法的課題』), 35-49頁。

韓国開発研究院 [2010]『韓国経済60年史 Ⅰ 経済一般』

韓国銀行 [2015]『金融安定報告書（2015.12)』

韓国政府 [2013]「新政府の新通商ロードマップ」

韓国労働研究院 [2016]『2016 KLI 労働統計』

関税庁 [2015]「最近3年間の輸出物品原産地検証5倍増加」

企画財政部 [2009]「FTA 推進の現況および期待される効果」

キム・ユンギョン [2015]「主債務系列財務構造評価の制度的限界と改善の必要性」韓国経済研究院, KERI Insight 15-11。

ク・ジョンハン [2017]「ワークアウト推進の障害要因および今後の課題」(金融研究院『金融ブリーフ』26巻6号), pp.3-10。

具本点 [1998]『企業退出の経済分析と改善方案』韓国経済開発院。

国会予算政策処 [2012]『2012～2060年　長期財政見通しおよび分析』

国会予算政策処［2016］『2016～2016年 NABO 長期財政展望』

シン・ソッカほか［2012］「韓国の潜在成長率見通しおよび下落要因分析」韓国開発研究院。

雇用労働部［2016］『労働改革現場実践のための賃金・団体交渉指導方向』

チョン・イファン［2010］「非正規労働と韓国の雇用体系の性格」（韓国労働関係学会『産業労働研究』第20巻第 2 号），pp.41-62。

ユ・ヒョングン［2014］「労働組合賃金政策の漸進的変化　自動車産業を中心に」（韓国社会学会『韓国社会学』第48集第 4 号），pp.23-56。

〔日本語文献〕

奥田聡［2010］『韓国の FTA―10年の歩みと第三国への影響―』日本貿易振興機構アジア経済研究所。

奥田聡［2013］「韓国の FTA 戦略と日本への影響」（山澤逸平・馬田啓一・国際貿易研究会編著『アジア太平洋の新通商秩序―TPP と東アジアの経済連携』勁草書房）

高安雄一［2005］『韓国の構造改革』NTT 出版。

高安雄一［2010］「韓国における資本移動と経済構造の変化」（国宗浩三編著『国際資金移動と東アジア新興国の経済構造変化』アジア経済研究所）

高安雄一［2012］『米韓 FTA の真実』学文社。

高安雄一［2015］「IMF による金融支援の限界と日韓経済協力」（安倍誠・金都亨編『日韓関係史1965-2015 II 経済』東京大学出版会）

高安雄一［2017］「韓国の経済リスク：対中依存による問題点」（石川幸一・馬田啓一・清水一史編『検証・アジア経済―深化する相互依存と経済連携』文眞堂）

中島朋義［2014］「韓国の FTA 政策―李明博政権下の展開」（中島朋義編著『韓国経済システムの研究』日本評論社）

日本貿易振興機構［2016］「世界と日本の FTA 一覧」日本貿易振興機構。

■第4章■ 北朝鮮経済

三村光弘

1　はじめに─北朝鮮経済研究における留意点

　北朝鮮は自国の国民経済の状況について，信頼できる統計データを発表していない。正式に発表されるのは，毎年の最高人民会議（議会）で内閣が発表する国家予算の予決算のみであり，表4－1はそれをまとめて示したものである。この数値でさえ，実数は2005年を最後に発表されておらず，対前年比の増減のみである。それに加え，年ごとに発表される項目に変化があり，細かな項目の増減を追跡できないように加工がなされている。数値が悪いときには，項目自体の発表がなされない。したがって次節で取り上げる貿易相手国の貿易統計からのミラーデータによって対外貿易の規模や内容を知ることくらいしか，ある程度信頼性のあるデータが存在しない。

　韓国の中央銀行である韓国銀行は，北朝鮮の国民所得に対する推計を継続して行っている。表4－2は，韓国銀行が発表する国民総所得（GNI）の水準と実質GDPの成長率の推計を示したものである。この数値は，南北統一に必要なコストを計算するため，北朝鮮のさまざまな生産物を韓国の価格に置き換えて計算したものである。また，南北間に体制間競争が存在し，政治的，軍事的に対立している状況があることから，その時々の南北関係や韓国の政権の意向が韓国銀行の推計結果に影響を与えている可能性を排除できない（この推計の作成過程は，マクロ経済政策や金融政策における中央銀行の政府からの独立性を保障した法的枠組みの外にある）。

　北朝鮮の食糧事情についても，北朝鮮は連続性のあるデータを公表していない。これに関しての数値は，国連食糧農業機関（FAO）および国連世界食糧計画（WFP）の推計値と韓国政府系のシンクタンクである韓国農村経済研究院

表4-1 北朝鮮の国家財政

(単位：1万朝鮮ウォン、％)

年	歳入	計画比／前年比	歳出	計画比／前年比	収支
2004（実績）	33,754,600	101.6	34,880,700	101.6	− 1,126,100
2005（計画）	38,857,100	115.1	38,857,100	115.1	0
2005（実績）	n/a	116.1	n/a	116.0	(歳入の3.6％の赤字)
2006（計画）	n/a	107.1	n/a	103.5	n/a
2006（実績）	n/a	104.4	n/a	99.9	n/a
2007（計画）	n/a	105.9	n/a	103.3	n/a
2007（実績）	n/a	106.1	n/a	n/a	n/a
2008（計画）	n/a	104.0	n/a	102.5	n/a
2008（実績）	n/a	105.7	n/a	n/a	n/a
2009（計画）	n/a	105.2	n/a	107.0	n/a
2009（実績）	n/a	107.0	n/a	n/a	n/a
2010（計画）	n/a	106.3	n/a	108.3	n/a
2010（実績）	n/a	106.6	n/a	99.9	n/a
2011（計画）	n/a	107.5	n/a	108.9	n/a
2011（実績）	n/a	101.1	n/a	99.8	n/a
2012（計画）	n/a	108.7	n/a	110.1	n/a
2012（実績）	n/a	101.3	n/a	99.6	n/a
2013（計画）	n/a	104.1	n/a	105.9	n/a
2013（実績）	n/a	101.8	n/a	99.7	n/a
2014（計画）	n/a	104.3	n/a	106.5	n/a
2014（実績）	n/a	101.6	n/a	99.9	n/a
2015（計画）	n/a	103.7	n/a	105.5	n/a
2015（実績）	n/a	101.3	n/a	99.9	n/a
2016（計画）	n/a	104.1	n/a	105.6	n/a
2016(実績）	n/a	102.3	n/a	99.9	n/a
2017（計画）	n/a	103.1	n/a	105.4	n/a

(出所) 環日本海経済研究所『北東アジアデータブック』2017年版

　（KREI）の推計値がある。表4-3は『北東アジア経済データブック』各年度版
に掲載された北朝鮮の穀物生産量の推計値の推移を示すものである。
　これらの推計値は，FAO/WFP が現地で行ったモニタリングの結果や米国航
空宇宙局（NASA）等が提供する衛星写真等から得られる情報を活用したり，植

第４章　北朝鮮経済

表４-２　韓国銀行による北朝鮮の国民総所得と実質経済成長率の推計

区分	総　人　口	GNI（名目）	１人当たり国民所得	実質GDP成長率（新）
単位	千人	10億韓国ウォン	万韓国ウォン	％
2006	23,079	24,429	106	－ 1.0
2007	23,200	24,827	107	－ 1.2
2008	23,298	27,347	117	3.1
2009	24,062	28,635	123	－ 0.9
2010	24,187	30,000	124	－ 0.5
2011	24,308	32,400	133	0.8
2012	24,427	33,500	137	1.3
2013	24,545	33,800	138	1.1
2014	24,662	34,200	139	1.0
2015	24,779	34,500	139	－ 1.1
2016	24,897	36,400	146	3.9

（出所）韓国銀行『北朝鮮経済成長率推定結果』各年度版

表４-３　北朝鮮の穀物生産量の推計（精穀基準）

（単位:万トン）

区分	計	コメ	トウモロコシ	豆類	芋類	麦類	雑穀
2006年生産量	448	189	175	16	45	23	
2007年生産量	401	153	159	15	47	25	2
2008年生産量	431	186	154	16	51	22	2
2009年生産量	411	N/A	N/A	N/A	N/A	N/A	N/A
2010/11年生産量推計	448.4	157.7	168.3	15.4	58.5	24	1.9
2011/12年生産量推計	465.7	161	203.2	29.4	48.9	18.2	4.9
2012/13年生産量推計	492.2	176.9	228.5	20	44.9	16	5.9
2013/14年生産量推計	503.1	191.5	224.7	19.6	50.1	10.5	6.6
2014/15年生産量推計	508.2	173.3	259.4	19.2	44.9	6	5.4
2015/16年生産量推計	480.1	128.4	251.6	26.4	51.5	6.6	15.6
2016/17年生産量推計	515	167.4	239.8	33.8	52.4	6	15.6

（注）　コメの搗精率は66％。ジャガイモは25％の換算率を適用して換算。大豆は120％の換算率を適用して穀物相当値として換算。
（出所）林尚澤ほか『2009年北韓経済操業評価および2010年展望』（統一研究院，2010）および『KREI 北韓農業動向』第12巻第４号，第13巻第４号，第14巻第４号，第15巻第４号，第16巻第４号，第19巻第２号

表4-4　北朝鮮の五歳未満死亡率

1990年	2000年	2015年
43	60	25

（出所）日本ユニセフ協会『世界子供白書』154
頁の表10より

表4-5　北朝鮮の合計特殊出生率

1970年	1990年	2015年
4.3	2.3	2.0

（出所）日本ユニセフ協会『世界子供白書』154
頁の表10より

民地朝鮮や韓国の過去の経験などを加味したりしておこなわれた推計に基づいている。また国連機関と韓国の研究機関の発表する数値に大きな乖離があれば，推計方法に誤りがあるか，政治的影響があることが容易に想像されることから，類似の推計が発表されていない韓国銀行による国民所得の推計よりは，競争の存在という点からより信憑性が高いと言える。

　人口統計の数値としては，国連児童基金（UNICEF）などが五歳未満死亡率（出生時から5歳になる日までに死亡する確率で，出生1,000人当たりの死亡数であらわす）や合計特殊出生率などを推計している。表4-4は五歳未満死亡率を示したものであるが，飢餓が起こった1995〜97年を前後して死亡率が上がり，その後の15年間でかなりの改善が見られることが分かる。2015年の中国の値は11，ベトナムは22で，これらの国よりは劣るが，インドネシア27，ミャンマー48，インド50などよりは低い。表4-5の合計特殊出生率は，1990年代の初めにはすでに2.3まで下がっていたが，2015年には2.0となっており，世界平均の2.5よりも低い値であり，人口を維持するのに必要な合計特殊出生率とされる2.08を下回っている。

2　北朝鮮経済の現状と構造的問題

　北朝鮮は，1990年代初めの旧ソ連・東欧の社会主義政権崩壊により，それまで所与の前提としてきた政治的，軍事的，経済的な支えを失った。政治的には，東西冷戦終了後の新しい時代に対応しようとしたが，日米との国交正常化を含む，

第4章　北朝鮮経済

安定した国際関係を築くことができなかった。軍事的には，旧ソ連が提供していた「核の傘」を失い，米国との対立を引きずったまま米国単独覇権に立ち向かうことを余儀なくされた。その結果，独力で核抑止力を持つことで，米国からの攻撃を防ぐという現在の核・ミサイル開発の道を選択することになった。経済的には，1990年代初頭に貿易額が急減し，中盤には国家財政規模が約半分になるとともに，多くの餓死者を出す「苦難の行軍」の時期を体験した。

2.1　旧ソ連・東欧の社会主義政権崩壊の影響

旧ソ連・東欧の社会主義政権の崩壊と対外関係の変化

　1980年代の終わり，「東欧革命」で先行していた東欧諸国が次々と韓国と国交を正常化していった。1989年2月にはハンガリーが韓国と国交を正常化し，同年11月には韓国とポーランドが，1990年2月にはチェコスロバキアが，3月にはモンゴルが，そして10月にはソ連が韓国と国交正常化している。これに対して，北朝鮮はこれを「兄弟国の裏切り」として非難したが，その流れを止めることはできなかった。また，ソ連・東欧の崩壊にともなう冷戦終結への流れは，北東アジアにも大きな影響を与え，1992年8月には中国と韓国が国交正常化を行っている。

　北朝鮮は，1984年の金日成のソ連・東欧諸国の歴訪を通じて，これらの国々からの支援を増加させるべく，様々な協定を締結した。社会主義国との貿易増強を通じて，経済復興を図ろうとしたのである。図4-1のように，北朝鮮の対外貿易総額は1985年には30億ドル強であったが，1988年には52.5億ドルを記録している。この急激な貿易の伸びは，図4-2のように，ソ連との貿易拡大によって実現されたものであった。

　ペレストロイカが実施され，ソ連社会主義が解体していく過程の前半は，北朝鮮から見ればソ連からの支援が増加する時期であった。北朝鮮から見れば，ソ連の取っている路線は修正主義に他ならない内容であったが，経済的にはある程度満足のいく状況であったといえる。

　しかし，ペレストロイカの進行により，ソ連を中心とする欧州の社会主義圏に急激な変化が生じていくことになった。ソ連と中国は相次いで北朝鮮に対し従来の友好価格や求償貿易方式をやめ，国際価格・ハードカレンシー決済化を進めていった[1]。北朝鮮の対外貿易総額は1988年をピークにして減少していった。ソ連崩壊の1991年には朝ソ貿易が前年比で5分の1以下となった。北朝鮮は，最大の

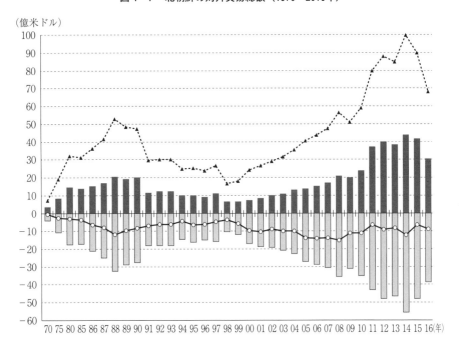

図4-1　北朝鮮の対外貿易総額（1970～2016年）

(出所) 韓国・大韓貿易振興公社（以下，KOTRA と略す），韓国・統一省

後ろ盾となる社会主義世界市場を失うことになり，一転して大ピンチに陥った。

　ソ連，東欧の社会主義政権が崩壊することによって，東西の境界に位置する分断国家として米国と対立し，韓国と体制間競争を行ってきた北朝鮮にとっては軍事的な後ろ盾，すなわち旧ソ連による「核の傘」提供をも失うこととなった。さらに，翌1992年には中国も韓国との国交正常化を行った。これまで北朝鮮を支えてきたプロレタリア国際主義が，政治的にも，軍事的にも，経済的にも音を立てて崩れていったのが，1980年代後半から1990年代初めの時期である。

従来の政策の修正の試みと重工業優先への回帰

　1993年12月8日，朝鮮労働党中央委員会第6期第21回総会における，第3次7

1）三村［1998, 168頁］

図4-2 北朝鮮の国別貿易額（1970～2016年）

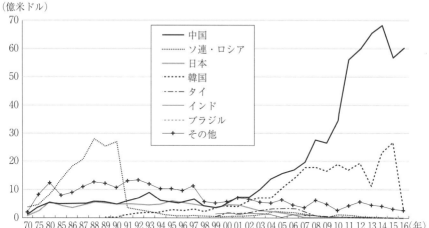

（出所）KOTRA，韓国・統一省

カ年計画の総括報告において，計画が未達成で終了したことを認めた。そして，その後の2～3年を「社会主義建設の緩衝期」とし，同期間に「農業第一主義，軽工業第一主義，貿易第一主義」を取るという「党の戦略的方針」が提示された。その後の経済的苦境で，この緩衝期は結局，1997年まで延長されることになった。

　北朝鮮は朝鮮戦争以降それまで，重工業，特に軍事工業を優先した経済建設を行う政策を堅持してきた。農業第一主義や軽工業第一主義が意味することは，それまでの重工業優先の経済政策のために犠牲となっていた，国民生活に必要な食糧や物資の生産を担う農業と軽工業の優先順位を重工業よりも上げるという，歴史的な経済政策の転換であった。また，貿易第一主義における「輸出品生産拡大」という概念の導入は，国民経済において基本になるものや大量に必要になるものは自力で生産し，国内に存在しないものや不足するものを輸入するという「有無相通」の原則を修正し，貿易を外貨獲得の手段とするものであった。

　すでに前年の1992年に行政府の政務院が輸出産業振興が対外貿易事業における「革命的転換」[2]であると発表することで，事実上変更されていた原則を，朝鮮労働党の政策として追認することとなった。

2）『民主朝鮮』1992年2月26日付。

旧ソ連，東欧の社会主義政権崩壊とそれにともなう社会主義世界市場喪失により，経済政策の根本的変革を迫られた北朝鮮は，朝鮮労働党の「党の戦略的方針」により対応しようとした。しかし，急激な対外経済関係の縮小により，すでに経済的な体力を失いはじめていた北朝鮮では，それ以前では考えられないような脆弱さを見せた。1995〜97年に相次いで起こった天災は，衰弱した北朝鮮経済が困難に対処できない現状を反映した。食料生産は落ち込み，工業部門でも炭坑や鉱山の水没，それに伴う電力不足や鉄鋼生産の沈滞，鉄道の正常運行の阻害などが起こり，新たな政策の実行が妨げられた。また，重化学工業の衰退は，国家の独立を担保する国防産業の衰退にもつながることから，危機感を持ってとらえられた。結局，1998年には重化学工業を優先的に回復させる政策が復活し，2018年現在においても中央政府が管理する企業に関しては，重化学工業を放棄せずに生産を回復させていく政策が継続している。

2.2　旧ソ連・東欧の社会主義政権崩壊の影響から回復途上の北朝鮮経済

金正日時代の経済改革の試み

　東西冷戦が終了し，社会主義世界市場に支えられた従来の経済のあり方が変革を迫られた1990年代以降，北朝鮮の人々の生活文化もずいぶんと変化した。そのひとつが，日々の生活に対して責任を持つ存在が，国家から個人へと変化したことである。国家による配給の停止により，食料や生活必需品を手に入れるために家族全員が必死になって動かざるを得ない状況になったのである。

　北朝鮮において，食品の入手経路は私営経済の国有化，協同化が完成した1960年代以降，国家供給網による供給（配給），農民市場における購入，個人間取引を通じた交換ないし購入であった。1990年代の旧ソ連・東欧の崩壊にともなう経済難で，国家による供給が困難になるなか，本来農民が生産した農畜産物しか取り扱えないはずの農民市場が工業製品も販売する闇市場と化した。その後，2002年に行われた「経済管理改善措置」の一環で，2003年から農民市場が総合市場（その後，地域市場に改称）として工業製品も販売できるよう改組され，地方政府（市，直轄市の区域，郡等）によって市場が設置され，「市場使用料」を納めて個人または国営企業，協同団体等が商品の販売を行うようになった。地域市場においては，価格は国家が制定した範囲内で需要者と供給者との間の合意によって定めることが許されるようになった。このように，金正日（キム・ジョンイ

ル）時代には，社会主義の政治システムを温存したまま，経済のパフォーマンスを向上させる改革措置がとられた。改革は前進と後退を繰り返したが，現状の多くが追認され，商品経済が浸透した。

2009年の貨幣交換

2009年11月に現金の交換限度を設定した貨幣交換が行われた。これにより，水面下で成長してきた非国営部門（黙認ベースで成長してきた民間によるビジネス）に打撃を与えるはずだったが，国営部門は国家が把握していた以上に脆弱で，食料や生活必需品が不足し，短期間で貨幣交換以前の状態に戻さざるを得なかった。北朝鮮はこの貨幣交換から，もはや経済は政治が完全にコントロールしえない存在になったことを悟り，それ以降は国民生活の安定と向上を重要な政策目標として掲げるようになった。ただ，公式なシステムは私的所有を認めない社会主義計画経済のままであり，制度と現実の乖離が深刻になっている。

金正日，金正恩（キム・ジョンウン）両政権においては，地域市場における取引はあくまで国営商業網を補完する存在であって，それ自体は消滅することが望ましいという公式見解がもたれてきた。しかし，実際には国営企業が余剰生産物を地域市場，直売店，国営商店（市場価格で取引される）で販売したり，不足する原資材等を市場で購入したりするようになった。このように，国家が制定した範囲で価格を決定することになっているとはいえ，実際には市場での価格が取引の標準となることがあり，経済活動に大きな影響を与えているのが現状である。

また，筆者が北朝鮮の人々と接して感じるのは，地域市場は社会主義計画経済の「鬼っ子」だと考えてきたエリートたちが，生活のなかで果たす地域市場の役割についてさほど否定しなくなってきたことだ。市場での取引価格を基準として，他の商店の価格について高い，安いと感じるようになってくるほど，住民の経済生活において，市場が一定の役割を担っているといってよい。

2010年以降の国民生活重視路線

2010年1月1日の『労働新聞』，『朝鮮人民軍』，『青年前衛』3紙は「今年，もう一度軽工業に拍車を掛けて人民生活の向上と強盛大国の建設で決定的な転換を起こそう」と題した新年共同社説を発表した。この社説は，構成の上では従来の重工業を復活させるという大きな方針に変更はないものの，国民生活の「決定的

な転換」を掲げ，国民生活に関係が深い軽工業と農業の生産拡大に力を入れる方針を強調した。金正日時代における共同社説の政治的，社会的重要性を鑑みると，2010年以降の新年共同社説に「軽工業」「農業」が重要課題として強調されるようになったことは，国民生活向上が国家運営上重要な課題となったことを示唆している。

11年の新年共同社説にも「新年2011年は，人民生活大高揚の炎をさらに激しく燃え上がらせ，強盛大国の建設で決定的な転換を起こすべき総攻撃戦の年である」とし，軽工業の振興，地方工業の重要性などを強調した。

金正日逝去後の12年の新年共同社説には，自力更生を主たる原動力にするとしながらも，強盛国家建設の主要部門が「軽工業部門と農業部門」にあると明記された。軽工業を進行するための地方工業の充実とともに，「人民の食の問題，食糧問題を解決することは，強盛国家建設の焦眉の問題」「こんにち，党組織の戦闘力と幹部の革命性は，食糧問題を解決することで検証される」との表現が登場した。

2012年4月15日の金正恩による初めての公開演説[3]では，「世界で一番良い我が人民，万難の試練を克服して党に忠実に従ってきた我が人民が，二度とベルトを締め上げずに済むようにし，社会主義の富貴栄華を思う存分享受するようにしようというのが我が党の確固たる決心です」「我々は，偉大な金正日同志が経済強国の建設と人民生活の向上のためにまいた貴重な種を立派に育てて輝かしい現実として開花させなければなりません。」と国民が再び飢餓に苦しまないよう，国民生活の向上が朝鮮労働党の重要な政策課題であることを明らかにしただけでなく，それが金正日の遺訓であり，簡単に変えうるものではないことも示した。

2013年3月の「並進路線」

2013年3月31日，平壌で朝鮮労働党中央委員会全員会議が開催された。同会議では，①現情勢と革命発展の必要にあわせたチュチェ革命偉業遂行において決定的転換を引き起こすための党の課題，②最高人民会議第12期第7回会議に提出す

3）金正恩「先軍の旗印をより高く掲げ，最後の勝利をめざして力強くたたかっていこう—金日成主席誕生100周年慶祝閲兵式における祝賀演説」2012年4月15日〔http://kcyosaku.web.fc2.com/kju2012041500.html〕

る幹部問題，③組織問題，について討論された。

　①に関連して「経済建設と核武力建設を並進させることに対する新たな戦略的路線」が提示された。この路線の意図について，金正恩第1書記は報告の中で「新たな並進路線の真の優越性は，国防費を追加的に増やさなくても戦争抑止力と防衛力の効果を決定的に高めることにより，経済建設と人民生活向上に力を集中することができるところにある」と述べた。③に関連して，朴奉珠が党中央委員会政治局委員に補選され，玄永哲，金格植，崔富日が党中央委員会政治局候補委員に補選された。

　新たな並進路線の「新しいところ」とは，核開発を進めることで出された経済制裁の強化などで経済開発がおざなりになるのではなく，逆に核抑止力を得ることによって米国との戦争の可能性を減少させることができ，いずれ北朝鮮が主張するように米国は「対北朝鮮敵視政策」（これには経済制裁も入る）を止めざるを得なくなるため，安心して経済建設に邁進することができる，という論理である。長期的なビジョンとしては，通常兵器および兵力は縮小し，不足している労働力を除隊軍人から充当することで，経済成長を促進できるという考えもあるものと思われる。翌4月1日の最高人民会議で，金正日時代に経済改革を主導してきた朴奉珠（2007年に解任）が再び内閣総理に任命されたことも特筆すべき変化である。

漸進的な経済政策の改善

　日本貿易振興機構［2017］によれば，2012年下半期から，一部の協同農場で「圃田担当責任制」および現物分配等を試験的に実施した。また，工業部門では経済の部門別（電力，石炭，金属，機械工業などの各部門）に中央，道，地方の各地域の等級に応じてそれぞれ2〜3の企業で経営自主権拡大の試験導入が始まり，初期には100余りの企業で，年末には200余りの企業で試験的に導入された。

　2013年の年頭に発表された「新年の辞」では経済指導と管理を改善すべきであるとの言及がなされ，各部署での経験を広く普及することが指示された。また，「新たな並進路線」が発表された朝鮮労働党2013年3月全員会議でも「我々式の経済管理方法を研究完成」せよとの発言があったことを受け，経営自主権拡大の試験的導入の結果に基づき，より幅広く普及されることになった。

　工業部門における社会主義企業管理責任制は，工場企業所（独立採算制で運営

される機関を「社会主義企業体」と呼ぶ）の経済管理方法を，生産手段の社会的
所有と集団主義の2つの原則を守りながら改善していくものである。経済計画の
樹立や指導，統制において，重要な戦略的指標は中央政府が引き続き管轄するも
のの，その他の指標については地方の人民委員会や各企業体に計画作成権限が委
譲されることになるとされている。そして各社会主義企業体に，生産組織権，管
理機構および労力調整権，製品開発権，品質管理権，人材管理権，貿易権・合弁
合作権，財政管理権，価格制定権および販売権を委譲していく方針であるとされ
ている。また，「平方メートル管理制」のように，設備や建物，面積，道路，ア
パートのような単位を基準に様々な管理制および責任制を導入し，統一的指導を
強化しつつ，企業体ごとの戦略的管理や経営判断を重視していく方針であるとさ
れている。

　農業部門における社会主義企業管理責任制は，協同農場（独立採算制で運営さ
れる機関を「社会主義企業体」と呼ぶのは工業部門と同じ）の経済管理方法を，
前述した2つの原則を守りながら改善していくものであり，その点は工業部門と
同じである。

　その方法としては，分組管理制の中で責任制をより高めるための方法として，
個人あるいは少数のグループに特定の田畑を割り当て，肥育管理に責任を持たせ，
分配にもその結果を重視する圃田担当責任制が2012年の後半から試験的に導入さ
れた[4]。この政策は翌13年から全国で導入された。圃田担当責任制については，
2014年2月6日の「全国農業部門分組長大会」で発表された金正恩書簡の中で定
式化された[5]。国家による生産計画はこれまでと同じく分組（平均的には15〜25
人程度とされている）に示達されるが，分配の際に分組の中で，担当する圃田の
収穫高を重視して分配することになっているようである[6]。

4）2012年はほぼ終わりの段階で導入されたため，本格的な導入は2013年からとなった。
5）この書簡では，「分配における均等主義は社会主義的分配の原則とは縁がなく，農場の
　　生産意欲を低下させる有害な作用を及ぼします。分組は，農場員の作業日の評価を労働の量
　　と質に応じて，そのつど正確に行わなければなりません。そして，社会主義的分配の原則の
　　要求に即して，分組が生産した穀物のうちで国家が定めた一定の量を除いた残りは，農場員
　　に各自の作業日に応じて現物を基本として分配すべきです。国は，国の食糧需要と農場員の
　　利害，生活上の要求を十分検討したうえで合理的な穀物義務売り渡し課題を定め，農業勤労
　　者が自信を持って奮闘するようにしなければなりません」と前年の分組管理制の強化における
　　重大な問題となっていた現物分配の不徹底の問題を指摘し，是正を促した。

工業部門と農業部門における改革措置は，2013年8月に「社会主義企業責任管理制」として定式化された。同年6月18日には国家経済開発委員会と合弁投資委員会が貿易省と一体化され，「対外経済省」となった。経済開発区の追加指定も行われ，対外的に海外直接投資を積極的に誘致する方針が継続していることも確認された。2014年5月30日に金正恩は「現実発展の要求に即して朝鮮式経済管理方法を確立することについて」という論文を発表した。

第7回党大会と「国家経済発展5カ年戦略」

　2016年5月6日〜9日に平壌市の4・25文化会館で朝鮮労働党第7回大会が開催された。1980年10月の第6回大会以来，35年半ぶりに開催された第7回大会では，①朝鮮労働党中央委員会の活動総括，②朝鮮労働党中央検査委員会の活動総括，③朝鮮労働党規約改正，④敬愛する金正恩同志をわが党の最高位に推戴すること，⑤朝鮮労働党中央指導機関の選挙，の5つの議題で議事が進行した。

　初日の6日には，金正恩第1書記による開会の辞と議題の決定，朝鮮労働党中央委員会の活動総括が行われた。この活動報告は，①チュチェ思想，先軍政治の偉大な勝利，②社会主義偉業の完遂のために，③祖国の自主的統一のために，④世界の自主化のために，⑤党の強化，発展のためにと，5つの部分からなった。

　経済建設の成果においては，「国防工業と国防科学技術部門では，世界を驚嘆させる飛躍的発展」を遂げたとし，人民経済部門（一般の経済）については，「主体化，近代化，科学化が，積極的に推進された」とした。

　第二部分では，「全社会の金日成―金正日主義化」が重要な目標であり，経済面においては「社会主義強国建設[7]」が重要な課題とされた。そのために，人民政権を強化し，思想，技術，文化の「3大革命」を推進し，「自彊力第一主義[8]」

6）ただし，担当する圃田の収穫高だけでなく，分組や作業班，協同農場の共同作業にどれだけ参加したかについても評価対象になるので，中国のような個人の請負営農方式ではない，という説明が北朝鮮の学者からなされた。

7）「国力が強く，限りなく繁栄し，人民がこの世にうらやむことのない幸せな生活を思う存分享受する天下第一の強国」と定義されている。

8）「自分の力と技術，資源に依拠して主体的力量を強化し，自分の前途を切り開いていく革命精神です」「自彊力第一主義を具現するための闘争方式は，自力更生，刻苦奮闘です」と定義されている。

を方法論として採用し，「科学技術強国[9)]」を作り上げていくことを強調した。そのために人材育成に力を入れ「全人民科学技術人材化[10)]」を実現していくべきであるとした（現在は修学前1年，初等教育5年，中等教育6年が義務教育）。経済建設については，「わが国は堂々と政治・軍事強国の地位を占めましたが，経済部門はまだ相応の水準に達していません」との認識を示し，その理由として「先端水準に達している部門がある反面，ある部門は著しく立ち後れており，人民経済各部門間のバランスがとれておらず，先行部門が先行していないため国の経済発展に支障をきたしています」とした。この状況を改善するために「自立性と主体性[11)]が強く，科学技術を基本生産力として発展する国」を目指すべきであるとした。また，「食糧の自給自足を実現」することを目標とし，「経済発展と人民生活で提起される物質的需要を国内生産で充足しうる多面的かつ総合的な経済構造を構築し，絶えず改善，完備すべき」であるとしている。方法論としては，「人民経済の各部門で科学技術と生産の一体化」を行い，「社会主義企業責任管理制を正しく実施」することとした。

　第2日目である7日には事業総括報告の続きと討論，8日には金正恩第1書記による「朝鮮労働党中央委員会の活動総括」に対する結語と第2議題である朝鮮労働党中央検査委員会の活動総括が行われ，決定書「朝鮮労働党中央委員会事業総括報告に対して」が採択された。9日には第3～5議題が議論された。また，決定書「朝鮮労働党規約改定に関する決定書」が採択された。新たな党規約では，党の最高の職責を朝鮮労働党委員長に新たに規定し，朝鮮労働党委員長は党を代表し，全党を導く党の最高指導者であることを定めた。これと関連し，党中央委員会書記職制を副委員長に，道・市・郡党委員会と基層党組織の責任書記，書記，副書記職制を委員長，副委員長に，党中央委員会書記局の名称を政務局に，道・市・郡党委員会書記処の名称を政務処と変更した。

9）「国の科学技術全般が世界の先端水準に達した国，科学技術の主導的役割によって経済と国防，文化をはじめ，すべての部門が急速に発展する国」と定義されており，その目標は「近い将来に総合的科学技術力において世界の先進国の隊列に堂々と加わること」と定義されている。

10）「社会の全構成員を大卒程度の知識を身につけた知識型勤労者，科学技術発展の担い手にするための重要な事業」と定義されている。

11）「原料と燃料，設備の国産化」が重要な要素であると定義されている。

また，決定書「敬愛する金正恩同志をわが党の最高位に推挙することについて」が採択された。これにより，金正恩第1書記は，朝鮮労働党委員長となった。

そのほか，大会では，党中央指導機関の選挙が行われ，第7期第1回全員会議の決定による，党中央委員会政治局常務委員会と政治局などに対する選挙結果が発表された。

この大会は，金日成時代末期と金正日時代には主として経済の悪化，南北の力関係の変化から明確な成果を誇示できないことから開催できなかった大会を，35年半ぶりに行なったことで，諸外国の関心も高く，金正日時代から金正恩時代への変化を国内外に印象づける結果となった。

それまでの大会では，政治，軍事，経済の分野で大きな進歩をある程度の数字の裏付けをもって発表し，体制間競争の相手方である韓国や西側諸国に対して，社会主義の優位性を宣伝する内容となっていた。

今回の大会を見ると，そのような南（韓国）や米国に対する対抗心はもっぱら軍事面に限られており（「経済建設と核武力建設の並進路線」の恒久化および核保有国としての初歩的な「核ドクトリン」の再確認），政治分野では「党内に分派を作った現代版宗派分子を断固粛清」「権勢や官僚主義，不正腐敗行為が根本から消えるまで，戦い」と基本的には国内向けのものに止まった。経済に関しては，実績を誇示するというよりは，現状の困難さを率直に認め，現実から出発して改善を行っていくことが呼びかけられた。

本大会は対南，対米では現体制を認めることを要求し，吸収合併の試みに対しては，核の使用も含めた徹底した反撃を行うことを宣言するとともに，現政権の存在を認め，対話によって問題を解決する立場をとれば，対話に応じる姿勢があることを明らかにした。本大会を通じて示唆されたのは，南北の経済格差の違いから北は通常兵器ではすでに米国や南には勝てない状況があるために，核を持って米国に対する抑止力を確保する戦略をとっているということだ。

国内政治的には，政治の多元化を拒否し，朝鮮労働党の一党独裁と「領袖」論をそのまま受け継ぐことを宣言した。というよりは，本大会自体が，金正恩委員長を正当な領袖とするための手続きであったと言えるであろう。

経済に関しては，上述のように，困難な状況にあるという現実を認めそこから出発して経済を建設するために，金正恩政権発足後推進してきた新たな経済管理方法を公式化し，漸進的な経済管理改善を行うことを宣言した。この点は非常に

重要で，評価できるものである。大会では，今年初めからすでに実施されている2016年〜20年の「国家経済発展5カ年戦略」実行が「発表」され，内容は電力，石炭，金属，鉄道運輸部門，基礎工業部門等が中心となっている。重化学工業の復活が北朝鮮経済の復活と認識されていることが明らかになった。具体的な数値目標が報道されていないが，4大先行部門（石炭，電力，金属，鉄道）と基礎工業部門が優先する方針が堅持されていることから，当面大きな産業政策の変更はないと思われる。

　この第7回大会は，35年半ぶりの大会であり，大会を開いたこと自体が実績となった。大会を開くことができなかったのは，経済が悪かったからだが，現在では悪い経済状況を公に認めてしまい，経済建設目標にも実数がなくなっている。数値目標を公表できないほど現実は悪いが，それを認めることにより，非常時を平時へと転換してしまった。核兵器開発を進めることで，対内的には核抑止力の強化により，米国の攻撃を受けない存在にまで成長させたという別の「実績」による自信感に裏付けされたものだとも言えよう。

2.3　「孤立した」社会主義国としての成長モデルの模索
経済改革の模索

　北朝鮮では，経済政策の変更を改革とは呼ばない。なぜなら改革とは「悪い」ものを変更することを意味し，これは金日成－金正日－金正恩の各時代に政策が継承されてきたとする現政権の認識とは相容れないからである。しかし，金正日時代を含めて，継承とはいいながらも実際には180度異なることを行うこともあり，実質的には経済改革はこれまでも行われてきた。

　新たな経済政策については，既に述べたように，2014年2月6日の「全国農業部門分組長大会」で，「圃田担当責任制」が金正恩書簡の中で定式化された。

　2014年5月には金正恩が「歴史的労作」を発表したことが『勤労者』2014年9月号の記事で確認された。北朝鮮では，2013年の夏から，工業と農業の両部門で「社会主義企業管理責任制」実施の試行を繰り返して行っているようである。これは，すでに金正日時代にも試みられた，国営企業の相対的な経営自主権を許容する措置であると言われている。

　同年9月3日付『労働新聞』には，「我々式の経済管理の優越性と威力を高く発揚しよう」と題した社説で，経済管理改善の方向性に対して，「社会主義原則

を確固として堅持しなければならない」と社会主義原則の堅持を強調している。翌10月22日付の同紙の別の記事によれば，「経済事業において社会主義原則を堅持すると言うことは，生産手段に対する社会主義的所有を擁護固守し，集団主義原則を徹底して具現するということである」と規定している。この２つの記事から，国営企業の私有化は現段階で許容されないことがわかる。しかし，所有制に手を付けない「経営面での工夫」について，それを否定するような記述はなく，「社会主義企業管理責任制」に基づく経済管理方法の改善（経済改革）がいよいよ準備段階から慎重な実行段階に入ろうとしていると見ることもできる。

社会主義企業管理責任制の実施と経済的インセンティブの強化

では，企業の経営自主権が拡大するとすれば，具体的にどのようなことが起こるのだろうか。金正日時代の「経済改革」で，国営企業が非公式部門との取引を行うようになってきたことは紹介したが，現在ではそれに加えて主に軽工業部門の国営企業が利益をあげるために事業を行うことが一般化しつつある。商品や原材料の売買だけではなく，投資にも非公式部門が関与する場面が増加していると言われている。また，個人での商売だけでなく，より規模の大きい実質的に「民営企業」と呼ばれるものの存在も，韓国による研究などでは触れられることが増えてきた。金正恩時代の「経済改革」は，前述した社説や記事から見る限り，金正日時代の経験を咀嚼しつつ，「何が社会主義なのか」という問いに正面から答えるイデオロギー的準備を行いつつある点に特徴があるといえる。その成否いかんは，おそらくわれわれが中国の例から，「改革開放」と呼んでいる市場的要素を導入した制度が北朝鮮でも導入されるかどうかを左右するであろう。

3 北朝鮮経済問題の解決策と地域内協力

3.1 国際政治問題の解決と地域における安全保障メカニズムの構築

現在，北朝鮮経済の成長を阻害している要因として最も重要なのが，朝鮮半島をめぐる国際政治問題，すなわち1953年７月の朝鮮戦争の休戦協定締結以来，東西冷戦終了後も続いている米国，韓国（および日本やEUなどの旧西側諸国）と北朝鮮の対立関係である。

北朝鮮の核問題をめぐる六カ国協議が過去には行われたが，その過程で明らか

になったのは，北朝鮮が核開発を行う理由が，自国の体制の安全，すなわち現体制の維持のために，米国からの攻撃を受けないようにするということであった。この考え方は現在の北朝鮮の各種発表でも踏襲されており，オバマ政権8年の間に核開発が進んだため，北朝鮮は自国を核保有国であり，すでに米国からの一方的な攻撃を受ける心配のない国になったと対内的には宣伝している。

　今後，北朝鮮が国内経済を成長させ，対外開放を進めていくためには，北朝鮮の核・ミサイル開発がその中心となる朝鮮半島の核問題を解決するとともに，米朝間，南北間の相互不信を解決するための安全保障メカニズムが作られていく必要があるだろう。経済外的要因ではあるが，北朝鮮政治を動かす最も大きなモチベーションが現体制の維持であり，そのためにはどのような犠牲をも躊躇しないという態度をこの10年以上維持してきていることから鑑みて，経済の問題を論ずる以前に国際政治問題を解決する必要が大きいと言える。同時に，このような問題が解決したときに備え，どのような経済的なアプローチが可能であるかを常に研究しておく必要がある。

3.2　現存の政治体制の下での実質的な経済政策の転換：軍事建設から民生重視へ

国防産業から外貨を稼ぐ産業へ

　前述した国際政治問題が解決の方向に向かい，北東アジア地域における相互不信が解決される方向に向かう場合には，北朝鮮の経済政策はどのように変化するであろうか。

　現状の経済に関する認識からいえば，北朝鮮は当分の間，社会主義計画経済というスローガンを捨てることはないであろう。生産手段の社会的所有と集団主義は当分の間北朝鮮において重要なスローガンとして残るだろうし，経済がよくなればなるほど，生活のために規律を破ることができなくなり，ある意味で統制が強化される側面も見られるだろう。

　同時に，北朝鮮経済はある時期から，国防産業を発展させると同時に，自国の経済を発展させ，国民生活を向上させることにより政権の正統性を保障し，国力を増すことにより自国の安全を保障する方向へと向かう可能性も高まるのではないかと考えられる。

　とはいえ，国防に力を入れなければならない状況が長く続いた北朝鮮では，急

194

に国防に対する投資を減らすことに対する政治的，心理的な抵抗が大きいと考えられる。そうすると，国防産業として優遇されてきた一部の工場から外貨を稼ぐための生産ラインを導入し，外貨をより多く稼ぐことにより，国防産業を維持するとともに，国家の外貨収入をも増やすようなアプローチが取られることも考えられる。その上で，国防に関する不安が解消していけば，国防産業を民生中心に転換していく政策がとられる必要があるだろう。その際には，ロシアや東欧諸国，中国やベトナムといったアジアの社会主義国などさまざまな先例を参考にしつつ，北朝鮮の置かれた環境に適した解決策を北朝鮮の研究者や実務者を交えながら研究を行い，彼らにそのような政策立案の重要性を認識させつつ，北朝鮮の事情を十分反映した政策を模索していく必要がある。

北朝鮮が必要とする技術の提供：日本，中国，ロシアの役割

　北朝鮮にとって，経済を発展させるためにまず必要なのは，不足している技術と資金を手に入れることである。ここでは，海外直接投資が大きな役割を担うであろう。北朝鮮と周辺国との関係が改善し，正常な経済関係が結ばれるようになれば，北朝鮮の人的資源や鉱物資源は周辺国にとって，それなりに魅力のあるものとなろう。このような投資を行う国としては，周辺国として日本や中国，韓国，ロシアが考えられる。

　それに加えて，世界銀行やアジア開発銀行，アジアインフラ投資銀行などからの資金提供も必要となってくるであろう。現状では米国の制裁やマクロ経済統計情報を提供できない問題などのため，あまり議論は盛んではないが，北朝鮮をめぐる国際政治問題が解決すれば，早晩この問題が提起される時期がやってくると考えられる。そのためには，国際的に通用する統計を今から作ることができるように，北朝鮮に対して準備を促すなど，能力開発，学術的側面からできることは非常に多い。

　韓国は南北関係の特殊性からこれまでは北朝鮮に対する持続的なサポートができてこなかったが，今後南北関係について北朝鮮の脅威をどのように管理していくかという視点から政策が立案されるようになれば，北朝鮮のよき理解者，サポーターとしての役割を期待できるようになるかもしれない。これは南北双方にとっても，周辺国にとっても願ってもないことであり，このような方向に南北が向かっていけるよう，日本を含む周辺国は努力を重ねていく必要がある。

北朝鮮製品の市場としての北東アジア：中国，日本，ロシア，韓国の役割

　北朝鮮が外貨を稼げる産業を育成するとすれば，その市場は北朝鮮経済の実力からみて，周辺国との関係がまず中心にならざるを得ないであろう。その意味で，中国，日本，ロシアは海外直接投資の源泉であるとともに，北朝鮮に取って重要な市場となり得る。またこれら三カ国にとっても北朝鮮の優秀な人的資源や天然資源を利用でき，物流の側面からもその地理的な優位性を利用できることは，これまでさほど盛り上がらなかった域内での協力を強化するうえでも重要なチャンスとなろう。

　前述した通り，南北関係は微妙な関係ではあるが，北朝鮮商品の市場として韓国が非常に重要であることは，開城工業団地や金剛山観光地区の例を見れば明らかである。現在中断しているこれらのプロジェクトが再開されるためには，国際政治問題が解決の方向に向かうことが条件となるが，再開されたあかつきには北朝鮮経済の変化を勘案すると，その効果は以前よりもより大きいものとなることが期待される。

4　おわりに─朝鮮半島の核問題の解決と北東アジアの新たな秩序形成

　これまで見てきたように，北朝鮮経済の状況を判断するための各種統計資料は少ないが，1980年代終わりから90年代初めの東西冷戦終了の時期が，政治的には東側陣営の一員としての立ち位置，軍事的にはソ連からの「核の傘の提供」，経済的には社会主義世界市場による社会主義計画経済への支援という北朝鮮をを支えてきた制度が崩壊し，北朝鮮が政治的にも，軍事的にも，経済的にも独力で生存を余儀なくされた転換点であることは明らかである。

　その後，北朝鮮は経済的には資本主義世界市場との関連の中で，自らを位置づける努力を行ったが，1990年代中盤に極めて困難な経済状況に陥り，国家が国民の生活の面倒を見るという基本が崩れた。その後，国内に自然発生的に増殖した商品経済が拡大し，2000年代以降は現実と制度の乖離をどのように埋めていくのかが重要な政策課題となっている。

　近年では，経済的インセンティブの導入により，経済が以前よりも活性化しているが，国営企業の経営権拡大が今後も拡大し，民間部門と渾然一体となってい

くとすれば，早晩北朝鮮を従来の社会主義計画経済の枠組みで捉えることそのものが妥当とは言えない時期が来るのかもしれない。

東西冷戦終了の時期に，北朝鮮は自らを冷戦後の新しい国際秩序に位置づける努力を行ったが，その努力は外部から見ればあまりにも限定的であり，日米との国交正常化を含む，安定した国際関係を築くことができなかった。米国をはじめとする旧西側の主要国は，北朝鮮の体制が早晩崩壊するものと楽観し，北朝鮮を新たな国際秩序の中で位置づけるための，特別の努力を行わなかった。日本は北朝鮮との国交正常化交渉を行ったが，米国や韓国との関係を損ねてまで国交正常化することはできず，北朝鮮の生存をめぐる恐怖を和らげる国は，2000年6月に韓国の金大中大統領が訪朝して，金正日国防委員長と会うまで，現れなかった。この時期に北朝鮮は核開発を加速化させ，米国のオバマ政権による，実質的に崩壊を待ち，米国からの働きかけを行わない「戦略的忍耐」の8年を経て，現在の北朝鮮の核・ミサイル問題の拡大につながった。

朝鮮半島の核問題とは，旧ソ連が北朝鮮に提供していた「核の傘」は冷戦によって失われたが，韓国は引き続き米国から「核の傘」の提供を受けているという非対称性にその根源がある。北朝鮮が自らの体制の生存に不安を持っていることが核・ミサイル開発の根本的理由であり，核兵器やミサイルを一方的に放棄することを迫るだけでは，問題は解決しない。朝鮮半島の核問題の解決は，30年遅れで，北朝鮮を冷戦後の新たな国際社会に位置づける努力によって行われることになるであろう。それは外交的解決なのか，それとも何らかの「力の行使」による現状変更なのかは分からない。

朝鮮半島の核問題の解決は，結果として北東アジアにおける新たな国際秩序の形成を促す要因として作用するだろう。その時に北朝鮮を主に政治，安全保障，経済の3つの側面からどのように位置づけていくのかが，域内の国々の重要な仕事となるであろう。このような大きな仕事において，経済の側面から北朝鮮の現状に焦点を当て，経済の現状にどのような変化があるのかを把握することは，北朝鮮の正確な姿を新たな秩序に反映させる上で，極めて重要となるであろう。本章の記述が，新たな北東アジアの秩序形成の中で，北朝鮮の将来を明るくすることに少しでも貢献することを願う。

参考文献

姜日天［1986］「朝鮮社会主義経済建設の現段階における独立採算制の強化について（上）」『月刊朝鮮資料』1986年9月号，pp.53-62。

姜日天［1987］「朝鮮社会主義経済建設の現段階における独立採算制の強化について（下）」『月刊朝鮮資料』1987年6月号，pp.52-65。

姜日天［2002］姜日天「朝鮮民主主義人民共和国における経済管理改善措置の解釈について―『物価』と『賃金』の改定を中心に―」『同胞経済研究』2002年冬号。

木村光彦［1999］『北朝鮮の経済―起源・形成・崩壊』創文社。

金秀大［1997］「共和国の農業協同経営における分組管理制とその展開」『月刊朝鮮資料』1997年3月号，pp.18-26。

金正日［1990］「人民生活をさらに向上させるために」『月刊朝鮮資料』1990年2月号，pp.10-23。

金正日［2004］「強盛大国建設の要求に合わせ社会主義経済の管理を改善強化することについて―党，国家の経済機関責任活動家たちへの講話」『世界』2004年11月号，pp.238-249。

中川雅彦［2005］「第1章　経済現状と経済改革」『金正日の経済改革』アジア経済研究所，1-14頁。

日本貿易振興機構［2017］『2016年度 最近の北朝鮮経済に関する調査』

朴在勲［2005］「第3章　工業部門と国家予算に見る経済再建の動き」『金正日の経済改革』アジア経済研究所，29-52頁。

マイケル・マイヤー著，早良哲夫訳［2010］『1989 世界を変えた年』作品社。三浦元博・山崎博康［1992］『東欧革命―権力の内側で何が起きたか―』岩波書店。

三村光弘［1998］「朝鮮民主主義人民北朝鮮における法の機能と限界―ソ連・東欧崩壊後を中心に―」『阪大法学』47（6），pp.163-187。

三村光弘［2017］『現代朝鮮経済』日本評論社。

文浩一［1999］「最近の農民市場に関する政策動向と経済理論研究」『月刊朝鮮資料』1999年2月号，pp.37-39。

文浩一［2004］「朝鮮民主主義人民共和国の経済改革：実利主義への転換と経済管理方法の改善」『アジア経済』45（7），pp.45-62。

文浩一［2005］「第2章　食糧の需給状況と人々の健康状態」『金正日の経済改革』アジア経済研究所，15-28頁。

リ・ギソン［2006］「21世紀初頭の朝鮮の経済建設環境」『ERINA REPORT』Vol. 72，pp.18-22。

■第 5 章■ ロシア極東経済の構造問題と北東アジア協力

新井洋史・志田仁完

1　はじめに

　ロシア経済の成長と構造問題を規定する主たる要因の一つが，天然資源とりわけ炭化水素資源の賦存であることは周知の通りである[1]。そしてこのことが，制度問題（質の低さ）の背景の一つともなっている。このロシアの資源依存体質の構造的特徴は以下 3 点にまとめられる。第 1 に，経済成長率が油価の変化率に左右される。油価の上昇率が高ければ経済は成長し，その下落率が大きければ危機に陥る。第 2 に，為替レートが油価とパラレルに推移する。2000年代の油価高騰と資源輸出の増大を背景として，ルーブルが増価した。強いルーブルの下で外国製品がロシア市場に大量流入すると，競争力の低い自国産業の自立的な発展は難しい。第 3 に，国家財政が資源関連税収に依存している。そのため，資源価格が低迷し歳入が減少すると，財政出動を伴う経済刺激策をとることが難しくなる。

　ロシアの資源依存体質は，市場経済化以前のソ連時代にも見られたが，現在のようにより強い形での資源依存構造が形成されたのは2000年代においてであった。前世紀の体制転換不況と通貨危機を乗り越えたロシア経済は，今世紀に入って，油価の持続的な上昇のおかげで飛躍的に成長することができた。

　一方で，この棚ぼた的な成長のおかげで，ロシア政府は経済成長を促すような競争環境の整備や生産性の改善につながる制度改革の切実性を欠き，経済は油価

---

1 ）ロシアの経済問題が資源依存に留まらないことは言を俟たない。本章では，既存研究との記述の重複を避け，また2000年代以降の経済問題を取り扱うことから問題の焦点を資源依存に絞っている。ロシアの市場移行に関係する他の問題に関しては，西村・岩﨑・杉浦［2007］等を参照されたい。

変動への脆弱性と資源依存を強めたとも言える。ここに資源賦存の負の側面である制度の質が低いという問題が生じている。ロシアでは，90年代に体制転換の混沌と無秩序の中で私有化が行われ，決して効率的とは言えない資源配分が成立した。その中で天然資源などに係る寡占的な権益を獲得した経済主体は，資源価格上昇局面において，その立場を利用した利益（レント）の最大化を図るべく，非競争的なルールづくりを政治に求めた。こうした政治的影響力を行使する上で，天然資源権益がもたらすレント収入が「効果的」に活用されたのである。産業の多様化や近代化が中心的な経済政策課題として常に提起されながらも，その歩みは資源賦存の小さな移行諸国と比べて遅れている。資源賦存の負の側面としての制度問題は深刻であると言えよう。

　ここで，日本から最も近いロシア極東（＝極東連邦管区）に注目してみよう。極東は石油・天然ガスの主要産地ではないことから，一見すると上記の構造問題と無縁のように見える。極東の原油と天然ガスの採掘量はロシア全体の5％程度に過ぎず，ウラル（＝ウラル連邦管区，それぞれ6割弱と9割弱），シベリア（＝シベリア連邦管区，1割弱と2％前後）に比べて必ずしも大きくはない[2]。しかし，実は極東の産業構造は鉱業に偏っており，上記の構造問題がより深刻な形で顕在化する地域の一つである。2015年の総付加価値（基本価格）に占める鉱業の比率はロシア全体で11％，極東は29％であり，ウラルの37％に次いで大きかった。一方で，製造業シェアはロシア全体で17％，ウラル14％に対して，極東は5％に過ぎない。また，極東は市場経済化以降，他地域と比較して低成長に苦しんでいる。付加価値（基本価格）の年平均成長は，2000～2008年においてロシア全体で7.2％，極東5.4％，リーマン・ショック後の2010～2015年ではそれぞれ2.6％と2.0％であった。豊富な資源が必ずしも地域経済の発展に有効に活用されていないことを示しており，これはロシア全体に通底する問題でもある。

　以上の通り，極東経済の構造的な問題を理解するうえで，ロシア全体の構造問題，すなわち資源依存の経済構造の理解が必要不可欠である。このような立場から，本章では，現代ロシアの成長の軌跡と資源依存という構造問題の成立とその特徴を整理した上で，極東の問題を検討していく。さらに，この問題を克服する

　2）本文中で示されるロシアの経済統計に関して，特に明記がなければRosstatウェブサイトのデータである（http://www.gks.ru/，2017年10月10日）。

第5章　ロシア極東経済の構造問題と北東アジア協力

うえで，重要な位置を占める北東アジア地域協力についても検討する。

2　ロシア経済の成長の軌跡

2.1　経済成長の軌跡

　ロシアの資源依存体質は2000年代の油価の高騰に支えられた経済成長を通して強化された（久保庭 2012，137-140頁）。溝端［2012，88頁］もまた「2000年代に入って，産油国ロシアが誕生した」と指摘している。そこでロシアの資源依存体質をこれまでの経済成長の軌跡，その原動力となった油価の影響，また油価上昇から成長への経路という側面から確認しておこう。図5-1に経済成長率と油価の変化率の推移を示した。

　ロシアは1991年末に崩壊したソ連の後継国として市場経済移行を開始したが，そのプロセスは順調ではなかった。体制転換不況の結果，生産が大幅に縮小し，1997年にようやく経済がプラス成長に転じた。しかし，その直後にはアジア通貨危機とロシア債務危機が発生し，1998年の経済成長は前年比5.3%減にまで落ち込んだ。1989〜1996年の間に，GDPは41.9%縮小した。また，価格自由化はハイパーインフレに帰結し（1992年25倍，1992〜1998年平均60%），マクロ経済の不安定化は大きな社会的混乱をもたらした[3]。

　状況は1999年に好転した。ロシアは油価の高騰に支えられて成長軌道に乗り，2007年に移行以前の水準を回復し（1989年比103.2%），2008年には人口1人当りGDPが1万ドルを上回った（1万1635ドル，World Development Indicators（WDI））。1999〜2008年の成長率は年平均6.9%と高かった。しかし，リーマン・ショックや油価下落に加えて，欧州ソブリン危機，ウクライナ紛争に伴う経済制裁といった外生的なショックが連続し，ロシアの国内・対外的な経済環境が再び悪化した。2009年の経済成長率はマイナス7.8%であり，世界金融危機による経済への影響はその発生源である米国においてよりも一層深刻であった。ここにロ

　3）社会の不安定化は人口状況にも示される。粗出生率と粗死亡率が逆転する「ロシアの十字架」という危機的な人口状況が生じた（雲 2011）。また，移行のショックは，特に男性の平均寿命を急低下させ，1992〜1996年に130万人の男性が早死にしたという試算もある（早死率24%）（久保庭 2011，183頁）。

201

図 5－1　ロシアにおける経済成長率と油価変化率

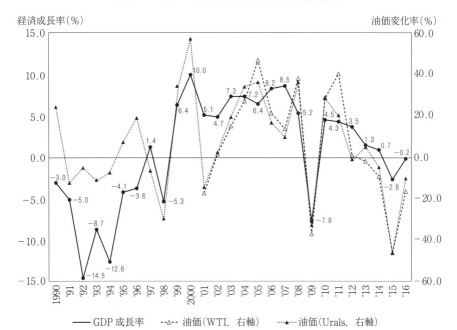

(出所) 筆者作成。GDP 成長率は Rosstat および世銀・WDI データ，油価変化率は米国 EIA データおよび CEIC データベースに基づく

シア経済の世界経済への感受性の強さが表れている (溝端 2012, 80頁)。その後，ロシア経済はプラス成長に回復したが，2015年以降再びマイナス成長になり，2016年の GDP は1989年の115％のレベルにとどまっている。ロシアは2012年に世銀が定義する「高所得国」に格上げされたが，2015年に再度「上位中所得国」に戻された (田畑 2017a, 136頁；2017b, 5頁)。名目1人当たり GDP は2013年に1万5544ドルに達したが，2016年には4割減の8748ドルとなり，2007年を下回る水準に落ち込んだのである。

2.2　成長の源泉とメカニズム

以下でロシアの成長のメカニズムを見ていく。前掲の図 5－1 が示す通り，成長率の推移は油価の変化率と軌を一にしている。この関係は1990年代後半以降に強まった。久保庭 [2011, 18-20頁] は，2000年代末までの成長の構造は，油価

第5章　ロシア極東経済の構造問題と北東アジア協力

10％上昇に伴い GDP が約 2 ％上昇し，経済近代化に伴って生じる全要素生産性（TFP）の外生的／長期的な成長トレンドが年率 3 ％程度であったと評価している。このことは，ロシア経済が資源依存体質であって，油価が著しく上昇しない限り高成長が期待できず，油価の急落が成長率の急落に直結するという構造的な問題を抱えていることを示している（久保庭 2010, 263頁）[4]。ここで注意すべきは，生産面で GDP の実質成長を考える場合，油価の上昇それ自体はデフレートされるので，直接には GDP に影響しない点にある。ただし，油価の上昇が原油生産の拡大につながれば，GDP は上昇しよう。また支出面では，油価の上昇は，原油輸出額を増大させ，さらに原油輸出増が財政収入の拡大と公的部門の投資拡大につながろう。成長は，成長会計から見ると TFP の上昇と資本の寄与が大きく，所得面から見ると交易利得を含む実質国内総所得（GDI）[5]の増大によって生じたと説明される（久保庭 2009, 6 頁；2011；田畑 2012, 145頁）。

次に，図 5 - 2 に示した各期の成長要因分解に従いロシアの成長メカニズムを整理していく。

90年代の危機（1996～1998年）

体制転換ショックとそれに続くマクロ経済の不安定化は平均2.5％減のマイナス成長に帰結した。その最大の要因は投資の減少である（固定資本形成と在庫増加がそれぞれ3.0％減）。初期の移行プロセスが進む過程で「蓄積に依拠する従来の再生メカニズムが崩壊した」（田畑 2006, 137頁）。体制転換と経済後退の状況の中で巨額の財政赤字を抱えるロシア政府は短期国債に依存した経済運営を続け，危機的な状況にあった。この状況にアジア通貨危機と石油価格下落が後押しし，外国短期資金が大量に流出し，ロシアは債務危機に陥った（西村 2012, 19頁）。

---

4 ）1995～2015年では，油価10％の上昇に伴う成長が1.84％，成長トレンドは2.2％，2008～2015年ではそれぞれ1.2％および1.2％に低下した（Kuboniwa 2016a）。現代ロシアにおける油価変化率と成長率の関係はソ連期よりも，また他の資源国よりも強い（久保庭 2010, 263頁；2012, 139-140頁）。
5 ）実質 GDI は，実質 GDP プラス交易所得である。なお，実質国民総所得（GNI）は実質 GDI に海外からの所得の純受取り（実質値）を加えたものである。

図 5 - 2 　支出面 GDP の成長率の要因分解：期間平均

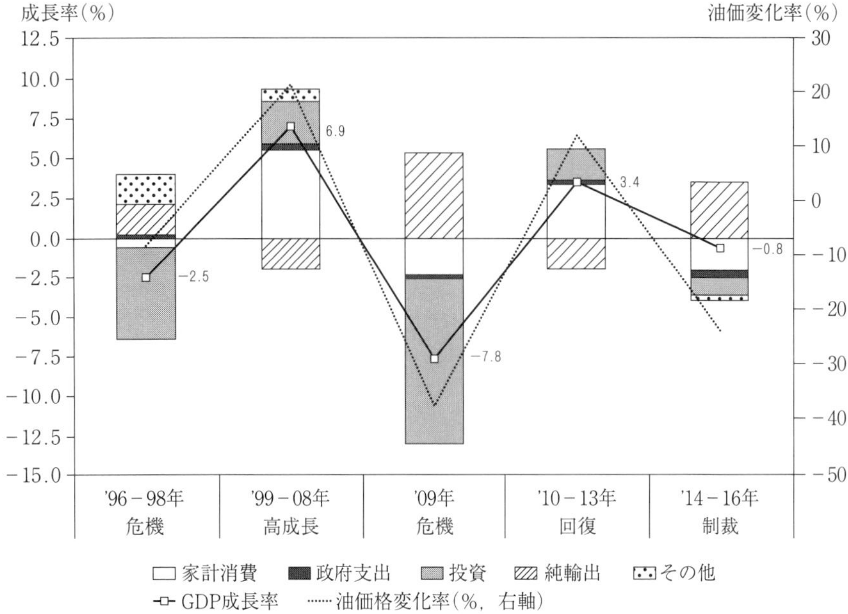

（出所）Rosstat の SNA データを用いて筆者作成

油価高騰に支えられた高成長（1999〜2008年）

　年率6.9%の高成長は家計消費の増大5.5%（成長の約 8 割）による。この家計消費の急拡大は油価上昇に伴う実質為替レート（図 5 - 3 ）の上昇と交易条件の改善および交易利得の増加（図 5 - 4 ）によるものであった。ロシアの場合，油価高騰→ルーブル実質レート上昇→輸入増大という関係が成立し，油価によって経済が成長するときに，輸入が並行して増加する。輸入自体は支出面 GDP の控除項目であり，油価の上昇に伴い輸出（3.3%増）と輸入（5.4%増）の双方が増大し，純輸出の増減率は平均2.1%減となった[6]。他方，輸出品価格が輸入品価格よりも急速に上昇し，交易条件が改善されると，一定量の輸入を賄うために必

---

　6 ）久保庭［2010，263頁］および久保庭［2011，22頁］によれば，GDP の 1 %成長が実質輸入を1.7%増大させ，油価 1 %上昇が実質為替レートを0.5%上昇させ，実質為替レートの10%増価が輸入を 8 %増加させる。

第5章　ロシア極東経済の構造問題と北東アジア協力

図5-3　油価と実質実効為替レート

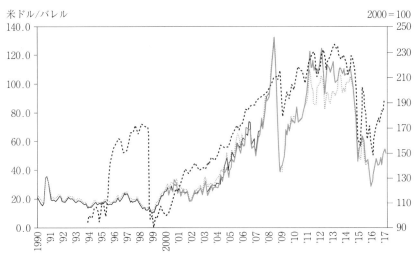

（出所）筆者作成。油価変化率は米国 EIA データおよび CEIC データベース，実質実効為替レートは IFS データベースに基づく

図5-4　交易利得と油価

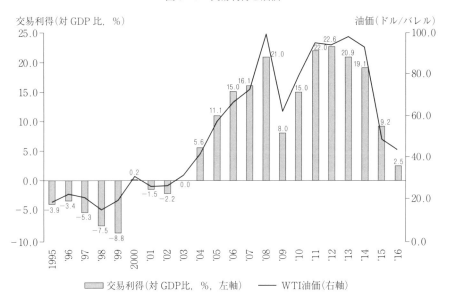

（出所）筆者作成。Rosstat の SNA データと EIA 油価データに基づき筆者作成。実質 GDI = 実質 GDP + 交易利得。輸入価格を共通ニューメレールとして用いた（2003年 = 100）

205

要な輸出がより少なくて済むという交易利得が発生する，すなわち実質的な購買力が増大する（久保庭 2011, 58頁）。ロシアの交易条件は油価の推移に合致しており，この高成長期において改善した。この結果，2004年以降実質 GDI が実質 GDP（2003年 = 100）を大きく上回った（図 5 - 4）。2000年代後半には GDP の２割程度の大きな交易利得が生じ，家計消費を大きく増大させたのである。

　もう一つの成長要因は投資である（2.7％増）。固定資本投資は油価の変化に対応して推移し，1991〜1998年に減少し（年平均17.7％減），1999〜2008年に年平均12.7％で増大した[7]。この間にロシアへの対内直接投資流入額が1999年の33億ドル（人口１人当たり22.4ドル）から2008年には23倍の759億ドル（同530ドル）に増大し，対 GDP 比で1.7％から4.6％へ，固定資本形成シェアで11.1％から20.5％へと拡大した（UNCTAD データベース）。

リーマン・ショックの影響（2009年）

　リーマン・ショック直後には，油価の急低下，ルーブル減価，交易条件の悪化によって，成長は7.8％減となり，これまで成長を支えてきた消費と投資がそれぞれ2.5％減および10.5％減と負に転じた。そのため，ロシアは金融危機に陥った。輸出は前年比4.7％減となったが，為替減価により輸入の減少が著しく（30.4％減），純輸出の成長寄与率が5.2％増となった。リーマン・ショックに加え，グルジア戦争（2008年 8 月）への反応としても，ロシアから資本が大規模に流出し，投資が激減した。2006〜2007年の２年間に，ロシアの民間部門に1249億ドルの資本が流入したが，金額的にこの全てが2008年に国外に流出したことになる。この資本流出は，油価高騰により過去最高を記録した2008年の経常黒字額をも上回る規模であった（金野 2009, 67頁）。大規模な資本流出は，外国資本の引揚の影響もあったが，国内資本の国外逃避によっても引き起こされた側面が強い（金野 2012, 41頁）。

危機からの回復（2010〜2013年）

　ロシア政府は石油・ガス輸出収入から積み立てた準備基金を用いて，銀行・企

---

7 ）固定資本投資は2009年に13.5％減，2010〜2013年に6.1％増，2014〜2016年に4.2％減となった。

業の救済などの大規模な危機対策を行い，翌年にはプラス成長を回復した。しかし，成長率は2000年代の半分以下の平均3.4％に低下し，危機以前に比べて所得，消費，投資，貿易の成長は低水準にとどまった（岡田 2015，32頁）。ここでは，1.3％（2013年）への成長の鈍化は油価の大幅下落（2014年12月）や経済制裁（2014年上半期）以前に始まっていた点に注意する必要がある[8]。このことを踏まえて，危機以前の2000年代の成長メカニズムが維持できなくなり，油価高騰→輸出の増大→消費や投資の拡大という経済メカニズムが機能しなくなったという認識が研究者の間で共有されているという（田畑 2016，15頁：2017a，139頁）。

ウクライナ紛争に関連した経済制裁（2014〜2016年）

　経済制裁が実施されて以降の平均成長率は0.8％減となった。経済制裁は欧米資本市場における資金調達を困難にし，投資の低迷を招いている。また，消費が減少した。さらに，油価が低下した結果，資源輸出が減少し，財政収入が減少した。一方，交易条件悪化とルーブル減価により輸入が減少し，貿易収支黒字が拡大した。経済制裁自体の影響はそれほど大きくなく[9]，むしろ油価の下落の影響が制裁の3.3倍大きかったという評価もある（Gurvich and Prilepskii 2016, p. 33）。また，経済制裁の肯定的な側面を指摘する見方もある。田畑［2017a，142頁］は，「ロシアは1990年代初め以降の対外開放と為替自由化の結果としてオランダ病に苦しめられてきたわけであるが，2014年以降，輸入代替の現実的な可能性が初めて開けてきたのである」と述べている。

3　ロシア経済の資源依存体質と構造問題

3.1　資源の重要性と依存

　図5-5にロシアにおける資源輸出の重要性を代理する指標を示した。総輸出

8）2012と2013年の油価は，WTIでそれぞれ1バレル94.1ドルおよび同98.0ドル（4.2％増），Uralsで同110.4ドルおよび同107.9ドル（2.3％減）であった。ロシア原油の取引価格であるUralsに注目すれば，成長鈍化は，油価の高止まりにではなく，その低下によるものと判断される。2014年の成長率は0.7％であり，油価はWTI4.9％減，Urals9.5％減であった。

9）2014年以降の経済制裁の影響が小さいと評価される背景には，産業分類の変更，とりわけ軍事製品が影響していると，Kuboniwa（2016b）は指摘している。

図 5-5 ロシアにおける資源輸出，鉱業部門，石油ガス税収

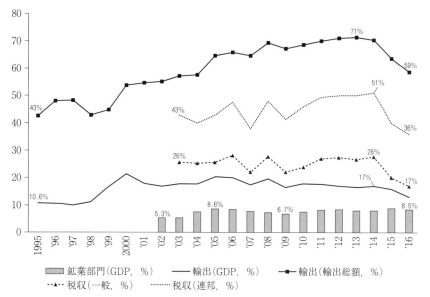

（出所）筆者作成。輸出総額および鉱物生産物輸出額（通関統計）は Rosstat，『数字で見るロシア2016年版』，『社会経済情勢2016年改訂版』，財政データはロシア連邦財務省，ロシア連邦国庫，名目 GDP は Rosstat ウェブサイト，公式為替レートは WDI に基づく

に占める「鉱物生産物」（石炭，石油，ガス等）のシェアは，1995年の43％から2013年の71％へと趨勢的に拡大した。この間にその輸出額は333億ドルから11倍の3758億ドルに増えた。2016年の輸出額は1689億ドル（55％減）へと減少したが，なお総輸出の6割を占める最大輸出品目である。対 GDP 比では1995-1998年の11％前後から，その後16～21％で推移し，2016年には13％に低下した。資源輸出の縮小は，米国や欧米の金融危機以降の世界経済低迷による輸入需要縮小を背景としていた（朝妻 2014；岡田 2017, p.5）[10]。

---

10) 欧州向けの原油輸出（括弧内は石油製品）の比率は1995年95％（85），2000年83％（72），2010年78％（59），2015年67％（58）と低下し，アジア向けのシェアがそれぞれ3％（13），5％（14），17％（27），31％（27）と増加した。天然ガスの場合，1995年には欧州向けが100％であったが，2015年には79％に低下し，アジアが21％に増大した。国連 Comtrade データを集計・図解化する「Observatory of Economic Complexity」に基づく（http://atlas.media.mit.edu/ru/, 2017年5月25日）。

第5章　ロシア極東経済の構造問題と北東アジア協力

　次に，資源を税収面から見ていく。ロシア財務省は，炭化水素資源（石油・天然ガス・コンデンセート）の採掘税，原油・天然ガス・石油製品の輸出税を「石油ガス収入」として定義し，2003年以降の数値を公表している[11]。税収面でも資源の重要性は2000年代に拡大したが，近年は縮小傾向を示している（図5-5）。連邦財政収入に占める石油ガス収入のシェアは徐々に増え，2014年にピークの51％に達したが，2016年には36％に縮小した。資源は自然レントを生み出す特殊財と見なされ，レントの大部分は政府に吸い上げられる，すなわち輸出額の約9割は国家財政に入り，企業に残るのは1割に過ぎない。そのため，油価下落は企業財務よりも国家財政により強く影響し，政府の統治能力の低下や経済の減速をもたらす（溝端2012，90頁，96頁）。また，財政は油価が高い場合にしか収支均衡せず，石油・ガスは経済を過熱化させる一要因として油価変動による危機を伝播する要因になっている（前掲，97-99頁）。ロシア政府はこのことを認識しており，資源からの外貨収入を財政に吸収し，インフレや為替高を抑制するために2004年に安定化基金を設置した。また，2008年以降は，安定化基金から再編された準備基金と国民福祉基金を通して資源収入は不胎化され，油価下落の際の財政補填や対外債務返済に充てるという措置がとられている[12]。

　最後に，産業構造からみた資源の重要性を確認しておく。度重なる統計改訂により，移行四半世紀を通じて整合的な産業部門構成データは得られない[13]。図5-5に示した鉱業部門の対GDPシェアは，2002年以降に関する簡易的な調整値である[14]。対GDP（市場価格）比・部門別付加価値（基本価格，2002〜2016年平均）をとると，最大部門は商業15.7％であり，それに不動産・賃貸14.6％，ダミー部門である純生産物税12.4％，製造業12.3％が続く。鉱業のシェアは

11）ロシア財務省ウェブサイト（http://minfin.ru/ru/perfomance/reservefund/accumulation/，2017年5月25日）。

12）2016年の1年間での，積み立て分の取り崩しによる財政赤字の補填で，準備基金残高がドル建てで67.9％（ルーブル建てで73.3％）減少し，1/3以下になった（田畑 2017b，18頁）。これをうけて，2018年において，準備基金の廃止と国民福祉基金への統合が予定されている。

13）市場化過程で統計体系もMPSからSNAへと転換された。2002年以前はロシア国民経済一般産業分類（OKONKh），以降はヨーロッパ標準産業分類（NACE v. 1）に準拠したロシア国際標準経済活動別部門分類（OKVED）が整備されている（久保庭 2011）。また，2002年の統計は，2015年末から3度改訂されている（2015年12月31日，2016年4月4日，2017年3月31日）。

表 5-1　石油・ガス産業の GDP シェア

	1995 – 1998 年平均	1999 – 2008 年平均	2009年	2010 – 2013 年平均	2014 – 2016 年平均
1　鉱業部門： 　　公式，2002 – 2016年		7.1%	6.7%	8.1%	8.3%
2　久保庭推計：1995 – 2006年					
石油・ガス部門	16.1%	21.6%			
付加価値	5.3%	8.3%			
振り替え分	10.8%	13.4%			
鉱業公式値に対する比(倍)		3.0倍			
3　暫定推計： 2000 – 2006年，2011年，2014年					
石油・ガス部門		15.4%		13.7%	13.7%
付加価値		5.2%		6.2%	6.9%
振り替え分		10.2%		7.5%	6.8%
鉱業公式値に対する比(倍)		2.2倍		1.7倍	1.6倍

(出所)　筆者作成。(1) GDP（市場価格）に占める鉱業部門の付加価値（基本価格）のシェアは Rosstat ウェブサイト SNA データに基づく。(2) 久保庭推計は，久保庭 [2011]，図3.8（121頁）に基づく。(3) の数値は，Rosstat ウェブサイト・産業連関表に基づく簡易的な暫定試算値である。石油・ガス部門もしくは石油・ガス関連生産物の生産に際して発生する運輸・商業マージンと純生産物を同部門の基本価格の構成要素と見なし，算入した

7.6%に過ぎず，必ずしも趨勢的な増加傾向を示していない。

　上述の通り，支出面 GDP に占める鉱物資源輸出のシェアは18%程度である一方で，生産面での GDP の鉱業部門シェアはその半分たらずである。これは資源輸出収入が鉱業ではなくマージンとして商業・輸送部門に，また税金としてダミー部門に計上されるためである。これは次のように説明される（久保庭 2010；2011）。第 1 に，資源輸出企業（本社）は商業部門に登録されている。第 2 に，資源の国内価格は国際価格よりもかなり低く[15]，両者の差額（＝マージン）は輸出

---

14)　2016年 4 月 4 日改訂版では，持ち家住宅の帰属計算，固定資本減耗の市場価値評価，国際収支統計との合致などの遡及改訂が行われており，旧版（2015年12月31日）と大きく異なる。重複年の2011年で見ると，新系列は鉱業3.8%減，製造業8.1%減，建設12.1%増，不動産・賃貸61.3%増，公務・防衛・強制社会保険24.5%増，付加価値（基本価格）7.9%増，GDP（市場価格）6.7%増という改訂が確認される。ここでは改訂版2011年データと旧版の名目成長率を用いて，部門別付加価値を遡及的に修正した。

15)　2002年のガス1000 m^{3}の生産者価格は194ルーブル，輸出価格は11倍の2192ルーブルであった（Kuboniwa et al. 2005, p. 70）。

第5章　ロシア極東経済の構造問題と北東アジア協力

企業の収入に記録される。第3に，企業本社への課税は法人所得税ではなく，主に輸出税の形態をとる。これらの点を考慮し統計を補正すると，1990年代末の石油・ガス部門のシェアは5.3％から16.1％へ，油価高騰期には8.3％から21.6％へ上昇する（表5−1，久保庭推計）。また，投入・産出（IO）利用表データを用いて運輸・商業マージンと純生産物税を振り替えただけの簡易的な計算値（表5−1，暫定推計）でも，2000年代以降の石油・ガス部門のシェアは7〜13％ポイント上昇し，GDPの約2割を占めるロシア最大の産業となっていることが示される。

3.2　資源依存型経済成長の負の側面

　ロシアの資源と経済成長の関係は次のように整理される。生産面では，資源価格の上昇は資源の採掘・輸出の増大を通して成長に寄与する。所得面では，増大した資源収入は財政へ吸収されるとともに，企業・家計の所得に還元される。また，支出面では，資源価格の上昇は，為替と交易条件を媒介として家計の購買力を高め，消費や輸入の増大に帰結する。さらに，好調な資源を目当てに国内外から投資が行われ，生産性や技術が向上する。

　一方で，資源経済国の成長が非資源経済国より長期的に緩慢となる（「paradox of plenty」）という問題がしばしば指摘される。この背景として指摘されているのが，資源賦存に伴う「資源の呪い」の問題である。例えば，資源経済は資源価格上昇によって棚ぼた的に成長するため，競争環境の整備や生産性の改善を促す制度が十分には構築されず，制度の質の低さ（bad institutions）が成長に負に作用しうる。資源の所有やレントの配分をめぐる紛争や汚職，棚ぼた的な財政収入を非効率的に利用する政府への市民監督機能の弱体化（民主主義の後退），不平等の拡大といった問題がある（Frankel 2010）。また，資源輸出収入の増大に伴う通貨の増価が自国産業の発展を阻害するという「オランダ病」や，資源価格の変動が国家運営を不安定にするといった問題もよく知られている。これらの問題は，形を変えながらも，ロシアでも見られる。

制度の問題

　旧社会主義諸国は短期的かつ人為的に市場制度を導入した。移行初期の混乱の中で，有力な企業家は自身の利益拡大を目的として不正に影響力を行使しようと国家に働きかける（レントシーキングや国家捕獲）一方で，国家官僚はそこから

211

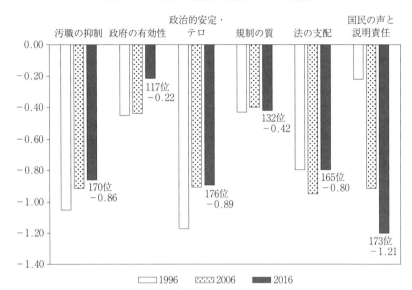

図5-6 ロシアの制度：世界ガバナンス指標

(注) 2016年には209か国に関して指標が作成されている。
(出所) Worldwide Governance Indicators (http://info.worldbank.org/governance/wgi/#home, 2017年10月18日) に基づき筆者作成

不正に利益を獲得（企業捕獲）しようとし，その結果社会に不正と汚職が蔓延しうる（岩﨑・鈴木 2005）。

世界銀行の世界ガバナンス指標（WGI）[16]では，2016年のロシアの「汚職の抑制」の評価は下位20％（-0.86）に位置した。1996年は下位15％（-1.05）であり，大きな改善は見られない。「法の支配」は下位15.8〜28.1％（-1.10〜-0.73）の間で推移している。対象国約200か国の中でロシアの順位は概して低く，制度の質の問題が問われている。WGIの6項目（図5-6）の評価得点を単純平均で見ると，1996年-0.69，2000年-0.86，2005年-0.72，2010年-0.75，2016年-0.73である。2000年代の高成長は制度の改善に十分に寄与しなかったと考えられる[17]。

ロシアの制度の質に対する評価は欧州復興開発銀行（EBRD）の移行指標にお

---

16) Worldwide Governance Indicators（WGI）の指標は±2.5の範囲で評価され，値が大きいほど良い評価となる。

いても同様である[18]。同じく平均で見ると，移行指標は1989年の1.0から1997年には3.2へ上昇したが，その後はほぼ変化せず，最新2014年は3.3にとどまっている。この状況は1990年代末のバルト諸国のそれとほぼ同水準である。バルト諸国はEU加盟を目標として迅速な改革に努め，それが直接投資流入に支えられた経済成長につながった。対照的に，ロシアでは，「全国的で全般的な市場制度が一応成立」し，経済成長が「市場制度によって支えられている」（西村・岩﨑・杉浦 2007，29頁）とはいえ，棚ぼた的な資源依存の高成長ゆえに，制度改革に切実性を欠いたと言えよう。

　表5-2は，EBRDによる東欧と旧ソ連諸国の合計21カ国の移行指標と1人当たり名目GDP（米ドル，2014年）を2014年移行指標の数値順に示したものである。2014年の移行改革の進展度に関して，ロシアは21カ国中13位で，ほぼ中間に位置している。ロシアの前後に位置する国は，グルジア，ウクライナ，キルギス等の国内紛争に見舞われた国や，国内経済の停滞が著しく労働移民・海外送金に頼らざるを得ない国など，所得水準がロシアの半分未満の国である。また，ロシアよりも下位に位置しているのは，カザフスタン，アゼルバイジャン，トルクメニスタンといった資源経済国である。ロシアが東欧の先進国に匹敵する所得水準にあることを勘案すると，制度の質における低位性が一層際立つ。

　質が低い制度は企業の新規参入を阻み，投資誘致を困難にすることは言を俟たない。国内における資金調達が困難なロシアでは，外国資本の重要性が高い。しかし，ロシアへの直接投資流入は他の移行国と比較して少ない。岩﨑・菅沼［2014，34-39頁］は，その理由をロシア固有の要因と，ロシアで特に顕著な要因に分けて論じている。固有の要因としては，資源ナショナリズムや複雑な中央・地方間関係が挙げられている。顕著な要因としては，法制度の不確実性や汚職・経済犯罪の蔓延が含められる。非公式経済は減少傾向にあるが，2013年においてもGDPの10.3%を占める一大部門であり，雇用者報酬の27.3%が非公式経済に由来するものであったという（Rosstat SNAデータ）。いずれも「資源の呪い」

17）2016年の腐敗認識指数（https://www.transparency.org/）では，ロシアは176カ国中131位であった。

18）大／小規模の私有化，企業統治・再建，価格自由化，貿易・為替・競争政策が1～4.33点で評価される。

表 5 - 2　EBRD 移行指標に見る主要移行国の改革進展度

	1989	2000	2014	1 人当たり GDP (名目 米ドル, 2014年)
チェコ	1.00	3.83	—	19,745
エストニア	1.00	3.78	4.06	19,941
ポーランド	1.39	3.67	4.00	14,342
リトアニア	1.00	3.45	3.94	16,555
ラトヴィア	1.00	3.50	3.94	15,725
スロヴァキア	1.00	3.78	3.94	18,595
ハンガリー	1.45	3.89	3.89	14,118
ブルガリア	1.00	3.39	3.72	7,853
ルーマニア	1.00	3.28	3.67	10,020
グルジア	1.00	3.33	3.50	4,430
アルメニア	1.00	2.94	3.44	3,995
キルギス	1.00	3.28	3.39	1,280
ロシア	1.00	3.00	3.28	14,126
ウクライナ	1.00	2.89	3.28	3,105
モルドヴァ	1.00	3.06	3.28	2,245
カザフスタン	1.00	3.06	3.06	12,807
タジキスタン	1.00	2.72	2.95	1,104
アゼルバイジャン	1.00	2.67	2.89	7,891
ウズベキスタン	1.00	2.17	2.28	2,050
ベラルーシ	1.00	1.67	2.17	8,318
トルクメニスタン	1.00	1.56	1.78	7,962

(注)　チェコは2007年を最後に評価対象外となった。2007年の数値は3.89だった。
(出所)　EBRD Transition Indicators, WDI データに基づき筆者作成

に関係する制度問題であろう。

　油価下落と経済・金融制裁の強化が進む現状では，成長の源泉である投資の資金を国外に求めることは一層困難になっている。国外からの資金流入が十分でない以上，投資は国内の家計貯蓄を原資とした借入を頼りにせざるを得ない。しかし，ロシアの貯蓄は十分ではない。また，銀行の金融仲介機能も制度の脆弱性ゆえに十分ではなく，貸出元の国内銀行も海外市場で調達した資金の返済に迫られている。国家，企業，家計の相互信頼が十分ではない社会環境の下では，貯蓄から投資への資金循環や柔軟な金融仲介機能の発展を期待することは短期的には難しい（Minakir 2017）。結果的に，財政資金に依拠した投資拡大がとりうる対応策となるが，財政も油価下落の影響を受けている。固定資本投資に占める非自己資金の比率は2009年の62.9％をピークに低下傾向にあり，2016年には49.1％にまで落ち込んだ。この間に，財政からの資金も21.9％から16.5％へと落ち込んでいる。

214

第5章　ロシア極東経済の構造問題と北東アジア協力

表5-3　産業部門別の付加価値成長率（%）

	2003-08年 高成長	2009年 危機	2010-13年 回復	2014-16年 制裁	2014年	2015年	2016年
GDP（市場価格）	7.1	−7.8	3.4	−0.8	0.7	−2.8	−0.2
農業、狩猟、林業	1.6	1.5	1.0	2.8	2.0	3.0	3.6
水産業	−1.7	5.6	1.1	−2.7	−6.5	0.8	−2.1
鉱業	3.4	−2.4	2.0	0.8	2.0	0.2	0.3
製造業	5.5	−14.6	6.2	−0.9	0.8	−4.6	1.1
電気・ガス・水道	1.9	−4.7	0.9	0.1	−0.6	−1.5	2.6
建設	11.6	−14.7	4.0	−3.0	−2.8	−1.9	−4.2
商業	11.4	−5.8	3.2	−3.8	0.7	−8.8	−3.1
ホテル・レストラン	8.0	−14.9	4.9	−2.9	−0.6	−4.5	−3.5
運輸・通信	6.5	−8.6	4.5	−0.3	−0.2	−1.0	0.4
金融	23.3	1.5	8.6	0.0	5.4	−6.0	0.8
不動産・賃貸	8.5	−4.5	3.0	0.6	1.4	−0.5	0.9
公務・防衛・強制 社会保険	1.6	−0.1	−0.4	1.3	1.0	3.0	0.0
教育	0.6	−1.4	−1.9	0.5	0.0	1.3	0.1
保健・社会サービス	0.5	−0.2	1.1	0.3	2.7	0.1	−2.0
その他サービス	4.5	−20.0	0.6	0.6	−0.2	1.4	0.6

（出所）Rosstat データに基づき筆者作成

国内産業の発展

　「オランダ病」は資源賦存経済に固有の問題である。その1つの症状として，資源の輸出増による為替レートの上昇などを通じて製造業製品の輸入が増え，自国の製造業の発展が妨げられる。事実，前述の通り，1999〜2008年の高成長時に純輸出は経済成長にマイナスに寄与しており，「オランダ病」の存在を示唆している。しかし，実際のところ，ロシアでは典型的な「オランダ病」とは異なる症状も見られる。表5-3に産業部門別の付加価値成長率を示した。油価上昇が急速に進んだ2003〜2008年に商業（鉱業に帰属すべき付加価値の一部が算入されている）が成長し，投資の増大に伴って金融や建設も成長した。同時に，これらに比べると見劣りするとはいえ，製造業も年率平均5.5%の成長を実現した。国内消費，投資拡大の恩恵の一部を国内製造業も享受したことになる[19]。油価上昇と為替レート増価が国内産業を衰退させたわけではなく，むしろ肯定的なインパ

19）他の産油国と比べて，ロシアの製造業の大きさは抜きんでている（久保庭 2011，125頁；Connolly and Hanson 2016, p. 8）。

クトを与えたのである（久保庭 2010，278頁）。

　ロシア経済は資源価格の変動に脆弱であるとして，産業の多様化や近代化が中心的な経済政策課題として常に提起されてきた。しかし，ロシア経済は「製造業の発展を通じた油価非依存経済への転換それ自体が油価依存」というジレンマを抱え，「油価に過敏な経済体質とそれを支える制度的基礎」の上に成り立っている。このようなロシア経済の構造的問題を久保庭［2012，140頁］は，「ロシア病」と呼んでいる。

　ロシア政府は，現在進行中の経済制裁に伴う危機的状況への対策として，「経済発展および社会安定化を確保するための緊急措置プラン」（2015年1月27日付政府指令）を策定し，「輸出志向」の輸入代替を進めようとしている（服部 2017，49頁）。また，制裁・禁輸対象の製品や技術などの外国依存は経済成長を脅かす主要因の一つであるという「安全保障戦略」上の認識から，「ロシアの主権と経済面の安全保障を強化する」ために，国家主導で輸入代替が進められているという（服部 2015，88頁；Connolly 2016, p. 8）。生産が国内向けにとどまれば，将来的に国内市場が縮小した場合に，生産とGDPが減少する。また，輸入代替政策それ自体は国内産業の保護や国内の独占を人為的に生み出すことにつながり，産業の競争力を低下させうる。そのため，輸入代替政策は国際的にも競争的な企業の形成につながらなければならない。そこで意識的に提起されるようになったのが「輸出志向」輸入代替策であった（服部 2017，58-59頁）。

　はたして製造業は，油価低迷，通貨減価，逆制裁による特定生産物の輸入禁止といった国内市場の状況を背景に，輸入代替を進め輸出志向産業へ転換できるのだろうか。服部［2017，51-53頁］は，景気後退，購買力低下，ルーブル下落などにより輸入が減少しただけのケースが多く，輸入品を代替する形で国内生産が増加しているわけではない，と指摘している。ルーブル下落は，輸入インフレを引き起こすだけではなく，外貨建ての借入の返済額を増大させ，家計や企業の購買力も減じるため，国内需要も減少させる。結果として，輸入品ほど深刻ではないにせよ，国産品も売り上げ不振に陥ることになる。また，岡田［2017，10頁］は，ロシアの産業は低生産性・高コスト体質であり，輸入中間投入財が値上がりした場合に競争上の優位性を維持できず，生産性を上昇するための投資も十分ではない，と述べている。根源的な問題は，ロシアの製造業は世界市場で競争力を有しておらず，国内でのみ消費される財を生産しているということである[20]。

4　極東経済の特徴と構造問題

　行政区分としての極東連邦管区は，9つの連邦構成主体からなる。通常，「極東」と言えば，この極東連邦管区を指す。ただし，後述する近年の極東地域開発では，極東連邦管区とシベリア地域のうちの東部3連邦構成主体（「バイカル地域」とも呼ばれる）を合わせて政策の対象にする場合が多い（図5-7）。

　冒頭で述べた通り，ロシア極東はロシアの構造的な問題である，資源依存がより深刻な形で顕在化する地域である。極東では，資源産業，とりわけ石油・ガス部門が地域経済の発展に十分に寄与していない点が最大の問題として強調されるべきである。初めに資源の賦存状況を確認しておく。

4.1　極東地域の資源賦存

　資源の豊富さが極東経済の優位性である点に異論はないだろう。資源開発は極東にとって常に主要な課題であった。近年では，「サハリン1」，「サハリン2」という2つの大陸棚石油・天然ガス田開発プロジェクトが注目に値する。前者は，ロシア，米国，日本，インドの合弁企業によって推進され，2005年に本格的な原油生産が始まった。後者では，ロシア，オランダ，日本の合弁企業が推進しており，1999年に原油の出荷，2009年に液化天然ガス（LNG）の出荷が開始された。その結果，1999年に200万トン弱だったサハリン州の原油生産量は2014年には1200万トンになり，天然ガス生産量は同じく20億 m^3 弱から280億 m^3 に増加した（杉本2015，166-167頁）。「2030年までのエネルギー戦略」の中で，ロシア政府は極東での石油・天然ガスの探査・開発に注力し，2030年までに原油生産量を3200〜3300万トン（ロシア全体の約6％），天然ガス生産量を850〜870億 m^3 （同9〜10％）にまで増やす方針を示した（Government of Russia 2009a）。

　石油・天然ガス以外にも，極東には様々な地下資源や天然資源が豊富に存在している。石炭の推定資源量は1.2兆トンでロシア全体の32％，このうち埋蔵量は202億トンで同10％を占めている（Voropai and Saneev eds. 2011, p. 66）。また，

20）2000年代の高成長期に輸入と国内製造業が発展したのは，市場の棲み分けが行われていたことによる。家計の購買力の増大を背景に，高品質・高価格の輸入品が増大したと同時に，低品質・低価格の国内向け製品を生産する国内製造業も成長した（久保庭 2011）。

図 5-7 極東・バイカル地域

(出所) 環日本海経済研究所 (ERINA)

探査済みダイヤモンド埋蔵量の81%は極東にあり，同じく金の33%，銀の30%，錫の92%，タングステンの23%は極東に存在する（Minakir and Sergienko eds. 2011, p. 128）。さらに，木材資源量は206億 m^3 で全国の25%（2012年時点）を占め，豊富な水産資源は日本を上回る約500万 km^2 の広大な排他的経済水域に支えられている（ibid., p. 176）。

これらの資源は，既に相当程度活用されていると言える。冒頭で記した通り，地域総生産（GRP）に占める鉱業のシェアは28.6%（2015年）で，ロシア全体の11.2%（同）と比べて格段に大きな比率を占めている。鉱業シェアはサハリン州では59.1%，サハ共和国では48.2%，チュコト自治管区では46.5%である。また，極東の漁業シェアは3.3%であり，ロシア全体（0.3%）の10倍，他の連邦管区の3倍以上大きい。品目別輸出構成（2016年）を見ると，石油・天然ガス・石炭といった鉱物生産物のシェアは52.1%を占めている。鉱物生産物に偏った輸出構成はロシア全体にも言える。ただし，極東ではこれに続く品目が「その他」であるが，実はこのほとんどは「貴石・貴金属類」という地下資源であり，水産物

第5章 ロシア極東経済の構造問題と北東アジア協力

図5-8 極東の品目別輸出構成

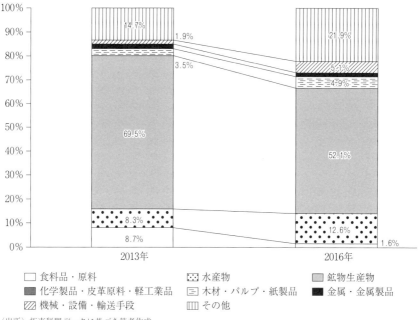

(出所) 極東税関データに基づき筆者作成
http://dvtu.customs.ru/index.php?option=com_content&view=article&id=21181:-2016-&catid=304:-2016-&Itemid=316

(12.6％)や木材・パルプ・紙製品(4.9％)といった生物資源由来の品目の比率も大きい(図5-8)。

4.2 極東地域の構造問題

資源依存体質と地域経済発展

ロシア全体にもまして極東が資源依存体質であることは上記の通りである。ここでは，ロシア全体の資源依存型経済成長の問題を離れ，極東の資源賦存が地域経済発展に十分に貢献していない点を論じたい。

2015年の1人当たりGRPで見ると，上位10位以内に入った極東の4構成主体のそれは連邦平均の2～5倍であった(表5-4)。サハリン州は，ネネツ自治管区およびヤマロ・ネネツ自治管区に次ぐ第3位であり，これらにハンティ・マンシ自治管区，サハ共和国，チュメニ州，チュコト自治管区が続く。これら全ての上

表5-4　ロシア極東の主要社会経済指標

	地理・人口			
	面積 1000km^2	自治体数 箇所	人口(2017年初) 1000人	人口密度 人/km^2
ロシア連邦	17,125.2	2,406	146,804	8.6
極東連邦管区	6,169.3	1,281	6,183	1.0
サハ共和国	3,083.5	445	963	0.3
カムチャツカ地方	464.3	66	315	0.7
沿海地方	164.7	158	1,923	11.7
ハバロフスク地方	787.6	233	1,333	1.7
アムール州	361.9	286	802	2.2
マガダン州	462.5	9	146	0.3
サハリン州	87.1	21	487	5.6
ユダヤ自治州	36.3	33	164	4.5
チュコト自治管区	721.5	30	50	0.1

	経済				
	GRP(2015年)		平均成長率	1人当たりGRP(2015年)	
	100万ルーブル	%	2011-2015(%)	ルーブル	全国比(%)
ロシア連邦	64,997,039	379,540.3	2.2	443,951	100.0
極東連邦管区	572,243	3,341.5	1.1	572,243	128.9
サハ共和国	782,629	4,570.0	3.2	1,699,933	382.9
カムチャツカ地方	542,797	3,169.6	1.6	542,797	122.3
沿海地方	371,099	2,167.0	-0.4	371,099	83.6
ハバロフスク地方	427,651	2,497.2	0.2	427,651	96.3
アムール州	342,763	2,001.5	0.1	342,763	77.2
マガダン州	846,400	4,942.4	3.0	846,400	190.7
サハリン州	1,699,933	9,926.5	1.4	2,047,998	461.3
ユダヤ自治州	268,311	1,566.8	-2.8	268,311	60.4
チュコト自治管区	1,269,344	7,412.1	2.1	1,269,344	285.9

(出所) Rosstat データに基づき筆者作成

　位地域が資源産出地であり，モスクワ市（8位）においてようやく非資源産出地が登場する。チュコト，サハ，マガダンは極東の中でも最も低い人口密度の地域であり，サハリン州を合わせても人口は160万人（極東の26.5％，ロシアの1.1％）に過ぎないが，その領域面積は極東の70.6％（ロシアの25.4％）にも及ぶ。

　また，極東の名目所得が大きくても，物価が他地域より高いため，実質所得が相対的に低まる点に注意する必要がある。Gluschenko and Karandashova [2016] の推計では，2015年の極東連邦管区の全構成主体の物価水準は連邦レベ

ル（＝100）を上回り，サハリン，チュコト，サハ，マガダンの物価水準は131.1，160.6，125.4，141.0であった。一方で，実質所得はそれぞれ123.3，118.1，99.9，114.4であり，残りの構成主体は連邦レベルよりも低かった。

さらに，地域経済の発展を検討する際には以下の点に注意する必要がある。第1に，資源に由来する利益のほとんどは地域に残らない。前述の通り，資源レントは税として中央政府（連邦財政）へ，企業の利益や運輸・商業マージンとして企業グループ（ロスネフチやガスプロム等）本社へ吸い上げられ，その多くは内部でプールされるか，外国資本へ還元される。したがってその付加価値の大部分は極東域外へ流出してしまう。地域には，地方税や地域への協力金といった形での地域社会への支出や，地元雇用者の賃金が残る。しかし，資本集約産業である鉱業部門で支払われる賃金総額は大きくない[21]。また，直接投資流入による雇用創出効果も限定的である点も注意する必要がある（菅沼 2010，10頁）。外資を導入したサハリンプロジェクトは，ロシア経済全体への貢献という観点では成功しているが，地域社会の発展への貢献は十分ではないのである（少なくとも人口動態で見る限り）。

また，前掲の図5-8が示す通り，経済制裁や油価低迷が始まる以前の2013年と比較すると，2016年の輸出品目別構成には変化がみられる。すなわち，約7割にも達していた鉱物生産物の輸出シェアが大きく低下しているのである。2016年の極東の輸出総額（名目）は2013年比で33.6％減であった。この時，食料品輸出は名目で88.0％減，鉱物生産物の輸出は50.2％減となった。この鉱物生産物のシェアの低下はロシア全体よりも著しいものであり，極東経済の脆弱性をここに見ることができる。

資源依存体質のもう1つの問題である制度問題の面においても，極東の評価は良いものではない。Expert誌による2016年の「投資環境評価」[22]では，極東の連邦構成主体の順位は75～83位であった。潜在力を見ると，資源は平均20位であるが，金融は55位，消費は60位，制度は59位と高くない。リスク面では社会・経

21）Rosstatデータを用いた筆者の試算では，2013年のロシアの労働分配率は，製造業54.4％，商業53.7％であり，鉱業はこれらの部門の3分の1以下の16.7％であった。

22）https://raexpert.ru/ratings/regions/2016。順位は，潜在力とリスクの差によって決まる。潜在力は労働・消費・生産・金融・制度・イノベーション・インフラ・資源・観光の9項目，リスクは社会・経済・金融・犯罪・環境・行政の6項目において評価される。

済・金融・行政ともに40〜50位台の中位に位置するが，環境リスクが71位と低かった。

辺境地域としての極東

　ロシア極東はアジア太平洋地域に近接するという地理的な優位性を持つと同時に，モスクワ等の「国の中心」から遠く離れており，人口密度も低いという地理的・人口的な劣位性を抱えている。

　モスクワからウラジオストクまでの間にはシベリア鉄道で9288 kmの距離があり，極東の西端アムール州から終点のウラジオストクまででも2000 kmを超える距離がある。モスクワとの時差は，東端のチュコト自治管区で9時間，アムール州でも6時間ある。モスクワの出勤時間は極東の退勤時間にあたる。遠隔地域であることに加えて，人口と経済活動の密度の低さが極東の辺境性を際立させる要因となっている。

　極東の面積はロシア全体の36％であるが，人口はその4.2％たらずの618.3万人（2017年初）にすぎない。極東の人口密度は1 km²あたり1.0人で（表5-4），北海道の68人／km²（2016年）よりも著しく低い。人口密度が最も高い沿海地方でも11.7人／km²に過ぎない。極東では，小規模の都市や集落が離れ離れに存在している。

　さらに極東では1992年以降人口減少が続き，2017年初時点までに約186万人減少（23％減）した。これは人口減少が問題視されているロシアの中でも，際立った問題である[23]。この要因はすでに1980年代に始まった人口の流出にある。最近の2000〜2017年における人口減少は73万人であったが，このうちの約50万人は人口の純流出によるものである[24]。人口流出の主な理由は，インフラの未発達

---

23) ロシアの総人口は1996〜2009年にかけて572万人減少し，その後は増加傾向が見られる。2010〜2017年の間に163万人増加し，Rosstat が公表している中位推計によると，この増加傾向は2024年まで続くが，それ以降2035年までに125万人減少すると予測されている。Rosstat ウェブサイトを参照（2017年11月15日アクセス）：http://www.gks.ru/free_doc/new_site/population/demo/progn1.xls。

24) Rosstat ウェブサイト（http://www.gks.ru/free_doc/new_site/population/demo/migr3.xls）において公表されている国内人口移動行列に基づく。極東から他の連邦管区への流出が298万人，他の連邦管区から極東への流入が249万人であった。

第5章 ロシア極東経済の構造問題と北東アジア協力

や収入の低さ，外からの食料供給への依存度の高さにある。

　国の中心地からの距離と域内の都市間・集落間の距離の長さは輸送コストの大きさに跳ね返ってくる。平均貨物輸送距離（2010～2012年）は，ロシア全体では600 km だが，極東地域ではほぼ2倍の1104.6 km である（Bardal' 2014, p. 159）。単位距離当たりの輸送単価が同一であっても[25]，長距離輸送が高輸送費につながり，地元企業や消費者の負担を増大させ，地域経済発展の足かせになっていると考えられる。このような輸送コストの高さは後述する「極東発展戦略」においても問題点として認識されている。

　極東の地理的な問題はエネルギー供給面で最も顕著に表れている。現在，長距離の送電線建設が正当化しえない遠隔小規模都市や集落では，独立電源（ディーゼル発電機等）による電力供給が行われている。その燃料輸送コストがかさむため，発電原価が13～18ルーブル /kWh にもなることがあり，こうした場合一般的な家庭用電力料金水準（2～3ルーブル /kWh）との差額は財政により補償されている（Voropai and Saneev eds. 2011, p. 35）。

　しばしば「ロシアは人口1億人を超える大市場である」と言われる。しかし，極東地域は，人口と経済活動（GRP）の8割以上が集中するウラル以西の欧露部から遠く離れている。ロシアの中心地域との業務連絡に支障をきたすことは，極東の企業による国内市場開拓を困難にする。ロシアの大きな国内市場は，欧露部やEU に所在する企業にとっては確かに魅力的であるが，極東企業にとってはそうではない。そのため，前節で見た家計消費主導の経済成長も極東経済にとっては容易ではないという構造的な問題がある。

5　北東アジアの国際経済関係と極東開発政策

　国内市場の中心から遠く離れたロシア極東の地域経済を発展させていくためには，国外近隣地域との経済連携の強化が一層重要となることは必然的である。この際に前面に出てくるのが，地域に賦存するエネルギー・燃料をはじめとする資源の戦略的な活用である。現に展開中の極東発展政策においてもこのことは認識

25）輸送運賃単価に関わる統計データは入手できなかったが，消費者物価では極東がロシア平均より2割以上高いことから，輸送単価が高めであることは十分想定されうる。

223

されており，極東地域の優位性は豊富な資源賦存に加えて，アジア太平洋地域への近接性にあると強く意識されている。

　本節では，はじめにロシアと北東アジア諸国との経済関係を紹介し，それを踏まえたうえで極東地域の開発政策を地域経済協力の観点から検討していく。

5.1　ロシアと北東アジア諸国の経済関係

　ロシア極東と北東アジアの隣国との間には既に緊密な経済関係が構築されている。2016年のロシア全体の貿易総額を国別シェアで見ていくと，最大の貿易相手国である中国は14.1％，日本は7位の3.4％，韓国は9位の3.2％のシェアを占めており，その経済的な重要性は明らかである。さらに極東の貿易総額の国別シェア（2016年）を見ると，これら3国のシェアは圧倒的に大きく，中国25.1％，韓国22.6％，日本21.3％であり，極東における3国の重要性は一層大きい（ERINA 2018）。日中韓が極東貿易の約7割を占め，貿易相手国トップ3である状況は，この10年間続いている。

　「アジア太平洋地域への統合」や，より一般的には「ロシアの東方シフト」といった言葉で各種政策文書において言及されているように[26]，ロシアは将来的にもアジア太平洋地域における地域協力プロセスを通して自国の存在感を高めていきたいと考えている。ロシア政府は，極東地域に対してアジア太平洋地域への統合の接点としての役割を期待しているのである。

　しかし，現時点で地域的な経済連携の枠組みへのロシアの関わりは限定的である。ロシアは1998年からアジア太平洋経済協力（APEC）に参加しているが，アジア開発銀行（ADB）にも入っておらず，東アジア地域包括的経済連携（RCEP）の協議には参加していない。他方，ロシアは旧ソ連諸国を取り込む形での地域的な経済統合を模索してきた。2001年にベラルーシや中央アジア諸国と共に「ユーラシア経済共同体」を設立，2010年にはロシア・カザフスタン・ベラルーシの3カ国で「ユーラシア関税同盟」を設立し，単一市場の構築を進めてき

26）アジア重視姿勢の背景には，欧州ソブリン危機の発生に伴う欧州市場の資源需要減少やエネルギー市場への新しい規制の導入（Minakir 2017），EU側のエネルギー安全保障政策の転換（蓮見 2017）もある。このような状況の変化により，欧州向け資源輸出を増大させることが将来的に期待できなくなりつつあり，ロシアにとって新しい経済的な空間として中国を含む東方アジアが登場するようになった。

224

た。2015年1月1日に発足した「ユーラシア経済連合」はこの関税同盟がロシア，ベラルーシ，カザフスタン，アルメニア，キルギスの5カ国に拡張されたものである。

これに対して，北東アジア諸国の側でも，地域の経済協力にロシアを取り込む動きの足並みはそろっていない。中国は，輸送インフラを整備し，中国から欧州やアフリカへとつながる経済圏を構築しようと「一帯一路」構想を展開している。韓国もまた朴槿恵（パク・クネ）政権下で「ユーラシア・イニシアチブ」構想のもとで中ロとの経済連携を独自に強化しようとした。日本は，アジア太平洋の10カ国と共に環太平洋パートナーシップ（TPP）に関する米国抜きの新協定「TPP11」の合意文書に正式に署名したが，この枠組みにはロシア・中国・韓国のいずれの国も参加していない。

以下では，ロシアにとって，そして極東にとって特に重要な経済パートナーである日本，中国，韓国との経済連携強化に向けた最近の政策動向を簡単に整理しておく。

日本

2016年5月に日本の安倍晋三首相はロシアを訪問し，ウラジーミル・プーチン大統領に対して8項目の協力プランを提示した[27]。プーチン大統領はこれを歓迎し，プランの具体化に向けた努力が開始された。同年12月にプーチン大統領が訪日した際には，経済分野において官民合計で80件の協力覚書等の文書が署名された。

協力プランは，①健康寿命の伸長，②快適・清潔で住みやすく，活動しやすい都市作り，③中小企業交流・協力の抜本的拡大，④エネルギー，⑤ロシアの産業多様化・生産性向上，⑥極東の産業振興・輸出基地化，⑦先端技術協力，⑧人的交流の抜本的拡大，という8項目からなる。極東地域自体が一つの独立した項目であるほか，エネルギーをはじめ，極東と密接にかかわる項目が多く，両国が極東地域での協力を重視する姿勢が見て取れる。

27）経済産業省「通商白書2017」を参照：
　　http://www.meti.go.jp/report/tsuhaku2017/2017honbun/i3320000.html。

中国

2013年に習近平政権は「一帯一路」構想を提唱し，中央アジアと欧州を結ぶ「シルクロード経済ベルト」と，東南アジアとアフリカを結ぶ「21世紀海上シルクロード」を建設し，国際的な経済連携を強化させ，同時に国内の地域発展を促進しようとしている。また，このインフラ整備を資金面から支えるツールとして，中国単独の「シルクロード基金」や，国際機関「アジアインフラ投資銀行」（AIIB）を設立した。

問題は，「一帯一路」構想とロシアの進める「ユーラシア経済連合」の利害が，とりわけ中央アジアにおいて対立する点にある。中国の構想には，上海協力機構を活用した経済協力が思惑通りに進まない現状に対応した中国側の新たな中央アジア取り込み戦略の側面があり（塩原 2017，42頁，57-58頁），中央アジアを舞台としたユーラシアにおける中ロの影響力を巡る競争の側面もある（Valdai Discussion Club 2017）。

ロシアは，ウクライナ紛争に関係した欧米諸国からの経済制裁への反応として，またユーラシア経済連合内における経済統合が停滞している現状において，東方シフトを政策的に進めていくために，「大ユーラシア・パートナーシップ」という概念を新たに提唱し，中国の構想との連携を図っている（ibid.）。2016年5月のプーチン大統領と習国家主席との首脳会談では，「ユーラシア経済連合」と「シルクロード経済ベルト構想」の連携を図ることでも合意した。両国は，牽制と協力が入り混じった複雑な関係にある。

韓国

ユーラシア・イニシアチブは朴槿恵（パク・クネ）政権が提起し，「一つの大陸」，「創造的な大陸」，「平和な大陸」のスローガンのもとで，ユーラシア諸国において輸送，エネルギー，貿易の統一的なネットワークを構築し，韓国経済の成長を促そうとする構想であり，特にロシアとの経済協力の強化に強い関心が向けられていた。韓中，韓ロの首脳会議でこの構想を一帯一路やロシアの東方シフトと連携させることが合意されている（新井 2016，78頁）。

続く文在寅（ムン・ジェイン）大統領は，「新北方政策」を推進している。ウラジオストクにおいて開催された東方経済フォーラムの場（2017年9月7日）において，プーチン大統領と，両国関係の発展や北朝鮮の核開発問題に共同で対応

する方法などに関して議論し，経済協力のための5つの覚書（MOU）を締結した。また，この会合において，文大統領は，相互経済協力をはかる「9つの架け橋」戦略を構築することを提案した。具体的には，天然ガス，鉄道，港湾，電力，北極海航路，造船，雇用，農業，漁業の9分野における経済協力を意味する。韓ロ両国は，外交関係が成立して30周年に当たる2020年までに，2国間貿易の規模を300億ドルに拡大し，また100万人以上の人的交流を行うことによって，経済協力プロジェクトを活発に推し進めることに合意した[28]。さらに，9月4日に行われた韓ロ共同経済委員会における協議を踏まえて，ユーラシア経済連合の枠組みにおいて両国のFTAを進めていくことが合意された。

　さらに，これに先立つ8月末には，大統領に直属する機関として北方経済協力委員会が設立されている。この委員会は，ロシアや中国をはじめとするユーラシア北部の諸国と連携し，北極海航路，朝鮮半島縦貫鉄道とシベリア横断鉄道の接続，韓ロガスパイプラインの接続，北東アジアスーパーグリッドなどの事業を進めることになる見通しである。

5.2　極東開発政策[29]

　プーチン大統領は2013年末の大統領年次教書の中で，極東開発の重要性を強調し，「シベリア・極東の振興は21世紀を通しての国家最優先課題だ」とまで述べている。この極東開発の進め方自体は「2025年までの極東およびバイカル地域の社会経済発展戦略」（以下，極東発展戦略）において示されている（Government of Russia 2009b）。この文書は，極東・バイカル地域への人口定着という地政学的課題の実現を戦略的目標に設定しているが，このこと自体が極東の人口減少の深刻さを反映している。ただし，実際に展開されている極東開発政策は，人口定着を目標としつつも，その主眼を資源・エネルギーインフラの整備と交通基盤の構築に置いたものとなっている（雲 2015，62頁）[30]。

---

28) Sojung, Yoon, "Korea is best partner for developing Russian Far East," *Korea. net Gataway to Korea,* September 7, 2017: http://www.korea.net/NewsFocus/policies/view?articleId=149018. 首脳会談後の記者会見において，文大統領は，「ロシア極東は，ロシアの新しいアジア政策と韓国の新しい北方政策が出会う場所である」と述べている。

29) 極東開発政策の進捗状況については新井［2011；2017b］，堀内［2017］，および新井・志田［2018］を参照。

一方で，日・中・韓等の北東アジア諸国もまた天然資源の供給源と大陸間輸送の拠点としての役割をロシア極東に期待している。人口規模が小さく，人口密度が低い極東は販売市場としての魅力を欠いており，労働集約型産業の発展への制約も大きい。知識集約型産業や観光業などの一部のサービス産業については，一定程度の発展は可能であろうが，地域の基幹産業にはなるとは考え難い。資源賦存とヨーロッパとアジアにまたがる国土の東端という地理的な位置付けが，極東地域の発展方向を規定する比較優位である。

　以上で述べてきた極東の地理・資源・市場という初期条件を踏まえて，極東開発が目指すべき方向と政策をより具体的に検討し，最後に問題を指摘したい。

資源部門：天然資源の加工・供給

　第1の方向は，天然資源供給源としての機能を強化しつつ，資源生産物の付加価値を高めることである。資源加工産業の振興を通じて高付加価値商品を生産し，域外へ供給することによって，地域経済の発展に貢献することが目的となる。鉱業部門の発展自体は大きな雇用創出効果をもたらさないが，資源関連の製造業の発展には地域雇用の拡大を通じた経済波及効果が期待できる。それと同時に，出荷製品の加工度が高まることによって，国際市場における資源価格下落から地域経済が受ける影響を緩和することが期待できる。これらの商品は，第一義的には域内および近隣市場に向けて供給されることになる。

　現実に，「ロスネフチ」社は，ナホトカ市近郊で大規模な石油精製・石油化学コンビナートを建設する構想を持っている。そこでは2009年に開通した東シベリア−太平洋（ESPO）パイプラインで輸送される原油を使った石油製品や石油化学製品の出荷が計画されている。また，「ガスプロム」社は中国向け天然ガス輸出のために建設中の「シベリアの力」パイプラインの沿線のアムール州にガス精製工場の建設を進めており，そこで分離されたエタンは化学工業の「シブル」社が同じくアムール州において構想しているガス化学工場に供給される計画である。さらに，ナホトカ市近郊に天然ガスを原料とした肥料工場を建設する構想もある。

30）雲［2015, 62頁］は，当時の政策文書には，雇用の確保と拡大による住民の定着化という目的が示されているが，それ以外に人口問題に関する記述はほぼない，と指摘し，従来の地域平準化政策ではなく，投資効率重視の戦略方針に転換したとして肯定的に評価している。

事業主体の「ナホトカ肥料工場」社は，2016年12月のプーチン大統領訪日の際に，国際協力銀行（JBIC）と協力協定を結んだ。

　ただし，これらの加工工場がアジア太平洋市場において競争力をもつ製品を生産できるか否かという点には注意が必要である。前述の通り，ロシアの製造業は輸入代替を進めることができるかどうかというハードルに直面している。これに対して，周知の通り東アジア諸国は工業製品に関して厳しい市場競争をしており，ハイエンド製品からローエンド製品まで新規参入者が入る余地はほとんどない。中途半端に加工することで，原料輸出品よりも価格競争力が低下するような事態は避けなければならない。

　ここで教訓にすべき前例は，木材輸出に係る政策である。ロシア政府は，未加工原木から加工製材への輸出構成のシフトを企図し，2000年代後半に丸太の輸出関税をそれまでの6.5%から，2007年7月1日に20%へ，2008年4月1日に25%へと引き上げた（2009年1月1日の80%への引き上げ予定は中止された）。この結果，丸太の輸出が減少したことは当然の帰結だが，この政策が極東の木材加工産業振興につながらなかったことは想定外であった。極東地域の丸太生産（≒伐採量）は2000年代に増加傾向を示し，2007年には1624万 m^3 に達していたが，2009年以降はこれを大きく下回る1100〜1200万 m^3 水準で推移している。日本のロシアからの輸入額を見ると，関税引き上げ直後に，丸太のみならず製材までもが減少している。その後，製材輸入は増加傾向にあるものの，両者を合算した合計額としては2007年のピークの半分以下にとどまっている（図5-9）。結果として，ロシア極東は日本市場を失った形となった。実際には，事情はより複雑で，「多くの日本企業が中国国境地域において木材加工企業を設立して，ロシアから輸入した丸太の加工を行っている」（封 2012, 235頁）。背景には，90年代から2000年代にかけてロシア極東で木材加工を手掛けた日本企業が現地でのトラブル等で撤退せざるを得なくなった事例が続いたことがある。日本企業としては，輸入丸太を日本で加工するのが第1の選択肢であり，それが無理なら，ロシア以外の相対的に投資環境が良い（と考えられている）中国で加工して輸入することが第2の選択肢であった。この間，ロシア企業自身で加工品を製造・輸出する努力も行ったが，日本市場で成功を収めるには至っていない。一連の経緯は，ロシアの政策が中国の木材加工産業を振興するという皮肉な結果となった。

　天然資源という宝を磨くためには，外国からの高度な加工技術を導入する必要

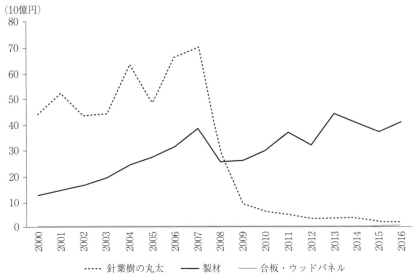

図5-9 ロシアからの木材輸入

(出所) 財務省貿易統計

がある。ここでの「高度技術」は，必ずしも高性能，高品質の製品を生産する技術を意味しない。普及品レベルの製品を低コストで安定的に生産する技術であっても構わない。重要なのは，主要市場をよく知る日本，中国，韓国，台湾などの企業との協力を深めることである。

　その際，加工業発展のための原資として，天然資源から得られる収入を活用すべきである。現状では，関税をはじめ，鉱物資源利用税など，天然資源に由来する税収の多くの部分が連邦財政の収入となる。また，グループ企業内での取引を通じて，利益がモスクワ等に移転されて，その分だけ法人利潤税が域外に流出しているケースもあると見られる。ロシアにも地方財政平準化のための財政資金の移転制度はあるものの，天然資源に帰属すべき税収を還元するという趣旨では制度設計されていない。こうした中，資源の加工度を高めるための投資に，天然資源から得られる税収を直接的に投下できるような仕組みづくりは一考に値するものと考えられる。

輸送部門：トランジット輸送拠点

　次に，極東地域における運輸業の役割を検討する。極東地域の産業別GRP構成（2015年）を見ると，運輸・通信のシェアは12.7%（ロシア全体では9.4%）を占めている。また，雇用面では，運輸・通信が就業者数に占めるシェア（2015年）は10.5%（同8.0%），通信を除く運輸部門だけで8.9%（同6.8%）となり，商業部門18.3%に次ぐ大きな部門となっている。極東では運輸部門は，付加価値の源泉と雇用の受け皿の両面で地域経済に大きく貢献している。ただし，高い輸送費はコストアップ要因として地域産業の発展の足かせとなることは既に指摘した通りである。つまり，極東における運輸部門は二律背反的性格を持っていることになる。

　したがって，極東の主要産業の１つである運輸部門を単純に拡大させれば地域経済が発展するということにはならない。例えば，トランジット（通過貨物）輸送の貨物の取り扱いを増加させれば，その輸送費収入は地元経済にとっての純収入となるので，そのような形での運輸産業の拡大は地域経済発展に寄与する。逆に，極東地域内もしくは極東地域発着の貨物に関していえば，単純に輸送量の増加に伴って運送業者の売り上げを増えるというのでは，あまり意味がない。運送業の効率改善により輸送単価が下がり，その分，出荷する製品の価格競争力が高まって販売量が増加することが望ましい。販売量（＝輸送量）の増加の効果が輸送単価低下の影響を上回れば，増収にもつながる。

　トランジット輸送の対象として想定される輸送路は，大きく分けて２つある。１つは欧露部や中央アジア等へのシベリア鉄道経由のユーラシア横断トランジット輸送である。もう１つは中国東北など内陸部北東アジアへの域内トランジットである。

　いずれのルートにおいてもインフラ整備やサービスの向上などが図られつつあるが，いまだに問題も多い[31]。特に，日本発着貨物に関しては，日ロ間の海上輸送路に大きな問題がある。現在，日本からロシア極東へのコンテナ輸送では，10日前後も日数がかかりながら，運賃は中国向けの何倍もの水準だったり，場合によっては欧州までの海上運賃に近いくらいの水準だったりすることもあるようだ。鳥取県境港からウラジオストクへのフェリー航路や，新潟県が検討している

---

31) GTI［2013; 2014］，環日本海経済研究所［2015］，辻［2017］，新井［2017a］等を参照。

ロシア沿海地方への航路など，輸送日数が短い航路（2日程度）を育てていく努力が必要だろう。

　トランジット輸送には，国際輸送や国境管理制度を整備・運用する政府機関，インフラを建設・運用する政府や企業，輸送サービスを提供する運送業者，そのサービス利用する荷主企業など幅広い関係者が存在する。第7章で触れられるように大図們江イニシアチブ（GTI）という国際協力枠組の下での協力が進められつつある。シベリア鉄道やボストーチヌイ港をはじめとする主要港湾など，既存インフラを持つロシアが調整者の役割を積極的に担うことは，アジア太平洋地域の統合を進めるというロシアの国策にも合致しよう。

極東発展戦略の政策意図と実際：「先行発展区」に関して

　極東発展戦略では，地域の地理的制約を前提として，「先行的成長地域の潜在力を実現する」方針が打ち出されている。この際，あるべき地域経済空間構造は「（相対的に交通利便性が高い）シベリア鉄道沿線に，経済活動を集約」したものだと考えらえる[32]。しかし，政策意図と現実には，2つの面で乖離がある。1つは，集約先が必ずしもシベリア鉄道沿線ではないことであり，もう1つは集約プロセスの中で大きな位置を占めるはずの「撤退」の面が置き去りにされていることである。

　極東発展戦略に示された考え方は，2015年から「先行発展区」（TOR）という特区制度として施行されている。2017年3月までに15カ所が指定されたが，このうちシベリア鉄道沿線は8か所にとどまっている。「条件有利地への産業の集約」と「資源開発拠点の遠隔地立地という例外」と「非経済面（政治，安全保障等）を考慮した産業配置」との3つの要素が未整理のまま一つの制度として運用されているように見える。

　「先行発展区」など特区制度を通じた集約手法は，産業を導入，強化する側を対象としている。しかし，これだけでは，小都市・集落が分散しているという非効率な空間構造は温存されてしまう。孤立居住地の縮小や解消が，政策的な選択肢として検討されてしかるべきである。この関連では，かつて世界銀行の支援に

32）例外となり得るのは，距離に由来するコストを補償しうるだけの価値を持つ資源の採取（場合によっては一定程度の加工）産業である。

より実施された極北地域のリストラを目指すパイロット事業が参考となる。極東ではマガダン州のススマン地区が対象となり，2002年から2006年までの期間中に４集落の全住民が転出するなど，計1427世帯，3333人が補助金を受け取って転居した。これにより公共サービス関連の財政支出が削減できたという（Accounts Chamber of the Russian Federation 2007, pp.28, 39）。

ところが，最近展開されているのは，極東の遊休地への移住者に１人当たり１ヘクタールを無償提供するという政策である。これはややもすると，非効率的な空間利用を促すことにもなりかねない。遠隔地小規模集落からの「撤退」と成長拠点への「集約」が両立するような形の政策展開になっていない。

6　おわりに

本章では，ロシア極東の構造問題とその克服における北東アジア経済協力の役割に関して検討してきた。極東地域には天然資源が賦存するがゆえに生じる負の影響や，辺境・遠隔・低密地であるがゆえの低成長という構造的な問題がある。今後，極東地域の経済開発と構造問題の解決を進めていくためには，豊富な資源を活用しないという選択はない。ロシアの中心的な消費地や欧米の市場から遠く離れて立地する極東にとって，アジア諸国，とりわけ日本，中国，韓国といった北東アジア諸国の大市場を志向し，これらの諸国との地域的な経済連携を強化していく以外の方法はとりえない。

これまでは，天然資源に由来する収益の多くの部分は財政や輸送・商業マージンとしてロシア中央へと吸収され，極東地域に残される部分がわずかであった。また，資源産業は雇用創出面においても，地域への還元は大きいとは言えない。このような状況を克服し，極東地域経済を発展に導くためには，資源を活用しながら，高付加価値産業の振興を図ることが必要である。その際，資源からの収益を直接的に地域発展に投資できるような仕組みづくりも一考に値しよう。

ロシア政府は，石油価格の低迷と欧米市場の需要後退，そしてEUの安全保障戦略の転換，さらにはウクライナ紛争に関係した欧米諸国による経済制裁の導入という国際経済環境の悪化を受けて，東方シフトを政策的に展開している。この際，ロシアとアジア諸国を結ぶ結節点として期待されているのが極東地域である。この観点からは，資源加工とアジア市場への輸出に加え，極東ロシアを地域の輸

送ネットワークの拠点となるように発展させることも重要である[33]。

参考文献

Accounts Chamber of the Russian Federation［2007］*Otchet o rezul'tatakh kontrol'nogo meropriiatiia "Provedenie proverki effectivnosti i tselesoobraznosti ispol'zovaniia zaima MBRR za 2001-2006 gody na realizatsiiu pilotnogo proekta sotsial'nogo restrukturirovaniia raionov Krainego Severa".*

Bardal', A.［2014］"Transportnyi kompleks regiona v usloviiakh vstupleniia Rossii v VTO Dal'nii Vostok," *Prostranstvennaia ekonomika*, No.1, pp.153-175.

Connolly, R.［2016］"Toward Self-Sufficiency? Economics as a Dimension of Russian Security and the *National Security Strategy of the Russian Federation to 2020*," *Russian Studies*, No. 01/16.

Connolly, R. and P. Hanson［2016］"Import Substitution and Economic Sovereignty in Russia," Russia and Eurasia Programme, Research Paper, June 2016.

EBRD［2016］*Transition Report 2016-17: Transition for all: Equal Opportunities in An Unequal World.*

Frankel, J.［2010］"The Natural Resource Curse: A Survey," *NBER Working Paper*, No. 15836.

Government of Russia［2009a］*Energeticheskaia strategiia Rossii na period do 2030 goda*［rasporiazhenie pravitel'stva Rossiiskoi Federatsii ot 13 noiabria 2009 goda No. 1715-r］.

Government of Russia［2009b］*Strategiia sotsial'no-economicheskogo razvitiia Dal'nego Vostoka i Baikal'skogo Regionana period do 2025 goda*［rasporiazhenie pravitel'stva Rossiiskoi Federatsii ot 28 dekabria 2009 goda No. 2094-r］.

Gluschenko, K. and M. Karandashova［2016］"Price Levels across Russian Regions," *MPRA Paper* 75041.

Gurvich, E. and I. Prilepskii［2016］"Vliianie finansovykh sanktsii na Rossiiskuiu ekonomiku," *Voprosy ekonomiki*, No. 1, pp.5-35.

GTI［2013］*Integrated Transport Infrastructure and Cross-border Facilitation Study for the Trans-GTR Transport Corridors: Regional Summary Report*, GTI.

---

33) 本章に深く関係するロシア極東経済の現状と経済政策の展開に関して，新井・志田［2018］において，最新の情報（2018年4月現在）をより詳細にアップデートしている。

GTI［2014］*Evaluation Study on the Sea-Land Routes in Northeast Asia*, GTI.

Kuboniwa, M.［2016a］"The Impact of Oil-Shocks, Counter-Shock Policies and Institutions on the Decreasing Growth in Russia," paper presented at the *ASSA 2016 Annual Meeting*, San Francisco, January 3-5, 2016.［mimeo］

Kuboniwa, M.［2016b］"Can Russia's Military Expansion be Impossible Mission Force for its V-Shaped Growth Recovery under Declining Oil Prices?" *RRC WP*, No. 64.

Kuboniwa, M., S. Tabata, and N. Ustinova［2005］"How Large is the Oil and Gas Sector of Russia? A Research Report," *Eurasian Geography and Economics*, Vol. 46, No. 1, pp .68-76.

Minakir, P.［2017］"'Turn to the East' Policy: Myths and Realities," paper presented at ERINA International Workshop *Northeast Asian Structural Reform and Regional Cooperation* held at Ito International Research Center, University of Tokyo, 13-14 September 2017.［mimeo］

Minakir, P. and V. Sergienko eds.［2011］*Sintez nauchno-tekhnicheskikh i ekonomicheskikh prognozov: tikhookeanskaia Possiia – 2050*, Vladivostok: Dal'nauka.

Valdai Discussion Club［2017］*Reshaping Eurasian Space: Common Perspectives from China, Russia, and Kazakhstan Think Tanks*, Joint Report, July 2017.

Voropai, N.I. and B.G. Saneev eds.［2011］*Vostochnyi vektor energeticheskoi strategii Rossii: sovremennoe sostoianie, vzgliad v budushchee*, Irkutsk: Melentiev Energy Systems Institute.

朝妻幸雄［2014］「経済制裁とロシア経済への影響」『ロシア・ユーラシアの経済と社会』985号，pp.32-48。

新井洋史［2011］「ロシア極東地域の地域開発政策の展開状況」『ERINA REPORT』No.101，pp.18-48。

新井洋史［2016］「ユーラシア物流の台頭と新たな日本海物流の胎動」『運輸と経済』2016年12月号，pp.77-83。

新井洋史［2017a］「東に向くロシア―整備が進む極東の物流・エネルギーインフラ」，伊集院敦・日本経済研究センター編『変わる北東アジアの経済地図: 新秩序への連携と競争』文真堂，pp.10-39。

新井洋史［2017b］「極東開発の進展」国際問題研究所『アジア太平洋地域における経済連携とロシアの東方シフトの検討』［平成28年度外務省外交・安全保障調査事業］，pp.69-82。

新井洋史・志田仁完［2018］「変化した国際環境におけるロシアの経済戦略：東方シフトと極東地域開発の政策展開」ERINA Discussion Paper, No.1804.

岩﨑一郎・鈴木拓［2005］「体制移行・企業収奪・国家捕獲：旧ソ連諸国の実証分析」IER ディスカッションペーパー（A）No. 465, 2005年8月改訂版。

岩﨑一郎・菅沼桂子［2014］『新興市場と外国直接投資の経済学—ロシアとハンガリーの経験—』日本評論社。

岡田進［2015］「新たな危機を迎えたロシア経済」『ロシア・ユーラシアの経済と社会』992号, pp.31-44。

岡田進［2017］「2015-16年ロシアの経済危機：原因・対策・展望」『ロシア・ユーラシアの経済と社会』1013号, pp.2-16。

環日本海経済研究所［2015］『日本～ロシア～中国複合一貫輸送の拡大に向けて～日中共同研究報告書～』

環日本海経済研究所広報・企画室（ERINA）［2018］『北東アジア経済データブック2017』

久保庭眞彰［2009］「ロシア経済の成長と多様化」『経済研究』第60巻第1号, pp.1-15。

久保庭眞彰［2010］「「ロシア病（Russian Disease）」の病理と診断—成長と構造の再検討—」『経済研究』第61巻第3号, pp.261-285。

久保庭眞彰［2011］『ロシア経済の成長と構造』岩波書店。

久保庭眞彰［2012］「ロシア経済と石油」『経済研究』第63巻第2号, pp.128-142.

雲和広［2011］『ロシアの人口問題』東洋書店。

雲和広［2015］「ロシアの経済発展とシベリア極東開発」『ロシア・ユーラシアの経済と社会』1000号, pp.52-64。

金野雄五［2009］「金融危機下のロシア経済～金融危機深刻化の構造と政策対応」『みずほ総研論集』2009年第II号, pp.61-90。

金野雄五［2012］「ロシアにおける金融危機と政策対応」『比較経済研究』第47巻第1号, pp.39-50。

塩原俊彦［2017］「中ロ協力の現状と問題点」『ロシア NIS 調査月報』2017年11月号, pp.42-65。

菅沼桂子［2010］「ロシアの地域経済発展と外国投資」RRC WP, No.23。

杉本侃［2015］『サハリンの石油天然ガス開発：日ロエネルギー協力の歴史と期待』日本評論社。

田畑伸一郎［2006］「ロシア経済構造の変容（1991～2005年）」『経済研究』第57巻第2号, pp.136-150。

第5章　ロシア極東経済の構造問題と北東アジア協力

田畑伸一郎［2012］「2000年代のロシアの経済発展メカニズムについての再考」『経済研究』第63巻第2号, pp.143-154。

田畑伸一郎［2016］「ロシア経済の変動：新しい成長モデルの模索」『比較経済研究』第53巻第2号, pp.9-22。

田畑伸一郎［2017a］「ロシア経済に対する制裁の影響［2014～2016年］」『CISTEC Journal』第167号, pp.136-143。

田畑伸一郎［2017b］「底を打ったロシア経済：2016年の成長と財政の実績」『ロシアNIS調査月報』2017年5月号, pp.1-22。

辻久子［2017］「シベリア・ランドブリッジの利用促進へ向けて」『ロシアNIS調査月報』2017年2月号, pp.92-95。

西村可明［2012］「北東アジアの発展と今後の課題：北東アジア経済発展国際会議20周年によせて」『北東アジアの直面する課題と国際協力』日本評論社, pp.3-49。

西村可明・岩﨑一郎・杉浦史和［2007］「ロシア経済体制転換の15年：回顧と展望」『世界経済評論』,（上）：51（11）, pp.23-30；（下）：51（12）, pp.30-44。

蓮見雄［2017］「欧露関係の変化とロシア東方シフトのゆくえ」『立教大学経済研究所年報』2017年7月, pp.5-9。

服部倫卓［2015］「輸入代替に掛けるロシア」『ロシアNIS調査月報』2015年5月号, pp.88-90。

服部倫卓［2017］「ロシアの「輸出志向輸入代替」は奏功するか」『ロシアNIS調査月報』2017年5月号, pp.48-59。

封安全［2011］「環オホーツク海地域における木材の生産と貿易」田畑伸一郎・江渕直人［編著］『環オホーツク海地域の環境と経済』北海道大学出版会, pp.221-243。

堀内賢志［2017］「ロシア極東開発省の政策とリーダーシップ：民間投資誘致と人的資本の発展」『ロシア・ユーラシアの経済と社会』1020号, pp.2-23。

溝端佐登史［2012］「ロシア経済危機再考」『北東アジア研究』第23号, pp.79-115。

■第6章■ モンゴルの経済発展と 北東アジア協力—1990〜2016年

エンクバヤル・シャクダル

1 はじめに

モンゴルは，国土面積156億4100万 km²，人口310万人，人口密度 2 人／ km² の世界で最も人口密度の低い国である。土地面積の広さは世界で18位，アジアで 5 位である。陸に囲まれた国としては世界48カ国中で第 2 位の広さをもつ。厳しい大陸性気候で四季がはっきりと分かれる。

モンゴルは世界で 2 番目に成立した旧社会主義国家であり，70年余りの一党独裁が続いた後，1990年から市場経済化という後戻りできない道を歩み始めた。1990年に最初の自由選挙が行われ，1992年に初めての民主憲法が承認された。憲法には，国民の最終目標は人民の民主社会の建設であると謳われた。このような政治環境の民主化は，モンゴル近代史とその経済発展過程において極めて重大な転換点となった。

政治および経済政策に対する旧ソビエト連邦の影響力が低下したモンゴルは，主要な経済政策課題に応えるために，国際通貨基金（IMF），世界銀行，アジア開発銀行（ADB）などの国際金融機関によって推奨された一連の経済改革を積極的に進めた[1]。1991年に IMF，世界銀行，ADB に，そして1997年には世界貿易機関（WTO）に加盟した。

この移行期にモンゴルで導入された経済政策は，価格と貿易自由化，金融自由化，民営化，規制撤廃，小さな政府などで特徴づけられる「新自由主義」政策パ

---

1 ）例えば世界銀行のスタンドバイ，拡大構造調整ファシリティー（ESAF），貧困削減成長
　ファシリティー（PRGF）の支援を受け，貧困削減戦略ペーパー（PRSP）を作成し経済発
　展計画を打ち出してきた。

ッケージの典型的な一例と言える。しかし，このような政策が短期間で急激に導入されたことから，しばしば望ましくない結果につながった。経済収縮，成長の鈍化，失業，貧困，格差がみられることになった。鉱物資源と家畜資産に恵まれているとはいえ，国民の４分の１以上が貧困状態にあり，移行から30年近く経った現在も安定的な経済成長が実現されていない。

2　経済体制移行に伴う経済諸改革とモンゴル経済の構造

　経済改革初期の最優先課題は市場経済の基礎を築くことであり，政府はできるだけ多くの活動を民間部門へ移譲し，規制の多くを早急に撤廃して管理する「ショック療法」を採用した。経済体制移行にあたり，政策当局は次の２つの面での一連の政策を同時に実行した。第１は，マクロ経済上のバランスの回復，価格と貿易の自由化，単一の変動為替レートの導入，厳格な賃金と信用の管理，補助金の廃止，社会的セーフティネットの構築などだった。第２は，国有部門資産の民営化，財産権の保証，企業の再構築，財政・金融制度の改革，法制度の整備，独占体の管理，外国投資の奨励，教育・保健部門の改革など，構造変化に向けた諸改革だった。移行段階の優先課題として，マクロ経済の安定化，投資と貯蓄の増加，経済・社会インフラの開発，輸出の促進，競争力の強化，経済成長の確保が明確に示された。

2.1　価格自由化とインフレ

　1990～1992年に最初の民主政権によって打ち出された価格・貿易の自由化，新たな銀行・金融制度の導入，民営化などの改革プログラムは，民間部門に基づく市場志向的な経済発展への基礎を築いた。

　1991年以前は，すべての生産物について，価格標準化国家委員会の決定を通じて政府が直接価格を決定し，世界価格と国内生産コストの差を国家予算からの補助金で賄っていた。1991年１月に通過した第20号決議は，モンゴルの価格自由化を進める最初の急進的な一歩となった。ここでとられた方策は通貨規模の変更と呼ばれたが，実際はモンゴル通貨トゥグルグの２分の１の切り下げだった。その結果，銀行に保有するすべての現金預金と民間部門が保有する現金の実質購買力は，個人貯蓄預金を除いて，半減した。民間部門が貯蓄残高を取り戻すことに努

めたため，銀行に保有する個人貯蓄預金は倍増した。国民はこうした改革と新たな経済制度に対しある程度準備をしていたものの，突然の変更は事前の説明なしに行われたため衝撃を与えた。その後も，価格自由化に向けた一連の作業が進められた。

同時に，為替レートの自由化は金融と貿易の自由化に不可欠なものとされ，数度の通貨切り下げを伴いつつ外国為替市場が形成される中で進められた。1991年7月以降，個人及び企業は，実勢為替レートで国内通貨を外貨に自由に交換することができるようになった。ただし，すべての外貨交換所には，免許取得が義務付けられた。1990年8月には，国家銀行[2]を仲介として国営企業並びに国営・民営協同組合に向けた初めての外貨の競売が行われた。取り扱われた外貨は少額とはいえ，市場経済に向けた流れの中では重大な出来事だった（Amarjargal, 2002）。

1988年に非商業的為替レートが1ドル当たり20.00トゥグルグに設定され，1990年6月には固定為替レートが1ドル当たり3.00トゥグルグと決められた。その後，国内通貨はたびたび切り下げられたが，1993年5月に変動為替レート制が導入されて1ドル当たり約400.00トゥグルグとなった（Amarjargal, 2002）。

その後も通貨価値は大きく下がり，1999年に平均レートは1ドル当たり1022.6トゥグルグとなった。2008年までの10年間は，1ドル当たり1000トゥグルグ前後と比較的安定して推移したが，2009年に通貨価値は23.3％下がった。2010～2011年には，国内の鉱業部門に向けて大量の外国直接投資（FDI）が流入し，高い経済成長が記録されたことから為替レートは持ち直したが，その後国内通貨は再び下落した。為替レートは2012～2016年の間，年平均11.2％下がり，2016年に2145.50トゥグルグとなった（図6-1）。

広範な価格自由化と恒常的な通貨切り下げの結果，すべての財・サービスの価格が上昇し，1992～1993年にモンゴル経済はハイパーインフレに陥った。1992年のインフレ率は実に325.5％を記録した。その後，金融政策の引き締めによりインフレは減速し，1998年には10％以下に抑えられ，2002年には過去26年間で最も低い0.3％となった。しかし，2008年には，世界金融・経済危機の影響を受けて28％へと上昇した（図6-1）。

2）現在のモンゴル銀行。

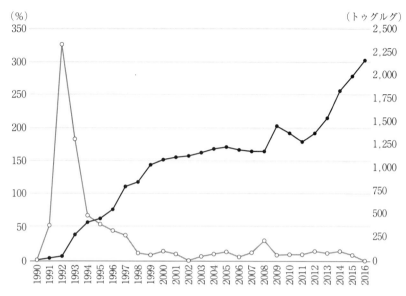

図6-1 インフレ率と為替レートの動向（1990～2016年）

―○―インフレ率(年平均)(％)(左目盛)　―●―対米為替レート(年平均,トゥグルグ)(右目盛)
(出所) モンゴル銀行及びモンゴル統計年鑑，各年版

　モンゴル経済は輸入に大きく依存していたことから，大幅な通貨切り下げが，消費財や工業中間財の価格上昇につながった。消費者物価指数（CPI）[3]を決める消費財の大半と，中間財の70～90％，そしてすべての石油製品が輸入に頼っており，これは経済体制移行が開始されてから約30年が過ぎた現在も同様である。

3）モンゴル国家統計局は，消費者物価指数（CPI）について1991年9月からIMFの手法を用いて算出している。CPI作成のための基礎指標としてラスパイレス標準指数が用いられた。基準時は，政府の第20号決議が発効された1991年1月とされた。1995年まで，CPIの計測バスケットには123の財・サービスが含まれた。1996～2000年にバスケットの中の財・サービス数は205に増え，基準時は1995年12月に変更された。2001年から，バスケットの中の数は239に増え，基準時は2000年12月に変更された。それ以降，CPIの計算には修正ラスパイレス指数が使われている。2016年現在，CPIを構成するバスケットには373品目が含まれ，基準時は2010年12月である。

第6章　モンゴルの経済発展と北東アジア協力

2.2　貿易自由化

　政府の当初の経済移行政策の中で，世界経済との統合を目指す貿易自由化が，重要な位置を占めていた。そのため，1990年代初めから，政府は貿易の国家独占の廃止と併せて，すべての輸出入数量枠と輸出入に対する国家発注制度を撤廃した。その結果，輸出先・輸入元の貿易相手国が多様化し，現在の貿易取引相手国は，世界の150カ国以上に上っている。

　1991年5月に可決されたモンゴル経済主体法により，個人事業主を含むあらゆる形態の経済主体並びに個人は，それぞれが自由に外国貿易活動を行えるようになった。同時に，すべての旧国有貿易会社は，1990年代初めに民営化された。

　1990年以前のモンゴルの対外貿易は，貿易の国家独占，中央計画価格制度，旧ソ連を盟主とした経済相互援助会議（コメコン）加盟国の間での限られた貿易を特徴としていた。その頃は，国営の外国貿易企業7社のみが，国の受注制度の下で対外貿易取引を行っていた。各社には，それぞれ対外貿易取引の形式と製品分野が割り当てられていた[4]。しかし，コメコン体制の崩壊と，旧ソ連の崩壊（1991年）による資金流入の中断により，モンゴルはそれまでの貿易相手国の多くを失った。それまでの旧ソ連からの資金流入額は，当時のモンゴルのGDPの35％に相当していた（Amarjargal, 2002）。それまではコメコン加盟国との対外貿易は振替ルーブルで行われていたが，それ以降はすべての貿易が交換可能通貨とりわけ米ドルで取引されるようになった。

　貿易政策の改革としてもう一つ重要な点は，新たな関税制度の導入である。1990年10月，関税に関する政策を実行するための関税局が設立された。1991年1月にモンゴル関税法が可決され（同年3月に発効），同年6月には一律15％の関税率表が作られ，必要に応じて輸入品の関税免除を決めることができるようになった。1990年以前のモンゴルでは，輸入関税や付加価値税は課されず，その代わり10％の取引税がすべての国内外の財・サービスに課されていた。

　モンゴルは，1991年9月に「統計品目番号（HS）に関する国際協定」に加入

　4）これら7社は，Mongolexport（貿易全般），Technikimport（機械・設備輸入），Materialimpex（建築資材取引），Avtoneftimport（自動車並びに石油製品の輸入），Raznoimport（消費財輸入），Compleximport（旧ソ連からのターンキー事業に関連する輸出入），Mongolimpex（交換可能通貨で行われる貿易全般）である。

243

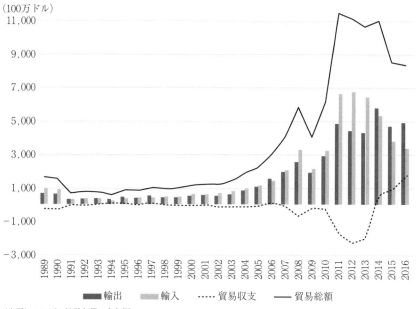

図6-2 対外貿易の推移（1989～2016年）

(出所) モンゴル統計年鑑，各年版

し、1993年1月から導入した。1991年に「関税及び貿易に関する一般協定」（GATT）への加盟を申請したことから、国際ルールに即した関税法の作成が必要となった。そのため、1996年5月に関税表及び関税に関するモンゴル法が可決され（同年7月から施行）、関税表の作成及び変更における HS 制度の利用が法制化された。

　モンゴルは1997年1月に世界貿易機関（WTO）に加入し、モンゴルの大半の関税率は20％となったが、いくつかの国内生産品目の関税率は25％かそれ以上になる場合もあった。しかし、1997年5月、政府は当時一律15％だった関税とすべての輸入品（酒類、タバコ、石油製品、自動車などを除く）に課されていた物品税を一方的に撤廃した。このことは、すでに移行ショックにより悪影響を受けていた国内の製造業企業や生産者に大きな打撃を与えた。その後政府は、1998年9月、付加価値税（VAT）を10％から13％へ引き上げて税収拡大を図った。1999年には再び一律5％の輸入関税が導入され、2000年11月には、関税率が5％から7％へ、VAT は15％に引き上げられた。しかし、2003年1月に関税率は5％に、

付加価値税は10％に戻された。2015〜2016年には，国内製造業の支援を目的に，国内で生産可能な100以上の財に対する関税率が，WTOで約束した関税率の上限にまで引き上げられた。

　政府はさらに，国際貿易の促進と対内直接投資の誘致を目的として，2002年6月，自由貿易区に関するモンゴル法を制定した。北，南，西の国境地帯に，それぞれアルタンブラグ，ザミン・ウド[5]，ツァガーンヌールを自由貿易区（FTZ）として指定したが，現在は依然として完全な実施に向け準備中である。

　モンゴルの対外貿易は，1990年代から2000年代初めにかけて総額10億ドル以下と振るわなかったが，2005年から急増し，2011年の貿易総額はモンゴル史上最高の114億ドルに達した。しかし，それ以降，鉱業品生産の「活況」が「不況」となるにつれ貿易額は下降した。モンゴルの対外貿易は慢性的な赤字に苦しんでいたが，2014年からは黒字に転じている（図6-2）。

2.3　民営化

　民間部門の成長が経済発展の基礎を強化すると考えられ，1991年に国有財産の民営化が始められたことを機に，民間部門の役割が拡大した。1991年1月にモンゴル証券取引所（MSE）が設立され，同年5月のモンゴル民営化法の採択で，国有企業等の民営化に向けた法的基盤が作られた。民営化の初期には，すべての国民に公平なかたちで等価値の投資信託証券が配布され，それを個人の選択に基づいて各種の企業，共同組合，国有農場に投資できるようになった。この法律の発効日以前にモンゴルで生まれたすべての国民が，額面1万トゥグルグ（約460ドル）相当の投資信託証券を受け取ったのである。この政策によって，1991年時点で国有財産の固定資産550億トゥグルグのうち200億トゥグルグが，220万人に分配され民営化された計算になる（Namjin, 2000b）。

　1994年9月にはモンゴル証券法が可決され，1995年の株式市場の開設と共に民営化の第二段階が始まった。1996年には国有財産委員会が設立され，1997年の国有財産に関する国勢調査に基づき，政府は1997〜2000年の民営化計画と2001〜2004年の民営化ガイドラインを採択した。前者は，中小企業・資産の売却について，後者は国内最大規模ないし最大価値の企業・資産の民営化に特化した

　5）ザミン・ウドで計画されている場所は，FEZ（自由経済区）のレベルである。

ものだった。政府は，国有財産委員会によって民営化される予定の企業と資産に
関する年間の行動計画と，民営化の方式を採択した。1997年から，民間の競売，
競争入札，経営契約による，国有企業の民営化と共同株式企業の国保有分株式の
民間売却が始まり，外国人にも開放された。また，1997年には国有住宅の民営化
も始められた。

　しかし，民営化は，しばしば望ましくない結果をもたらした。不適切な民営化
方策と移行改革でとられた不手際な手法が国内生産能力を縮小させ，軽工業（カ
シミヤ加工産業を除く）を衰退化させることとなった。モンゴルは，経済体制移
行前には国際市場で十分に競争力のあるかたちで，家畜を原料とする加工産業と
完成品製造の軽工業を発展させていたが，それらが大きく損なわれたのである[6]。

　民営化が進み新たな私有財産制に移った結果，1995年には民間部門が経済活動
の中心となり，2013年にはGDPの80％を担うほどに成長した。2005年までに，
農業，狩猟採取，森林部門は，完全に民間部門の経営に変わった。2000年代初期
以降，家畜由来の原材料の中で最も価値の高いカシミヤを供する山羊を中心に，
家畜数は大幅に増加した。また，卸売・小売業，自動車・オートバイ修理，不動
産業が，ほぼ完全に民間部門の経営となった（図6-3，表6-1）。

　鉱業及び製造業部門における民間の占める割合は，2015年でそれぞれ76.5％，
96.1％で，建設業では98.3％だった（表6-1）。エネルギー及び通信部門の商業
化も進んでいる。2002年には，モンゴル国民への土地分配法が可決され，2003年
5月1日から，一般家庭及び企業向けに土地の分配が始まった。健康，社会，教
育部門の民営化も進み，これらにおける民間部門の割合は2015年で20％以上にな
った。

---

6) 例えば，1988年に，110万ドル以上を投資（うち70％は借入で資金調達）した皮革服飾
　品・雑貨小間物製造のウヤン工場が旧ユーゴスラビアと共同で始業した。工場に設置された
　すべての機械・設備は，西側諸国の製造業者から買い付けられたもので，当時で最新の技術
　を利用して，この工場からの生産物の90％以上が，西側の最も繊細な市場を含む広範囲の市
　場に輸出されていた。工場では1500人以上が働き，1993年末まで順調に稼働した。当初の借
　入分を3カ月以内に返済し，話し合いがまとまり次第，大量の製品を米国市場に販売する予
　定だった。ところが，民営化とそれに続く経営の変更により計画は実現せず，その後，生産
　量が減少して1997年に完全に停止した。現在，工場は新たな所有者によって賃貸に出されて
　いる。

第6章　モンゴルの経済発展と北東アジア協力

図6-3　GDPに占める民間部門の割合（1999～2016年）

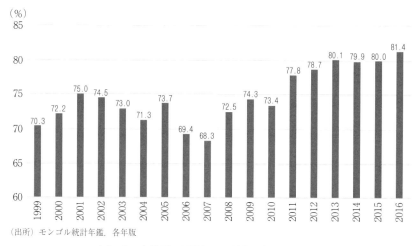

（出所）モンゴル統計年鑑，各年版

表6-1　産業別の民間部門の割合，名目価格（％）

部　門	2000年	2005年	2010年	2015年
農林業・漁業	98.0	100.0	100.0	100.0
鉱業・採石	56.6	48.0	52.5	76.5
製造業	78.7	89.5	89.0	96.1
電気・ガス・蒸気・空調	0.0	13.7	8.9	10.4
水（下水道，ごみ処理，復旧活動）		27.0	13.0	32.9
建設業	89.2	83.2	92.1	98.3
卸売・小売業，自動車・二輪車修理	88.8	99.8	100.0	99.9
輸送・保管業	57.7	53.5	69.1	60.5
情報・通信業		78.2	89.5	90.5
宿泊・食事提供	91.7	99.4	98.2	97.0
金融仲介・保険業	31.4	92.6	97.5	81.7
不動産業	82.6	99.9	99.9	99.9
教育	11.0	15.9	12.0	18.4
健康・社会保障	6.3	9.5	21.8	21.5
専門・科学・技術	45.9	58.5	56.6	81.5
事務・支援サービス業		99.8	97.3	95.8
芸術・娯楽・レクリエーション		39.4	28.0	26.0
その他サービス業		98.5	99.2	99.3
GDPに占める民間部門の割合全体	72.2	73.7	73.4	80.0

（出所）モンゴル統計年鑑，各年版

247

2.4 金融の自由化と銀行部門の発展

　金融部門でも自由化を進めるための同様の改革が行われた。1991年以前は，2～3の保険組織を除き，銀行部門が経済における唯一かつ支配的なかたちで金融業を構成していた。当時の為替レート及び金利は国の管理下に置かれ，優先部門は政府の指示に基づく融資計画を通じて補助金を受けていた。

　1990年から1991年にかけて，政府は自由市場的な経済改革の下で国営銀行を解体し，銀行制度を二重構造に再構築した。しかし，二重構造の銀行制度の導入初期には，銀行業務の法的規制環境が整わず，また新制度を運用できるプロの専門家も存在しなかったことから，銀行制度は経済成長を支えかつ推進するだけの役割を担うことができなかった。商業銀行は規制なしで貸出を行ったことから，通貨供給が1991年，92年に76％増，31.6％増と大幅に増加し（図6-4），その結果，消費者物価インフレが1992年に325％増，93年に183％増となった。こうした事態が，不良債権の増加と主要銀行の破たんを招いた。モンゴル銀行によれば，1995年の不良債権は1992年比12倍になり，融資総額の20％を占めた。

　1992年10月から，モンゴル銀行は商業銀行に対して，貸出額の制限と準備預金を課すことになった。また，貯蓄預金に対する最低金利が，中央銀行によって設定・管理された。資本不足を補うために中央銀行から商業銀行へ直接提供されていたクリアリング・ローンの制度は，1996年に完全に停止された。その後，中央銀行法を発効させて，市場における金利決定を促す目的で，1996年末から，モンゴル銀行はみずからが最低金利を決めるのではなく，金利決定における銀行間の競争を認める制度へと変えることとした（BOM, 1997）。

　1995年，銀行制度の強化と改革を目指した政府とモンゴル銀行は，国際金融機関の援助のもと，銀行部門の改革に乗り出した。その目的は，法的環境の改善，金融政策の有効性の向上，銀行の流動性強化，経営・業務構造の改善，貸出債権管理の改善と銀行間の連携，銀行業務における政府関与の縮小であった。その結果，新たな民法に則るかたちで銀行部門を規制する法律が数多く制定された（BOM, 2002）[7]。

　1990年代初めのハイパーインフレに伴い，商業銀行の貸出金利は1993年には

7）ただしモンゴルの銀行部門は，1994年，1996年，1998～1999年，2009年と頻繁に金融危機を迎えており，銀行部門の安定化が課題になっている。

第6章 モンゴルの経済発展と北東アジア協力

図6-4 通貨供給（1990～2016年）

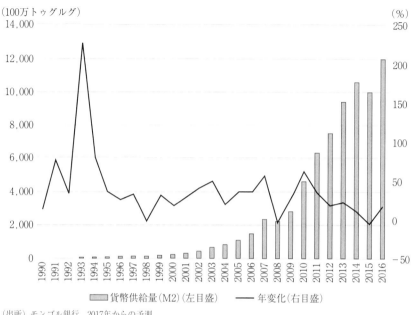

（出所）モンゴル銀行，2017年からの予測

213％に上昇した。その結果，銀行融資の利用は，輸入品の卸売・小売取引に限られた。インフレの終息と共に，貸出金利は徐々に低下して2005年には30％となり，さらに2015年には，国内通貨貸出は20％，外貨貸出は12％となった（BOM, 2015）。

2000年ごろから金融政策の引き締めが功を奏し，銀行に対する国民の信頼性が回復するにつれ，銀行部門による金融仲介が増加した。銀行の個人預金は，2000年の対GDP比7.1％から2015年の23.2％に上昇した。預金増加に伴い，民間部門向けの銀行貸出が大幅に拡大した。この成長をけん引した主要因として，経済回復，競争力のより高い金融市場構造，外国資本の流入が挙げられる。モンゴルの2大銀行である商業発展銀行（TDBM）と農業銀行（ハン・バンク）は，2002年と2003年に国際入札により外国投資家に売却された。2005年までにすべての銀行が完全に民営化され，国内の企業家が海外投資家，またはその両者の経営下に置かれるようになった。

2015年末に国内で営業する商業銀行数は14行，1482店だった。銀行部門は金融

部門全体の総資産の95.7％，利益総額の79.9％，資本合計の80.1％を占めた。結果として，モンゴルの金融部門における銀行部門の役割は，依然大きいままである。2015年現在，国内のすべての金融仲介業務と保険業務の81.7％は，民間部門の経営下にある（表6-1）。

　しかし，モンゴルの商業銀行が提示する貸出金利は，長期投資や製造業への融資としては，まだ高い水準にある。銀行貸出と資金源の管理に対する国の介入は最小限に抑えられたものの，限られた資金量と高金利で制約された商業銀行並びにその他の金融機関は，貿易やサービス業など短期的な企業活動への融資を好んでいる。銀行貸出の多くが非製造業部門に向けられているのである。2015年末における，貸出総残高のうち製造業への融資は11.3％にすぎなかった。

　1999年から，個人と企業がいくつかの銀行活動に携わることができるようになり，ノンバンク金融機関，貯蓄・信用組合，証券・保険会社が，新たな形式の金融仲介業者として登場することになった。急速に成長するこの組合員主導型の金融機関を法的基盤の中で促進させるために，生活協同組合法に貯蓄・信用組合に関する新たな章が加えられた。貯蓄・信用組合の活動など金融市場に対する方針と法的枠組みを作成する金融規制委員会（FRC）が，2006年末に設立された。しかし，銀行以外のノンバンク金融機関の役割は依然として限られている。2015年において，金融部門の資産総額に占めるノンバンク金融機関の総資産は2.8％，その他の機関もそれぞれ1％に満たなかった（BOM, 2015）。

3　経済体制移行とモンゴル経済の発展（1990〜2016年）

　経済体制移行期のモンゴルは，計画性に乏しい新自由主義的なショック療法の典型的な例と言える。初期における経済収縮と経済回復の遅れは，国民と経済構造の基盤に大きな負担を強いた。社会主義時代から引き継いだ基礎教育，環境保護，公共事業規制，健康保険，年金制度など，市場の失敗に対処する機能を持つ国の役割は，経済移行時の新自由主義的な政策によって，最低限のものに縮小された。

3.1　体制移行前の経済概観（1990年以前）

　旧ソ連とその他コメコン諸国と同様，1990年以前の経済成長を測定する上で最

も重要なマクロ経済指標は，社会総生産（GSP）と純物質生産（NMP）だった。NMP は GSP から材料費を除いたものに相当する（GSP = NMP +材料費）。今日の国民所得計算方式（SNA）では，GSP と NMP は，それぞれ生産量と GDP に相当する。これら諸国の経済発展計画においては，NMP が指標の中心だった。旧社会主義国では GDP に相当する言葉として「国民所得」が使われていたが，これは（物的または具体的な）モノの生産・分配に関連する財・サービスに限られ，住宅，旅客輸送，健康，教育，科学，一般管理費など多くの非物的サービスは，NMP に含まれなかった。そこで，この指標を SNA の国民総所得（GNI）と区別するために，国際基準では NMP という用語が使われたのである（Khomenko A., 2006）。

1950年までのモンゴルの経済成長は，1930年代における国内の「大抑圧」や第二次世界大戦とその後遺症など国内外の不安定要素の影響を受けつつも，比較的緩やかに推移していた。モンゴル経済は，1950年代の急速な経済成長によって1960年までの10年間で３倍の規模になった。1947年に第１次５カ年計画が承認されて以来，1990年までに８回にわたる５カ年計画が実施された[8]。その間，限られた投資の多くが，教育，文化，科学，健康，スポーツ，そして住宅や社会福祉などの社会部門に充てられた。この期間に，投資総額の半分以上がこれらの部門に割り当てられた。その他の期間では，鉱工業への投資が全体の30～40％を占め，農業・その他社会部門が投資先の第２位で，輸送・通信・建設などインフラ整備がその後に続いた。

1970年代から80年代のモンゴル経済は，中央計画経済の下，年平均６％以上と安定した高成長を遂げ，すべての部門がほぼ同じペースで拡大し，幅広く成長していた。1960年代から80年代に，総鉱工業生産高は10年毎に２～３倍増し，鉱工業の労働生産性は他よりも速く成長し，大幅な技術進歩の兆しを示していた。鉱工業と建設業部門だけでなく，貿易・原料・技術提供など新たに台頭したサービス業部門の成長も著しかった。その結果，経済規模は1960～1989年で４倍となり，

8）1947年に第一次５カ年計画（1948～1952年）が承認された後，第二次（1953～1957年），第三次（1961～1965年），第四次（1966～1970年），第五次（1971～1975年），第六次（1976～1980年），第七次（1981～1985年），第八次（1986～1990年）５カ年計画が立てられ実施された。第二次と第三次５カ年計画の間に３カ年計画（1958～1960年）が設けられた。

鉱工業と建設部門のNMP全体に占める割合は，1960年の17.2％から1989年には
2倍以上の40.6％となった。

しかし，1960年代に入ると，NMPの成長が緩やかな中での人口増加により，
1人当り実質NMPは停滞した。1970年代に入り回復したものの，その成長はさ
ほど高くなく，国民の生活水準はなかなか改善しなかった。この状態に満足しな
い人々が，1989年後半から1990年初めの市場志向型の改革を求めたものと考えら
れる。いずれにせよ，1970年代と1980年代の経済成長に伴い，1989年の1人当り
NMPは1969年比で74％増と，名目で3721トゥグルグとなった。1人当りの名目
NMPは1988年に最高の3962トゥグルグとなり，これは世界銀行アトラス方式に
よる一人当りGNIで1690ドルに当たり，その当時の低位中所得国（lower
middle-income country）の水準にあった。

3.2　経済体制移行ショックと回復の期間：失われた10年（1990〜2000年）

1990年からの新自由主義的な「ショック療法」による経済体制移行の過程は直
線的でなく，他の移行を経験した旧社会主義諸国と同様，経済はあらゆる形でほ
ぼすべての移行症候群を経験した。移行初期の経済は著しく縮小し，失業，貧困，
不平等などの社会問題が引き起こされた。

建設業，貿易，製造業を中心に，ほぼすべての部門が移行ショックによる打撃
を受けた。1990〜1993年の間に実質GDPは20％縮小した（図6 - 5）。この間，
政府及び対家計民間非営利団体（NPISH）の消費は約60％減少し，そのGDPに
占める割合は1990年の22.6％から1993年の18.1％に減少した。こうした事態は，
市場経済化のための改革と民営化のスピードが速すぎたことを示唆している。
GDPに占める投資の割合は，1994年には22.1％と，期間内で最低の水準に低下
した。1990〜1991年のコメコン制度の崩壊と旧ソ連の支援撤退によって，モンゴ
ルは輸出市場を失い，貿易が縮小した。

この間に，民間部門の投資は規模・部門別分配の両面で大きく変化し，インフ
ラの維持・開発に焦点を当てた投資計画が，民間部門投資を支える主軸と見なさ
れた。その規模は，国内外の借入能力によって決められた。その結果，包括的な
投資の再検討が1991年に行われ，効果基準と利益率基準に合わない計画に対する
予算措置が打ち切られた。毎年，主要省庁とモンゴル銀行の間で調整が行われ，
投資の優先順位が見直された。

第6章　モンゴルの経済発展と北東アジア協力

図6-5　実質 GDP の動向

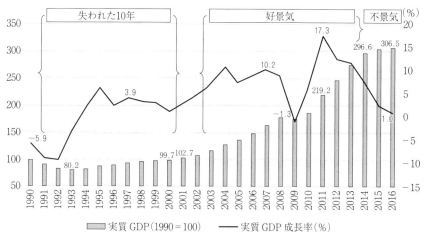

（注）　1　予測値
　　　2　指標1990年を100とする
（出所）モンゴル統計年鑑，各年版からの予測

　世界銀行の支援の下，モンゴル支援国会合（その後，モンゴル諮問国会合[9]と改称）の資金提供国・機関向けに発表する中期計画が作成された。世界銀行（1994c）は，1994年以後の公的投資計画について，「国内資金の入手可能性は，国際価格（特に銅）の動きと経済回復のペースにかかっている。計画の導入には，突然に資金が枯渇する可能性も視野に入れておかなければならない」としていた。部門間の資金配分は，重要な物的インフラの回復と既存及び将来の投資の生産性改善の必要性に左右された。そのため，投資計画には，電力復旧，輸送改善，通信に重点が置かれ，これらの部門に資金の70％以上が割り当てられた（World Bank, 1994, 30頁）。

　1994年からモンゴル経済が回復を始めたとはいえ，成長はわずかであり，経済が1990年の水準に戻ったのは，移行開始から10年を経過した2001年だった。

---

[9] 1991年に日本政府により設立され，2004年までに開かれた10回の会合のうち，日本側が7回開催した。2003年に東京で第10回会合が開かれた後，会合の名称を技術会合と変え，モンゴル政府と対外パートナー国との間で，発展の成果，主要な政府行動，一連の対外パートナー支援について6カ月毎に議論を行う場としている。

図6-6 失業率

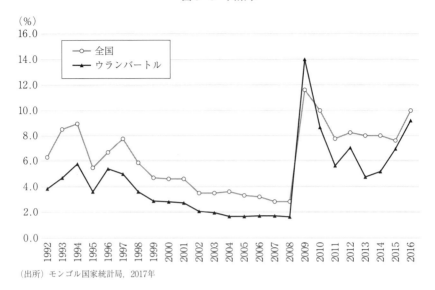

（出所）モンゴル国家統計局，2017年

1990〜2000年の期間に経済全体として縮小し，この時期は「失われた10年」と呼べよう。（図6-5）。

　この期間の経済的な後退は，失業，貧困，所得格差の拡大など社会問題を伴った。他の旧社会主義国と同じく，モンゴルでも長らく所得分配は比較的平等に維持されていた。しかし，貧困と不平等の拡大が，市場経済移行期のモンゴルに影を落とした。1992年以降，新たな貧困層と富裕層が生まれ，その格差がさらに広がった。新たに生じた国内の失業が貧困の最大の要因だった。1992年の失業率は国全体で6.3％，ウランバートルでは3.9％だったが，1994年にはそれぞれ9％，5.8％となった。結果として，1995年には総人口の36.3％が国の定義する貧困水準以下になり，都市部における貧困率はさらに高い39.4％だった。計画経済時代には成長の果実がほぼ同等に国民に配分され，それを誰も貧困だとは思わなかった。その後の活況により，国全体の貧困率は2014年に21.6％に下がったものの，近年の経済不況で2016年には29.6％と再び上昇している（図6-6，図6-7）。

　1992年まで，モンゴルは低位中所得国だったが，1993年には低所得国（low income country）に格下げされた。14年連続で低所得国に置かれた後，2008年にようやく低位中所得国に戻った。世界銀行のアトラス方式によれば，2008年のモ

第6章　モンゴルの経済発展と北東アジア協力

図6-7　貧困者数の比率

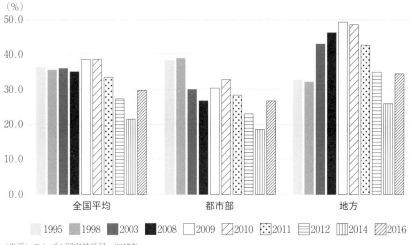

(出所) モンゴル国家統計局, 2017年

ンゴルの1人当りGNI（名目価格）は1800ドルで，これは移行以前に過去最高水準だった1988年の1690ドルをやや上回る程度だった。このように名目ドルベースのGNIから判断すると，モンゴルにとっては1988年から2008年まで，失われた約20年になったとも言えよう。

さらに，移行期の国内各地域における不均等な経済成長は，地域間格差を拡大させ，大都市への人口移動を加速させることとなった。2001年に，ウランバートルはGDP全体の56.9％を生産し，2016年にはさらに65.4％に増加した。人口移動により過密となった首都ウランバートルの人口は，住居，公衆衛生サービスなど適切な基礎サービスを提供する都市がもつべきインフラの許容量を大幅に超えているといってよい。このことが，都市の環境悪化，市民の健康状態の悪化，貧困につながっている。

3.3　活況と不況の時代（2002～2016年）

失われた苦難の10年ないし20年の後，モンゴル経済は2014年まで「活況」を迎え，2015～2016年に再び「不況」となった。2008年のリーマンショックの影響で2009年にはGDPが1.3％縮小したにも関わらず，2002～2014年の期間にモンゴルの成長率は年平均8.6％に上昇した。2009年を除くと，成長率は9.4％だった

255

表6-2 部門別の GDP 成長率

GDP 及び部門	期間平均(2002-2014年)(注)1 2009年を含む	2009年を除く	2015年	2016年
GDP	8.6	9.4	2.4	1.0
鉱業・採石	8.0	8.2	14.1	0.7
製造業	6.8	8.1	1.3	−1.8
農林業・漁業	6.7	7.0	10.7	4.8
電気・ガス・蒸気・空調	4.5	4.4	4.5	4.6
水(下水道, ごみ処理, 復旧活動)	3.1	2.9	−7.0	0.4
建設業	13.6	17.6	−0.6	−15.9
金融仲介・保険業	20.8	23.8	14.6	1.3
専門・科学・技術	17.8	18.4	−0.6	−2.9
商品への純課税	13.8	16.5	−22.7	0.8
卸売・小売業, 自動車・二輪車修理	12.8	14.8	−7.0	−3.2
情報・通信業	13.2	13.7	−2.1	−0.5
輸送・保管業	13.1	13.6	4.5	14.8
事務・支援サービス業	10.8	10.9	2.8	1.0
宿泊・食事提供	6.8	7.6	3.3	6.3
その他サービス業	6.4	7.5	0.5	4.2
芸術・娯楽・レクリエーション	6.4	7.4	3.5	6.0
健康・社会保障	3.3	3.4	1.9	0.9
不動産業	3.6	3.2	4.3	0.9
行政・国防・社会保険	1.5	1.1	3.0	−1.4
教育	0.1	−0.2	−0.7	3.4

(注) 1 モンゴル統計年鑑, 各年版からの予測
(出所) モンゴル国家統計局, 2017年

(表6-2)。

　鉱業関連部門に多額の直接投資が海外から流入したことで, モンゴルは世界金融危機から急速に回復し, 2011年に経済成長は17.3％と史上最高を記録した。この回復は, 鉱業部門への大規模な国内外の投資と, モンゴルの主要輸出品目(鉱産品)の国際価格の高騰によるものだった。2011年に鉱業部門は投資総額の61.9％を占めた。しかし, 2010年の厳しいゾト(大雪害)で農業は大幅に後退し, モンゴル史上最悪の1030万頭の成畜を失った。この結果, 2010年の畜産業を含む農業部門の付加価値は16.8％の減少となった。その後, 穏やかな気候が続いたた

図6-8 家畜の頭数と構成（1930〜2016年）

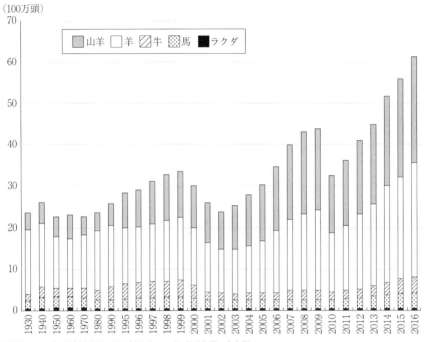

(出所) モンゴル国家統計局，2011年及びモンゴル統計年鑑，各年版

め，農業部門は順調に回復した（図6-8）。

1990年代に製造業が崩壊した後は，鉱業部門がGDPにおいて優勢となった。鉱業部門のGDPに占める割合は2000年の10.8％から2006年に28.4％に急増した。その後，建設業その他サービス部門の拡大により縮小したが，2016年にはまだGDPの20.5％を占め，鉱工業生産高の58.9％を生産した。とりわけ，銅精鉱と石炭の生産量が急増した（図6-9）。

このようにモンゴル経済が鉱業に大きく依存するようになったことから，近年の成長は主要輸出品目（鉱産品）への海外需要とその国際価格の動きに連動することになった。実際，鉱業品の国際価格が2011年以降急激に下落し，主要輸出先である中国の経済成長が減速すると，輸出の減少と2013年からは対内直接投資の減少につながり，経済成長を減速させた。直接投資流入額は，最高だった2011年の44億7700万ドルから，2015年には8300万ドルに急減し，2016年には41億7100万

図6-9　GDPと鉱工業生産高に占める鉱業部門の割合

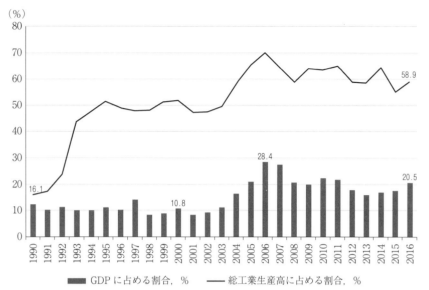

(出所）モンゴル統計年鑑，各年版

図6-10　経済活動別の投資動向と構成

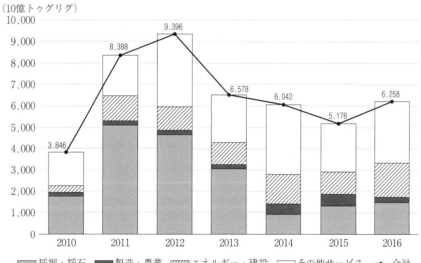

(出所）モンゴル国家統計局（2017年）

第6章 モンゴルの経済発展と北東アジア協力

図6-11 鉱業及び重工業の主な生産物

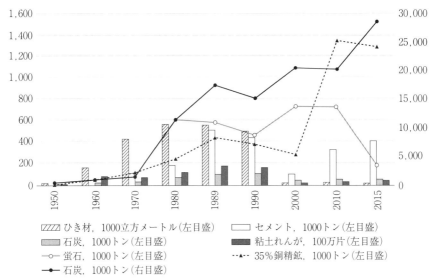

(出所) モンゴル統計局 (2011年), モンゴル統計年鑑, 各年版

ドルの撤収となった。実質GDP成長率は2015年に2.4％に下がり, 2016年には1.0％となった（表6-2, 図6-10, 図6-11）。

さらに, モンゴルの消費財及び工業中間財は輸入に大きく依存し, その増加は国際収支を悪化させ, 外貨準備高の減少と通貨の減価をもたらし, 経済活動全般に圧力をかけることとなった。2012年の国際収支は16億3900万ドルの黒字だったが, 2013年に18億6730万ドルの赤字となり, 外貨準備高はさらに減少した。2017年と2018年に巨額の対外債務の返済が予定されていることから, 今後2〜3年でさらに国際収支圧力がかかることが予想される（表6-3）。

政府は外的なショックを埋め合わせる目的で拡張的な政策に乗り出し, 商業ベースの融資を国内外から受けた。そのため, 対外債務が国家予算と国際収支に大きな負担となった。モンゴル銀行によれば, 2016年末の対外債務の総額は246億ドル（GDPの221％）で, うち政府と中央銀行の対外債務は67億ドルだった。この状況を受けて, 政府はIMFの拡大信用供与 (EFF) プログラムに合意することとし, これは2017年5月に承認された。これにより, モンゴルはIMF, ADB, 世界銀行の国際機関, 及び日本, 韓国, 中国など二国間協力国から計55億ドルの

表6-3 国際収支（2011〜2016年）

(100万ドル)

項目	2011年	2012年	2013年	2014年	2015年	2016年
Ⅰ 経常収支	−4,512	−5,381	−4,732	−1,934	−948	−700
貿易・サービス	−3,517	−4,456	−3,918	−1,111	−153	0
1 貿易収支	−2,669	−3,030	−2,608	178	563	1,338
2 サービス収支	−848	−1,426	−1,310	−1,289	−715	−1,338
A 第一次所得収支	−1,243	−1,167	−963	−973	−970	−911
1 雇用者報酬	−116	−241	−201	−113	−42	−28
2 投資収益	−1,128	−925	−762	−860	−927	−883
B 第二次所得収支	248	242	149	150	174	212
うち，一般政府	29	39	38	35	26	56
その他部門	219	203	111	115	148	156
Ⅱ 資本移転等収支	130	142	141	136	116	91
純貸出(＋)／純借り入れ(−)(経常収支・資本移転等収支バランス)	−4,382	−5,238	−4,591	−1,799	−833	−609
Ⅲ 金融収支	−4,582	−6,689	−2,808	−1,504	−788	−812
1 直接投資	−4,477	−4,208	−2,019	−231	−83	4,171
2 証券投資	−73	−2,300	161	−270	−248	−487
3 金融派生商品及びストックオプション	0	0	0	−1	−1	38
4 その他投資	−33	−181	−950	−1,002	−455	−4,534
うち，債務	732	923	1,575	1,308	689	4,953
Ⅳ 誤差脱漏	−182	188	−84	−176	−223	−221
経常収支・資本移転等収支・金融収支の総額	18	1,639	−1,867	−471	−268	−18
Ⅴ 外貨準備	18	1,639	−1,867	−471	−268	−18
1 資産	14	1,604	−1,960	−533	−271	−18
2 IMFリザーブポジション	−4	−35	−92	−62	−3	0

（出所）モンゴル銀行，2017年

融資を受けることになった。この3年間のプログラムは，経済の安定，信頼性の回復，経済回復をめざすことを目的としている。

　モンゴル経済にとって，農業とりわけ畜産業はもう一つの重要な部門である。2016年に，総農業生産高に占める畜産部門の割合は84.2％で，家畜頭数は6150万頭となった。しかし，家畜由来の原材料を用いる加工業はまだ発展しておらず，

第6章　モンゴルの経済発展と北東アジア協力

経済体制移行前の水準と比べて，経済における製造業の役割は未だ低いままである。

　1995年依来，新たな民間部門が台頭し経済の主流となったにも関わらず，経済体制移行に伴う不適切な民営化方策が，国内の生産能力を縮小させた。製造業生産は1990年代終わりから回復を始めたものの，鉱工業生産に占める製造業の割合は1989年の72.7％から2005年の20.3％へと大きく減少した。その後の政府による国内鉱工業の回復努力のために，製造業はわずかながらも次第に伸びはじめたが，2016年の製造業比率は32.4％と，移行前の水準を依然下回っている。

　モンゴル経済は経済体制移行からおよそ30年経つが，鉱業及び農業の未・半加工品主体の輸出をいまだに基盤としている。この間に，付加価値の高い新製品の輸出市場はほとんど拡大せず，輸出の増加は，実質的には鉱業品関連の輸出にけん引されてきた。その反面，完成品の輸出項目のいくつかは，未加工品もしくは半加工品にとって代わった。

　計画経済時代においては，家畜由来の加工原料に基づく製造業が国の主要工業基盤として発展していた。1990年以前の時期の皮革産業発展期には，皮革資源を加工するだけの十分な国内能力があった。しかし，移行ショックで大打撃を受けた皮革産業は，まだ回復途上にある。例えば，1990年には，国内で革靴420万足，革服飾品3億20万着が製造されていたが，これらは2000年には各5600足，200着にまで減少してしまった。その結果，安価で必ずしも品質が良くない輸入品が大量に国内市場に押し寄せ，輸出では，皮革完成品がすべて皮革原料に取って代わられた。その後，多少の回復は見られたものの，2015年では皮靴は7万600足，革服飾品は1万5700着と，その生産水準は移行前よりもはるかに低い。その他の製造業部門も，同様の傾向を示している（図6-12）。

　モンゴルは移行前と同様，移行後も引き続き政府開発援助（ODA）受入れ国となったが，1991〜2012年にその規模は大幅に増加し，その後は縮小している。2016年におけるモンゴルのODA受け入れ総額は116万ドルと，移行前の時代から大幅に減少した。ODAには無償と有償（低利・長期）融資があるが，ODA融資の規模を増加することは，適切に利用されない場合に，さらなる返済負担の増大につながる可能性がある。

　モンゴル経済では2014年までの10年間は活況が続いたが，2014年には，家計消費の十分位数のうち最も貧しい層の消費が全体の8.1％，最も豊かな層の消費が

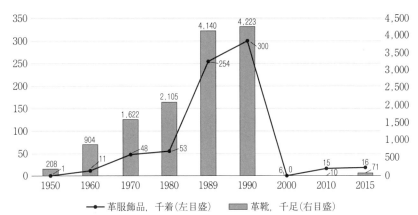

図6-12 皮革産業の主要品目生産量（1950〜2015年）

(出所) モンゴル国家統計局, 2011年及びモンゴル統計年鑑, 各年版

全体の40.3%を占めた。これらの数字は，2016年には，それぞれ8.0%，40.6%となり，近年の不況によって貧困層はさらに貧しく，裕福層はより豊かになっていることがわかる。特に，地方よりも都市部における格差拡大が顕著となり，都市部における五分位数の最も貧しい層の消費が全体の7.7%を占める一方，五分位数の最も豊かな層の消費は41.1%だった。

4 北東アジア経済協力と将来的な潜在力

4.1 北東アジア各国との連結性と貿易

モンゴルは，北東アジア地域のロシア，中国，韓国，日本を含む30カ国以上の国々と二国間貿易，経済協力，投資促進に関する協定を結んでいる。2015年2月には日本との間で初めての経済連携協定（EPA）が結ばれ，2016年6月に施行された。韓国との間ではEPAの話し合いが進んでいるところだ。

陸に囲まれたモンゴルでは，クロスボーダーの輸送インフラが限られ，対外貿易にかかる費用が大きな負担になっている。隣国であるロシアと中国の2カ国だけにつながる鉄道が1本と国道が2〜3本，飛行機の国際便が何便かあるのみである。そのため，中国とロシアは，モンゴルの対外貿易・経済活動にとって，大きな存在感を持つ。

旧ソ連はモンゴルの主要貿易相手国として，1990年には貿易総額の77.9％，輸出総額の78.3％，輸入総額の77.5％を占めていた。しかし，1991年の旧ソ連崩壊後は，中国が主要貿易相手国となり，対中貿易は1990年の3630万ドル（全体の2.3％）から2014年には68億ドル（全体の62.1％）へと拡大したが，2016年には約50億ドル（全体の60％）に減少した。1990～2016年のモンゴルと中国の間の累計貿易額は510億ドルだった。中国は1998年以降モンゴルの最大輸出先であり続け，2011年には最大の輸入元となった。2016年に，モンゴルの対中輸出は39億ドル（全体の79.4％），対中輸入は11億ドル（全体の31.6％）となった。対中輸入品目の主なものは，様々な工業製品，消費財，食料品だった。1990年にモンゴルの対中貿易は赤字だったが，1992年以降は黒字となり，1990～2016年の累計貿易黒字は210億ドルに上った。

　モンゴルがロシアから主に石油・石油製品など大量の鉱業製品を輸入し続けたことから，旧ソ連崩壊後のロシアは引き続きモンゴルの第2位の貿易相手国として輸入全体の4分の1を占めた。1998年からモンゴルは原油採掘を再開しているが，国内にまだ製油所がなく，全量を中国へ輸出している。対ロ輸出は，1992年の2億1800万ドルから，2016年の5580万ドルに減少した。モンゴルの対ロ貿易赤字は2012年に18億ドルに上ったが，石油価格の急落に伴って8億2500万ドルに減少した。旧ソ連を含めた1990～2016年の対ロ累計貿易赤字は，144億ドルとなった。

　貿易自由化の結果，モンゴルの貿易相手国は拡大し，1990～2016年のモンゴルの貿易相手国上位10カ国には，中国，ロシアに加え，日本，米国，韓国，英国，ドイツ，カナダ，スイス，イタリアが入った。しかし，これらの国々との貿易規模は中国，ロシアと比べてきわめて小さく，同期間の累計貿易額は44億ドル（対日本）から11億ドル（対イタリア）にすぎなかった。

　モンゴルの対日，対韓貿易はモンゴルの圧倒的な赤字となり，これは特にモンゴルがWTOに加盟した1997年以降，顕著になった。1990～2016年の対日累計貿易赤字は35億ドル，対韓累計貿易赤字は26億ドルだった。この傾向は，1990年代に製造業が崩壊し，家畜並びに鉱物原料が輸出の主体となったことを反映するものだった。2009年以降に急増したモンゴルの輸出をけん引したのは未・半加工品目で，そのほぼすべてが中国向けだった。これらの品目は，日本と韓国の市場にとってはあまり魅力的なものではなかった（図6-13，図6-14）。

図6-13 モンゴルと北東アジア各国との間の貿易動向（1990～2016年）

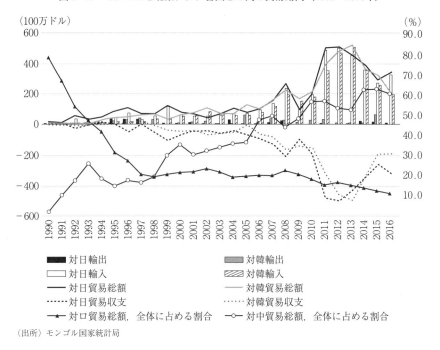

（出所）モンゴル国家統計局

図6-14 モンゴルの輸出構造（1992～2016年）

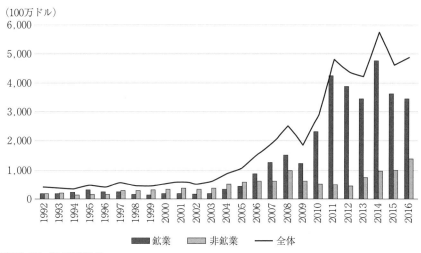

（出所）モンゴル国家統計局

第6章　モンゴルの経済発展と北東アジア協力

さらに，モンゴルの主要な炭鉱であるオユトルゴイ（銅精鉱）とタバントルゴイ（コークス炭，一般炭）への鉄道連結がないことから，現在，全ての輸出貨物は自動車道を利用した重量トラックで運び出されており，沿道での大気・環境汚染を引き起こしている。

4.2　北東アジア地域間協力に向けた将来的な潜在力

2011年に承認された「モンゴルの対外政策大綱」では，国の潜在力を高め，輸出向けの資源を増やし，輸入代替品を生産し，燃料・エネルギー・輸送・通信その他経済インフラを開発し，海の港へのアクセスを確保して積み替えに最適な状態を作り，北東アジアを中心とした国際的な輸送・情報・通信ネットワークに統合させることを，対外経済活動として注力すべきこととしている。さらに，2016年に議会の承認を受けた「モンゴルの2030年までの持続可能な発展ビジョン」にあるとおり，モンゴルは2030年までに年平均6.6％の成長を果たし，一人当たりGDPを1万7500ドルとする高位中所得国（upper middle-income country）となり，輸出に占める製造業品の割合を2014年の17％から2030年に50％に増やすことをめざしている。

モンゴルにとっては，その経済構造と地理的な近接性から，北東アジア各国との貿易並びに経済連携の拡大が不可欠である。モンゴルは，地域内各国との間に緊密な二国間協力体制を作り，日本とEPAを締結後，韓国ともEPAの協議を進めている。しかし，鉱物資源への過信と中国市場への輸出依存のため，モンゴルの経済成長は持続性のないもの，あるいは商品価格の下落や中国経済の減速など外的要因からの衝撃に対して脆弱なものになっている。

そのためモンゴルには，二国間協力に加えて，経済基盤の多様化や経済の地域内統合，多国間・地域協力の強化が求められよう。実際，この方向に向かういくつかの有望なイニシアチブが進行中である。例えば，「一帯一路」「中国・モンゴル・ロシア経済回廊」，「大図們江イニシアチブ（GTI）」，「アジアスーパーグリッド」などが挙げられる。モンゴルには，これらの地域協力イニシアチブに参加・協力することで利益を得られる大きな潜在力がある。

鉱物資源以外に，モンゴルの農業とりわけ畜産業は，食品・軽工業向けに肉，乳，カシミヤ，皮革などの原料を提供できる可能性がある。ただし，鉱物資源ほどの付加価値をもたない家畜由来の原料は，市場での長期的な競争力をもってい

265

ない。そのため，経済体制移行前の時期のように，国内原材料を利用した加工・生産能力を再生・発展させる必要があろう。

　鉄道・道路などの輸送インフラの開発は，モンゴルの貿易・投資の拡大や北東アジア経済との統合に不可欠な要素である。モンゴルの地理的な位置は，アジアとヨーロッパを最短でつなぐ空と陸のルートを提供できるという地理的な利点をもつ。その競争力を高めるには，ハード面・ソフト面でのインフラが必要となる。これらの課題は，「一帯一路」や「中・モ・ロ経済回廊」の中で乗り越えていくことができよう。実際，最近，これらに関する前向きな展開が見られる。2017年11月に，モンゴル政府は約9年間の集中協議の結果，ロシアとの間で，モンゴルを起点としロシア領内を通過する積み替え貨物の鉄道関税を60％引き下げることに合意したと発表した。これで，ロシア極東を通過する海のルートへのもう1つのアクセスが開かれたことになる。公表されているように，モンゴル炭の中国天津港への輸送コストは，現在，1トン当たり65ドルだが，ロシア極東向けの場合は，64ドルになる見通しである。

　また，モンゴルには，太陽・風力エネルギー源の潜在力が高い。データによれば，1100 GW の太陽エネルギー源並びに900〜1100 GW の風力エネルギー源がモンゴル国内で技術的に生産可能なことが確認されている。これにより，モンゴルは，提案されている北東アジアの地域送電網への再生可能エネルギーの重要な提供国となる可能性がある（Safonov and Enkhbayar, 2017）。

　さらには，多国間の地域内自由貿易・経済連携協定により，域内全体における協力プロジェクトを導入しやすくなろう。このような協定が経済的にプラスの影響を与えることは，これまでの各種の研究で示されているとおりである（Enkhbayar and Nakajima 2013など）。

5　終わりに

　モンゴルは，中央計画経済から市場経済へと移行した旧社会主義国の1つであり，移行の過程で新自由主義的なショック療法に基づく経済改革が進められた。価格自由化，為替レート改革，貿易の自由化，金融部門改革，国有企業の民営化の過程は，比較的早いペースで行われた。しかし，こうした政策は，しばしば望ましくない経済的結果を生み出した。経済縮小，失業・貧困・所得格差などの新

たな社会問題に面する中で，成長鈍化の状態にある。経済体制移行からおよそ30年経つが，国民の５分の１以上が未だに貧困から抜け出せないまま，持続可能な経済成長モデルを模索していると言ってよい。

　モンゴルは二国間援助国や，世界銀行，IMF，ADB など国際機関から経済管理と金融面で多大な支援を受けてきたにも関わらず，移行期の経済政策上の不手際と新自由主義の下での両極分解により，経済活動が大きく損なわれ，移行以前に達成されていた経済的な基盤も弱体化した。経済移行と改革に向けた適切かつ綿密な計画がないまま，そして国民に向けた事前の説明や議論がないまま急進的な政策措置が導入されたことで，国民の理解と支持が十分得られなかったと言ってよい。

　70年に及ぶ計画経済の下で作られ発展していた経済基盤が失われ，移行から30年近く経っても経済的に安定した新たな基礎はまだできていない。鉱業部門が新たな輸出産業となったものの，同部門への過剰な依存と，海外市場の変動に対する脆弱性は，国の管理能力を超えたものになり，経済成長を不安定化させてきた。

　畜産業は経済にとってもう１つの重要な部門であり，家畜数は増加し続けている。しかし，家畜を原材料とする加工産業の発展はまだ遅く，製造業が経済に占める役割は，移行前の水準に比べると小さいままである。

　1990年代に製造業が衰退すると，鉱業が国内の主要部門となった。モンゴルの近年の経済発展は，移行期の経済が鉱業に大きく依存する中で，主要鉱業品（銅など）の国際価格と海外需要の変動に深く連動したものになった。近年，鉱業品価格と海外需要の低迷によって，輸出が減り，対内直接投資が減少した。とくにモンゴルの輸出の大半を占める鉱業品目は，実質的に中国市場のみに依存しているため，近年の中国経済の成長鈍化が，この問題をさらに悪化させることになった。モンゴルの消費財並びに工業中間財は，大半が輸入に依存していることから，それらの輸入増加は国際収支を悪化させ，通貨価値を下げる要因となり，経済活動全般に影響を及ぼす傾向にある。

　このことから，持続可能で包摂的な成長を目指し，社会経済問題と社会不安の進行を回避するには，モンゴルは経済基盤と輸出市場を拡大して経済発展に向けた適切な戦略を設定し実行していく必要に迫られている。このような試みに対しては，北東アジア地域における様々な協力イニシアチブやプロジェクトへの積極的な参画が，重要な解決策の一つとなろう。　　　［英語原稿を ERINA にて翻訳］

参考文献

Amarjargal, R. [2002] Mongolia: The Early Stage of Transition. A background paper presented at the JIIA International Forum, November 26, 2002.

BOM [1997] Monetary Policy Development 1997, Statistics & Research Department, Bank of Mongolia.

BOM [1999] *Bank of Mongolia Annual Report 1999*. Ulaanbaatar.

BOM [2002] *Bank of Mongolia Annual Report 2001*. Ulaanbaatar.

BOM [2010] Bank of Mongolia Annual Report 2010. Available: http://www.mongol bank.mn/documents/annualreport/2010.pdf（August 12, 2011）

BOM [2015] Bank of Mongolia Annual Report 2015. Retrieved from: http://www. mongolbank.mn（November 17, 2016）

BOM [2017] Bank of Mongolia: Statistical Database. Retrieved from: https://www. mongolbank.mn/eng/dbliststatistic.aspx（April 17, 2017）

Enkhbayar, Shagdar and Tomoyoshi Nakajima [2013]. Impacts of Mongolian FTAs with the Countries in Northeast Asia: CGE Analysis with the GTAP 8 Data Base. *The Northeast Asian Economic Review*, Vol.1 No.2 December 2013, pp.43-67.

GOM [2001] Privatization Guidelines for 2001-2004. State Property Committee, The Government of Mongolia.

IMF [1999] *Mongolia: Selected Issues*. Washington D.C.: International Monetary Fund.

InfoMine [2017] Historical Copper Prices. Retrieved from: http://www.infomine.com （March 30, 2017）

KHAN Bank [2005] Website Information of the Agricultural Bank of Mongolia, Available: http://www.khanbank.com（January 25, 2005）

Khomenko, Tatiana. A. [2006] Estimation of Gross Social Product and Net Material Product in the USSR. Hitotsubashi University Research Unit for Statistical Analysis in Social Sciences, Discussion Paper Series No. 172. Retrieved from: http://hi-stat.ier. hit-u.ac.jp（May 18, 2017）

KPMG [2011] Trade and Development bank of Mongolia LC and its Subsidiary, Independent Auditors Report. Available online: http://www.tdbm.mn/download/ auditors2010.pdf（August 12, 2011）

Namjim, T. [2000a] *Economy of Mongolia in Three Historical Periods*, Book 1（in Mongolian）, Ulaanbaatar: Interpress.

Namjim, T. [2000b] *Economy of Mongolia in Three Historical Periods*, Book 2（in

Mongolian), Ulaanbaatar: Interpress.

NSO [2011] *Монгол Улс 100 жилд* (*Mongolia in 100 years*) *1911-2011*. Statistical Compendium. Ulaanbaatar: National Statistical Office of Mongolia.

NSO [2016] *Mongolian Statistical Yearbook 2015*. Ulaanbaatar: National Registration and Statistics Office.

NSO [2017] Mongolian Statistical Information Service. Online Database. Retrieved from: http://www.1212.mn (various dates)

OECD [2017] Total official development flows by country and region (ODF). Data extracted on 05 Apr 2017 from OECD.Stat.

Safonov, Georgy and Shagdar Enkhbayar [2017] *Mitigation of Climate Change: The Breakthrough to Come from Northeast Asia. ERINA Booklet* Vol.7, March 2017.

SIH [1995] State Ikh Hural Decree No.11 on Privatization, 12 January 1995 (in Mongolian)

Tsolmon, B. [2011] An Overview of Mongolia's Banking Sector. *ERINA Report* Vol.97, pp.31-42)

World Bank [1994] *Proceedings of the World Bank Annual Conference on Development Economics 1993*. Washington, DC: The World Bank.

World Bank [2002] Mongolia: *Public Expenditure and Financial Management Review*. Poverty Reduction and Economic Management Sector Unit, East Asia and Pacific Region. Report No.24439-MOG.

World Bank [2017] World Development Indicators. Retrieved from: http://databank. worldbank.org (Aug. 25, 2017)

■第7章■ 北東アジアの経済相互依存と経済協力

新井洋史・エンクバヤル・シャクダル・河合正弘・
中島朋義・南川高範

1 はじめに

　北東アジア地域では，これまでの各国に焦点をあてた章でみてきたように，そ
れぞれの国がバランスのとれたかたちで国内の経済成長・発展を追求するととも
に，地域での国際協力を進めてみずからの成長・発展を支える契機にしようとし
ている。日本，中国，韓国は人口の少子高齢化の中で，いかに労働生産性を上げ
ていくかという共通の経済構造問題に面している。ロシア，モンゴルは資源国と
して，さらなるインフラや資源部門への投資により資源生産を拡大し，日・中・
韓をはじめとするアジア地域に輸出を増大しようとしている。中国とロシアに囲
まれた内陸国であるモンゴルは，中・ロと協力して国境を越えるインフラ構築を
進めなければ海外市場にアクセスできないという制約に直面している。ロシアとモン
ゴルは同時に，資源だけに依存するのではなく，製造業の再生などを通じて多様な経
済構造を整える必要があると考えている。北朝鮮は，言うまでもなく市場経済を制度
的に導入し，様々な経済開放・改革を進めていくことで成長と発展を期待できる。
　こうした点を踏まえ，本章では，北東アジア地域における経済的相互依存の現
状を評価し，さらなる経済協力の可能性について検討する。北東アジア諸国の間
の経済的な相互依存関係は，海外旅行者の交流，貿易・直接投資の拡大などを通
じて，この20～30年のあいだに格段に深まってきた。もともと資源・エネルギー
を海外に依存せざるを得ない日本や韓国は貿易立国として，製品を輸出し資源・
エネルギーを輸入する戦略をとっていたが，次第にASEAN諸国や中国に生産
拠点を移し，東アジア地域にサプライチェーンをはりめぐらして産業内貿易も大
きく進展させてきた。1980年代から90年代にかけて中国，ロシア，モンゴルが市
場経済化を進め，貿易・投資をテコに経済発展を進めてきたことも，北東アジア

271

の経済的な相互依存を高めることに貢献した。しかし北東アジア地域では，物的インフラ，ことにお互いをつなぐ国際輸送インフラや原油・ガスのパイプラインがほとんど発展しておらず，国際的なインフラの連結性が不十分である。物流の促進には，鉄道，高速道路，港湾の整備が必要であり，国境通過の円滑化も欠かせない。ロシアの石油・天然ガスの日・中・韓への輸出拡大のためには，パイプラインの建設や港湾までのインフラ整備が必要だろう。

　そこで，以下では，北東アジア諸国がこれまでどのように経済的な相互依存関係を深めてきたか，どのような経済協力分野がお互いの経済成長を支える上で有益か，といった問題について論じる。北東アジア諸国の間の経済的な相互依存関係については，主に海外旅行者，輸出入貿易・直接投資，インフラの連結性の観点から分析し，次いで北東アジア地域における観光，貿易・投資，インフラ連結性の面での経済協力の方向と可能性について検討する。

2　北東アジア諸国の間の経済的な相互依存

　よく知られているように，アジア全体の経済的な相互依存の度合いは1980年代以降急速に高まった。アジア開発銀行によれば，アジア域内では2016年の貿易の域内比率が57％に上り，直接投資の流入については55％が域内からのものである。日本，中国，韓国が貿易・直接投資面で積極的に国際化を進めアジア域内の経済発展を引っ張ってきたといってよい。これに加えて，近年では中国を中心に海外旅行者の数が爆発的に増え，インバウンド需要が各国の経済成長に貢献しつつある。これに比べて，国際的な金融取引については域内取引の比率がまだ低く，アジアの金融統合は十分進んでいない[1]。

2.1　国際的な旅行者の動き
北東アジア各国の旅行者の流れ

　まず北東アジア各国における海外・越境旅行者の動きを見てみよう。1995年以

1）国際的な株式投資，証券投資のアジア域内比率はそれぞれ19％，15％で，貿易・直接投資の域内比率と比べて低い水準にとどまっている。ADB, *Asian Economic Integration Report 2017* を参照のこと。

figure 7-1　各国の海外旅行者の流出（アウトバウンド）と流入（インバウンド）の人数（百万人）

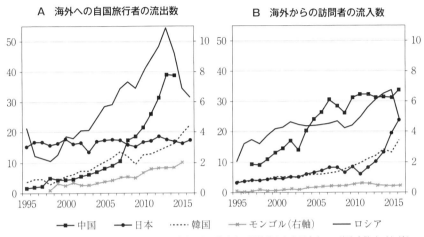

(注)　中国の数字は，香港・マカオへの中国本土からの流出と，同地域から中国本土への流入を除く（ただし，台湾への中国本土からの流出と，台湾から中国本土への流入は含む）。モンゴルの数字のみ右軸に表示。
(出所)　アウトバウンドのデータは国連・世界観光機関，インバウンドのデータは各国の観光局（中国国家旅游局，日本政府観光局，韓国観光公社，モンゴル政府観光局，ロシア政府観光局）および国連・世界観光機関より入手し，筆者作成。

降の海外旅行者の流出（アウトバウンド）と流入（インバウンド）を示した図7-1によると，海外旅行のアウトバウンド数では，日本を除く北東アジア諸国で伸びており，インバウンド数では，近年の中国とモンゴルを除く各国で伸びている。

　日本では1700万人の日本人が海外旅行に出かけており，2400万人の外国人旅行者が日本を訪問している（2016年）。日本へのインバウンド数は，2011年の東日本大震災とそれに伴う福島第一原発事故を受けて減少したが，2012年以降急激に増加した。中国では3880万人の中国人が中国本土から海外旅行（香港・マカオを除く）に出ており，3150万人の外国人旅行者（香港・マカオ人を除く）が中国を訪問している（2015年）[2]。中国へのインバウンド数は重症呼吸器症候群（SARS）が発生した2003年や，世界的な景気後退期だった2009年に一時的に減少し，2010年には回復したが，その後は伸び悩んでいる。韓国では，2200万人の

2）香港・マカオ・台湾を含むと中国からは総計1億2800万人の中国人が越境旅行を行い，1億3400万人の外国人旅行者が中国を訪問している（2015年）

韓国人が海外旅行に出かけ，1700万人の外国人が韓国を訪問している（2016年）。韓国のアウトバウンド数，インバウンド数はいずれも傾向的に拡大している。ロシアでは，3170万人のロシア人が海外旅行に出かけ，2460万人の外国人がロシアを訪問している（2016年）。モンゴルでは，200万人のモンゴル人が海外旅行に出かけており，40万人の外国人がモンゴルを訪問している（2015-16年）。モンゴルへのインバウンド数は2000年代に急速に増加したが，近年は伸び悩んでいる。

外国人旅行者の流入（インバウンド）の域内マトリクス

　北東アジア各国について中国，日本，韓国，モンゴル，ロシアを対象として海外旅行者の移動の推移をマトリクスのかたちで表7-1に示した。ここで示した値は各国政府が公表する外国人旅行者の流入者数のデータをもとに1995年，2005年，2015年を対象として作成したものであり，国によって流入数の趨勢が異なることがわかる。

　中国へのインバウンド旅行者に占める北東アジアからの旅行者の比率は，2005年に40％台に達したものの，2015年には30％へと低下している。これに対して，日本と韓国では，全体に占める北東アジアからのインバウンド旅行者の比率が上昇傾向を示しており（2015年にはそれぞれ46％，61％），とくに日本と韓国では中国からのインバウンドの比率（2015年にはそれぞれ25％，45％）が時間とともに高まっている。モンゴルでは，全体に占める北東アジアからのインバウンド旅行者の比率は2015年に低下したが，比率自体が他国に比べて高く，77％となっている。近年のモンゴルへの北東アジアからの旅行者比率低下は，北東アジアからの旅行者数が全体の旅行者数の増大ほどの速さでは増えず，米国やカザフスタンからの来訪者が増えていることが要因である。ロシアのインバウンドの域内依存度は2015年で5％（中国インバウンドへの依存度は4％）と北東アジアの中では極めて低い。

　日本についてさらにみると，韓国からのインバウンド旅行者数は増加してきたものの，その比率は，1995年以降徐々に低下傾向を示しており，2015年には20％となった。中国からのインバウンド旅行者数は大幅に増加し，その比率は上昇傾向にあり，既述のように2015年には25％を記録した。その一方で中国を訪れる日本からのインバウンド旅行者の比率は傾向的に低下しており，ことに2015年には8％とかつてない低い水準になった。また，韓国を訪れる日本からのインバウン

第7章　北東アジアの経済相互依存と経済協力

表7-1　各国への外国人旅行者の流入（インバウンド）の域内マトリクス（百万人，下段％）

A　1995年

流入国 ＼ 流出国	中国	日本	韓国	モンゴル	ロシア	北東アジア	世界
中国	—	1.305 (17.3)	0.529 (7.0)	0.262 (3.5)	0.489 (6.5)	2.586 (34.3)	7.535 (100.0)
日本	0.221 (6.6)	—	0.874 (26.1)	NA NA	0.026 (0.8)	1.120 (33.5)	3.345 (100.0)
韓国	0.178 (4.8)	1.667 (44.4)	—	0.004 (0.1)	0.155 (4.1)	2.004 (53.4)	3.753 (100.0)
モンゴル	0.048 (44.0)	0.009 (8.3)	0.003 (2.4)	—	0.028 (26.2)	0.088 (80.8)	0.108 (100.0)
ロシア	0.390 (3.8)	0.057 (0.6)	0.042 (0.4)	0.170 (1.7)	—	0.660 (6.4)	10.283 (100.0)

B　2005年

流入国 ＼ 流出国	中国	日本	韓国	モンゴル	ロシア	北東アジア	世界
中国	—	3.390 (13.9)	3.545 (14.6)	0.642 (2.6)	2.224 (9.1)	9.801 (40.2)	24.364 (100.0)
日本	0.653 (9.7)	—	1.747 (26.0)	0.007 (0.1)	0.064 (0.9)	2.471 (36.7)	6.728 (100.0)
韓国	0.710 (11.8)	2.440 (40.5)	—	0.024 (0.4)	0.144 (2.4)	3.317 (55.1)	6.023 (100.0)
モンゴル	0.171 (49.7)	0.013 (3.8)	0.033 (9.7)	—	0.062 (18.0)	0.280 (81.3)	0.345 (100.0)
ロシア	0.799 (3.6)	0.088 (0.4)	0.111 (0.5)	0.129 (0.6)	—	1.126 (5.1)	22.201 (100.0)

C　2015年

流入国 ＼ 流出国	中国	日本	韓国	モンゴル	ロシア	北東アジア	世界
中国	—	2.498 (7.9)	4.444 (14.1)	1.014 (3.2)	1.582 (5.0)	9.539 (30.3)	31.484 (100.0)
日本	4.994 (25.3)	—	4.002 (20.3)	0.020 (0.1)	0.054 (0.3)	9.070 (46.0)	19.737 (100.0)
韓国	5.984 (45.2)	1.838 (13.9)	—	0.078 (0.6)	0.188 (1.4)	8.088 (61.1)	13.232 (100.0)
モンゴル	0.216 (46.1)	0.02 (4.2)	0.049 (10.5)	—	0.073 (15.7)	0.358 (76.6)	0.467 (100.0)
ロシア	1.214 (3.6)	0.087 (0.3)	0.139 (0.4)	0.361 (1.1)	—	1.819 (5.4)	33.729 (100.0)

（出所）各国の政府観光局および国連・世界観光機関による海外旅行者の流入データより筆者作成

ド旅行者の比率も2015年に大きく低下し，14％という低い水準になった。モンゴルとロシアを訪問する日本人のインバウンド旅行者数とその比率はもともと高くなく，一定の傾向を持っていない。

　このように日本をめぐる海外旅行者の動向は中国・韓国と緊密な関係をつくり出しているが，時系列的に見ると，日本を訪問する中国人インバウンド旅行者の数は急増しているものの，日本から中国（及び韓国）に出かける日本人旅行者の数は2013年以降減っている。ASEAN諸国に出かける日本人旅行者の数が増えていることを勘案すると，中国（や韓国）との間の政治的な関係の悪化が日本人旅行者の行動にマイナスの影響を与えているものと考えられる。中国人旅行者数の急増はいわゆる「爆買い」を通じて日本経済に貢献し，かつ中国人の日本への理解を高める効果をもってきた。しかし，中国への日本人旅行者数が減ってきている現状は，日本人の中国理解の高まりという点からは問題だろう。

インバウンド需要の各国経済への貢献

　海外旅行者は訪問先で様々な消費支出を行う。その観点から，海外旅行者の流入の拡大は，インバウンド需要をつくり出し，インバウンド国の経済成長に貢献しよう。こうした海外旅行に伴う支出はインバウンド，アウトバンドともに各国の国際収支に計上される。図7-2は，海外旅行に伴う支出の受取額と支払額を対GDP比で示したものである。受取額と支払額（いずれも対GDP比）の水準とその時間的な変化は国ごとに異なった動きを示している。

　中国におけるインバウンド旅行支出の受取額は，GDPの0.5％から1.5％の間で推移しており，2003年のSARSの時期と2008年以降は，受取額がGDPの1.0％ないしそれ以下となっている。中国における海外インバウンド旅行者による支出は中国の経済成長率ほど早いスピードで増加しなかったため，受取額のGDP比率が低下したものと考えられる。中国人旅行者が国外で支出した支払額／GDP比については，2013年以降顕著に増加しており，2016年には2.3％に達した。日本でも「爆買い」と報じられた，中国人旅行者による海外での支出急増の現象が反映されている。

　日本の受取額，支払額（いずれも対GDP比）はともに他の北東アジア諸国と比べて低い。日本では，国内における外国人旅行者の支出が，2014年以降増加しており，図7-1でみた日本へのインバウンド数の増加と整合的である。しかし，

276

第7章　北東アジアの経済相互依存と経済協力

図7-2　北東アジア各国の旅行収支受取額・支出額（対GDP比，%）

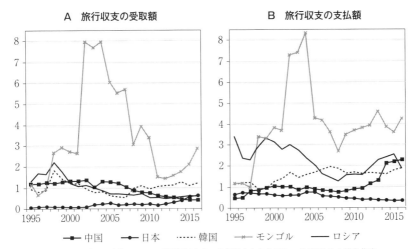

(注)　旅行収支の受取，支払のデータは国際収支表の旅行収支より入手し，対GDP比を筆者作成。
(出所)　International Monetary Fund, *Balance of Payments Statistics*, CD ROM.; International Monetary Fund, *World Economic Outlook database*.

インバウンド数の伸びが，他の国と比較しても大幅な増加であるのに対して，日本国内での海外旅行者支出はさほど大きくなく，2016年の受取額の対GDP比は0.6%にすぎない。一方で海外における日本人旅行者の支出はGDP比で2006年以降減少傾向にあり，2016年の値は0.4%である。日本からの出国者数はここ20年間ほぼ横ばいであり，支払の対GDP比率は2005年以降傾向的に低下している。これらのことから，日本から海外，特に北東アジア諸国での旅行支出は現状より拡大できるはずであるとともに，国内でインバウンド旅行者が支出する市場についても今後さらに拡大の余地があろう。

　韓国では，海外からのインバウンド旅行者が国内で支出する受取額（対GDP比率）は，2008年以降安定的に推移し，ほぼ1.0％以上の水準となっている。2008年以降の受取額/GDP比の増加は，インバウンド数の増加と韓国ウォンの大幅な減価によるものと考えられる。一方，国外で韓国人旅行者が支出する支払額/GDP比は，比較的高く，2005年以降，1.8％前後の水準で安定的に推移している。

　モンゴルでは，受取額，支払額の対GDP比率は他国と比較して概ね高く，か

つ大きく変動している。受取額/GDP比は2001年まで3％以下だったが，2002-04年に8％近くへと急上昇し，その後徐々に低下し，2016年には3％近くの水準となっている。この水準は，他国よりも高いもので，インバウンド旅行者の支出動向が，自国経済を大きく左右することがわかる。国外におけるモンゴル人旅行者の支出についても，2002年から2004年の間に大きく増加した後，4％台と比較的高い値で安定的に推移している。この値も北東アジア諸国の中では最も高いものになっている。

　ロシアを訪れるインバウンド旅行者が支出する受取額/GDP比は，1998年の2.2％を頂点とし，そこから下落傾向にあり，2016年は0.6％となっている。これに対して，ロシア人旅行者が海外で支出する支払額/GDP比は，1999年の3.4％を頂点として，その後2008年の1.3％まで低下を続けたが，その後ある程度回復して，2016年には1.9％に達している。

　旅行者による海外での支出は，旅行先での消費を通じて，海外経済に寄与する。また，旅行者にとっては，訪問や消費を通じてその国の文化に触れることになり，民間レベルでの相互理解を促進する機会となる。こうした観点から，北東アジア各国における消費を通じた国際交流の拡大は望ましい。また，日本へのインバウンド旅行者の国内での支出，日本のアウトバウンド旅行者の海外での支出は，ともに水準が低いため（とくにアウトバウンド支出は減少傾向にある），双方向で拡大の余地があろう。

2.2　国際貿易・投資

　北東アジアにおける国際的な経済相互依存の多くは，域内企業による貿易・投資によって支えられている。そこで次に地域における貿易・投資と通商政策の現状について概観する。

国際貿易

　北東アジア各国は活発な国際貿易を行っている。表7-2は，2016年における各国（北朝鮮を除く）の財・サービスの輸出，輸入，純輸出額を示したものである。中国が域内で最大の貿易国であり，次いで日本，韓国，ロシア，モンゴルが続く。いずれの国も財で輸出超過を，サービスで輸入超過をそれぞれ計上しつつ，財・サービスの全体では輸出超過となっている。

表7-2 北東アジア各国の財・サービスの輸出・輸入・純輸出，2016年

(百万米ドル)

	財・サービスの輸出			財・サービスの輸入			財・サービスの純輸出		
	総額	財	サービス	総額	財	サービス	総額	財	サービス
中国	2,305.4	2,098.2	207.3	2,037.3	1,587.4	449.8	268.2	510.7	-242.6
日本	813.7	644.9	168.7	789.6	606.9	182.6	24.1	38.0	-13.9
韓国	587.2	495.4	91.8	514.2	405.2	109.0	73.0	90.2	-17.2
モンゴル	5.7	4.9	0.8	5.3	3.4	1.9	0.4	1.6	-1.1
ロシア	331.5	281.8	49.7	264.3	191.4	72.9	67.2	90.4	-23.2

(出所) World Trade Organization, *Trade Profiles*, 2017.

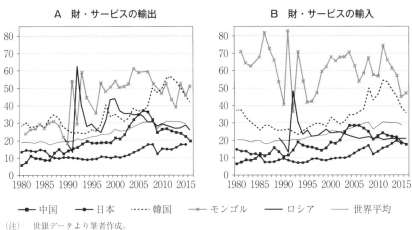

図7-3 北東アジア各国の財・サービスの輸出・輸入（対GDP比，%）

(注) 世銀データより筆者作成。
(出所) World Bank, *World Development Indicators*.

　北東アジア各国（北朝鮮を除く）の財・サービス貿易の対GDP比の推移をみると（図7-3），これら諸国の貿易依存度が傾向的に拡大する一方で，近年は多くの諸国で伸び悩んでいることがわかる。中国では輸出，輸入の対GDP比がともに1980年から2005年ごろまで傾向的に上昇して，世界平均を超えたが，それ以降，ことにリーマンショック後は大きく低下し，直近の2016年では20%以下になっている。日本の貿易依存度はもともと低く，1980年代後半から2000年代始めにかけて停滞していたが，それ以降は傾向的に緩やかな上昇を示している。韓国は2000年代以降，輸出，輸入の対GDP比が急速に高まったが，2010年代前半から

表7-3　北東アジア各国の財貿易の構成，2015年

	財輸出の構成(%)				財輸入の構成(%)			
	農産物	燃料・鉱物品	製品	その他	農産物	燃料・鉱物品	製品	その他
中国	3.2	2.4	94.3	0.1	9.5	21.3	64.4	4.8
日本	1.6	4.3	87.2	6.9	11.3	29.4	57.1	2.2
韓国	2.1	8.3	89.4	0.3	7.6	30.4	61.6	0.4
モンゴル	7.5	80.2	3.2	9.0	12.8	23.5	63.0	0.6
ロシア	8.0	67.4	22.3	2.3	14.2	3.9	75.5	6.4

（出所）World Trade Organization, *Trade Profiles 2017*.

急激に低下している。モンゴルの貿易依存度は高いが，大きく変動しつつ推移している。ロシアの貿易依存度は市場経済移行後大きく変動し，輸出比率は2000年前後のピークから傾向的に低下し，輸入比率は1995年前後から緩やかにかつ安定的に低下傾向を示している。

　北東アジア諸国の財貿易の構成をみると（表7-3），生産要素や資源の賦存，技術水準，比較優位の違いを反映して各国ごとに異なったものになっている。中国，日本，韓国では全体に占める製品の輸出が90％程度と高く，モンゴル，ロシアでは燃料・鉱物品の輸出の比率が70～80％程度と高い。また，全ての国で輸入に占める製品の比率が60～75％と高く，ロシア以外の諸国では燃料・鉱物品の輸入比率が20～30％程度となっている。中国，日本，韓国の製品輸入比率が高いのは，これら諸国が東アジア全域に展開されているサプライチェーンを通じて中間財・資本財・最終財を輸入しているからである。モンゴルの燃料・鉱物品の輸入比率が比較的高いのは，中国やロシアから半加工された燃料・鉱物品を輸入しているからである。

　表7-4で示される生産段階別の財貿易の構造をみると，日本，中国，韓国が一次産品を輸入して製品を輸出する一方で，サプライチェーンを通じて中間財と最終財の貿易を行っていることがわかる。これら3カ国の製品貿易の内容によると，中国は中間財を輸入し最終財を輸出する傾向が強く，日本は中間財（とくに部品・部財）を輸出し最終財を輸入する傾向があり，韓国は中間財を輸出しかつ輸入するという特徴がある。ロシアは一次産品と加工品を輸出し，部品・部財と最終財を輸入するという構造になっている。

第7章　北東アジアの経済相互依存と経済協力

表7-4　北東アジア各国の生産段階別の財貿易の構造，2015年

A　輸出の構造(%)

輸出国	一次産品	中間財		最終財	
		加工品	部品・部財	資本財	消費財
中国	0.8	22.5	18.5	31.0	27.2
日本	1.3	27.5	29.5	22.3	19.3
韓国	0.5	32.0	36.0	19.3	12.2
ロシア	46.9	45.2	1.7	2.0	4.2

B　輸入の構造(%)

輸出国	一次産品	中間財		最終財	
		加工品	部品・部財	資本財	消費財
中国	26.2	26.9	22.5	14.6	9.7
日本	17.6	29.7	13.6	13.3	25.7
韓国	22.1	33.0	17.5	14.3	13.1
ロシア	4.2	25.4	14.1	24.1	32.3

（出所）Research Institute of Economy, Trade and Industry, RIETI-RID database. www.rieti-tid.com

　表7-5は2016年における北東アジア諸国（北朝鮮を含む）の間の貿易上の相互依存関係をマトリクスのかたちでみたものであるが，この表から相互依存の程度が国によって異なることがわかる。まず中国，日本，韓国が他の北東アジア諸国と貿易を行う比率は20～30％だが，その域内貿易の大半はこれら3カ国間で行われている。中国が他の北東アジア諸国に輸出する比率は12.5％と低いが，その理由は中国の主要な輸出先が米国やヨーロッパ諸国だからである。北朝鮮とモンゴルでは貿易の70％以上が他の北東アジア諸国であり，域内依存度が極めて高い。とくに北朝鮮は輸出・輸入の両面で中国に大きく依存しており，輸出の81％，輸入の87％が対中国である。モンゴルも輸出面では対中国依存が79％と高いが，輸入面では対中国が31％，対ロシアが26％，対日本が10％とより多様化している。ロシアの場合は，輸出の18％が他の北東アジア向けであり，輸入の28％が他の北東アジア諸国からである。全体を通じて特徴的なのは，中国が他の5つの北東アジア諸国にとって最大の貿易相手国となっていることである。

　図7-4は，北東アジア各国の域内貿易依存度の時間的な推移を示したものである。時間的な推移は国によって異なっている。まず中国をみると，輸出・輸入

281

表7-5　北東アジア地域の貿易マトリクス，2016年（百万米ドル，下段%）

A　輸出マトリクス

輸入国・地域 ＼ 輸出国	中国	日本	韓国	北朝鮮	モンゴル	ロシア
中国	—	113,877 (17.7)	124,442 (25.1)	2,554 (81.2)	3,883 (79.1)	28,021 (10.3)
日本	129,617 (6.1)	—	24,363 (4.9)	0 (0.0)	14 (0.3)	9,384 (3.5)
韓国	95,816 (4.5)	46,240 (7.2)	—	186 (5.9)	8 (0.2)	10,027 (3.7)
北朝鮮	3,197 (0.1)	0 (0.0)	146 (0.0)	—	2 (0.0)	74 (0.0)
モンゴル	995 (0.0)	278 (0.0)	208 (0.0)	0 (0.0)	—	896 (0.3)
ロシア	14,020 (1.3)	1,800 (0.1)	1,747 (0.6)	0 (0.0)	0 (0.0)	—
北東アジア	267,321 (12.5)	165,517 (25.7)	153,924 (31.0)	2,748 (87.3)	3,963 (80.7)	48,402 (17.8)
世界	2,136,595 (100.0)	644,933 (100.0)	496,003 (100.0)	3,147 (100.0)	4,908 (100.0)	271,397 (100.0)

B　輸入マトリクス

輸入国 ＼ 輸出国・地域	中国	日本	韓国	北朝鮮	モンゴル	ロシア	北東アジア	世界
中国	—	145,524 (9.2)	159,187 (10.0)	2,707 (0.2)	3,533 (0.2)	32,058 (2.0)	343,010 (21.6)	1,589,460 (100.0)
日本	156,561 (25.8)	—	25,018 (4.1)	0 (0.0)	18 (0.0)	11,269 (1.9)	192,864 (31.8)	606,871 (100.0)
韓国	86,972 (21.4)	47,462 (11.7)	—	186 (0.0)	11 (0.0)	8643 (2.1)	143,274 (35.3)	406,217 (100.0)
北朝鮮	3,389 (87.4)	0 (0.0)	14.6 (3.8)	—	2 (0.0)	72 (1.9)	3,609 (93.0)	3,879 (100.0)
モンゴル	1,040 (31.1)	331 (9.9)	198 (5.9)	0 (0.0)	—	862 (25.8)	2,431 (72.7)	3,346 (100.0)
ロシア	38,087 (21.6)	6,680 (3.8)	5,113 (2.9)	9 (0.0)	36 (0.0)	—	49,925 (28.3)	176,499 (100.0)

（注）　1　韓国政府は対北朝鮮貿易を国際貿易として取り扱っておらず，IMFの韓国データも対北朝鮮データを十分反映したものになっていない。そのため，韓国の対北朝鮮データはKOTRAのデータで置き換えて作成した。

　　　　2　北朝鮮のデータはIMFによる，他の貿易相手国のデータに基づく推計，ただし北朝鮮の対韓国データはKOTRAのデータを使用して作成。

（出所）　International Monetary Fund, *Direction of Trade Statistics*; Korea Trade-Investment Promotion Agency.

第7章　北東アジアの経済相互依存と経済協力

図7-4　北東アジア各国と他の北東アジア諸国との貿易依存度（%）

A　北東アジア各国の域内輸出依存度

B　北東アジア各国の域内輸入依存度

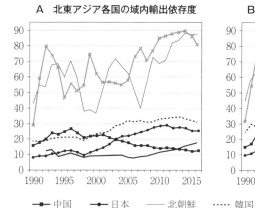
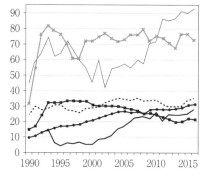

■― 中国　　●― 日本　　―― 北朝鮮　　…… 韓国　　―*― モンゴル　　―― ロシア

(注)　1　韓国政府は対北朝鮮貿易を国際貿易として取り扱っておらず，IMFの韓国データも対北朝鮮データを十分反映したものになっていない。そのため，韓国の対北朝鮮データはKOTRAのデータで置き換えて作成した。
　　　2　北朝鮮のデータはIMFによる，他の貿易相手国のデータに基づく推計。ただし北朝鮮の対韓国データはKOTRAのデータを使用して作成。
(出所)　International Monetary Fund, *Direction of Trade Statistics*; Korea Trade-Investment Promotion Agency.

の両面で北東アジアへの貿易依存度が緩やかに低下していることがわかる。中国にとっては，貿易相手国としての日本のウェイトがトレンドとして下がる一方で，貿易相手国としての韓国のウェイトが安定的に推移しているため，北東アジア全体への依存度が下がっている。日本の時間的な変化をみると，貿易相手国としての中国のウェイトが急速に高まったことを反映して，北東アジア全体への貿易依存度が緩やかに上昇している。ただし輸出面では2010年代に入って対中依存が低下してきたため，北東アジア地域全体への輸出依存度も低下している一方，日本の輸入先としての中国の重要性が急増していることから，輸入面での地域全体への依存度は緩やかな上昇を続けている。韓国では，貿易相手国としての日本のウェイトが時間とともに低下傾向にあるものの，中国のウェイトが急増していることから，とりわけ輸出面で北東アジア地域への依存度が緩やかに高まり，輸入面では北東アジア地域への依存度が比較的安定的に推移してきた。北朝鮮とモンゴルは輸出と輸入の両面で北東アジアに高い依存度を示している。とくに北朝鮮は依存度を傾向的に高めつつあり，モンゴルも輸出面で依存度を高めているが，輸入面では比較的安定的に推移している。ロシアの北東アジア地域に対する貿易依

存度は2000年代央まで高いものではなかったが，近年は輸出と輸入の両面で上昇しつつあり，直近の2016年では中国の域内依存度を上回る水準になっている。

このように，日・中・韓の間の貿易には緊密な相互依存関係が存在するが，それは3カ国がともに東アジア地域で形成されてきたサプライチェーンに組み込まれているからでもある。図には示されていないが日・中・韓にとって米国も主要な貿易相手国であり，そのウェイトは低下しつつあるとはいえ，米国の重要性も無視することはできない。日・韓にとっては貿易相手国としての中国の重要性が高まっており，中・韓にとっては日本の相対的な重要性が低下しつつある。しかし，そのことは，中・韓にとって日本の経済的な重要性が低下していることを意味するものではない。日本による対中・対韓直接投資が，中・韓を東アジアのサプライチェーンに組み込む役割を果たしてきたと考えられるからである。

海外直接投資

次に北東アジア地域をめぐる直接投資の動向をみることにしたい。直接投資は，東アジアにおけるサプライチェーンを支えるものであり，とりわけ日・中・韓の間の経済的な相互依存関係を強化する上で重要な役割を果たしてきた。

図7-5は，北東アジア各国（北朝鮮を除く）の対外・対内直接投資残高の対GDP比の時間的な推移を示したものである。この図から，一部の国を除いて，直接投資残高の対GDP比が時間とともに傾向的に上昇してきたことがわかる。ただ，中国の対外直接投資は一貫して拡大し続けているものの，対内直接投資の対GDP比は1990年代後半まで上昇して17%のピークに達した後2000年代後半にかけて低下し，その後緩やかに回復しつつあるが直近の2016年で12%とピーク時には及んでいない。日本の対外直接投資は一貫して上昇を続け直近の2016年では対GDP比で28%に達している一方，対内直接投資は徐々に拡大していたものの2000年代後半に頭打ちになり2016年ではGDPの4%にしか過ぎない。韓国でも対外・対内直接投資がともに拡大したが，対内直接投資の伸びは近年鈍化傾向にある。モンゴルの対外直接投資のデータは不安定さを示しているが，直近の2016年ではGDPの3%程度と北東アジア諸国のなかで最も低い。しかし対内直接投資の対GDP比は急速に伸び，2016年では120%と，北東アジアの中で最も高い水準になっている。ロシアの対外・対内直接投資は1990年代後半から2000年代央にかけて急速に拡大したが，いずれもそれ以降上下に大きく振れつつ上昇傾向を

図7-5　北東アジア各国の対外・対内直接投資残高（対 GDP, %）

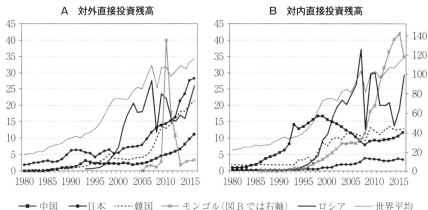

（注）　モンゴルの対内直接投資残高の対 GDP 比率は右軸で表示。
（出所）　World Bank, *World Development Indicators*.

示していない。対外・対内直接投資の対 GDP 比は，それぞれ15～25%，20～30%の水準を前後している。

　表7-6は，2016年における北東アジア地域（北朝鮮を含む）を中心とした対外・対内直接投資残高のマトリクスを示したものである。この表は，IMF が公表している調整済みの直接投資サーベイに基づき作成されたものだが，いくつかの限界があるので，まずそれを指摘しておきたい。第一に，中国，北朝鮮，モンゴルの対外直接投資については，各政府のデータによるものでなく，各国の投資相手国のデータによるものである。そのため，とくに中国の場合は，公表されている全体の直接投資残高（2016年は1兆3172億3800万米ドル）の44%の値しか報告されていない。そのため，この表では絶対額でなくシェアが重要になる。第二に，北朝鮮については，中国から北朝鮮向けの投資データとして中国政府の発表した2015年のデータが利用されており[3]，ロシアから同国向けの投資データとしてロシアの2013年のデータが利用されている。そのため，北朝鮮のデータについ

---

[3] データの出所は，Ministry of Commerce, National Bureau of Statistics, and the State Administration of Foreign Exchange, *Statistical Bulletin of China's Outward Foreign Direct Investment*, 2015.

表7-6　北東アジア地域の対外・対内直接投資残高マトリクス，2016年（百万米ドル，％）

A　対外直接投資マトリクス

投資国／受入国・地域	中国	日本	韓国	北朝鮮	モンゴル	ロシア
中国	—	108,277 (8.2)	72,042 (24.4)	23 (85.2)	33 (54.1)	209 (0.1)
日本	885 (0.2)	—	4,824 (1.6)	0 (0.0)	0 (0.0)	42 (0.0)
韓国	5,576 (1.0)	32,038 (2.4)	—	3 (11.1)	27 (44.3)	39 (0.1)
北朝鮮	625 (0.1)	0 (0.0)	5 (0.0)	—	0 (0.0)	211 (0.0)
モンゴル	4,378 (0.8)	585 (0.0)	265 (0.1)	0 (0.0)	—	25 (0.1)
ロシア	2,262 (0.4)	1,504 (0.1)	1,438 (0.5)	0 (0.0)	1 (1.6)	—
北東アジア	13,726 (2.4)	142,404 (10.8)	78,574 (26.7)	26 (96.3)	61 (100.0)	526 (0.2)
世界	577,734 (100.0)	1,315,146 (100.0)	294,742 (100.0)	27 (100.0)	61 (100.0)	334,486 (100.0)

B　対内直接投資マトリクス

投資国・地域／受入国	中国	日本	韓国	北朝鮮	モンゴル	ロシア	北東アジア	世界
中国	—	142,021 (5.6)	95,068 (3.8)	23 (0.0)	33 (0.0)	334 (0.0)	237,479 (9.4)	2,534,532 (100.0)
日本	885 (0.5)	—	3,419 (1.8)	0 (0.0)	0 (0.0)	52 (0.0)	4,356 (2.3)	190,544 (100.0)
韓国	5,576 (3.2)	43,505 (24.8)	—	3 (0.0)	27 (0.0)	43 (0.0)	49,154 (28.0)	175,350 (100.0)
北朝鮮	625 (72.4)	0 (0.0)	5 (0.6)	—	0 (0.0)	211 (24.4)	841 (97.5)	863 (100.0)
モンゴル	4,378 (26.9)	585 (3.6)	440 (2.7)	0 (0.0)	—	38 (0.9)	5,441 (33.4)	16,277 (100.0)
ロシア	2,262 (0.6)	1,919 (0.5)	2,250 (0.6)	0 (0.0)	1 (0.0)	—	6,432 (1.7)	377,950 (100.0)

（注）　中国，北朝鮮，モンゴルの対外直接投資データ，北朝鮮の対内直接投資データは，これら諸国の相手国データからIMFが推計したもの。中国の北朝鮮向け対外直接投資データは中国政府のデータを利用，日本のモンゴル向け対外直接投資データはモンゴルの日本からの対内直接投資データを利用，ロシアの北朝鮮向け対外直接投資データは2013年のデータが不変として利用，北朝鮮の中国，ロシアからの対内直接投資データはそれぞれ中国政府，ロシアの2013年のデータを利用した。

（出所）　International Monetary Fund, *Coordinated Direct Investment Survey.* ほか

第7章 北東アジアの経済相互依存と経済協力

ては幅をもって考慮する必要がある。

　中国の対外直接投資の相手国・地域としては，北東アジア諸国以外が大半であり，北東アジア地域向けは全体の２％強にしかすぎない。その一方，中国の投資の受け入れ元としては日本（中国からみて香港，英領バージン諸島に次ぐ第三の投資国）と韓国が重要だが，それでも北東アジア地域からは全体の９％しか受け入れていない。日本の対外投資先では，中国（日本にとってアメリカに次ぐ第二の投資先）と韓国が重要だが，北東アジア地域へは全体の11％しか振り向けていない。日本の投資の受け入れ元では，その主たる相手国・地域が米国やヨーロッパ諸国であることから，北東アジアからは全体の２％強しか受け入れていない。韓国は日本や中国と比較して，直接投資の面で北東アジアへの依存度がより高くなっている。韓国の対外投資先としては，中国（韓国から見て最大の投資先）と，日本が重要で，北東アジア全体で27％になっている。韓国の対内投資の受け入れ元としても，日本（最大の受け入れ元）と中国が重要で，北東アジアから28％を受け入れている。このように日・中・韓は相互に比較的緊密な直接投資で結ばれているが，これら諸国からみて，それ以外の北東アジア諸国と強く結ばれているわけではない。

　しかし，北朝鮮とモンゴルにとっては，北東アジア諸国との直接投資面での結びつきは重要である。北朝鮮の対外・対内投資は中国に大きく依存しており，北東アジア地域への依存度はそれぞれ96％，98％である。モンゴルでは，対外直接投資のほぼすべてが北東アジア向けであり，対内投資の33％が北東アジアからとなっている。それと対照的に，ロシアの直接投資面での北東アジア依存は極めて低く，対外投資では0.2％，対内投資では２％弱である。直接投資におけるロシアと他の北東アジア諸国との緊密化には，大きな余地が残されているといってよい。

　北東アジア各国の直接投資が北東アジア地域に依存する程度を時間的な推移でみると（図表では示されていない），中国，日本，韓国，ロシアの数値は時間とともに安定的に推移していることがわかる。しかし，北朝鮮，モンゴルの数値は時として大きく変動しており，これら２国において統計上の問題があることが示唆される。

通商政策

　貿易・直接投資の動向は通商政策の影響を大きく受ける。そこで次に，北東ア

表7-7　北東アジア各国の貿易政策指標，2016年

| | MFN無関税輸入率(%) | | MFN関税率(%) | | | | | | 関税拘束範囲(%) |
| | 非農産物 | 農産物 | 全ての財 | | 非農産物 | | 農産物 | | |
			上限	適用	上限	適用	上限	適用	
中国	51.1	1.5	10.0	9.9	9.1	9.0	15.7	15.6	100.0
日本	81.1	42.7	4.5	4.0	2.5	2.5	17.4	13.1	99.7
韓国	36.5	7.6	16.5	13.9	10.2	6.6	57.9	56.9	94.9
モンゴル	3.1	0.1	17.5	5.2	17.3	5.0	18.8	6.1	100.0
ロシア	36.0	16.6	7.6	7.1	7.1	6.5	11.0	11.0	100.0

（注）　MFN＝最恵国待遇。MFN無関税輸入率は2015年のデータ。
（出所）WTO-ITC-UNCTAD, *World Tariff Profiles 2017.*

ジア諸国の通商政策について簡単にみておくことにしたい。

　表7-7は，北東アジア各国（北朝鮮を除く）の貿易政策指標をまとめたものである。まずMFN（最恵国）無関税輸入率とMFN関税率をみると，前者は高く後者は低いこと，ならびに北東アジアの中で日本が最も貿易自由化の進んだ国であることがわかる（ただし農産物に対する上限・適用関税率は域内で最低水準ではない）。中国の非農産物に関するMFN無関税輸入率は日本に次いで高いが，MFN適用関税率は北東アジア諸国の中で最も高く，製造業を保護していることがわかる。韓国のMFN適用関税率は，非農産物に関しては北東アジアの中で平均的な高さだが，農産物に関しては域内で最大であり，農業部門を強く保護していることがわかる。モンゴル，ロシアのMFN適用関税率は域内で平均的な水準にある。

　表7-8は北東アジア各国（北朝鮮を除く）の自由貿易協定（FTA）・経済連携協定（EPA）の現状をまとめたものである。この表から，中国，日本，韓国が積極的にFTAやEPAを進めてきているが，モンゴル，ロシアはFTAやEPAにさほど積極的でないことがわかる。中国は16の協定を発効させ，1つの協定に署名している。日本は15の協定を発効させ，2つの協定に署名している。韓国は16の協定を発効させている。これらの多くはASEAN諸国との協定であるが，アジア域外諸国との協定も多くみられる。また，日本は環太平洋パートナーシップ（TPP）交渉を終え米国を含む12カ国と署名（2016年2月）したが，その後トランプ政権になって米国がTPPから離脱したことから，残りの11カ国

288

第7章　北東アジアの経済相互依存と経済協力

表7-8　北東アジア各国の自由貿易協定（FTA）、経済連携協定（EPA）の現状

	中国	日本	モンゴル	韓国	ロシア
署名・発効済み	APTA（1976年6月） タイ（2003年10月） 香港（2004年4月） マカオ（2004年1月） ASEAN（2005年7月） チリ（2006年10月） パキスタン（2007年7月） ニュージーランド（2008年10月） シンガポール（2009年1月） ペルー（2010年3月） 台湾（2010年9月） コスタリカ（2011年8月） アイスランド（2014年7月） スイス（2014年7月） オーストラリア（2015年8月） 韓国（2015年12月）	シンガポール（2002年11月） メキシコ（2005年4月） マレーシア（2006年7月） チリ（2007年9月） タイ（2007年11月） インドネシア（2008年7月） ブルネイ（2008年7月） ASEAN（2008年12月～2010年7月） フィリピン（2008年12月） スイス（2009年9月） ベトナム（2009年10月） インド（2011年8月） ペルー（2012年3月） オーストラリア（2015年1月） モンゴル（2016年6月）	日本（2016年6月）	APTA（1976年6月） チリ（2004年4月） シンガポール（2006年3月） EFTA（2006年9月） ASEAN（2007年6月） インド（2010年1月） EU（2011年8月） ペルー（2011年8月） アメリカ（2012年3月） トルコ（2013年5月） コロンビア（2016年7月） カナダ（2015年1月） 中国（2015年12月） ベトナム（2015年12月） オーストラリア（2015年12月） ニュージーランド（2015年12月）	EAEU（2015年1月） EAEU-ベトナム（2016年10月）
署名済み・未発効	ジョージア（2017年5月）	TPP（2016年2月） TPP11（2018年3月）			
政府間交渉中	SACU（2004年6月） GCC（2005年4月） ノルウェー（2009年6月） 日本・韓国（2013年3月） RCEP（2013年5月） スリランカ（2014年9月） モルディヴ（2015年9月）	韓国（2003年12月）* GCC（2006年9月）* ASEAN（サービス・投資）# カナダ（2012年10月）* コロンビア（2012年12月） 中国・韓国（2013年3月） EU（2013年4月）# RCEP（2013年5月） トルコ（2014年12月）		日本（2003年12月）* メキシコ（2007年12月）* GCC（2008年7月）* インドネシア（2011年7月） 中国・日本（2013年3月） RCEP（2013年5月） エクアドル（2015年8月） 中米（2015年9月） イスラエル（2016年6月） EAEU（2017年4月）	EAEU-韓国（2017年4月）

（注）　APTA＝アジア太平洋貿易協定；ASEAN＝東南アジア諸国連合；EAEU＝ユーラシア経済連合；EFTA＝欧州自由貿易連合；EU＝欧州連合；GCC＝湾岸協力会議；RCEP＝東アジア地域包括的経済連携；SACU＝南部アフリカ関税同盟；TPP＝環太平洋パートナーシップ。日ASEAN EPAの投資・サービス章は実質合意。網掛け部分は、北東アジア域内諸国間のFTA。
＊は交渉延期中または中断中のもの。#は交渉妥結ないし実質合意に至ったもの（日EU EPAは妥効妥結。

（出所）　ADB, Asian Development Bank, Asia Regional Integration Center, FTA database.

289

と TPP11を交渉して合意（2017年11月）に持ち込み署名（2018年３月）にいたっている。

　北東アジア域内諸国間の FTA・EPA は網掛けして示されているが，これまでのところ合計２つしか発効されていない。それは，中国-韓国 FTA と日本-モンゴル EPA である。ただし，北東アジア諸国を含む FTA としては，日中韓 FTA，東アジア地域包括的経済連携（RCEP），韓国-EAEU FTA の３つの協定が交渉中である。このうち，RCEP は ASEAN +6（ASEAN10カ国プラス中国，日本，韓国，オーストラリア，ニュージーランド，インド）の16カ国を含む多国間協定であり，韓国-EAEU FTA は韓国とユーラシア経済連合（EAEU）との協定である。EAEU は，ユーラシア経済共同体を前身とする地域経済同盟（関税同盟）であり，2015年１月にロシア，ベルラーシ，カザフスタン，アルメニア，キルギスの５カ国により発足したものである[4]。

2.3　インフラの連結性

　次に，主に輸送インフラに焦点を合わせて，北東アジアにおけるインフラの連結性の現状について説明する。

「インフラの連結性」の範囲

　表７-９に示されているように，日本は他の国々と陸上国境を持たない島国である。これに対して，モンゴルは内陸国であり，ロシアと中国とのみ国境を接している。韓国と北朝鮮は国境（軍事境界線）で接しているが，現状では国境を越えるアクセス手段がない（表中の網掛け部分）ため，韓国は事実上の島国である。北朝鮮は中国およびロシアと国境を接している。

　以下の記述では，日本と韓国について積極的には取り上げないが，それはこれらの両国には，本節で論じるような連結性に関する問題が少ないためである。一般的に，島国は貿易財の輸送にあたり海上交通を利用する。その場合にも連結性の問題があるが，これらの問題は海上輸送一般にかかわる問題であり，必ずしも

　4）2017年４月にモルドバがオブザーバーとして EAEU に参加。EAEU 加盟国は，財，サービス，資本，労働の自由な移動を認める義務を負うとともに，エネルギー，工業，農業，輸送など基幹的な経済部門において協調的な政策を実施していくとしている。

第7章　北東アジアの経済相互依存と経済協力

表7-9　北東アジア各国の相互隣接関係

		陸上での隣接性						海洋
		中国	日本	韓国	北朝鮮	モンゴル	ロシア	
接続性（アクセスの有無）	中国		—	—	✓	✓	✓	✓
	日本	—		—	—			✓
	韓国	—	—		✓			✓
	北朝鮮	✓	—	—			✓	✓
	モンゴル	✓	—	—			✓	—
	ロシア	✓			✓	✓		✓
	海洋	✓	✓	✓	✓		✓	

（注）　✓ 隣接/アクセス可．　— 非隣接/アクセス不可
（出所）筆者作成

特定の地域の問題ということではない。少なくとも，日本や韓国を発着する海上輸送サービスの水準は，以下で論じるような北東アジアの内陸国境を越える輸送サービスの水準に比べて十分に高いと言える。

　北東アジアの内陸地域では連結性向上を図る余地が大いにある。ここでは，ハードインフラの接続の有無，制度基盤（非物理的なインフラ），国際輸送業者の活動やロジスティクス環境の概況などについての事実関係を整理することで，現状に対する理解を深めることとしたい。

北東アジア地域におけるハードインフラの連結性

　まず，鉄道，道路，パイプラインといったインフラの国境での接続性の有無を確認しよう。表7-10は，北東アジア内陸国にカザフスタンを加えて[5]，各国間の鉄道の接続状況を示したものである。全ての隣接国同士の組み合わせにおいては，二国を結ぶ鉄道路線が少なくとも1本は存在している。北朝鮮と韓国を結ぶ路線（京義線）は，第二次世界大戦後の南北分断の後，2007年に初めて運行再開したが，翌年には再び運行が途絶えた。したがって，この区間は名目上つながっているに過ぎず，実質的には接続していない。

　この地域の鉄道の問題は，軌間の違いである。すなわち，ロシア，モンゴル，

5）中国と欧州をつなぐ鉄道輸送ルートは，カザフスタン経由，ロシア経由，モンゴル経由の
　3ルートがある。

表7-10　鉄道の接続地点数

	中国	日本	韓国	北朝鮮	モンゴル	ロシア
日本	—					
韓国	—	—				
北朝鮮	3	—	1*			
モンゴル	*1*	—	—	—		
ロシア	*3*	—	—	*1*	2	
カザフスタン	2	—	—	—	—	*24** *

(注)　斜体字は，両国間で軌間が異なることを示す。
　　　＊北朝鮮と韓国の間の路線は運行停止中。
　　　＊＊ロシアとカザフスタンとの間には相互の国内を通過する鉄道路線が幾つか存在する。
　　　これらの路線は，相手国への入口と出口の2カ所で越境する形となるため，国境での
　　　接続箇所数が24という大きな数となる。
(出所)　諸資料より筆者作成

　カザフスタンの軌間が広軌（1520 mm）である一方，中国，北朝鮮及び韓国のそれはより狭い標準軌（1435 mm）となっていて，国境駅において貨物の積替もしくは台車交換が必要となっている。輸送プロセスが国境で中断してしまうことから，これらの軌間が異なる越境区間は準接続状態にあるとも言える。
　隣接国と接続する鉄道路線数において，中国は北東アジア諸国の中で抜きんでている。いくつかの越境路線は，国際貿易上大きな役割を果たしている。例えば，北部にある満洲里駅，西部にある阿拉山口駅は，いずれも資源輸入などを中心に年間1000万t以上の貨物を取り扱っている（表7-11）。
　これらに加え，2012年末には中国・カザフスタン国境で，ホルゴス経由の新たな国境通過路線が開設された。これにより，中央アジア経由で中国と欧州を結ぶ輸送能力が拡大された。また，中国，北朝鮮，ロシアが接する，いわゆる図們江地域でも新たな動きがみられる。琿春－マハリノ区間は，長年の運行中断を経て2013年に運行を再開した。ロシアの鉄道網と北朝鮮の羅津港とを結ぶ羅津－ハサン区間の鉄道の改修工事は2014年に完了し，ロシア産の石炭を中国南部沿岸地方など第三国に輸出するために利用されている。このように「一帯一路」戦略が推進される中で様々な動きが活発化しているが，残念ながら，中国は2013年を最後に国境駅での貨物取扱量統計の公表を取りやめたため，表7-11に示したデータ以降の輸送量変化を把握することができなくなっている。
　表7-12は，幹線道路の接続状況を整理するため，アジアンハイウェイ路線上

第 7 章　北東アジアの経済相互依存と経済協力

表 7-11　中国の国境駅における取扱貨物量（2013年，百万トン）

駅名	相手国	輸入	輸出
丹東	北朝鮮	0.24	0.15
図們	北朝鮮	0.04	0.03
集安	北朝鮮	0.04	0.02
二連	モンゴル	7.46	1.33
綏芬河	ロシア	8.81	0.36
満洲里	ロシア	17.74	2.09
阿拉山口	カザフスタン	12.26	5.49
ホルゴス	カザフスタン	0.07	1.59

（出所）中国交通年鑑［2014年］

表 7-12　道路の接続地点数

	中国	日本	韓国	北朝鮮	モンゴル	ロシア
日本	—					
韓国	—	—				
北朝鮮	2	—	2*			
モンゴル	3	—	—	—		
ロシア	3	—	—	—	2	
カザフスタン	3	—	—	—	—	8

（注）　接続地点数は，アジアンハイウェイに関わるもののみを数えた。
　　　＊北朝鮮と韓国の間の2カ所の接続地点は，現状では通行できない。
（出所）諸資料より筆者作成

　の国境通過点の数を示したものである。北朝鮮とロシアとの間には道路接続が無いが，それ以外のすべての隣接国同士の間では両国を結ぶ幹線道路が整備されている。他方，地方道なども含めた国境通過点の総数を把握することは，最新の情報が公表されていない国もあり，困難である。そもそも国境通過点には，第三国人にも開放されているか否か，恒常的に稼働しているか季節的か臨時か，さらに運用中か書類上のもの（開設準備中）かなど，さまざまなタイプがあり，これらの定義が国ごとに異なっている。そのため，一方の国では存在していることになっている国境通過点に対応する国境通過点が相手国側に存在しない（確認できない）といったことが起こりうる。道路建設の方が技術的制約が小さくコストが低いことから，少なくとも，多くの二国間のペアでの道路接続箇所数を地方道も含

293

表7-13　パイプライン接続地点数

		原油					
		中国	日本	韓国	北朝鮮	モンゴル	ロシア
ガス	中国		—	—	1	0	1
	日本	—		—	—	—	—
	韓国	—	—		0	—	0
	北朝鮮	0	—	0		—	—
	モンゴル	0	—	—	—		0
	ロシア	0	—	0	—	0	

(注)　—　海洋または第三国により隔離。
(出所)　諸資料より筆者作成

めて数えれば，鉄道のそれよりも多いことは確かだろう。

　鉄道や道路と異なり，北東アジア地域の国際パイプライン網の整備は遅れている。整備済みなのは，原油パイプライン2本のみで，天然ガスパイプラインは存在しない（表7-13）。中・ロ間の原油パイプラインは，2009年に操業が開始された東シベリア－太平洋（ESPO）パイプラインの一部を構成するものである。新たな動きとして，ロシアと中国とを結ぶ「シベリアの力」と呼ばれる天然ガスパイプラインの建設が2014年から進められており，2019年末には操業開始の計画である。北東アジア域外にまで視野を広げると，中国は他の隣国との間にガスパイプラインを持っている。中央アジア-中国のガスパイプラインは，2000年代後半から整備が進められ，現在カザフスタン経由の3本が稼働中である。ただし，4本目（D線）の建設プロジェクトは中断している。また，ミャンマー-中国にも，マラッカ海峡を避けて石油・天然ガスを輸入するために，パイプラインが整備されている。このような現状は，域内の大半の諸国が相互接続することには熱心でない反面，中国のみはパイプラインでの輸入に高い関心を持っていることを示している。

ソフトインフラの連結性

　交通の連結性については，国際協定といった形でのソフトな（制度的・法的）インフラも重要である。これらは，2種類の条約・協定に大別される。一つは，国際運送における運送人の荷主（荷送人・荷受人）に対する責任等を取り扱うも

第7章　北東アジアの経済相互依存と経済協力

表7-14　鉄道・道路運送に関する多国間条約への加盟状況

	中国	日本	韓国	北朝鮮	モンゴル	ロシア	カザフスタン
鉄道による国際貨物輸送に関する協定（SMGS）	✓	—	—	✓	✓	✓	✓
鉄道による国際輸送に関する条約（COTIF）	—	—	—	—	—	✓	—
道路による貨物の国際運送契約に関する条約（CMR）	—	—	—	—	✓	✓	✓
TIRカルネによる担保の下で行なう貨物の国際運送に関する通関条約（TIR）	✓	—	—	—	✓	✓	✓

CMR = Convention on the Contract for the International Carriage of Goods by Roads; COTIF = Convention concerning International Carriage by Rail; SMGS = Organization for Cooperation of Railways; TIR = Transport International Routier.

（注）　✓：加盟国，—：非加盟国
（出所）各条約・団体のウェブサイトにより筆者作成

のである。もう一つは，輸送手段（自動車，機関車，貨車等）およびその乗員，並びに輸送される旅客や貨物などの国境通過手続等を取り扱うものである。

表7-14は，国際的な鉄道輸送および道路輸送に関する主要な多国間条約への北東アジア各国の加盟状況をとりまとめたものである。日本と韓国は「島国」であり，いずれの条約にも調印していない。「鉄道による国際貨物輸送に関する協定」（SMGS），「鉄道による国際輸送に関する条約」（COTIF）および「道路による貨物の国際運送契約に関する条約」（CMR）では，貨物の運送契約に関する統一的な規則が定められており，これらの条約締結国域内においては，運送人と荷送人または荷受人との間の運送契約交渉が簡素化されている。鉄道運送に関して2つの条約が存在しているのは，歴史的経緯による。SMGC は，「東側」諸国においてとりまとめられたものであるが，加盟国のほとんどは広軌を採用している。これに対して，標準軌を採用している西欧諸国は COTIF を成立させた。双方の領域にまたがる輸送の場合は，両方の運送状を用意する必要があり，手続きが複雑となる。そこで，簡素化のための調整努力がなされ，いずれの領域でも通用する CIM/SMGS 統一運送状が開発された[6]。結論的に言えば，北東アジア地域では単一の鉄道運送空間が形成されている。これに対して，道路運送に関しては，

6）CIM とは Carriages of Goods by Rail の略。

中国がCMRを批准していないため，越境輸送についての運送契約を締結する際には，個別に運送条件等を定める必要がある。

　TIR条約は，後者のタイプの条約の一つであり，TIRカルネという書類を具備した自動車による通過貨物輸送の際の税関手続きを簡素化するものである。中国は，2016年にTIR条約を批准しており，これにより中国企業及びTIR加盟国の取り引き相手の利便性が高まるはずである。

　こうした多国間条約のほかに，中国，モンゴル，ロシアは，二国間および三国間の協定等を持っている[7]。その多くは，輸送手段（車両）や乗組員の移動に関する事項を扱っており，貨物の通関手続きの特例（簡素化）には触れていない。

国際運送サービス・ロジスティクスの連結性

　次に取り上げるのは，国際運送事業者のサービスやロジスティクスの連結性である。これらの事業者は，物理的なインフラや法的基盤の上で，自らの輸送手段を運用することによりサービスを提供している。この面で注目すべきは，中国の「一帯一路」構想の下，近年国際コンテナ列車が急速に発展していることである。転機となったのは，2011年に運行を開始した重慶（中国）とデュイスブルク（ドイツ）をカザフスタン，ベラルーシ，ポーランド経由で結ぶコンテナ列車である。その後ルートは増加し，2016年6月末時点で，計39ルートが16の中国都市と12の国外都市とを結んでいる。2015年に中国−欧州間で輸送されたコンテナ貨物は両方向合計で3.18万TEU[8]であった（CCTT，2016）。

　これらとは別に，中国東北部からロシア領内を経由して日本海に向かうルートでも，コンテナ列車の運行が行われている。近年は，黒龍江省，吉林省の両省がこうしたルートでの輸送を活性化させようとしている。2015年5月には吉林省の琿春と釜山（韓国）との間をザルビノ港経由で輸送する複合一貫輸送サービスが開始された。これは，中・ロ国境を結ぶ鉄道の中国区間を運営する吉林省東北亜

　7）ロシアと中国との間の道路輸送協定，中国とモンゴルとの間の道路輸送協定，モンゴルの海へのアクセスと中国領内の通過交通に関する協定，ロシアとモンゴルとの間の国際道路輸送協定，ロシア・モンゴル国境における国境通過点及び越境手続簡素化に関する協定，中国，モンゴル，ロシアの間のアジアンハイウェイ網沿道の国際道路輸送に関する協定などがある。これらの詳細については，GTI（2014）を参照のこと。

　8）Twenty-foot equivalent unit の略。20フィートコンテナに換算したコンテナ数量の単位。

第7章 北東アジアの経済相互依存と経済協力

図7-6 北東アジア各国の物流パフォーマンス指標（LPI）

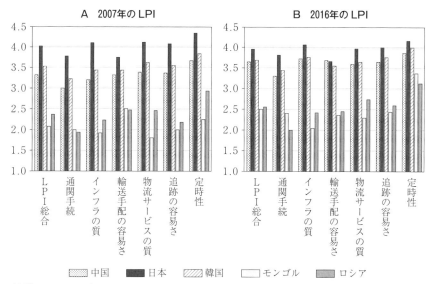

（出所）World Bank, "Connections to Compete 2016, Trade Logistics in the Global Economy"

鉄道集団が，子会社を通じて展開している事業である。他方，黒龍江省政府は省都ハルピンからロシアとの国境都市である綏芬河市を経由して，中国南方の沿岸地域や日本，韓国に向かう複合一貫輸送を推進している。このルートでの輸送は，2015年8月の試験輸送を皮切りに，2017年8月までの2年間で77回実施され，計8310TEUを輸送した。

これらの取組みは，連結性の向上を後押しする動きである。しかしながら，これらのルートでの貨物輸送量は，海上輸送量と比べると依然として小さい。東アジアと欧州との間の海上輸送コンテナの量は年間2000万TEUを越えている。鉄道輸送のサービスの質や競争力を一層高めて貨物輸送量をさらに拡大させる余地は大きい。

最後に，世界銀行が公表している物流パフォーマンス指標（LPI）を取り上げ，北東アジア地域の総合的なロジスティクス環境を評価したい。2016年には，北朝鮮を除く北東アジア5カ国のうち，日本，韓国および中国が世界上位30カ国以内にランクされた。韓国と中国は，初めてLPIが公表された2007年と比べて，2016年の第5版では指標が大きく改善した（図7-6）。これに対して，日本は同

期間にやや数値を落とした。ロシアとモンゴルは指標を改善させたものの，他の北東アジア諸国との間には依然として大きな差が存在する。

3 北東アジア地域の経済協力の可能性

　以上の分析から，北東アジアにおける地域的な協力の方向性が示唆されよう。第一は，域内で海外旅行者の移動をさらに活性化させていくことである。とりわけ，インバウンド需要は経済成長に貢献するだけでなく，民間レベルで人々の直接的な国際交流を促して，相互理解の促進につながるという非経済的なメリットも存在する。第二は，拡大しつつあるアジアのサプライチェーンをさらに支えるべく，自由貿易協定（FTA）・経済連携協定（EPA）などで貿易・投資をさらに活発化させていくことだ。とりわけ，北東アジア地域的なFTA・EPAをつくり出すことを構想すべきだろう。第三は，海外旅行者を取り込み，貿易・投資を活発化させ，ビジネス活動を支援していくために，各国のインフラの連結性をさらに強化し，物流やエネルギー輸送の効率性を高めていくことだ。北東アジア地域がこうした経済協力に乗り出すことで，経済的な相互依存関係がさらに強化されよう。

3.1 北東アジア観光協力

　すでに表7-1で見たように，北東アジア域内の海外旅行者の訪問では，中国，日本，韓国，モンゴル，ロシアの5カ国が相互に依存しあう関係にある。2015年の外国人インバウンド・データから，モンゴルはインバウンド全体の77％を，韓国は全体の61％を，日本は全体の46％を，中国は全体の30％をそれぞれ北東アジアに依存している。ロシアの場合は，北東アジア4カ国への依存度は5％と低い水準にある。このように，ロシアを除く中・日・韓・モンゴルの4カ国はいずれも自国の外国人インバウンド市場に占める30％以上を北東アジア諸国に依存しているのである。

　こうした実績から，北東アジア地域でめざすべき第一の経済協力は，相互のインバウンド観光振興だろう。実際，いずれの国もインバウンド観光を促進して，そのもたらす経済効果を高めようとしており，そうした各国ごとの努力を協調的に行い，北東アジアを国際観光圏にしていくことを推奨したい。インバウンド需

要の拡大は経済的にプラスの利益をもたらすだけでなく，旅行者と旅行先の人々との間の民間交流を通じて相互認識を深める効果をもつ。お互いの文化や考え方，生活のしかたを理解することが相互信頼の醸成に寄与するものと思われる。

北東アジア地域はいくつかの点で，国際観光圏になりうる潜在性をもつ。第一に，北東アジア諸国は陸続きの隣国と海を隔てた隣国からなっており，その間の地理的な近接性が挙げられる。ロシアの首都モスクワを除いて，各国首都間の飛行時間は概ね2～3時間と近い距離にある。相互の地理的な近接性は，観光圏形成のための基本条件である。第二に，狭義の北東アジア地域の人口は3億4700万人であるが[9]，中国全土とロシア全土を含むと約17億3500万人の人口となり，大観光市場としての条件を有している。総人口のうち毎年10%が国際観光に出向くとすると，3500万人から1億7400万人の潜在的な観光人口が存在することになる。第三に，各国の経済発展の結果，一人当たり所得が上昇して国際観光サービスへの需要が高まりつつある。そのため，国際観光人口が実際にも大幅に増加しており，この地域が観光圏として形成されうる条件が整いつつある。第四に，この地域は自然・文化・歴史的な観光資源が豊かで，多様性に富んでいる。中国大陸や韓国・北朝鮮の自然，日本列島の四季と景観，モンゴルの大草原，ロシア極東の大自然の景観・原始林等など，他の地域では見られない自然観光資源に恵まれている。東洋文化に加えロシアを中心とした西洋文化もあり，各種の歴史的な観光資源も多い。このことはこの地域が魅力のある観光地として整備されれば，多くの外国人観光客を呼び込める可能性が高いことを意味する。

インバウンド需要のさらなる活性化

外国人旅行者による旅行関連の支出は，受け入れ国の国内消費を活性化させ，その経済成長に寄与する。このことは，外国人旅行者の流入数を増やすことでインバウンド消費を拡大できることを意味する。また，一人当たり支出額の大きな海外旅行者を多く引き付けることも重要だ。日本やロシアでのインバウンド需要はGDPの0.6%程度と極めて低く，中国や韓国でも1%程度にしかすぎないことから，北東アジア地域でお互いに観光誘致を強化させることで，インバウンド

---

9) ここでの狭義の北東アジア地域とは，中国の遼寧省，吉林省，黒龍江省，内モンゴル自治区の東部，日本，韓国，北朝鮮，モンゴル，ロシアの極東連邦管区を指す。

需要を高め，各国にとっての経済的な利益をさらに高めることができる。

　そのためには，各国がみずからの観光市場を魅力的なものにしていく努力が欠かせない。実際，北東アジア地域においては，中国の国家旅游局（CNTA），日本の政府観光局（JNTO），韓国の観光公社（KNTO）が積極的な役割を果たしており，域内各国の首都や主要都市に地域支局を設置し，活発なインバウンド観光振興のための広報活動を行っている。モンゴルやロシア極東地域も同様の活動を行うようになり，北朝鮮の国家観光総局所属の朝鮮国際旅行社は中国の北京に事務所を設置している。海外からの旅行者にとっては，各国の観光法規や観光政策，文化・歴史資源，各種のイベント，空路・鉄道・バスなど国内移動手段，モノやコトの消費に関する正確な情報が容易に入手できることが重要だ。

　北東アジア地域には「添乗員付き」，「スケルトン型ツアー[10]」，「FIT（個人旅行）[11]」などの旅行形態があるが，柔軟な観光商品を提供していくことが重要だ。例えば，中国旅行は北京・上海など大都市ではスケルトン型ツアーが中心だが，FIT も増えつつある。日本での観光は添乗員付きが中心だが，遠距離観光市場（主に欧米市場）向けは大半が FIT であり，中国人・韓国人観光客による個人旅行も増えつつある。韓国旅行においても多様なツアー商品が提供されている。ロシアやモンゴル旅行は伝統的な添乗員付きが依然として主たる形態だ[12]。観光

10）「スケルトン型ツアー」とはフリープランのパッケージツアーの別称。パッケージツアーには「フルパッケージツアー」と「スケルトン型ツアー」の2種類があり，旅行者は目的やニーズに応じてそれぞれのツアーを使い分けることができる。フルパッケージツアーでは，航空便，ホテル，食事，観光コースなど，ほとんどの旅行素材が組み込まれているのに対して，スケルトン型ツアー（フリータイム型，フリープラン）では交通と宿泊といった基本的な素材しか付いておらず，旅行内容は旅行者自身が好きなように設定できる。近年の個人旅行やリピーターの増加により，旅行先では自由に行動したいというニーズが高まっていることから，スケルトン型ツアーが増加している。海外旅行ではリゾートや都市などの滞在型ツアーに多く，空港からホテルまでの送迎や簡単な市内観光，朝食などが含まれる場合もある（JTB 総合研究所）。

11）FIT（foreign independent tour または free individual travel）とは，団体旅行やパッケージツアーを利用することなく個人で海外旅行に行くことを指す（JTB 総合研究所）。海外旅行の経験者が増えるに従い旅行目的も多様化し，団体旅行や不特定多数を対象としたパッケージツアーなどではなく，自分の目的に合わせた旅行をしたいという要望が高まり FIT が増えてきた。観光旅行のみならず，業務や海外駐在，家族・知人訪問などで海外を訪れる人が増えたのも一因と考えられる。

12）北朝鮮観光では「添乗員付き」が基本で，個人旅行が禁止されている。

客のニーズが多様化し，リピーターが増えるにつれ，たえず魅力的な観光商品を提供していくことが必要だ。

　現在，世界的にそして北東アジアにおいても，中国人の海外旅行者数が急増しているが，どの国にとっても中国人インバウンド需要に過度に依存することは望ましくない。何等かの理由で，中国人旅行客が急減すると，そのマイナスのインパクトも大きいからだ。その意味で，バランスのとれた人的な国際交流を目指して，インバウンド先を多様化しつつインバウンド数を拡大させることが重要だろう。とりわけ，他の北東アジア諸国にとっては，近年伸び悩んでいる日本からの海外旅行者の数を拡大させることが課題だ。たとえば2016年のデータを見ると，日・中間では，中国からの訪日旅行者数は637万人に上るが，日本からの訪中旅行者数は259万人と40％程度にしかすぎない。同様に，日・韓間では，韓国からの訪日旅行者数は509万人に上るが，日本からの訪韓旅行者数はその45％の230万人にしかすぎない。さらに日・ロ間では，ロシアからの訪日旅行者数は5.5万人で，日本からの訪ロ旅行者数は8.5万と，いずれも1億人以上の人口をもつ隣国でありながら，旅行者を通じた国際交流は極めて限られている。

　日本からすると，数千年の歴史を持つ中国は文字・制度・宗教をはじめ文化を取り入れてきた国であり，より多くの日本人が中国を訪問することで日本人の中国理解も高まるはずだ。韓国も歴史的には日・中の文化的中継地であったことから，日本人旅行者の対韓訪問の潜在的な需要は大きいはずだ。また，帝政から社会主義体制になり市場経済制度に移行したロシアはギリシャ正教など文化・歴史資源も多く，日本人旅行者にとっては魅力的な国の一つだろう。日本人のアウトバウンド旅行者の対中・対韓訪問の減少を逆転させ，対ロ訪問を活性化させることが望ましい。

　そうした点を踏まえ，今後は各国とも異なった年齢層を対象にした観光商品の提供を図っていく努力が求められる。とりわけ，たとえば以下の年齢層をターゲットにした方策が考えられる。

- 働きながら勉強できる「ワーキングホリデー」制度の活用
- キャンパスアジア・プログラムの日中韓から北東アジア地域への拡大
- 相互の教育・修学旅行の推進
- 女性のFIT（個人旅行）の推進
- シルバー層の文化・歴史観光の促進

北東アジアにおける国際観光圏の形成

　北東アジア地域における国際観光上の特徴のひとつは，「一国訪問」型観光が主流で，ヨーロッパやASEANでみられるような「多国周遊」型観光が十分発展していないことだろう。これまでの域内での国際観光が一国訪問型であったのは，各国がそれぞれ自国のみの見地からインバウンド観光促進に焦点を当ててきたことにあるといってよい。しかし，北東アジアにおける地域的な観光圏を形成するためには，複数の域内諸国を含む「多国周遊」型観光の発展が望ましい。そのためには，多国間の域内協力が必要不可欠である[13]。

　第一は，域内の国際観光上の障害を取り除くことが必要だ。とくに渡航制限の緩和が重要で，査証（ビザ）なし渡航の推進や数次ビザの発行が有効だ。域内6カ国間では，短期渡航目的でビザが相互に免除されているのは日本-韓国間と韓国-ロシア間であり，日本から中国とモンゴル，およびモンゴルから中国，ロシアへの短期渡航も原則ビザ不要となっている。それ以外は，基本的にビザの取得が必要である。ただし韓国政府は中国人観光客の済州島訪問に対するビザを免除しており，日本政府も中国人学生の修学旅行客の訪日ビザ手続きの簡素化を実施したほか，2011年から条件付きの個人観光も認めることになった。北朝鮮，モンゴル，ロシアも中国人団体観光客向けの「国境を跨ぐ日帰り観光」のビザ免除を実施している（李2012）。また，ロシアは2017年に「ウラジオストク自由港」への渡航について，日本人，中国人などを対象に手続きを簡略化した電子ビザを導入している。ビザの問題だけでなく，通関や出入国手続きに時間がかかりすぎる国もある。北東アジア地域においては，日・韓のように観光目的という条件づきであればビザを免除する制度を設け，出入国手続きをさらに簡素化すべきだろう。

　第二は，多国間協力によって，これまでの主流である「単一国訪問」型だけでなく「多国周遊」型の観光旅行商品を積極的に企画・開発していくことが必要だ。北東アジア地域の旅行会社は，自国民のアウトバウンド観光では「中国」，「日本」，「韓国」，「東南アジア」，「ヨーロッパ」，「アメリカ」などの人気観光コースを取り扱うものが多いが，「北東アジア諸国周遊」型の観光コースを取り扱うものは限られている（李2012）。また外国人のインバウンド観光に関わる大半の旅

---

13) この箇所では，梁［2002］や李［2012］から北東アジア観光圏について，有用な示唆を得た。

行会社も，自国内での観光商品は取り扱うものの，他国や北東アジア地域と組み合わせた観光サービスを提供していない。北東アジア域内の旅行会社は，今後は自国内での観光を取り扱うだけでなく，他国への観光サービスや北東アジア域内の観光を促進することが求められる。たとえば「日・韓」，「中・韓」，「日・中・韓」，「中・モンゴル・ロ」のような複数国を対象にした観光商品や「北東アジア地域周遊」といった地域型の観光商品を企画・開発していくことが望ましい。域内諸国から外資系旅行会社の国内参入を拡大させることで，こうした商品開発もより容易になろう。

　こうした多国間協力を進めるためには，域内各国の政府系観光局が北東アジア地域全体を一つの観光圏として認識し，共に地域全体の観光振興や対外的な宣伝活動を行っていくことが必要である。たとえば北東アジア観光大臣会合を定期的に開催して北東アジア観光を振興していくことが有用だろう。そして，北東アジア諸国・地域では，国連世界観光機関（UN WTO）の「世界観光倫理憲章」に基づき，環境，文化遺産，社会に与える潜在的な悪影響を最小限にしつつ，持続可能な観光業の発展をめざすための共通の基準を定めるべきだ。

　北東アジア地域周遊型の観光サービスを提供するためには，各国でのランド・オペレーターがより広域的な事業活動をできるようになることが望ましい[14]。北東アジア地域では外国人観光客を受け入れるランド・オペレーターの大半が自国を対象とする「単一国」型であり，複数国にまたがる広域ランド・オペレーターは限られている。今後は，「単一国」だけでなく「北東アジア全域」観光や複数国「国境ツアー」などを取り扱える「総合ランド・オペレーター」の活躍が望まれる。そのためには，外国人（域内の言語を母国語とする）スタッフを大量に採用することが必要だろう。

　第三は，北東アジアで，空路と海路の交通インフラを強化していくことが欠かせない。北東アジア地域では日・中・韓の大都市間では多くの国際航空便が運行している。その一方で，モンゴルやロシアなど季節に応じて観光需要が変動する国と結ぶ航空便は少なく，定期便が就航していても冬季には減便や運航中止が起こりやすい。海路でも，日・中・韓・ロの主要な海港の間では定期便や不定期便

14）ランド・オペレーターは旅行業者の委託を受けて，旅行先での交通手段・宿泊施設・食事・ガイド等の地上手配を行う企業・業者。

の国際貨客船が運航している。しかし，それ以外の海港を結ぶ定期航路は比較的限られている。

　北東アジア各国では，地方空港同士を結ぶ国際航空便の開発，日本海を中心とした海港を結ぶ定期航路の運航や複数の海港をつなぐ共同クルーズ戦略をつくっていくことが重要だ。日本の鳥取県・島根県に跨る境港，韓国の東海，及びロシアのウラジオストクを結ぶ国際定期貨客船（DBS クルーズフェリー）が就航しており，北東アジアにおける物流の促進と観光交流に寄与している。こうした自治体間協力により，各国の地方に住む人々の海外旅行が活発になるとともに，外国人観光客が地方に訪問しやすくなり，地方経済の活性化につなげることもできる。そして海港と内陸の観光地をつなげる交通網を整備することで，外国人インバウンド観光客のもたらす利益をさらに拡大させることができよう。

　北東アジアにおける観光協力は，地域全体の経済協力の重要な部分をなす。観光協力はインバウンド消費需要を活性化させ，貿易・投資や企業活動を促進するだけでなく，民間レベルでの相互理解と国際交流に貢献し，お互いの信頼醸成につながることが期待される。

3.2　貿易・投資面での地域協力─日中韓 FTA から北東アジア FTA へ

　北東アジアにおける貿易・投資の活性化を進めるためには，域内における貿易・投資の自由化が欠かせない。表7 -15は北東アジア諸国にかかわる多国間 FTA の現状をまとめたものである。ここから，まず現在交渉中の日中韓自由貿易協定（日中韓 FTA）をできるだけ早期に合意・妥結し，次いでそれを北東アジア FTA につなげていくという戦略が考えられる。日・中・韓は北東アジアにおいて貿易・投資が最も活発に行われているグループであり，それが核になって北東アジアの貿易・投資面での統合強化を進め，北東アジア FTA を形成していくことは自然なことであろう。日・中・韓の間では，中韓 FTA は発効（2015年）しているものの，日中・日韓の FTA は存在しない。現在，日中韓 FTA 交渉（2013年開始）が進められているが，政治・経済的な理由によって交渉は進捗していない。

　日中韓 FTA 交渉を進めるとともに，東アジア地域包括的経済連携（RCEP）協定の交渉も積極的に進めるべきだ。日中韓 FTA と RCEP の両者を実現させることで，北東アジア地域の貿易・投資がさらに活性化することになろう。

第7章　北東アジアの経済相互依存と経済協力

表7-15　北東アジアにおける多国間自由貿易協定の現状

自由貿易協定	中国	日本	韓国	北朝鮮	モンゴル	ロシア
日中韓FTA（交渉中）	✓	✓	✓	—	—	—
RCEP（交渉中）	✓	✓	✓	—	—	—
TPP（署名済み）	—	✓	—	—	—	—
FTAAP（構想段階）	✓	✓	✓	—	—	✓
EAEU（発効済み）	—	—	—	—	—	✓

（注）　✓：加盟（ないし交渉）国，—：非加盟国
　　　　EAEU＝ユーラシア経済連合；FTAAP＝アジア太平洋自由貿易圏；RCEP＝東アジア地
　　　　域包括的経済連携；TPP＝環太平洋パートナーシップ。
（出所）表7-8の情報より筆者作成

北東アジア地域をめぐる自由貿易協定（FTA）の分析モデル

　ここでは，北東アジア FTA ならびにそれに関連する FTA の予測される経済効果について分析する。基本的なモデルは Global Trade Analysis Project（GTAP）データベース（Version 9.0A）に基づく標準型 GTAP モデルである。GTAP モデルは完全競争と規模に関する収穫一定を仮定した，多地域多部門応用一般均衡（CGE）モデルである。モデルは地域間の経済的なつながりを示す詳細な二国間貿易，輸送，貿易保護のデータと，各国の部門間連関を示す産業連関データに基づいたものである。

　GTAP データベース Version 9.0A は，2011年を基準年次としたもので，140の地域と57の産業部門を含む。今回は世界を12の地域に分割し，一方で産業部門は57のまま分析を行った。12の地域とは，中国，日本，韓国，モンゴル，ロシア，ASEAN 9 カ国（ASEAN9）[15]，ロシア以外のユーラシア経済連合グループ（EAEU4）[16]，豪州・ニュージーランド・インド（ANZI），その他アジア，米国，EU28カ国（EU28），その他世界である。北朝鮮についてはデータが存在しないため一カ国として独立には扱われず，その他アジアに含まれている。このため北東アジアは北朝鮮を除く5カ国となっている。

　モデルには8種類の生産要素が存在するが，これらは土地，労働，資本，天然資源の4種類に統合されている。このうち土地と天然資源は移動不能で，労働と

15）ASEAN 9 カ国はミャンマーを除く ASEAN 加盟9カ国を指す。
16）EAEU4はベラルーシ，カザフスタン，アルメニア，キルギス。

305

資本は国内の部門間で移動可能となっている。資本は国際的に移動不能のケースと移動可能のケースとが考察される[17]。

ここでは，北東アジア FTA の経済効果を分析するが，そのために地域に関わる他の三つの FTA のシナリオも考察する。各 FTA においては，参加国の間で各国間の事後的な関税率が撤廃される（ゼロになる）ことが想定される。考察されるシナリオは以下の4つの FTA である。

- 日中韓 FTA（CJK FTA）
- 北東アジア FTA（NEA FTA）：構成国は中国，日本，韓国，モンゴル，ロシア
- 北東アジア + EAEU FTA（NEA + EAEU FTA）：構成国・地域は中国，日本，韓国，モンゴル，EAEU 諸国（ロシアを含む5カ国）
- 北東アジア + EAEU + RCEP FTA（NEA + EAEU + RCEP FTA）：構成国・地域は中国，日本，韓国，モンゴル，EAEU 諸国（ロシアを含む5カ国），ASEAN 9カ国，ANZI 3カ国

日中韓 FTA はいうまでもなく北東アジアで核となる自由貿易協定である。北東アジア FTA がこの分析において主として焦点をあてる北東アジア5カ国による自由貿易協定である。北東アジア+ EAEU FTA は，ロシアが関税同盟であるユーラシア経済連合（EAEU）の主要メンバーであることから，ロシアが北東アジア FTA に参加するには他の EAEU メンバー諸国（ベルラーシ，カザフスタン，アルメニア，キルギス）とともに参加することが必要だと考えられることから考察するものである。最後の北東アジア+ EAEU + RCEP FTA は，北東アジア地域が他の東アジア諸国とより広域的なメガ FTA を結ぶことが考えられることから，考察するものである。この広域的なメガ FTA は構想段階にあるアジア太平洋自由貿易圏（FTAAP）につながる潜在性をもつものといえる。

既述のように，各 FTA のシナリオにおいては，国際資本移動が存在しないケース（生産要素としての資本が国際的に移動不能）と存在するケース（資本が国際的に移動可能）が考察される。

17）モデルの詳細については，Enkhbayar and Nakajima（2018）を参照されたい。

第7章　北東アジアの経済相互依存と経済協力

北東アジア地域をめぐる4つのFTAのシミュレーション結果

　北東アジア地域をめぐる4つのFTAのシミュレーション結果は表7-16にまとめられている。表7-16Aは等価変分の変化を，表7-16Bは実質GDPの変化を示している[18]。

　まず日中韓FTA（CJK FTA）についてみると，経済厚生への影響を測る指標である等価変分の変化でも実質GDPの変化でも，国際資本移動の有無にかかわらず，日・中・韓の3カ国は日中韓FTAからプラスの恩恵を受けることが示される。また，日・中・韓以外の諸国・地域のほぼすべてが，等価変分（経済厚生）の低下と実質GDPの減少を経験することになる。国際資本移動が存在するときは存在しないときと比較して，日・中・韓の経済厚生の増分と実質GDPの上昇率はより大きくなり，それ以外のすべての諸国・地域の厚生とGDPはより大きく低下する。

　日・中・韓のうち，等価変分の増分が最も大きいのは日本であり（国際資本移動の存在しないときは184億ドル，存在するときは214億ドル），最も小さいのは中国である（国際資本移動が存在しないときは0.9億ドル，存在するときは19億ドル）。これを実質GDPでみると，GDP変化率が最も大きいのは韓国であり（国際資本移動の存在しないときは0.36％，存在するときは0.47％），最も小さいのは中国である（国際資本移動が存在しないときは0.05％，存在するときは0.06％）。

　ここで指摘しておきたい点は，ロシアは日中韓FTAの一部ではないものの，国際資本移動が存在しない場合には，0.4億ドルの厚生利益と0.005％のGDPの増大を享受することになるという点だ。日・中・韓が日中韓FTAから経済的な利益を受け，その利益が貿易を通じてわずかながらもロシアに波及するものと考えられる。ただし国際資本移動が存在するときには，ロシアは日中韓FTAから若干の不利益を蒙る。

　次に北東アジアFTA（NEA FTA）についてみると，等価変分と実質GDPの

18）等価変分とは，価格の変化により生じる効用（経済厚生ないし満足度）の変化を所得の変化分として金銭的な基数でとらえる概念である。より正確には，等価変分は，変化前の価格の下で，価格変化後と同じ効用を与える最低支出額で評価したものである。これに対になる概念として補償変分があるが，それは変化後の価格の下で，価格変化前と同じ効用を与える最低支出額で評価したものである。

307

表7-16　北東アジア地域をめぐる4つのFTAの経済効果

A　等価変分の変化（100万米ドル：2011年価格）

国/地域	国際資本移動なし				国際資本移動あり			
	CJK FTA	NEA FTA	NEA+ EAEU4 FTA	NEA+ EAEU4 +RCEP FTA	CJK FTA	NEA FTA	NEA+ EAEU4 FTA	NEA+ EAEU4 +RCEP FTA
1. 中国	93	2,831	3,456	7,847	1,883	5,130	5,841	10,625
2. 日本	18,421	20,309	20,376	27,978	21,446	23,485	23,544	31,802
3. 韓国	7,758	8,701	8,821	11,150	11,194	12,384	12,521	14,041
4. モンゴル	−13	19	21	19	−26	58	61	69
5. ロシア	43	1,824	1,817	2,492	−314	1,969	1,958	2,518
6. EAEU4	−15	−141	−185	−72	−78	−205	−111	−23
7. ASEAN9	−3,051	−3,458	−3,482	3,781	−3,800	−4,255	−4,290	6,207
8. 豪・NZ・インド	−1,014	−1,178	−1,210	5,142	−1,765	−2,053	−2,109	7,904
9. その他アジア	−2,753	−2,788	−2,796	−4,321	−3,048	−3,131	−3,145	−4,995
10. アメリカ	−2,753	−3,178	−3,266	−7,445	−5,139	−6,307	−6,495	−13,923
11. EU28	−3,098	−6,066	−6,339	−10,724	−3,670	−7,364	−7,724	−13,752
12. その他世界	−1,687	−4,838	−5,142	−6,556	−4,272	−7,090	−7,385	−10,842

B　実質GDPの変化率（%）

国/地域	国際資本移動なし				国際資本移動あり			
	CJK FTA	NEA FTA	NEA+ EAEU4 FTA	NEA+ EAEU4 +RCEP FTA	CJK FTA	NEA FTA	NEA+ EAEU4 FTA	NEA+ EAEU4 +RCEP FTA
1. 中国	0.054	0.062	0.064	0.101	0.061	0.070	0.072	0.112
2. 日本	0.096	0.100	0.100	0.161	0.100	0.104	0.104	0.166
3. 韓国	0.356	0.363	0.364	0.394	0.467	0.482	0.484	0.534
4. モンゴル	−0.006	0.021	0.029	0.057	−0.034	0.177	0.187	0.235
5. ロシア	0.005	0.055	0.057	0.076	−0.001	0.062	0.062	0.081
6. EAEU4	−0.004	−0.031	−0.015	−0.001	−0.008	−0.035	−0.001	0.011
7. ASEAN9	−0.018	−0.021	−0.021	0.110	−0.027	−0.031	−0.031	0.137
8. 豪・NZ・インド	−0.006	−0.007	−0.007	0.213	−0.013	−0.016	−0.016	0.239
9. その他アジア	−0.013	−0.013	−0.013	−0.022	−0.015	−0.016	−0.016	−0.029
10. アメリカ	−0.001	−0.002	−0.002	−0.003	−0.003	−0.004	−0.004	−0.007
11. EU28	−0.003	−0.008	−0.008	−0.013	−0.002	−0.008	−0.014	−0.013
12. その他世界	−0.003	−0.007	−0.008	−0.012	−0.009	−0.014	−0.008	−0.024

（注）　EAEU4=ベラーシ，カザフスタン，アルメニア，キルギス；ASEAN9=ミャンマーを除くASEAN加盟9
　　　カ国。
（出所）Enkhbayar and Nakajima（2018）

両者において，国際資本移動の有無にかかわらず，この地域 FTA に参加する
日・中・韓・モンゴル・ロシアの5カ国は NEA FTA からプラスの恩恵を受け
ることがわかる。また，北東アジア域外のすべての諸国・地域が，経済厚生と実
質 GDP の低下を経験することになる。日中韓 FTA のシナリオと同様に，国際
資本移動が存在するときは，存在しないときと比較して，北東アジア各国の経済
厚生と実質 GDP はより大きく増大し，それ以外のすべての諸国・地域の経済厚
生と GDP はより大きく減少する。NEA FTA のシナリオを日中韓 FTA のシナ
リオと比較すると，日・中・韓の経済厚生の増分と GDP 上昇率はより大きくな
り，北東アジア地域外のすべての諸国・地域で経済厚生と GDP 成長はより大き
く減少する。

　北東アジア5カ国のうち，等価変分の増分が最も大きいのは日本であり（国際
資本移動の存在しないときは203億ドル，存在するときは235億ドル），最も小さ
いのはモンゴルである（国際資本移動が存在しないときは0.2億ドル，存在する
ときは0.6億ドル）。これを実質 GDP でみると，GDP 上昇率が最も高いのは韓国
であり（国際資本移動の存在しないときは0.36％，存在するときは0.48％），最
も小さいのはモンゴルないしロシアである（国際資本移動が存在しないときはモ
ンゴルの0.02％，存在するときはロシアの0.06％）。ここで興味深い点は，モン
ゴルの GDP 増加率は，国際資本移動が存在しないときには0.02％にすぎないが，
資本移動が存在すると0.18％に高まることだ。モンゴルが北東アジア FTA に参
加するとともに他のメンバー国から直接投資を受け入れることで，成長率が高ま
る可能性があることがわかる。

　第三のシナリオとして，北東アジア + EAEU FTA（NEA + EAEU FTA）に
ついてみると，等価変分と実質 GDP 両者の観点から，国際資本移動の有無にか
かわらず，日・中・韓・モンゴル・ロシアの5カ国は NEA + EAEU FTA から
プラスの恩恵を受けるものの，EAEU 4カ国はマイナスの影響を受けることが
わかる。また，この FTA に参加しないすべての諸国・地域が，経済厚生と実
質 GDP の低下を経験することになる。国際資本移動が存在するときは，存在し
ないときと比べて，北東アジア各国の経済厚生と実質 GDP はより大きく増加し，
FTA 未参加のすべての諸国・地域の経済厚生と GDP はより大きく減少する。
EAEU 4カ国の経済厚生と GDP は，国際資本移動が存在することで，マイナス
幅が若干小さくなる。NEA + EAEU FTA のシナリオを NEA FTA のシナリオ

と比較すると，日・中・韓・モンゴルの経済厚生とGDPはより大きく増加し，このFTAに未参加のすべての諸国・地域で経済厚生とGDPがより大きく低下する。ただし，ロシアについては，NEA FTAからNEA＋EAEU FTAに移ることで経済厚生は低下する一方，GDP上昇率は大きくなるか不変に保たれる。EAEU 4カ国の経済厚生とGDPの変化のマイナス幅はNEA FTAからNEA＋EAEU FTAに移ることで，一つの例外を除いて，より小さくなる。その例外は国際資本移動が存在しないときの経済厚生で，NEA＋EAEU FTAに参加することでより大きく低下する。逆に言えば，国際資本移動が存在するときには，マイナスの効果がうすらぐことになる。

　日・中・韓・モンゴル・ロシアのうち，等価変分の増分が最も大きいのは依然として日本であり（国際資本移動の存在しないときは204億ドル，存在するときは235億ドル），最も小さいのはモンゴルである（NEA FTAのシナリオと同じ大きさ）。これを実質GDPでみると，GDP変化率が最も高いのは韓国であり（NEA FTAのシナリオと同じ大きさ），最も小さいのはモンゴルないしロシアである（国際資本移動が存在しないときはモンゴルの0.03％，存在するときはロシアの0.06％）。

　ここで重要な点は，EAEU 4カ国がNEA＋EAEU FTAに参加することでプラスの利益が得られないことである。ロシアについても，NEA FTAからNEA＋EAEU FTAに移ることで大きな利益を得られない可能性がある。ただし，EAEU 4カ国については，NEA FTAができるとマイナスの影響をうけるが，NEA＋EAEU FTAに参加することで，プラスの利益は得られないものの，国際資本移動を許すことでマイナスの影響を小さくできる可能性がある。

　最後の第四のシナリオである北東アジア＋EUEA＋RCEP FTA（NEA＋EAEU＋RCEP FTA）についてみると，この極めて広域的なメガFTAに参加するすべての諸国は（EAEU 4カ国を除く），国際資本移動の有無にかかわらず，等価変分と実質GDPの両者の観点から，プラスの恩恵を受けることがわかる。EAEU 4カ国の場合は，国際資本移動が存在するときのGDP成長率はプラスになるものの，等価変分でみた経済厚生と資本移動が存在しないときのGDPは低下する。また，このメガFTAに未参加の諸国・地域はすべて経済厚生と実質GDPの低下を経験することになる。国際資本移動が存在するときは存在しないときと比べて，メガFTA参加各国（EAEU 4カ国を含む）の経済厚生と実質GDP

の伸びはより大きくなり，それ以外のすべての諸国・地域の経済厚生とGDPは
さらに減少する。この広域的なメガFTAのシナリオをNEA＋EAEU FTAのシ
ナリオと比較すると，NEA＋EAEU FTA参加各国（EAEU 4カ国を含む）の経
済厚生とGDP変化率は，モンゴルを除いて，すべてより大きく増加する一方，メ
ガFTA未参加国・地域のほぼすべてで厚生とGDP変化率がより大きく減少する。

　北東アジア諸国のうち，等価変分の増分が最も大きいのは日本であり（国際資
本移動の存在しないときは280億ドル，存在するときは318億ドル），最も小さい
のはモンゴルである（国際資本移動が存在しないときは0.2億ドル，存在すると
きは0.7億ドル）。GDP変化率が最も高いのは韓国であり（国際資本移動の存在
しないときは0.39％，存在するときは0.53％），最も小さいのはモンゴルないし
ロシアである（国際資本移動が存在しないときはモンゴルの0.06％，存在すると
きはロシアの0.08％）。モンゴルのGDP上昇率は，国際資本移動が存在しない
ときには0.06％と小さいが，資本移動が存在すると0.24％に高まる。

　EAEU 4カ国については，NEA＋EAEU＋RCEP FTAに参加することで，
国際資本移動が存在するときにはプラスの利益が生まれる可能性がある。ロシア
についても，このメガFTAに参加することで，経済厚生と実質GDPの両面で
明らかに利益を得られることになる。モンゴルについても，国際資本移動を活性
化させることで，メガFTAへの参加から経済的な利益を得られることがわかる。

(3) シミュレーション分析のまとめ

　以上まとめると，一般的には，北東アジアにおけるFTAの締結（域内各国相
互の関税の撤廃）はほぼすべての協定参加国にとって有益であることが示された。
北東アジアをめぐるFTAでは，どのシナリオにおいても，日・中・韓の3カ国
が常に利益を得ること，GDP成長率で見た場合韓国の利益が最大であること，
モンゴルにとっては国際資本移動をともなうFTAの締結が望ましいこと，ロシ
アにとってはEAEU 4カ国とともにRCEPと連携するメガFTAの形成が望ま
しいことが示された。FTAシナリオからすると，北東アジア域内各国にとって
は，日中韓FTAよりも北東アジアFTAが望ましく，極めて広域的なメガFTA
である北東アジア＋EAEU＋RCEP FTAがさらに望ましいと言える。国際資本
移動については，それが存在するときの方がより大きな経済厚生と実質GDPが
実現されるので，対外・対内直接投資の自由化が望ましい。

3.3 北東アジアのインフラ連結性強化の地域協力

地域協力の進展と展望

北東アジア地域では，連結性の改善に向けた地域的な取り組みがいくつか進められている。政府間協力の枠組みとしては，国連開発計画（UNDP）の支援を受けた大図們江イニシアチブ（GTI）と国連アジア太平洋経済社会委員会（UNESCAP）が特筆される。この両者は相互補完的であり，前者が地域内の連結性に焦点を合わせているのに対し，後者はユーラシア大陸全体を含む広域的な視野を持って連結性強化のための国際協力を支援している。

ESCAPは，アジアンハイウェイ（AH）およびアジア横断鉄道（TAR）を長年にわたり推進してきた。ESCAPは，北東アジアよりも，南アジア，東南アジア，中央アジアの各地域を重視してきているように見えるが，近年は北東アジアでの地域協力を支援する努力を強化している。こうした支援努力の最近の成果としては，中国，モンゴル，ロシアの3カ国によるアジアンハイウェイ網沿道の国際道路輸送に関する協定が2016年12月に調印されたことが挙げられる。この協定の下では，いずれの締約国も他の2国に対して，アジアンハイウェイのAH 3号線およびAH 4号線の当該国内区間を通行する国際道路輸送の権利を認めることとされている。

GTIは，中国，モンゴル，韓国およびロシアが加盟する政府間の協力機構である。その対象地域（大図們江地域：GTR）は，中国の東北各省，モンゴルの東部各県，韓国の東海岸の各地およびロシアの沿海地方であり，地理的に北東アジア地域の中心部にあたる。かつては北朝鮮も参加していたが，現在では脱退している。日本は当初よりメンバー国ではない。運輸部門はGTIの協力の中でも最重要分野の一つである。現在では，2013年8月の第3回運輸部会会合で承認されたGTI地域運輸戦略および行動計画が推進されている。この戦略・行動計画文書はGTI輸送回廊調査の成果の一つである。同調査では，国際的な専門家グループが，北東アジアにおける6本の輸送回廊を「GTR横断輸送回廊」として推進することを提案した（図7-7）。

地域協力の方向づけにあたっては，民間のシンクタンクや非営利団体（NPO）などの取組みが大きな役割を果たしうる。ここでは2つの例を挙げておきたい。

第一は，2000年代初めに，環日本海経済研究所（ERINA）が北東アジアにおける自由なヒトとモノの移動を実現することをめざし，関係国の研究者や行政関

第7章　北東アジアの経済相互依存と経済協力

図7-7　GTR横断輸送回廊

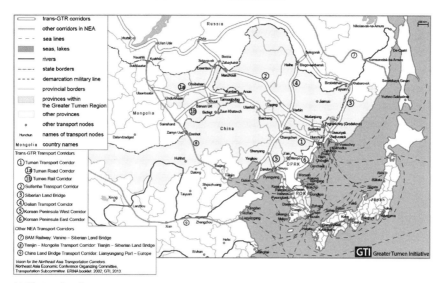

（出所）GTI［2013］

図7-8　天然ガスインフラ長期ビジョン

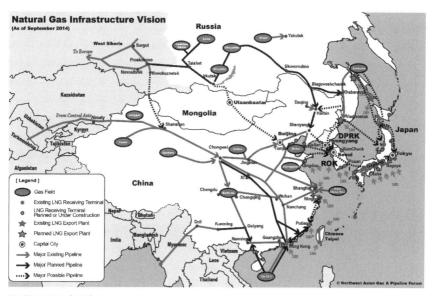

（出所）NAGPF［2013］

係者などとの共同研究を行ったことが挙げられる。その成果は「北東アジア輸送回廊ビジョン」として取りまとめられた。その中では，9つのルートが共同で整備すべき輸送回廊として特定された。9本の輸送回廊によるネットワークは，北東アジア-ヨーロッパ間の大陸横断の次元と北東アジア域内の次元という2つのものに分けて理解することができる。後者はその後，前述のGTR横断輸送回廊という形をとることになった。

　第二の例は，国際NPOである北東アジア天然ガス・パイプラインフォーラム（NAGPF）が，中国，日本，韓国，モンゴル，ロシアの官民の専門家らにより1997年に設立されたことだ。相互互恵的な地域協力に向けた意見交換などを続けた結果，天然ガスインフラに関する長期ビジョン（図7-8）がとりまとめられた。このビジョンは，政府間レベルで公式に認知されたものではなく，あくまで「ビジョン」でしかないが，その一部である中央アジア-中国や東シベリア-中国などのルートは，それぞれの沿線国による個別の合意によって実現済みあるいは整備中となっている。このビジョンでは，陸上国境を持たない国の間での海底パイプラインとして，日・ロ間，中・韓間，日・韓間のパイプラインの構築も提案されている。

連結性強化にむけた北東アジア地域協力の課題

　前述の通り，北東アジアでは道路，鉄道での物理的な接続という点では，一定程度の連結性が実現されていると言える。ただしパイプライン網の整備は大きくは進んでいない。このことは，域内諸国が，道路や鉄道と比べて，稼働時の事故や急激な政策変更などによる深刻な事態を招きやすいパイプライン連結に踏み込むだけの，十分かつ深い相互信頼を持っていないことを示唆している。また，法的基盤やその運用といったソフト面でのインフラ，運送事業者のサービスもまだ十分でない。ハードインフラの整備とは違い，ソフト面での改善には関係国が足並みを揃えて対応することが必要である。その際，特定の分野での法改正等が必要となることもあるが，こうした場合は財源よりも政治力が必要となる。

　連結性強化に向けた北東アジア地域協力の課題として3点指摘することができる。第一は，連結性の強化に必要な地域全体での多国間協力に向けた高いレベルでの政治的なコミットメントが欠如していることである。既存の協力機構・枠組や進行中の事業は，地域内のすべての国の参加を得ているわけでなく，北東アジ

第7章　北東アジアの経済相互依存と経済協力

ア地域のプロジェクトに対する政府の積極的な関与を欠いている。第二は，この点と関連するが，北東アジア地域には，中央アジア諸国の間の多国間インフラ協力の枠組みである中央アジア地域経済協力（CAREC）やメコン地域諸国の多国間協力枠組みである大メコン河流域（GMS）プログラムなどの枠組みが存在せず，地域インフラの構築が十分進んでいないことである。CARECやGMSでは，アジア開発銀行（ADB）が中立的な観点から，プログラム提案・管理，金融支援，政策アドバイスなどを行い，地域インフラ協力を強く支えている。第三は，連結性および輸送回廊の有効性を評価するための適切な手法や指標が欠如していることである。規則や法制の変更は，科学的・客観的な分析に基づいてなされるべきである。たとえば，国境通過地点での統計データが不十分であることは，指標の開発を阻む決定的な障害となっている。

　こうした課題に応えていくために，ここでは，多国間のインフラを中心とした協力の枠組みである「北東アジア地域協力」プログラムの発足を勧めたい。具体的には，いくつかの政策を実施していく必要がある。第一に，大図們江イニシアチブ（GTI）を中心に，大図們江地域（GTR）横断輸送回廊を強化していくことが挙げられる。第二は，日本と大陸側の北東アジア地域とを海上ルートでさらに結び付けるべく，国際定期・不定期便による貨物輸送路の開発や，複数の海港をつなぐ共同クルーズ便の就航をめざしていくことだ。第三に，原油・天然ガス輸送のためのパイプライン網を整備していくことが挙げられる。第四は，統計データを整備し，連結性の効果を評価するための手法・指標を開発することである。第五は，以上の点を含んだ形で，北東アジア地域におけるハード・ソフトインフラの連結性の強化のための制度的枠組みとして，CARECやGMSプログラムと同様の地域経済協力プログラムを発足させることである。

　このような「北東アジア地域協力」プログラムはインフラ協力だけでなく，貿易・投資の自由化・円滑化，ロジスティクス・サービス協力，域内観光協力などを活動に取り込むことで，その機能がより十全に発揮されよう。インフラ連結性の強化のための協力は，地域全体の経済発展のために不可欠なものであり，観光業や物流の発展，貿易・投資の活性化には，ハード・ソフトのインフラの連結性の強化が避けて通れないからである。インフラ協力には各国の強い政治的なリーダーシップを必要とするが，民間レベルでも活発な対話や分析を行っていくことが望ましい。

4 　まとめ

　北東アジア地域は，政治的に非常に複雑な地域である。世界でも有数の大国が
複数存在してお互いに牽制・競合と協力をしており，かつ北朝鮮の核・ミサイル
開発の問題がある。残念ながら地域で緊密な協力を深めるには，十分な相互信頼
が醸成されていない。これに加えて，北東アジアには，各国間で協力のための二
国間の関係がある程度できているが，北東アジア地域を包括的にカバーする多国
間の枠組みがないという問題がある。日・中，日・韓，日・ロ，中・ロ，中・韓
などの二国間関係があり，日・中・韓や中・モンゴル・ロの三カ国の枠組みも存
在するが，日・中・韓・モンゴル・ロ全体を含む枠組みは存在しないのである。
大図們江イニシアチブ（GTI）の国際協力の枠組みはあるが，日本と北朝鮮がメ
ンバーでないだけでなく，中央アジア諸国の間の多国間インフラ協力の枠組みで
ある CAREC ほど強力なかたちで地域インフラの構築を進めているわけではな
い。日中韓の FTA 交渉，RCEP 交渉は，ロシアとモンゴルが入らない形で進め
られている。

　それにも拘わらず，北東アジア地域は，海外旅行者による国際交流，貿易・投
資や企業レベルでのビジネス交流，インフラの連結性などを通じて経済的な相互
依存関係を深めてきた。旅行者による国際交流は経済的な利益をもたらすだけで
なく，民間レベルでの相互理解にも資することから，域内各国による国際観光の
振興は極めて有用だ。今後は一国の視野を超えて北東アジア地域を一体とみなす
地域観光圏作りをめざすための地域協力をさらに推し進めることが望ましい。貿
易・投資分野においては，貿易・投資の自由化や円滑化を進め，中長期的に北東
アジア自由貿易圏をつくっていくことのメリットが大きい。日中韓 FTA や
RCEP をまず締結することが必要で，それにモンゴルとロシアを巻き込んでいく
というアプローチが現実的だろう。そして北東アジア地域を一つのまとまった経
済地域にしていくための，域内のハード・ソフト面でのインフラ連結性の強化が
欠かせない。

　こうした地域経済協力を推進していくためには，地域内の各国政府が強い意思
をもって協力を推進していくことが肝要である。そしてそのためには，各国間で
十分な信頼関係が醸成される必要があるが，その一方で多面的な経済協力を可能
な限り進め，経済的な相互依存関係を深めて経済的にウィンウィンの結果をつく

り出すことで，相互信頼の強化につながるという関係もある。北東アジアを含む
アジア経済はこれまで急速に発展してきたが，それが可能であったのは，域内で
平和と安定が維持されたからである。今後も持続的な成長を続けていくためには，
域内における平和と安定につながる様々な地域協力の努力を惜しむべきではない。
民間レベルで観光交流や企業間交流など経済協力を深めていくことが経済的な利
益を作り出すだけでなく，国民間の相互理解と国家間の相互信頼にも資し，ひい
ては平和と安定という地域の大きな環境づくりにも役立つはずである。

参考文献

Enkhbayar, Shagdar and Tomoyoshi Nakajima [2018] Economic Effects of Free Trade
　Agreements in Northeast Asia: CGE Analysis with the GTAP 9.0a Data Base.
　ERINA Discussion Paper 1802e, March 2018.
Greater Tumen Initiative (GTI) [2013] "Integrated Transport Infrastructure and
　Cross-Border Facilitation Study for the Trans-GTR Transport Corridors (Regional
　Summary Report)." 2013
Greater Tumen Initiative (GTI) [2014] "Software Support to the Operationalization of
　Transport Corridors in the Greater Tumen Region."
International Coordinating Council on Transsiberian Transportation (CCTT). [2016]
　"Annual TSR Digest 2016."
Northeast Asian Gas and Pipeline Forum (NAGPF) [2013] "A Long-term Vision of
　Natural Gas Infrastructure in Northeast Asia -2013 Version-."
World Bank [2016] "Connections to Compete 2016, Trade Logistics in the Global
　Economy."

李剛 [2012]「北東アジア地域観光協力構築に関する―考察―東南アジア（アセアン）
　地域との比較視点に基づいて―」大阪観光大学観光学研究所・年報『観光研究論
　集』第11号（11月27日），55-65頁。
梁春香 [2002]「北東アジア観光交流圏の形成：現状と展望」日本国際問題研究所。
　http://www2.jiia.or.jp/pdf/asia_centre/h14_ne_asia/8_ryan.pdf
中国国家発展改革委員会「中欧班列建設発展規画（2016-2020）」（中国語）

■終 章■ 北東アジア地域の経済展望

河合正弘

　本書では，北東アジア地域の各国が面している経済構造上の問題に焦点を当て，地域経済協力が各国にどのような便益を与えるかを示した。各国が面する様々な経済構造問題のいくつかは共通する問題であり，いくつかは各国に固有の問題である。そうした課題は，いずれも長期的な経済成長の制約を除去したり緩和したりすることであり，表1にまとめられている。

　中国，日本，韓国は，人口の少子高齢化の中で，いかに労働生産性と潜在成長率を引き上げていくかという共通の課題に面している。これに加えて，中国では，投資主導型から消費主導型の経済成長にシフトし，重厚長大型の製造業を中心とした経済構造から軽薄短小型・ハイテク型の製造業とサービス業を中心とした経済構造に転換するという課題が控えている。日本では，デフレから恒久的に脱却し，公的債務を維持可能な水準に引き下げる必要に迫られている。韓国では，生産性を高めるためにとりわけサービス業と中小企業部門を効率化させること，労働市場の構造改革を進めることが必要とされている。モンゴルとロシアは，資源をいかに有効に活用し，資源の生産と輸出をいかに拡大するかという課題に面している。この両国はいずれも国内インフラが不十分である上に，内陸国であるモンゴルの場合は，世界との貿易を拡大させるために国境を越えるインフラ構築を進める必要がある。モンゴルとロシアは同時に，資源だけに依存するのではなく，製造業の発展など，経済構造の多様化を図ろうとしている。北朝鮮は，公的な制度としての市場経済システムを導入し，貿易や対内直接投資の自由化など中国型の改革・開放を進めていくことが課題になっている。人的資本や国内インフラが貧しいことから，教育・保健支出とインフラ投資を大々的に拡大させていく必要もある。

　各国で必要な構造改革を進める際に，北東アジアの地域経済協力が有用かつ補

表1　北東アジア諸国の経済構造的な課題

中国	・潜在成長率の傾向的な低下に歯止めをかけるべく生産性を向上させる ・生産年齢人口の減少と高齢化に対応する ・投資主導型から消費主導型の経済成長にシフトし，重厚長大型の製造業中心から軽薄短小型・ハイテク型の製造業やサービス業中心の経済構造に転換する
日本	・潜在成長率の傾向的な低下に歯止めをかけるべく生産性を向上させる ・生産年齢人口の減少と少子高齢化に対応する ・デフレから脱却し，公的債務を維持可能な水準に引き下げる
韓国	・潜在成長率の傾向的な低下に歯止めをかけるべく生産性を向上させる ・生産年齢人口の減少と少子高齢化に対応する ・サービス業と中小企業部門を効率化させ，労働市場を改革する
北朝鮮	・健全な市場経済システムと開放的な貿易・投資の制度を導入する ・人的資本とインフラ投資を強化する ・北東アジア諸国との間でインフラの国際的な連結性を整備・強化する
モンゴル	・鉱業・畜産部門への過度な依存から脱却し，経済構造を多様化させる ・海外からの直接投資を拡大させ，貿易相手国及び貿易品目を多様化させる ・国内インフラとインフラの国際的な連結性を強化し，国内取引・国際貿易を拡大させる
ロシア	・資源部門への過度な依存から脱却し，経済構造を多様化させる ・制度・ガバナンスを改善し，国内投資・対内直接投資を活性化させる ・国内インフラとインフラの国際的な連結性を強化し，貿易の費用を引き下げる

（出所）第1章-第6章に基づき筆者作成

完的な役割を果たしうる。地域経済協力の中には，直接的に成長を後押しするものや（インバウンド需要の拡大，貿易の自由化，対内直接投資の拡大），経済構造上の制約を除去したり大きく緩和したりするもの（インフラの国際連結性の強化など）がある。

本書では，具体的な地域経済協力として，国際観光，貿易・投資，インフラ連結性の分野での域内協力を挙げた（表2参照）。

まず国際観光の分野では，「北東アジア地域観光圏」の構築をめざし，以下のような協力を行っていくことが望ましいとした：①各国ベースで，国際観光上の障害を取り除きインバウンド振興を図る，②域内でこれまでの主流である「単一国訪問」型だけでなく「多国周遊」型の観光旅行商品を積極的に企画・開発する，③域内各国を結ぶ観光目的の空路・海路の交通網を整備・強化する，④域内の政府観光庁が北東アジア地域を一つの観光圏として共同でPRする。

次に貿易・投資の分野では，「北東アジアFTA」を形成するために，以下の協力を進めることが望ましいとした：①各国が貿易・投資の自由化・円滑化を進める，②日中韓FTAをまず締結し，それにモンゴル，ロシアを引き入れて北東

終章　北東アジア地域の経済展望

表2　北東アジア諸国の経済協力

国際観光	北東アジア地域観光圏の構築 ・各国ベースで，国際観光上の障害を取り除きインバウンド振興を図る ・域内の各国で，従来からの「単一国訪問」型だけでなく「多国周遊」型の観光旅行商品を積極的に企画・開発する ・域内各国を結ぶ観光目的での空路・海路の交通網を整備・強化する ・域内の政府観光庁が，共同で北東アジア地域を一つの観光圏としてPRする
貿易・投資	北東アジアFTAの形成 ・各国が貿易・投資の自由化・円滑化を進める ・日中韓FTAをまず締結し，それにモンゴル，ロシアを引き入れて北東アジアFTAつくりを進める ・長期的には，北東アジアをRCEP・TPP諸国と連携させFTAAPにつなげる ・それと並行して，北東アジアとヨーロッパとの貿易・投資の連携も強化する
インフラ連結性	北東アジア地域協力プログラムの発足 ・大図們江イニシアチブ（GTI）を中心に，大図們江地域（GTR）横断輸送回廊を強化する ・環日本海地域の海港をつなぐコンテナ輸送網を整備する ・原油・天然ガス輸送のための国境を超えるパイプライン網を整備する ・統計データを整備し，インフラの連結性の効果を評価するための手法・指標を開発する

（出所）第7章に基づき筆者作成

アジアFTAつくりを進める，③長期的には，北東アジアをRCEP・TPP諸国と連携させFTAAPにつなげる，④それと並行して，北東アジアとヨーロッパとの貿易・投資の連携も強化する。

　インフラ連結性の分野では，多国間のインフラ協力の枠組みである「北東アジア地域協力」プログラムの発足を目指し，いくつかの政策を具体化させるとした：①大図們江イニシアチブ（GTI）を中心に，大図們江地域（GTR）横断輸送回廊を強化する，②環日本海地域の海港をつなぐコンテナ輸送網を整備する，③原油・天然ガス輸送のためのパイプライン網を整備する，④統計データを整備し，インフラの連結性の効果を評価するための手法・指標を開発する。こうした施策を通じて，この地域におけるハード・ソフトインフラの連結性の強化のための制度的枠組みとして，アジア開発銀行（ADB）が中心になって進められている中央アジア地域経済協力（CAREC）や大メコン河流域（GMS）プログラムと同様の地域協力プログラムを北東アジアで発足させることができよう。

　北朝鮮は強権政治のもとで核兵器や中・長距離弾道ミサイルを開発して米国に対抗するとともに，国連の経済制裁のもとで，内向きの政策をとっている。その

321

ため，これらの地域経済協力は当面のところ北朝鮮を含むものではないが，北朝鮮にとっても明らかに有用なものである。実際，各種の地域経済協力が具体的なメリットを生み出すことを示せれば，北朝鮮にとって核・長距離ミサイルを放棄して国際社会に復帰し，地域経済協力に参加しようとする誘因となるのではないかと考えられる。実際，2018年6月の米朝首脳会談は，そうした可能性を予期させるものである。

そこで最後に，北朝鮮が改革・開放路線をとって国際社会の一員として北東アジアの地域経済協力に加わるようになったときに，この地域の状況がどのように変化するのかを検討してみよう。北朝鮮が改革開放に動き出すと，北東アジア地域全体が大きく動き出し，この地域で平和と繁栄のための経済統合が大きく進む可能性がある。

第一に，北朝鮮をめぐる国境の垣根が確実に低くなろう。ロシアや中国と北朝鮮との間の国境は今でもある程度開かれているが，これに加えて北朝鮮と韓国との間の境界が開放されることになろう。鉄道路線と高速道路がつながり，人やモノの動きが活発なものになろう。ソウルから平壌経由で北京まで高速鉄道でつながり，6時間以内で移動できることになる。これはパリとミュンヘンをつなぐ時間とほぼ同じだ。また，韓国から北朝鮮を縦貫してロシアのシベリア鉄道と結ぶことができる。ロシアのガスパイプラインが北朝鮮と韓国に敷設される可能性もある。こうしたことが実現すれば，韓国は事実上の島国ではなくなり，大陸北東アジア地域と物理的に連結されることになる。大図們江地域（GTR）の横断輸送回廊が整備され，中国の東北地方，ロシアの極東地域，北朝鮮，そして韓国が経済的に一体化し，北東アジア経済圏がこの地域に誕生しうる。

第二に，日本海を軸に，日本と大陸北東アジア地域がつながっていくことにもなる。中国東北地方からロシアの港を使って日本海に出る物流ルートがあるが，物理的には連結している道路や鉄道が利用できても，そのコストが高いこと，輸送に時間がかかること，かかる時間が読めないことなどの理由で，なかなか商業的に使いにくいという問題がある。仮に，北朝鮮が国際社会の中に入ってくれば，日本が北朝鮮の羅津港を使って中国の東北地方に出ていく可能性がでてくる。北朝鮮の参入により，競争が生まれ，競争を通じてサービス水準が上がり，日本と歴史的なつながりの深い中国の吉林省や黒龍江省との間でも，直線距離で言えば十分近いという地理的なメリットが期待できることになる。日本海を対立の海か

終章　北東アジア地域の経済展望

ら平和と繁栄の海へ変えていくことができるのである。

　第三に，北朝鮮で改革開放と市場経済化が進むと，38度線を挟んだ韓国の受ける経済的なメリットは極めて大きい。また，北朝鮮と接する中国の東北三省も大きなメリットを受けよう。北朝鮮が国際通貨基金（IMF），世界銀行，ADB，アジアインフラ投資銀行（AIIB）などに加入してインフラ投資が本格化すると，その周辺国への波及効果が大きいものになると予想される。つまり，北朝鮮問題が解決されれば，北東アジア地域は北朝鮮の成長・発展を通してより高い成長を享受することができよう。また日中韓 FTA や北東アジア FTA ができていれば，そこに北朝鮮が加わることで真に北東アジア広域的な FTA につながり，極めて大きな便益が生まれることになろう。

　このように，北東アジアは大きな潜在性を持った地域だが，現在の政治状況の中では潜在性の多くが発揮されていない。そうした潜在性を発揮させるためには，言うまでもなく北朝鮮の指導者である金正恩氏の考え方が変わっていく必要があり，米国ならびに域内国である日本・中国・韓国・モンゴル・ロシアがそうしたダイナミックな将来を展望して，様々な未来志向的なイニシャチブを進めていくことが望ましい。

323

索　引

数

3大戦略　130, 131
3本の矢　8, 51, 65
8項目の経済協力プラン　102

欧字

ADB　20, 46, 101, 195, 224, 239, 259,
　　267, 272, 315, 321, 323
AIIB　16, 101, 129, 195, 226, 323
APEC　112, 224
ASEAN　47, 96, 98, 100, 103, 170-174,
　　271, 276, 288-290, 302, 305, 306, 308
CAREC　315, 316, 321
CGE　305
CIS諸国　38
CMR　295, 296
CNTA　300
COTIF　295
EAEU　173, 225-227, 289, 290, 305,
　　306, 309-311
EAEU4　305, 308-311
EPA　8, 51, 80, 92, 174, 262, 265, 266,
　　288-290, 298
FAO　177, 178
FIT（個人旅行）　300, 301
FTA　11, 41, 43, 48, 49, 79, 80, 92,
　　98-100, 103, 133-135, 143, 169-175,
　　227, 288-290, 298, 304-311, 316, 320,

321, 323
FTAAP　305, 306, 321
FTAカバー比率　79, 80, 110, 173
FTZ　244
GDPの供給構造　24-26
GDPの需要構造　27, 28
GMS　315, 321
GRP　117, 120, 121, 123, 125, 126, 218,
　　219, 223, 231
GSP　251
GTAP　305
GTI　232, 265, 296, 312, 315, 316, 321
GTR　48, 312-315, 321, 322
GTR横断輸送回廊　48, 312-315, 321,
　　322
IMF　10, 18, 20, 21, 32, 39, 46, 144,
　　149, 168, 239, 242, 259, 267, 285, 323
JNTO　300
KDI　144, 146-148, 162
KNTO　300
KPI　72, 77-80, 92, 107
LPI　297
MFN関税率　288
MFN適用関税率　288
MFN（最恵国）無関税輸入率　288
NMP　251, 252
RCEP　8, 41, 51, 92, 99, 100, 103, 105,
　　172, 173, 224, 289, 290, 304-306, 310,
　　311, 316, 321
SARS　273, 276
SMGS　295

325

Society 5.0　　71, 72, 106-108

TFP　　57-60, 144, 148, 149, 203

TIR 条約　　296

TPP　　8, 51, 68, 80, 92, 100, 105, 106,
171, 172, 175, 225, 288, 289, 305, 321

TPP11　　80, 100, 175, 289, 290

UN ESCAP　　312

UNDP　　30, 312

UNICEF　　180

UN WTO　　303

WFP　　177, 178

WTO　　14, 20, 133, 169, 171, 239, 244,
263

あ　行

アウトバウンド（自国民旅行者、自国民、
日本人海外旅行者）　　36-38, 80,
96, 97, 99, 273, 274, 278, 301, 302

アジアインフラ投資銀行（AIIB）　　16,
101, 129, 195, 226, 323

アジア開発銀行（ADB）　　20, 46, 101,
195, 224, 239, 259, 267, 272, 315, 321,
323

アジアスーパーグリッド　　227, 265

アジア太平洋経済協力（APEC）　　112,
224

アジア太平洋自由貿易圏（FTAAP）
305, 306, 321

アジア太平洋地域 FTA　　100

アジアンハイウェイ　　292, 296, 312

安倍晋三　　8, 51, 65, 68-70, 72, 73, 77,
87, 89, 92, 98, 102, 105, 107, 134, 225

アベノミクス　　8, 40, 41, 51, 52, 57, 65,
69-71, 73, 81, 102, 105, 106

域内経済協力　　1, 3

移行指標　　213, 214

いざなみ景気　　7, 74, 75

異次元緩和　　66

李承晩（イ・スンマン）　　8

「一国訪問」型（「単一国訪問」型）
302, 320

一帯一路　　16, 17, 42, 43, 101, 112,
120-122, 128-132, 134, 140, 225, 226,
265, 266, 292, 296

李明博（イ・ミョンバク）　　11, 162,
171

インバウンド（外国人訪問者、外国人旅
行者、訪日外国人）　　36-38, 41,
77, 80, 92, 95-97, 99, 103, 105,
273-278, 298-302, 304, 320

インバウンド需要　　92, 98, 99, 272,
276, 298, 299, 301, 320

インフラ整備　　9, 14, 48, 101, 106, 120,
121, 129, 132, 135, 139, 226, 231, 251,
272

インフラの連結性、インフラ連結性
47-49, 98, 272, 290, 291, 294, 298,
312, 315, 316, 321

失われた20年　　2, 7, 40, 41, 51-53, 74,
103

ウラジーミル・プーチン　　4, 18, 19,
225, 226, 229

遼寧沿海経済ベルト　　132

延辺朝鮮族自治州　　131, 132, 135, 136,
139

応用一般均衡（CGE）　　305

オランダ病　　207, 211, 215

オリガルヒ　　18, 19

温家宝　　15

索　引

か　行

海外直接投資　35, 39, 96, 97, 189, 195, 196, 284

海外直接投資残高　35, 36

改革開放　3, 12, 13, 48, 193, 322, 323

改革開放政策　13, 14, 133

外資企業投資比率　123

開放区　13

科学的発展観　14, 15

拡大信用供与（EFF）プログラム　259

カシミヤ　21, 246, 265

ガスパイプライン　48, 227, 294, 322

ガバナンス　30, 34, 35, 70, 72, 80, 105, 106, 109

ガバナンス指標　24, 34, 35, 212

韓国 - EAEU FTA　290

韓国開発研究院（KDI）　144, 146-148, 162

韓国観光公社（KNTO）　300

環太平洋パートナーシップ（TPP）　8, 51, 68, 80, 92, 100, 105, 106, 171, 172, 175, 225, 288, 289, 305, 321

環日本海経済研究所（ERINA）　312

基礎的財政収支（プライマリーバランス）　65, 81, 86-89

金日成（キム・イルソン）　4, 8, 22, 181, 186, 189, 191, 192

金正日（キム・ジョンイル）　4, 22, 24, 44, 184-187, 189, 191-193, 197

金正恩（キム・ジョンウン）　4, 22-24, 44, 49, 185-193, 323

金大中（キム・デジュン）　10, 43, 143, 144, 152, 153, 161, 162, 169, 197

金泳三（キム・ヨンサム）　10, 162

キャンパスアジア　301

急進的な経済改革　18

狭義の北東アジア地域　299

競争優位　43, 139, 140

極東発展戦略　223, 227, 232

苦難の行軍　22, 181

グラスノスチ　18

グリーン・ベルト　21

黒田バズーカ　66

「経済管理改善措置」（7.1措置）　23

経済技術開発区　13

経済構造改革　2, 3, 18, 20, 43, 49, 105, 143

経済構造の多様化　319

経済制裁　19, 24, 45, 135, 187, 201, 207, 216, 221, 226, 233, 321

経済相互援助会議（コメコン）　19, 21, 22, 243, 250, 252

経済地図　42, 122, 140

経済特区　13

経済連携　46, 52, 70, 72, 92, 105, 106, 133, 223-226, 233, 265

経済連携協定（EPA）　8, 51, 80, 92, 175, 262, 265, 266, 288-290, 298

京津冀　120

京津冀協同発展　42, 121, 122, 130, 131, 140

軽薄短小型　7, 17, 319

コア・コア消費者物価　76

コア消費者物価　66, 76

高位中所得国　265

交易条件　204, 206, 207, 210

合計特殊出生率　61, 84, 147, 180

構造改革　1, 7, 8, 11, 16, 21, 43, 49, 51, 65, 69, 73, 77, 79, 84, 92, 100, 105,

131, 143, 144, 149, 150, 152-157, 161-165, 169, 173, 319

江沢民　13, 14

公的債務　8, 31, 51, 53, 63-65, 86, 87, 319

　　——の維持可能性　52, 53, 57, 81, 86

　　——の累積　8, 51, 63

鉱物資源　20, 21, 92, 139, 195, 210, 230, 240, 265

高齢化　63, 81, 89, 102, 123, 126, 144, 146, 147, 151

高齢化率（高齢化比率）　123, 125, 126, 146, 147

胡錦濤　14, 15

国際観光　48, 298, 299, 302, 316, 320

国際通貨基金（IMF）　10, 18, 20, 21, 32, 39, 46, 144, 149, 168, 239, 242, 259, 267, 285, 323

国際投資ポジション　96

国際パイプライン　294

国際分業　41, 43, 103, 140, 141

国際連携　41, 43, 111, 121, 128, 131-133, 136, 139, 140

国土強靭化　68

国連アジア太平洋経済社会委員会（UN ESCAP）　312

国連開発計画（UNDP）　30, 312

国連児童基金（UNICEF）　180

国連食糧農業機関（FAO）　177, 178

国連世界観光機関（UN WTO）　303

国連世界食糧計画（WFP）　177, 178

国会予算政策処　147, 151

国家経済発展5カ年戦略　24, 44, 189, 192

国家戦略特区　72, 80, 106, 109

国境地域　120, 130-132, 229

コメコン　19, 21, 22, 243, 250, 252

さ　行

最高人民会議　44, 177, 186, 187

財・サービス貿易　35, 36, 279

最終消費　27, 29, 89, 113, 115

債務の維持可能性　65, 86, 89

サプライチェーン　39, 47, 71, 92-94, 98, 100, 106, 107, 271, 280, 284, 298

産業競争力　43, 77, 140, 141

産業構造　11, 25, 27, 45, 71, 105, 130, 131, 135, 200, 209

サンドボックス　72, 106, 109

三農問題　14, 15

資源依存　45, 199-201, 203, 207, 210, 213, 217, 219, 221

資源の呪い　211, 213

市場経済移行　12, 18, 46, 201, 254, 280

市場経済化　3, 12, 13, 20, 47, 48, 135, 239, 252, 271, 323

シベリアの力　228, 294

資本形成　113, 115

社会主義企業管理責任制　44, 187, 188, 192, 193

社会主義現代化　12, 17

社会主義現代化強国　17

社会主義市場経済　13, 14

社会主義世界市場　182, 184, 196

社会総生産（GSP）　251

社会保障費　84, 89-91

習近平　16, 17, 112, 128, 225

　　——の新時代の中国の特色ある社会主義思想　17

重厚長大型　7, 17, 128, 319

重症呼吸器症候群（SARS）　273, 276

終身雇用　86

自由貿易協定（FTA）　11, 41, 43, 48,
　　49, 79, 80, 92, 98-100, 103, 133-135,
　　143, 169-175, 227, 288-290, 298,
　　304-311, 316, 320, 321, 323

自由貿易区（FTZ）　245

重要成果指標（KPI）　72, 77-80, 92,
　　107

需給ギャップ　74

朱鎔基　13

需要構造　24, 25, 27, 28

純物質生産（NMP）　251, 252

純輸出　27, 29, 113, 204, 206, 215, 278,
　　279

小康社会　15-17

少子化　91

少子高齢化　7, 8, 11, 41, 47, 51, 57, 61,
　　62, 70, 81, 84, 91, 92, 102, 103,
　　146-148, 271, 319

消費税　89

ショック療法　18, 20, 21, 46, 240, 250,
　　252, 266

「新経済管理改善措置」（6.28措置）
　　23

人口減少　57, 61, 62, 70, 71, 81, 84, 92,
　　222, 227

新常態　16, 41, 42, 111-113, 116, 117,
　　128, 130, 131, 140

新北方政策　226

スケルトン型ツアー　300

生産年齢人口　16, 61, 63, 84

成長戦略　8, 41, 46, 51, 65, 68-73,
　　77-81, 86, 92, 103, 105-107

制度の問題　211

制度問題　199, 200, 214, 221

世界ガバナンス指標　34, 35, 212

世界観光倫理憲章　303

世界競争力　30

世界競争力指数　31, 32

世界競争力指標　24, 34

世界銀行　20, 32-34, 46, 79, 109, 120,
　　195, 212, 232, 239, 252-254, 259, 267,
　　297, 323

世界の工場　14

世界貿易機関（WTO）　14, 20, 133,
　　169, 171, 239, 244, 263

先行発展区　232

潜在成長率　8, 41, 43, 51, 52, 57-59,
　　61, 65, 69, 73, 79, 84, 92, 103,
　　143-149, 157, 319

全社会固定資産投資　117, 125

全要素生産性（TFP）　57-60, 144,
　　148, 149, 203

相互依存　35, 39, 47, 48, 96, 98, 134,
　　271, 272, 278, 281, 284, 298, 316

創造経済　11

ゾト（大雪害）　256

ゾンビ企業　16

た　行

第10次五カ年計画　14

第11次五カ年規画　15

第12次五カ年規画　16

第13次五カ年規画　16

第4次産業革命　12, 41, 70-72, 103,
　　105, 106

第三次産業生産額比率　123

大図們江イニシアチブ（GTI）　232,
　　265, 296, 312, 315, 316, 321

大図們江地域（GTR）　48, 312-315, 321, 322

大メコン河流域（GMS）　315, 321

大躍進政策　12

「多国周遊」型　302, 320

地域開発政策　119

地域総生産（GRP）　117, 120, 121, 123, 125, 126, 218, 219, 223, 231

地域発展モデル　119

中央アジア地域経済協力（CAREC）　315, 316, 321

中国―韓国FTA　290

中国国家旅游局（CNTA）　300

中国・モンゴル・ロシア経済回廊　265

長期経済停滞　40, 51, 52, 57

長期停滞　55

長江経済帯　42, 120, 122, 130, 131, 140

長春市―吉林市一体化構想　131

朝鮮戦争　6, 8, 10, 22, 44, 183, 193

朝鮮労働党　22, 182-184, 186, 187, 189-191

　　──第7回大会　24, 44, 189

直接投資残高　94, 96, 285

全斗煥（チョン・ドゥファン）　9

賃金・物価スライド　91

通貨・金融・経済危機　10, 43

通貨スワップ取極　168, 169

通商政策　43, 80, 143, 169, 278, 287, 288

鉄道による国際貨物輸送に関する協定（SMGS）　295

鉄道による国際輸送に関する条約（COTIF）　295

デフレ心理　66, 81, 82, 84

天安門事件　13

天然ガスインフラに関する長期ビジョン　314

天然資源　9, 19, 45, 102, 133, 135, 196, 199, 200, 217, 228-230, 233, 305

等価変分　307-311

統合財政収支　150

投資主導　17, 29, 112, 116, 319

投資消費比率　42, 115-116, 122-127

投資偏重　42, 116, 117, 122, 128, 140

鄧小平　12, 13, 15

党の戦略的方針　183, 184

東部，中部，西部，東北　1, 122, 136

東方シフト　46, 135, 224, 226, 233

道路による貨物の国際運送契約に関する条約（CMR）　295, 296

ドミートリー・メドヴェージェフ　18, 19

トランジット輸送　231, 232

な　行

内部留保　13, 81, 82

南巡講話　13

日EU EPA　8, 51, 80, 289

日中韓FTA、日中韓自由貿易協定（FTA）　41, 48, 92, 99, 100, 103, 172, 173, 290, 304, 306, 307, 309, 311, 316, 320, 323

日本再興戦略　70, 105

日本再興戦略2016　70, 77, 106

日本政府観光局（JNTO）　300

日本－モンゴルEPA　290

ニューノーマル　41, 111

人間開発　30

人間開発指数　24, 30, 31

索　引

年功序列　86
農民市場　23, 184
盧泰愚（ノ・テウ）　10, 157, 162
盧武鉉（ノ・ムヒョン）　11, 162, 170

は 行

ハイパーインフレ　5, 18, 21, 201, 241,
　　248
パイプライン　48, 138, 227, 228, 272,
　　291, 294, 314, 315, 321, 322
爆買い　96, 99, 276
朴槿恵（パク・クネ）　11, 157, 161,
　　162, 172, 225, 226
朴正煕（パク・チョンヒ）　9
発展戦略　119, 120, 130, 131
ハルビン市―大慶市―チチハル市の工業
　　回廊　131
漢江の奇跡　3, 10
東アジア諸国連合（ASEAN）　47, 96,
　　98, 100, 103, 170-174, 271, 276,
　　288-290, 302, 305-307
東アジア地域包括的経済連携（RCEP）
　　8, 41, 51, 92, 99, 100, 103, 105, 172,
　　173, 224, 289, 290, 304-306, 310, 311,
　　316, 321
東シベリア―太平洋（ESPO）パイプラ
　　イン　228, 294
東日本大震災　52, 68, 95, 273
ビジネス環境　30, 32-34, 72, 79, 109
ビジネス環境指標　24, 33, 34
複合一貫輸送　296, 297
福島第一原発事故　273
物価デフレ　7, 51-53
物流パフォーマンス指標（LPI）　297
プライマリーバランス　65, 81, 86-89

プロレタリア国際主義　182
分位数　261, 262
文化大革命　12
並進路線　24, 44, 186, 187, 191
平成バブル　51, 63
平成バブル景気　7, 74
ペレストロイカ　17, 19, 181
変動係数　117-119
貿易相手国　39, 44, 97, 133, 173, 177,
　　224, 243, 263, 281, 283, 284
貿易・投資　22, 41, 43, 47-49, 92, 93,
　　96, 98-101, 103, 175, 266, 271, 272,
　　278, 298, 304, 315, 316, 320, 321
補完性　135
北東アジアFTA（NEA FTA）　48,
　　100, 304-307, 309, 311, 320
北東アジア観光協力　298
「北東アジア諸国周遊」型　302
北東アジア地域観光圏　48, 320
北東アジア地域協力　48, 201, 314,
　　315, 321
「北東アジア地域協力」プログラム
　　48, 315, 321
北東アジア＋EAEU FTA（NEA＋
　　EAEU FTA）　306, 309-311
北東アジア＋EAEU＋RCEP FTA
　　（NEA＋EAEU＋RCEP FTA）
　　306, 310, 311
北東アジア輸送回廊ビジョン　314
補正予算　68
圃田担当責任制　187, 188, 192
ボリス・エリツィン　18

ま 行

マクロ経済スライド　91

三つの代表　14
ミハイル・ゴルバチョフ　17, 18
未来投資戦略2017　71, 106
ミレニアム開発目標（MDGs）に基づく
　　包括的国家開発戦略　21
ミレニアム道路　21
民主化運動　10, 20
民主化宣言　10, 157
文在寅（ムン・ジェイン）　11, 161,
　　162, 226
毛沢東　8, 12
モンゴル諮問国会合　253

や　行

ユーラシア経済連合（EAEU）　173,
　　224-227, 289, 290, 305, 306, 309-311
油価　45, 199, 201-207, 209, 210,
　　214-216, 221
輸入代替　207, 216, 229, 265
ヨセフ・スターリン　8

四大構造改革　144, 152, 153, 161

ら　行

リーマン・ショック　3, 7, 15, 51-53,
　　55-57, 66, 68, 73-75, 167, 168, 200,
　　201, 206
「量的・質的金融緩和」政策　66
遼寧中部都市群構想　131
歴史的・文化的・地理的な近接性
　　43, 139, 141
レント　200, 209, 211, 221
労働生産性　6, 41, 47, 59-61, 69, 70,
　　77, 79, 80, 86, 103, 107, 108, 110, 251,
　　271, 319
ロシア病　216

わ　行

ワーキングホリデー　301
和諧社会　15

執筆者一覧 （執筆順）

河合正弘（KAWAI Masahiro） （序章，第 1 章，第 7 章，終章）
公益財団法人環日本海経済研究所（ERINA）代表理事・所長
編著者紹介参照

穆尭芊（MU Yaoqian） （第 2 章）
公益財団法人環日本海経済研究所（ERINA）調査研究部研究主任
専門分野：地域経済，開発経済，中国経済
主要著作：中国の地域発展戦略から見る『一帯一路』，北東アジア地域研究，第22号，
　　　　　北東アジア学会，2016年，pp.18-31

南川高範（MINAMIKAWA Takanori） （第 2 章，第 7 章）
公益財団法人環日本海経済研究所（ERINA）調査研究部研究員
専門分野：中国経済，マクロ経済，経済政策

高安雄一（TAKAYASU Yuichi） （第 3 章）
大東文化大学経済学部教授
専門分野：韓国経済
主要著作：高安雄一著『韓国の構造改革』NTT 出版，2005年

中島朋義（NAKAJIMA Tomoyoshi） （第 3 章，第 7 章）
公益財団法人環日本海経済研究所（ERINA）調査研究部主任研究員
専門分野：国際貿易論
主要著作：中島朋義編著 ERINA 北東アジア研究叢書 3 『韓国経済システムの研究』日
　　　　　本評論社，2014年

三村光弘（MIMURA Mitsuhiro） （第 4 章）
公益財団法人環日本海経済研究所（ERINA）調査研究部主任研究員
専門分野：北朝鮮経済，北朝鮮法，北東アジア経済協力
主要著作：三村光弘著 ERINA 北東アジア研究叢書 6 『現代朝鮮経済』日本評論社，
　　　　　2017年

333

新井洋史（ARAI Hirofumi）（第5章，第7章）

公益財団法人環日本海経済研究所（ERINA）調査研究部長・主任研究員

専門分野：ロシア経済，地域開発

主要著作：ERINA 北東アジア研究叢書5『北東アジアのエネルギー安全保障－東を目
指すロシアと日本の将来』日本評論社，2016年（分担執筆）

志田仁完（SHIDA Yoshisada）（第5章）

公益財団法人環日本海経済研究所（ERINA）調査研究部研究主任

専門分野：ロシア経済

主要著作："Shortages and the Informal Economy in the Soviet Republics: 1965-1989,"
The Economic History Review, Vol. 70, No. 4, 2017.（共著）

エンクバヤル・シャクダル（ENKHBAYAR Shagdar）（第6章，第7章）

公益財団法人環日本海経済研究所（ERINA）調査研究部主任研究員

専門分野：モンゴル経済，開発経済，気候変動

主要著作：ENKHBAYAR Shagdar, Otgonsaikhan Nyamdaa, "Impacts of Import Tariff
Reforms on Mongolia's Economy: CGE Analysis with the GTAP 8.1 Data
Base," *The Northeast Asian Economic Review,* Vol. 5 No. 1, ERINA, 2017

●編著者紹介

河合正弘（かわい　まさひろ）

現職：公益財団法人環日本海経済研究所（ERINA）代表理事・所長，東京大学公共政策大学院特任教授。

学歴：1973年 東京大学経済学部卒業，1978年 米スタンフォード大学経済学博士号（PhD）取得。

職歴：1977年 米ブルッキングス研究所リサーチフェロー，1978年 米ジョンズ・ホプキンス大学経済学部助教授・准教授、1986年 東京大学社会科学研究所助教授・教授（〜2008年），この間，1998年 世界銀行東アジア大洋州地域担当チーフエコノミスト，2001年 財務省副財務官，2003年 財務省財務総合政策研究所長，2005年 アジア開発銀行（ADB）総裁特別顧問，2007年 アジア開発銀行研究所長。2009年 東京大学名誉教授。2014年 東京大学公共政策大学院特任教授。2016年4月 ERINA 代表理事・所長。

主な和文編著書：河合正弘『国際金融論』東京大学出版会，1994年。河合正弘・QUICK 総合研究所共編著『アジアの金融・資本市場―自由化と相互依存』日本経済新聞社，1996年。

主な英文編著書：B. Eichengreen and M. Kawai, eds., *Renminbi Internationalization: Achievements, Prospects, and Challenges.* Brookings Institution Press, 2015. M. Kawai, Y-C Park and C. Wyplosz, eds., *Monetary and Financial Cooperation in East Asia: The State of Affairs after the Global Financial and European Crisis.* Oxford University Press, 2015.

【ERINA 北東アジア研究叢書】7

北東アジアの経済成長
構造改革と域内協力

2018年 7 月25日　第 1 版第 1 刷発行

編著者──河合正弘

発行者──串崎　浩

発行所──株式会社日本評論社

　　　　　〒170-8474　東京都豊島区南大塚3-12-4　電話　03-3987-8621（販売），8595（編集）

　　　　　振替　00100-3-16

　　　　　https://www.nippyo.co.jp/

印　刷──精文堂印刷株式会社

製　本──株式会社松岳社

装　幀──林　健造

検印省略 © M. Kawai, 2018

Printed in Japan

ISBN978-4-535-55906-6

JCOPY　〈（社）出版者著作権管理機構　委託出版物〉

本書の無断複写は著作権法上での例外を除き禁じられています。複写される場合は，そのつど事前に，（社）出版者著作権管理機構（電話 03-3513-6969，FAX 03-3513-6979，e-mail: info@jcopy.or.jp）の許諾を得てください。また，本書を代行業者等の第三者に依頼してスキャニング等の行為によりデジタル化することは，個人の家庭内の利用であっても，一切認められておりません。